《城市学研究》编委会

URBANOLOGICAL STUDIES

城市学研究

2022年第1辑

《城市学研究》编委会　编

ZHEJIANG UNIVERSITY PRESS
浙江大学出版社
·杭州·

图书在版编目（CIP）数据

城市学研究．2022年．第1辑 /《城市学研究》编委
会编．— 杭州 ：浙江大学出版社，2023.6
ISBN 978-7-308-23802-1

Ⅰ．①城… Ⅱ．①城… Ⅲ．①城市学—研究 Ⅳ.
①C912.81

中国国家版本馆CIP数据核字（2023）第091384号

城市学研究2022年第1辑

《城市学研究》编委会 编

策划编辑	吴伟伟	
责任编辑	宁 檬	
责任校对	陈逸行	
封面设计	雷建军	
出版发行	浙江大学出版社	
	（杭州市天目山路148号 邮政编码310007）	
	（网址：http://www.zjupress.com）	
排 版	杭州晨特广告有限公司	
印 刷	杭州高腾印务有限公司	
开 本	889mm×1194mm 1/16	
印 张	17	
插 页	8	
字 数	383千	
版 印 次	2023年6月第1版 2023年6月第1次印刷	
书 号	ISBN 978-7-308-23802-1	
定 价	128.00元	

目　录

一是增加人工智能科研投入。2021年到2025年,美国国防科研投入增加4.3倍,从15亿美元增加到80亿美元,而非国防人工智能科研投入,从2022年到2026年增加15倍,从20亿美元增加到320亿美元。而根据中国的人工智能规划,五年间只投入了300亿元,与美国相比差距巨大。二是增加国家人工智能研究所。2021年到2024年,从15个增加到45个,相当于增加了两倍。三是吸引中国人工智能人才。向在美国获得人工智能博士学位的中国人才发放绿卡,发放绿卡数从2020年到2023年增加两倍,以此来虹吸人才,阻击中国人工智能发展,这也充分说明了美国对于中国人工智能的发展感到焦虑。

二、美国感到焦虑的原因

美国是全球人工智能大国,拥有人工智能研究水平最高的大学和公司,中国与之相比差距很大,但美国焦虑是有原因的。

(一)中国规划:走向新一代的人工智能

2017年7月20日,中国发布了《新一代人工智能发展规划》(以下简称《规划》)。美国认为人工智能目前已经发展到了第三代,而根据《规划》,中国认为过去人工智能的发展都只能算第一代,从现在开始才进入第二代。《规划》不但指出了人工智能要跨代,而且也指明了跨代的内容,核心是中国提出的三个概念:大数据智能、跨媒体智能、人机混合增强智能。近四年的发展证明了人工智能确实沿着以上三个方向发展。

(二)全球人工智能企业数量排名前20的城市

根据中国信息通信研究院的数据,2018年中国拥有人工智能企业1145家,美国拥有2093家,显然比中国多(见图1)。

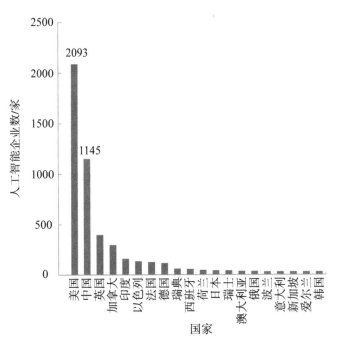

图1 2018年全球人工智能企业分布

但从城市角度来统计,情况就不同了。全球人工智能企业数量排名前20的城市中,美国占八个,中国占四个,加拿大占三个。中国的四个城市分别是北京(第一)、上海(第四)、深圳(第六)、杭州(第十二),所以杭州在全球人工智能发展中也占有一席之地(见图2)。

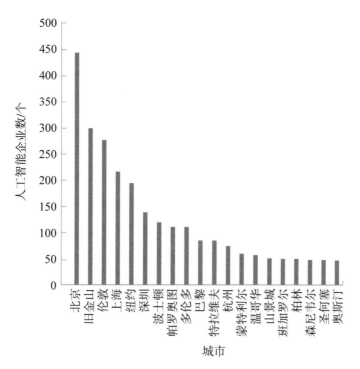

图2　2018年全球人工智能企业数量前20城市

2021年,中国人工智能企业的数量与美国相比还是存在很大的差距(见图3)。

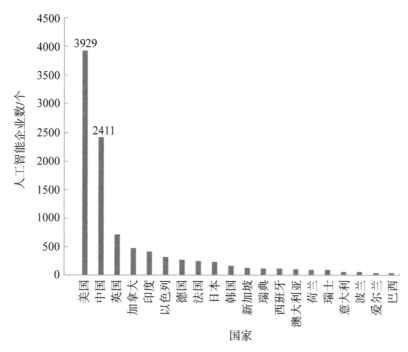

图3　2021年全球人工智能企业分布

2021年,全球人工智能企业数量排名前20的城市中,美国占六个,中国占五个,加拿大占两个。中国增加了一个城市就是广州。同时,杭州的排名超过了拥有哈佛大学和麻省理工学院的波士顿,进入了前十,排在第九位(见图4)。

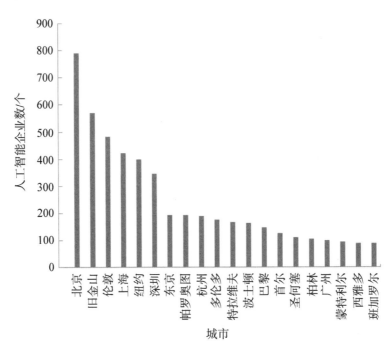

图4　人工智能企业数量前20地区

(三)中国发展人工智能的优势:强三角

中国拥有强政府,可以推动企业和大学实现合作集中攻关,比如之江实验室就是浙江省政府推动浙江大学和阿里巴巴实现合作,构建的一个新型实验室(见图5)。而美国是小政府,对大学与企业都没有指挥能力。

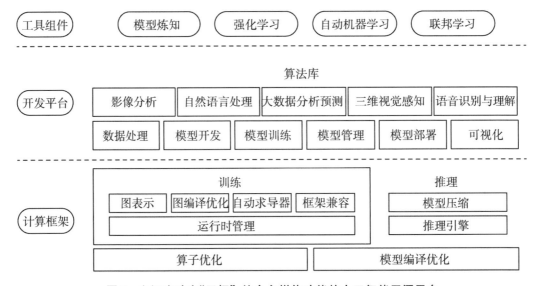

图5　之江实验室"天枢":结合多媒体功能的人工智能开源平台

中国政府一直实行从中央到地方的民主集中制,中央政府和省市政府联动运行,这十分有利于发挥同心协力办大事的优势。比如中央发布《规划》,北京、上海、深圳、杭州等城市会快速响应,投入大量的人力、物力、财力去落实这一规划。

三、充分发挥杭州独特的人工智能优势

（一）发挥应用场景创新优势

在医疗健康养老方面,杭州相关企业正在研究如何把人工智能系统和医疗设备连接起来,形成新一代人工智能CT、人工智能磁共振。在交通方面,杭州相关高校和企业正致力于车联网的研究和实践,比如大华集团研发了零跑C11电动汽车。杭州在安防系统及工业互联网方面也一直走在前列,安防方面有海康威视、大华集团等企业,工业互联网方面有中控集团等。在商贸营销方面,杭州本身就是电商之都,网上销售和个性化定制服务都很发达。在金融方面,支付宝就诞生在杭州,杭州本身也是移动支付之城。在司法方面,杭州的互联网法院更是全国乃至全球的样板。因此,我们可以看到杭州在人工智能领域不仅走在前列,而且具有很大的创新优势,在某些细分领域甚至还处于领跑地位。

（二）发挥浙大人工智能理论研究优势

浙江大学致力于人工智能理论研究,提出了未来发展的两大切入口,即视觉知识的表达、视觉识别和视觉理解。在浙江大学理论研究基础上,杭州可进一步发挥海康威视、大华集团等企业的优势,推动视觉智能的核心技术和产业链发展。

（三）发挥浙江省数字化改革的先行优势

发挥浙江省数字化改革优势,并进一步形成长三角和省、市、区分级协同,产学政合作的体系发力模式,创造性发展人工智能的新型举国体制。人工智能是互联网和大数据时代的发展引擎,是使能技术,因此人工智能在促进经济和社会升级发展中应该充分发挥头雁效应。

最后,愿杭州充分发挥上述优势,在融入和引领全球人工智能产业发展方面更上一层楼。

城市建设需要有定力

叶小文

全国政协文化文史和学习委员会副主任

金秋时节,一年一度的(中国)城市学年会又召开了。因近期新冠疫情管控,不能前往,谨通过视频表示祝贺。

杭州国际城市学研究中心以破解"城市病"、推动城市科学发展为己任,城市学智库在全国的影响力日益显现。

建设人民满意的城市需要锲而不舍,久久为功,一以贯之。这种定力,源于我们对城市历史文脉的敬畏,对城市发展规律的尊重,对"一张蓝图绘到底"的坚持,对城乡协同发展促进共同富裕的追求。

一、城市建设的定力源于对城市历史文脉的敬畏

一个城市的历史遗迹、文化古迹、人文底蕴是城市生命的一部分。文化底蕴毁掉了,城市建得再新再好,也是缺乏生命力的。历史文化是城市的灵魂,它以各种方式保留在城市肌体里,沉淀为独特的记忆和标识。作为南宋首都的杭州,其"三面云山一面城"的传统城市格局在"保老城、建新城"的建设理念下也一直存续至今。能不忆杭州!

二、城市建设的定力源于对城市发展规律的尊重

历史长河中的杭州就是一座与水密不可分的城市,杭州有江、有河、有湖、有"溪",又邻海。杭州的历史,就是一部因水而生、因水而立、因水而兴、因水而名、因水而强的历史。正因为充分尊重自身的发展规律,在"水"上下功夫,在"水"上做文章,杭州才变得如此明秀、如此富裕,变成了一座"五水共导"、极富个性的城市。

最近我去了杭州湘湖,才知道竟还有这样一个可与西湖媲美的湖。当年,习近平总书记就在这里说,进一步发展杭州,要唱好一部"西湘记"。

三、城市建设需要"一张蓝图绘到底"

"功成不必在我"，一个地方、一个城市的建设发展有一个过程，必须遵循自然、经济、社会、历史的客观规律，多做打基础利长远的工作。

"建功必须有我"，一届有一届的使命，一届有一届的作为，必须在其位、谋其职、安其心、竭其力，敢于担当、主动作为，一届接着一届干。

四、城市建设需要城乡协同发展促进共同富裕

现在全国脱贫攻坚战圆满收官，全面建设小康社会已告大捷，但"攻坚"和"决战"的劲头仍不可松懈。我国发展不平衡不充分问题仍然突出，发展最大的不平衡是城乡发展不平衡，最大的不充分是农村发展不充分，城乡区域发展和收入分配差距较大。在城市快速发展中，有可能城乡差距会进一步扩大。我们要避免陷入"一边是繁荣的城市、一边是凋敝的农村"的困境。

美丽杭州，必建在美丽中国。美丽杭州，必环绕着美丽乡村。

实现乡村振兴，城乡协同发展，促进共同富裕，是城市学研究的题中应有之义。

祝（中国）城市学年会越办越好！谢谢大家！

推进城乡融合,迈向共同富裕

孙景淼

浙江省政协党组副书记、副主席

很高兴再次参加一年一度的(中国)城市学年会。本次年会以"城市高质量发展与共同富裕"为主题展开研讨,我认为非常有意义。近年来,杭州城研中心在王国平理事长带领下,立足杭州、服务浙江、面向全国,每年举办(中国)城市学年会,围绕城乡高质量发展、高品质生活做了大量卓有成效的工作,可喜可贺!借今天这个机会,我以《推进城乡融合,迈向共同富裕》为题,与大家交流学习体会。

2021年7月1日,习近平总书记在庆祝中国共产党成立100周年大会上宣告:"经过全党全国各族人民持续奋斗,我们实现了第一个百年奋斗目标,在中华大地上全面建成了小康社会,历史性地解决了绝对贫困问题,正在意气风发向着全面建成社会主义现代化强国的第二个百年奋斗目标迈进。"习近平总书记指出,必须着力解决发展不平衡不充分问题和人民群众的急难愁盼问题,推动人的全面发展、全体人民共同富裕取得更为明显的实质性进展!

2021年8月17日,习近平总书记主持召开中央财经委员会第十次会议,研究"扎实促进共同富裕"问题。共同富裕是社会主义的本质要求,是中国式现代化的重要特征,要坚持以人民为中心的发展思想,在高质量发展中促进共同富裕。

改革开放以来特别是实施"八八战略"以来,浙江大地发生了精彩蝶变,实现了从资源小省到经济强省、从脱贫致富到高水平全面小康的跃升,在迈向共同富裕征程上取得了令人瞩目的成就,为全国提供了富有借鉴意义的示范样本。这个历史过程大体可分为四个阶段。

第一个阶段从1978年到1985年,是以减少贫困总量为主要特征的普遍减贫阶段。1978年,浙江农村贫困人口1200万人,农村贫困发生率比全国平均水平高出5.4个百分点。穷则思变,在党的改革开放政策的激励下,人民群众的积极性和创造力充分迸发,冲破了城乡分离的二元结构,浙江农村发展起多种经营和乡镇企业,全省经济快速发展,数百万农民摆脱贫困,一部分人快速致富。1985年,浙江农民人均纯收入首次居全国第一位。

第二个阶段从1986年到2002年,是以摆脱绝对贫困为主要特征的重点突破阶段。推动以公有制为主体的多种所有制经济共同发展,农村工业化、城镇化不断推进。大力发展县域经济,富有特色的块状经济、产业集群、专业市场和小城镇加速形成,城乡经济社会发展进一步加快,内生增长动力不断增强。重点确定了浙西南山区、8个贫困县和101个贫困乡镇,开发山区资源,发展商品农业,增强造血功能,促进脱贫致富。1997年底,浙江在全国率先甩掉"贫困县"的帽子。2002年,浙江成为全国第一个没有贫困乡镇的省。

第三个阶段从2003年到2012年,是以致富奔小康为主要特征的全面提升阶段。2003年,浙江省委书记习近平同志创造性地提出了"八八战略"重大决策,强调要"进一步发挥浙江的块状特色产业优势,加快先进制造业基地建设,走新型工业化道路","进一步发挥浙江的城乡协调发展优势,加快推进城乡一体化","进一步发挥浙江的山海资源优势,大力发展海洋经济,推动欠发达地区跨越式发展,努力使海洋经济和欠发达地区的发展成为全省经济新的增长点"。同时,习近平同志系统提出和探索实践了欠发达地区脱贫致富奔小康的路径,就是"破穷障""改穷业""挪穷窝""挖穷根"。2007年,全省区域性绝对贫困基本消除,取得了历史性进展和决定性成果。2012年,浙江城乡居民人均可支配收入分别比1978年增长13.1倍和15.2倍。

第四个阶段是党的十八大以来,以迈入共富新征程为主要特征的新时代奋进阶段。浙江人均GDP、居民收入保持较快增长速度,城乡差距、区域差距、居民收入差距进一步缩小,实现了高水平全面小康。2015年,浙江率先全面消除家庭人均收入低于4600元的贫困现象;淳安、泰顺、景宁等26个山区欠发达县实现集体摘帽。2020年,浙江GDP总量全国第四,财政收入居全国第三;城镇居民收入连续20年名列全国各省区第一,农村居民收入连续36年位居全国各省区第一,城乡居民收入比为1.96∶1,所有设区市人均收入都超过全国平均水平。

总结浙江从消除贫困到致富奔小康再到高水平全面小康进而建设共同富裕示范区的奋斗历程,其成功密码主要有以下六个坚持。

一是坚持城乡融合、统筹推进。党的十一届三中全会后,农村推行家庭联产承包责任制激发了农民积极性,提高了农业劳动生产力。农村富余劳动力转向从事第二、三产业,兴办乡镇企业,发展专业市场,进而带动小城镇崛起。随着改革开放范围不断扩大,大量农村劳动力进城,推动了户籍制度改革,加速了城乡一体化发展。义乌创造了"无中生有"的奇迹,成为世界小商品之都,就是突出的标志。

大力推进工业化、城镇化和农业农村现代化,引导和鼓励块状经济提升发展为产业集群和特色小镇,成为统筹城乡发展的重要节点、壮大区域经济的重要载体、百姓就近创业致富的重要平台。浙江省城乡一体化发展的架构是:以四大都市区和七个设区市为龙头,100个小城市和200个中心镇为骨干,4000个中心村为支撑,1.6万个500人以上的行政村为基础,城乡联动融合发展。

二是坚持创业创新、共建共享。美好生活是靠奋斗出来的,共同富裕建立在社会成员诚实劳动和辛勤努力的基础之上。尊重人民主体地位,支持和鼓励大众创业、万众创新,才能有效激发全社会创业热情和创造活力,不断增加社会财富,使人民群众富裕幸福的愿望变为现实。

作为资源小省的浙江,10.55万平方千米的陆域面积是"七山一水两分田",人均耕地仅半亩,且无油无煤。之所以能在党的改革开放政策引领下脱颖而出,成为市场大省、经济大省、发展宝地、富裕之地,主要是浙江人秉持走遍千山万水、历经千辛万苦、道尽千言万语、想出千方百法的"四千四万"创富精神。"白天当老板、晚上睡地板"的形象比喻,便是浙江人民勤劳致富、艰苦创业的生动写照。

浙江走的是以农业农村率先突破的工业化、城镇化道路,逐渐形成以能人创业为先导,进而带动大众创业的共创共富机制,呈现出先创带后创、推动全民创业,先富帮后富、实现共同致富的生动图景。到2021年6月底,全省市场主体830万户,相当于每八个人当中就有一个老板。浙江的民营经济创造了全省60%以上的生产总值、70%以上的税收、80%以上的外贸出口、90%以上的市场主体。

三是坚持以民为本、普惠百姓。增加居民收入,既是衡量富裕的重要标志,也是满足人民群众对美好生活向往的基础条件。浙江发达的民营经济带来了大量的就业机会,第二、三产业发展较快,居民也有了更多的工资性收入。鼓励自主创业和合作办厂,开商店、摆小摊,发展个体私营经济;农村发展种养殖业和深加工业,兴办农家乐、来料加工企业,增加城乡居民经营性收入。购置房屋,店面出租,投资收益、存款利息、财产增值,农村山林权、土地经营权、农居房产权等被纳入可抵押贷款的范围,"死产"变"活钱",增加了财产性收入。加大财政投入,对农林渔业补助补贴,社会救济资金和扶贫资金等持续增加,省级生态公益林实施补偿机制,居民转移性收入随之增加。

2005年,浙江在全国率先提出城乡基本公共服务均等化,城乡居民基本养老保险制度的建立比全国提前五年,率先实现城镇医疗保险与农村合作医疗的制度并轨。2015年,教育普及率为99%以上,"20分钟医疗卫生服务圈"基本形成,居民平均预期寿命达79.5岁。公用设施城乡联网,农村自来水覆盖率达到99%,农村生活污水治理完成2.1万个村的截污纳管。所有建制村实施生活垃圾集中收集处理,资源化利用率达90%以上。有线电视和宽带通村率98%以上,农村电商服务站点实现"乡乡有网点,村村通快递"。

四是坚持生态优先、绿色发展。浙江一以贯之秉持"绿水青山就是金山银山"理念,建设生态文明,为老百姓留住鸟语花香的自然生态。打开绿水青山转化为金山银山的通道,走出了生态生产生活"三生"融合的新路子,大力发展生态农业、生态工业、生态旅游业和文化创意、数字经济等新产业,美丽经济成为区域经济增长的新动能。创新驱动加快,人才创业创新活力充分激发,2019年浙江11个设区市全都是人才净流入地,杭州是全国人才流入最多的城市。

这里我特别要介绍,2003年在习近平同志亲自倡导和直接推动下,浙江实施"千村示范、万村整治"工程。经过持续推进,到2017年底,全省累计约2.7万个建制村完成村庄整治提升。2018年9月,联合国将"地球卫士奖"授予浙江的"千村示范、万村整治"工程。习近平总书记专门做出重要批示,要求持续发力,久久为功,不断谱写美丽中国建设的新篇章。

五是坚持鼓励先富帮带后富。一方面,鼓励人民群众自主闯市场、搞经营,形成"百万能人创业带动千万民众就业"的生动景象；另一方面，坚持不懈推进区域协调发展、城乡融合发展。2003年，习近平同志在浙江提出开展"山海协作"工程，鼓励中心城市和发达地区加大对山区欠发达县的结对帮扶。近20年来，省委、省政府组织发达市县、企事业单位、科研院所与山区结对帮扶，推动26个欠发达县跨越式发展。累计实施合作项目1万多个，到位资金超过5800亿元。

按照经济社会发展规律，在尊重农民意愿的前提下，实施成建制的村庄、村民自愿合并重组，实现区域共同富裕。东阳市花园村先后于2004年、2017年两次合并周边18个村，村域面积由0.99平方千米扩大到12平方千米，户籍人口由496人增加到13879人。2020年，全村营业收入超过600亿元，村集体收入超过2亿元，村民人均收入14.2万元。村庄内红绿灯30多个，村民能享受30多项福利。

六是坚持党政主导、精准施策。坚持党的领导，发挥有为政府和有效市场的双重作用，构建起党政主导、人民主体、企业和社会协同的良好格局。省委、省政府每五年出台一个专门政策文件、创新一个专项工程载体，不断加大扶持力度。

在我国第一个百年奋斗目标如期实现、向第二个百年奋斗目标进军的历史时刻，中共中央、国务院专门印发了《关于支持浙江高质量发展建设共同富裕示范区的意见》。这是浙江的光荣，更是浙江的使命；是浙江的机遇，更是浙江的责任。我们要以浙江之先，为全国探路，围绕满足人民日益增长的美好生活需要这一根本目的，着力补齐共同富裕短板，重点突出"两高三均衡"的目标导向，形成更富活力的高质量发展模式、全民共享的高品质生活图景、区域协调的良好发展态势、城乡融合的共同发展局面、相对均衡的收入分配格局，为全国共同富裕提供浙江示范。

最后，祝本次年会圆满成功！

论城市基础设施社区化

——破解今天政府负债的不二法门

王国平

中共浙江原省委常委、杭州原市委书记

杭州国际城市学研究理事会理事长

浙江省首批新型重点专业智库

浙江省城市治理研究中心主任、首席专家

浙江省大运河文化保护传承利用暨

国家文化公园建设工作专家咨询委员会主任

2019年,习近平总书记在考察上海时指出:"在城市建设中,一定要贯彻以人民为中心的发展思想,合理安排生产、生活、生态空间,努力扩大公共空间,让老百姓有休闲、健身、娱乐的地方,让城市成为老百姓宜业宜居的乐园。"

2020年,习近平总书记考察杭州时指出:"要把保护好西湖和西溪湿地作为杭州城市发展和治理的鲜明导向,统筹好生产、生活、生态三大空间布局,在建设人与自然和谐相处、共生共荣的宜居城市方面创造更多经验。"

当前,中国的城市发展已经站在新的历史起点上,要根据新发展阶段的新要求,坚持问题导向,更加精准地贯彻新发展理念,全面贯彻以人民为中心的发展思想,切实解决好城市发展不平衡不充分的问题,推动高质量发展,创造高品质生活,实现高水平治理。不容回避的是,在实现城市高质量发展的进程中,许多城市面临着新的挑战,主要是两大矛盾:一是经济发展缺乏后劲,二是政府负债过高。

中央高度重视地方政府性债务管理。2014年,《国务院关于加强地方政府性债务管理的意见》要求建立规范的地方政府举债融资机制,对地方政府债务实行规模控制和预算管理。党的十九大把防范化解重大风险作为三大攻坚战之一。2018年,《中共中央、国务院关于防范化解地方政府隐性债务风险的意见》和《地方政府隐性债务问责办法》两个文件下发,对控制和化解地方政府性债务风险做出部署。2021年,《国务院关于进一步深化预算管理制度改革的意见》下发,再次强调要健全地方政府依法适度举债机制,防范化解地方政府隐性债务风险,防范化解财政运行风险隐患。

政府负债的主因是城市基础设施扩大化。城市基础设施是城市正常运作的前提条件,是提升城市居民生活品质的重要保证,是城市产生聚集效益的决定因素。我们认为,城市基础设施应包括经济类基础设施、社会类基础设施、生态类基础设施。随着城镇化进程的加快,一些地方不遵循城市发展规律,不强调产城融合、多规融合,不重视城市基础设施建设社会效益、经济效益和生态效益的统一。在城市基础设施建设领域只顾投入、不管产出,只讲全力以赴、不谈量力而行,一味贪大求洋,不顾及城市发展实际,盲目决策,造成城市基础设施扩大化,催生城市基础设施"富贵病",导致城市政府负债居高不下。

城市基础设施具有双重属性。首先,城市基础设施是公共产品,必须适度先行。在城市发展初期,城市公共投资的重点是提供道路、运输、水电等必要的自然垄断性公共产品,为城市生产企业创造条件,为居民生活提供便利。随着城市进入发展新阶段,居民对美好生活的向往,要求把公共产品的投资重点转向教育、文化、医疗等领域,城市基础设施范围扩大,从经济类基础设施扩大到社会类和生态类基础设施,实现生产、生活、生态的"三生"融合,因此政府必须带头干,甚至负债干。其次,城市基础设施建设会产生溢出效应,产生级差地租,带来城市增值。其隐性的表现形式为地租和级差地租,显性的表现形式为土地出让金。土地出让金是各级政府作为城市全民(国有)所有制土地所有者的代表,向全民(国有)所有制土地使用者收取的地租和级差地租。因此政府必须高度重视城市基础设施建设带来的溢出效应,做到应收尽收,取之于民、用之于民。

城市基础设施社区化是破解政府负债难题的首要途径。社区是社会和城市的基础、细胞,是实现共同富裕的基本单元,是城市实现"三生"融合的空间载体。城市基础设施的双重属性,决定了"社区化"才能使城市基础设施的公共产品属性真正落地,增加人民群众的获得感、幸福感;"社区化"才能使城市基础设施的溢出效应最大化,实现基础设施投入产出比、性价比、费效比的最大化,进而实现城市基础设施建设少负债、不负债。

未来社区、产业园区、特色小镇等功能组团是城市基础设施社区化的重要载体。立足后疫情新时代、"双循环"新格局,在不增加政府负债的前提下,通过级差地租理论与"XOD+PPP+EPC"模式,对城市基础设施和城市土地进行一体化开发和利用,形成土地融资和城市基础设施投资之间自我强化的正反馈关系,通过城市基础设施的投入带动土地的增值,通过土地的增值反哺城市的发展,建成以人为核心的现代化基本单元和人民幸福美好家园,把"人民城市""宜居城市"建设落到实处,推动改革发展成果更多更公平惠及全体人民,推动共同富裕取得更为明显的实质性进展。杭州真正意义上的奠基人,是五代十国时期经营杭州80余年的吴越国国王钱镠及其祖孙三代,俗称"三代五王"。钱学森、钱三强、钱其琛、钱正英、钱穆等均是其后人。今天,杭州的城市管理者也应该姓"钱":真正做到"少借钱、会花钱、能赚钱",严防政府债务的"届际转移"。当然,这里所谓的"钱"不是个人的"钱"、家庭的"钱"、小团体的

"钱",而是人民的"钱"、公家的"钱"、国家的"钱"！今天的城市管理者不应该仅仅是"店小二",更应该是让党和人民放心和信任的"红色掌柜"和"理财高手"。

一、"经济类+社会类+生态类"三位一体的城市基础设施建设新体系

在我国全面建成小康社会,乘势而上开启全面建设社会主义现代化国家新征程之际,围绕"人民城市"的发展理念,构建"经济类+社会类+生态类"三位一体的城市基础设施建设新体系具有重大的理论意义和实践意义。为避免城市规划建设管理中出现"一般化、碎片化、同质化"问题,要围绕"三位一体"的城市基础设施建设新体系,以新的理念、新的手法、新的模式、新的成效,实现从"狭义的城市基础设施"向"广义的城市基础设施"跨越的发展目标。只有统筹好生产、生活、生态三大布局,才能营造宜业、宜居、宜游的城市发展环境,努力使产业变得更强、城市变得更美、百姓生活变得更好。在城市建设中,要围绕人民群众需要、贴近人民群众生活、服务人民群众利益,以创造宜业、宜居、宜乐、宜游的良好环境为目标,合理安排生产、生活、生态空间,走内涵式、集约型、绿色化的高质量发展道路。

城市基础设施既是"城镇化成本"的重要组成部分,也是城市这个复杂巨系统正常运行和健康发展的物质基础。当前地方政府负债的主要原因是解决城市经济类、社会类、生态类基础设施建设等城镇化成本支付问题产生了巨额债务。破解地方发展后劲不足和政府负债过高两大挑战的唯一途径就是通过"政产学研资用"六位一体,赋予城市三大类基础设施作为公共产品所必须具备的土地溢出效应,即地租和级差地租的特性。在不增加政府负债的前提下,依托城市基础设施导向的开发建设及级差地租理论与"XOD+PPP+EPC"模式,通过规划共绘、设施共联、市场共均、产业共兴、品牌共推、环境共建、土地共谋、社会共享、机制共创,既有可能彻底解决政府投资强度不足的问题,又有可能彻底解决城市三大类基础设施建设项目商业模式不足的问题,进而实现项目资金平衡与城市可持续发展。

(一)城市基础设施的基本概念

城市基础设施是城市存在和发展所必须具备的各类设施的总称,是城市中为顺利进行各种经济活动和其他社会活动而建设的各类设施的总称。1943年,发展经济学先驱保罗·罗森斯坦-罗丹在其著作《东欧和东南欧国家的工业化问题》中首次提到"基础设施"这一概念,认为一个社会在进行一般产业投资之前,应该具备基础设施方面的积累,基础设施是社会发展的先行资本。目前,国际上对基础设施的概念与分类存在多种观点。主流观点认为,城市基础设施是指为社会生产和居民生活提供公共服务的工程设施,是用于保证国家或地区社会经济活动正常进行的公共服务系统,是社会赖以生存发展的物质基础条件。我们认为,城市基础设施有狭义和广义之分。

1. 狭义的城市基础设施

所谓狭义的城市基础设施,一般是指经济类的基础设施。经济类基础设施是用于提供经济性公共服务的基础设施。经济性公共服务是指政府为促进经济发展而提供的公共服务。经济类基础设施主要包括能源、交通运输、电信、农业、林业、水利、城市建设和生态环保等领域的基础设施。在一个国家发展

的初级阶段,经济发展占有特别重要的地位,城市基础设施建设在传统上主要指向经济类基础设施的建设。狭义的城市基础设施具有以下几种定义。

一是传统版。传统的城市基础设施通常也被叫作社会基础资本或社会先行资本,为直接或间接地用于一般商品与服务生产的资本品,包括城市交通、给水、排水、供电、燃气、供热、通信、环境卫生、防灾等工程,它们有着各自的功能,在城市生活、生产等各项经济社会活动中起保障作用。由于城市基础设施投资数额巨大,投资回报期较长,具有公共产品属性,私人部门一般不愿对城市基础设施进行投资,政府是城市基础设施的主要投资者。《国家发展改革委关于切实做好传统基础设施领域政府和社会资本合作有关工作的通知》提出,传统城市基础设施包括能源、交通运输、水利、环境保护、农业、林业以及重大市政工程等七大领域,属于经济类基础设施领域,没有包括社会类基础设施领域。

二是法定版。1985年7月,国家城乡建设环境保护部在北京召开了大型的"城市基础设施学术讨论会",经过与会专家、中央与各省(区、市)实际工作部门领导的认真讨论,为"城市基础设施"确立了一个各方都认同的定义,即"城市基础设施是既为物质生产又为人民生活提供一般条件的公共设施,是城市赖以生存和发展的基础"。《财政部关于在公共服务领域深入推进政府和社会资本合作工作的通知》提出,公共服务包括能源、交通运输、市政工程、农业、林业、水利、环境保护、保障性安居工程、医疗卫生、养老、教育、科技、文化、体育、旅游等15个领域,全部属于基础设施领域,与产业发展领域相对应。

三是单一版。单一的城市基础设施则仅指经济类基础设施。世界银行在《1994年世界发展报告》中将经济类基础设施定义为"永久性的工程构筑、设备、设施和它们所提供的为居民所用与用于经济生产的服务。这些城市基础设施包括公共事业(电力、管道煤气、电信、供水、环境卫生设施和排污系统、固体废弃物的收集和处理系统)、公共工程(大坝、灌渠和道路)以及其他交通部门(铁路、城市交通、海港、水运和机场)"。

2. 广义的城市基础设施

随着城市的发展和人民生活水平的提高,经济类基础设施不足以涵盖城市基础设施的类别,因此形成广义的城市基础设施概念。广义的城市基础设施具有以下几种定义。

一是现代版。《城市规划基本术语标准》将城市基础设施定义为:城市生存和发展所必须具备的工程性基础设施和社会性基础设施的总称,是城市中为顺利进行各种经济活动和其他社会活动而建设的各类设备的总称。城市基础设施是经济社会发展的重要支撑,要以整体优化、协同融合为导向,统筹存量和增量、传统和新型城市基础设施发展,打造集约高效、经济适用、智能绿色、安全可靠的现代化城市基础设施体系。

二是非法定版。《城市决策论》提出,城市基础设施即城市基础结构,是为城市生产和生活提供一般条件的公共服务设施。城市基础设施是由多个小系统组成的大系统,主要包括能源系统、水源和给排水系统、邮电通信系统、环境系统、城市防灾系统。大系统中存在着性质不同的各类城市基础设施,不同性质和类型的城市基础设施之间,必须相互配套、协调发展,否则"短边规则"将起作用。

三是三位一体版。广义的城市基础设施由三部分构成:城市经济类基础设施,我国一般所谓的城市基础设施多指经济类(或称工程性)基础设施,主要包括能源系统、给排水系统、交通系统、通信系统、环境系统、防灾系统等;城市社会类基础设施,主要包括教育系统、医疗系统、文化系统、体育系统、广电系统、互联网系统、科研系统等;城市生态类基础设施,主要包括水环境保护系统、大气环境保护系统、固体废弃物(含生活垃圾)处理系统、噪声污染防治系统、土壤修复系统、绿地系统等。

在今天的中国,城市基础设施已实现了从"狭义"到"广义"的历史性跨越。因此,研究我国城市基础设施的高质量发展,不应该仅仅从传统的狭义视角进行研究,而应该从更加广义、更为全面、更高层次的角度进行审视。本文所谓的城市基础设施主要是指广义的基础设施。与狭义的城市基础设施概念只注重经济类基础设施相比,广义的城市基础设施概念强调经济、社会、生态类基础设施的三位一体,对应城市生产、生活、生态的"三生"融合。随着中国城镇化进程的快速推进,城市基础设施建设的社会需求与地方财力不足之间的矛盾日益突出,资金投入不足,导致城市基础设施建设后劲乏力,城市综合承载能力不够,甚至出现城市基础设施和公共服务设施严重滞后的问题,现已成为影响和制约新型城镇化健康发展的一大瓶颈。新型城镇化既是新型城市基础设施建设的最佳载体,也是扩大内需的最大推动力。城市基础设施不是一般的城市建设项目,而是引领城市发展与治理的"杠杆",带动人口、技术、资本等生产要素在空间上的集聚与扩散。

2013年9月6日,《国务院关于加强城市基础设施建设的意见》是改革开放以来首次以国务院名义发布的城市基础设施建设文件,具有标志性意义。该文件明确提出当前加快城市基础设施升级改造的重点任务,要求加强城市基础设施建设,围绕推进新型城镇化的重大战略部署,切实加强规划的科学性、权威性和严肃性,坚持先地下、后地上,提高建设质量、运营标准和管理水平。要深化投融资体制改革,在确保政府投入的基础上,充分发挥市场机制的作用,吸引民间资本参与经营性项目建设与运营,改善城市人居生态环境,保障城市运行安全。

2020年3月4日,中共中央政治局常务委员会召开会议强调,加快5G网络、数据中心等新型基础设施建设进度。大力推进以5G、物联网、工业互联网、卫星互联网为代表的通信网络基础设施,以人工智能、云计算、区块链等为代表的新技术基础设施,以数据中心、智能计算中心为代表的算力基础设施的建设,创造良好的社会经济发展环境,有助于推进我国城市基础设施现代化水平的不断提升。

3. 城市基础设施的特征

一是公益性。城市基础设施建设的目的是提供公共服务,具有显著的公益性特征,工程建设及运营质量直接关系人民生活和相关行业部门的运转,并会造成相当广泛的社会影响。城市基础设施服务职能的公益性表现在两个方面:一方面,任何一项城市基础设施都是为城市所有部门、企业和居民提供服务的,是为城市社会整体、为整个城市提供社会化服务;另一方面,从服务对象上看,既为物质生产服务,又为居民生活服务,两者难以完全分开。

二是生产性。城市基础设施具有生产性,决定了对它的建设过程是一个投入产出的过程,它的建设和运营需要实现资金的良性循环。因此,对城市基础设施的使用必须是有偿的。对城市基础设施实现投入产出补偿的途径有三种:市场补偿、财政补偿、市场与财政复合补偿。另外,城市基础设施的社会公益性特征,导致其服务价格往往不能以建设和运作成本为基准,要考虑社会公众的可接受性,往往实行低定价政策。规模巨大的总投资,其效果在短期内难以得到集中反映,所带来的经济、社会、环境影响也要通过相当长的一段时期才能表现出来。

三是垄断性。城市基础设施的垄断性,指的是由于城市基础设施具有公益性和规模经济效益,在每个领域,城市政府只允许少数几家企业进入,开展必要的竞争。不同类别的城市基础设施如交通网、电网、水网、气网等互为网络,密切联系,相互制约、相互依存。城市基础设施还必须与区域经济、人口规模、国家发展规划、国土空间规划、区域规划、各类专项规划、社会发展需要等保持协调,由此进一步提升了行业门槛和垄断性。

四是系统性。城市基础设施是一个有机的综合系统,也是城市大系统中的一个子系统。各类城市基础设施之间具有复杂的物质流、信息流、能量流;在组织建设的方式上,以地块为单元,各类设施在地块单元上进行集成,作为一个整体共同作用于工程设施。同时,城市基础设施具有不同的层次,不同层次的设施相互耦合,共同构成城市基础设施的复杂系统。不同类型城市基础设施的多层次系统性特征,决定了城市基础设施体系规划的专业性、复杂性及目标多元性,需要从不同角度进行系统优化和整体布局。

五是超前性。时间上的超前是城市发展的要求。空间上的超前,即城市基础设施的建设应该留有余地,以适应今后产业规模和人口规模的发展。城市基础设施建设的超前性体现了城市基础设施建设规划布局的重要性,同时也表明面对未来的不确定性,城市基础设施规划布局难度明显增加。

六是长期性。城市基础设施的建设和管理,其目的并不完全着眼于自身获得的经济效益,而在于为整个城市经济的发展提供基础条件,促进城市经济和其他各项城市事业的发展,增进城市的总体效益。建立完善的城市基础设施往往需要较长时间和巨额投资,新建项目、扩建项目,特别是重大城市基础设施项目需要提前布局,先行建设,以便项目建成后尽快产生效益。城市基础设施投资大、使用期长,总的投资效益在短期内难以得到集中反映,要通过相当长的一段时期才能表现出来。

4. 城市基础设施的作用

一是城市基础设施是城市正常运转的前提条件。一般说来,基础设施越完备,城市内外经济活动的沟通就越便捷,各经济要素的运动速度也越快,从而保证城市生产活动的顺利进行,使城市经济效益不断提高。

二是城市基础设施是提升城市居民生活品质的重要保证。良好的城市基础设施,既使城市居民在生活品质上得到保障,也使城市经济的持续发展获得推动力。

三是城市基础设施是城市产生聚集效益的决定因素。完善而良好的城市基础设施可以使城市各社会经济单位更好地分工协作、加强联系,各个方面迅速传导着人流、物流和信息流,使城市地域内各社会经济要素紧密地聚合在一起,大大提高城市所有部门的经济效益、社会效益和环境效益,进而大大提高整座城市的聚集效益。

四是城市基础设施是社会变革和经济成长的重要载体。城市基础设施内部各个项目紧密相连、相互依存,只有合成整体,才能正常发挥作用。因此,需要政府从全局出发,做好把控。城市基础设施的发展归根结底是政府的责任,必须由政府落实与保障。政府应在城市基础设施发展中发挥主导作用,在城市基础设施区域化、网络化、超前化、智慧化发展过程中,承担应有的改革责任。

五是城市基础设施是公众参与及社会评价的重要渠道。城市基础设施项目投融资的可行性分析、项目的事前及事后评估必须同时建立在经济性和社会性的基础上,既要考虑项目的商业性及营利能力,也要重视拟建项目的公众参与及社会评价等工作。城市基础设施的效益主要通过服务对象的效益和整体社会经济效益间接地表现出来。

5. 城市基础设施的理论

在传统理念的指导下,政府对城市基础设施的建设营运亲力亲为,大包大揽,结果在实践中无一例外地遇到资金短缺、财政负担过重、市场垄断、缺乏竞争、运行成本高效率低、管理体制不适应经济社会发展需要等难题。因此,世界各国在相关理论指引下进行城市基础设施投资运营体制改革。

一是公共产品理论。现代经济学认为,社会生产消费的物品可根据其生产、消费、效用等方面的特点分为公共产品、私人产品和准公共产品等三大类型。公共产品具有生产经营的垄断性、消费的不可分割性和非排他性、效益的外部性;私人产品是个别主体使用和消费的产品与服务,具有生产经营的竞争性、消费的可分割性和排他性及效益的内部性;准公共产品是介于公共产品和私人产品之间的产品或服务。一般地说,大多数城市基础设施是市场体系中一种特殊的产品,从本质上看,具有公共产品和私人产品的混合属性。

二是平衡增长理论。在西方发展经济学中,平衡增长理论产生于20世纪40年代初。所谓"平衡增长",是指在整个工业或国民经济各个部门中,同时进行大规模的投资,使工业或国民经济各部门按同一比率或不同比率全面地得到发展,以此来彻底摆脱贫穷落后的面貌,实现工业化或经济发展。在平衡增长理论看来,城市基础设施建设具有先行性和基础性,城市基础设施所提供的公共服务是所有商品与服务的生产所必不可少的,若缺少这些公共服务,其他商品与服务(主要指直接生产经营活动)便难以生产或提供。城市基础设施具有不可贸易性,绝大部分城市基础设施所提供的服务几乎是不能通过贸易进口的。一个国家可以从国外融资和引进技术设备,但要从国外直接整体引进机场、公路、水厂是难以想象的。城市基础设施具有整体不可分性,通常情况下只有达到一定规模时才能提供有效的服务。城市基础设施具有准公共物品性,有一部分的城市基础设施提供的服务具有相对的非竞争性和非排他性,类似于公共物品。

三是项目区分理论。根据城市基础设施的具体性质和特征,对不同类型的项目进行区别管理,选择适宜的投资主体、运作模式,这就是项目区分理论。城市基础设施的经营性项目属于全社会投资范畴,但前提是项目必须符合城市发展规划和产业导向政策,投资主体可以是国有企业、民营企业、外资企业等,融资、建设、管理及运营均由投资方自行决策,权益也理应归投资方所有。经营性项目的共性是有收费机制,但还有必要以其有无收益利润分为两类,即纯经营性项目和准经营性项目。纯经营性项目可吸引全社会投资,通过市场机制实现资源的有效配置。准经营性项目有收费机制和资金流入,具备潜在的利润,但因政策偏向及价格没有到位等因素无法收回成本,客观上附带部分公益性,要通过政府适当贴息或政策优惠维持营运,待其价格逐步到位及条件成熟时,即可转变成纯经营性项目。城市基础设施项目经营性、准经营性和非经营性的区分并不是绝对的,而是随着具体的环境条件变化。

四是可销售性区分理论。虽然从总体上看,城市基础设施具有垄断性,但是在不同部门、部门内部和各种技术类型之间的城市基础设施的经济特征大不相同。一般而言,产品/服务的可销售性越高,私人参与的可能性就越大。对某一城市基础设施行业的可销售性的评判绝不可能是"是或否",而只能是"高或低",因此对于不同的城市基础设施产品/服务,其私人参与的程度和方式也各不相同。理论上讲产品/服务可销售性越高,私人产品的属性就越强,由私营部门提供的可能性就越大。

五是可持续发展理论。作为诞生于20世纪70年代初的新经济发展理论,它要求改变单纯追求经济增长、忽视生态环境保护的传统发展模式,由资源型经济过渡到技术型经济,综合考虑社会、经济、资源与环境效益,积极控制人口增长。通过产业结构调整和合理布局,应用高新技术,实现清洁生产和文明消费,协调环境与发展的关系,使社会经济的发展既满足当代人的需求,又不至于对后代人的需求构成危害,最终达到社会、经济、生态和环境的持续稳定发展。目前,可持续发展理论已从学术讨论转向实践,成为全人类21世纪的共同选择。2015年,联合国可持续发展峰会正式通过17个可持续发展目标,旨在以综合方式彻底解决社会、经济和环境三个维度的发展问题,其中第九个可持续发展目标是"产业、创新和基础设施",认为"投资基础设施对于实现可持续发展、促进诸多国家社区的发展来说至关重要"。历史经验表明,生产率与收入的增长、人类健康与教育水平的提升都离不开基础设施投资。城市基础设施和创新领域的持续投资是经济增长及社会发展的重要推动力。

(二)城市经济类基础设施:六大系统

有学者认为,城市经济类基础设施是"直接或间接地有助于提高产出水平和生产效率的经济活动,其基本要素是交通运输、动力生产、通信、银行业、教育和卫生设施等系统,以及一个秩序井然的政府和政治结构"。

城市经济类基础设施建设的核心在于"如何让一个社会创造出更多的经济价值",因此投入产出比就成了衡量其作用的重要指标,即一个社会健康的经济发展,资源投入后所产生的价值回报必须覆盖基础的生产成本,同时产生足够多的剩余价值。城市基础设施在经济学中的核心作用是提高产出水平和生产效率,同时城市基础设施也具有拉动需求、创造就业及通过金融杠杆产生附带价值的作用。上述这些作用在很大程度上都是短期的,而"提高产出水平和生产效率"则是城市基础设施在经济学理论中的长期作用和根本意义。

城市经济类基础设施具有专业垄断性的特征。一方面,城市基础设施行业具有较高的进入和退出壁垒,进入壁垒主要在于城市基础设施项目投资规模大、回收周期长、资产专业化程度高、技术及管理运营经验要求高。退出壁垒主要在于城市基础设施资产的专用性特征突出,产品或服务的公共物品属性导致资产难以变卖,造成大量的沉没成本,同时由于城市基础设施涉及公共安全和利益,具有较强的外部性及公益性特征,政府不允许企业随意退出。另一方面,城市基础设施的规模经济性使得由一家或少数几家企业垄断性经营的成本效率最大化,使得传统城市基础设施领域中各行业普遍存在自然垄断性特征,客观上要求对城市基础设施高质量发展政策的制定,必须充分考虑这些突出特征。

城市经济类基础设施一般由六个大系统21个子系统构成。一是城市能源系统,包括电力生产与输送系统、燃气生产与供应系统、制热与供热系统等3个子系统。二是城市供水与排水系统,包括水资源开发与管理系统、自来水生产与供应系统、污水排放与处理系统、雨水排放系统等4个子系统。三是城市交通系统,包括道路与停车设施系统、公共交通系统(公共汽车、电车、出租汽车等)、快速交通系统(地铁、轻轨等)、对外交通系统(铁路、机场、港口、高速公路等)等4个子系统。四是城市通信系统,包括邮政系统、电信系统、数据网络系统等3个子系统。五是城市环境系统,包括园林绿化系统、环境保护系统、环境卫生系统等3个子系统。六是城市防灾系统,包括防洪系统、消防系统、防震系统、人防系统等4个子系统。以上六大系统21个子系统之间,既互相独立,又密切配合,共同保证城市生产与生活的正常运行。

(三)城市社会类基础设施:七大系统

城市社会类基础设施,是为提高城市居民素质、满足城市居民对文化和精神生活需要、为居民提供医疗保障,以及保障城市居民最低生活水平服务的城市教育、科技、文化、卫生、体育等社会组织、机构、建筑物与构筑物,是既为物质生产又为人民生活提供一般条件的公共设施,是城市赖以生存和发展的基础。

就目前来说,关于社会类基础设施的概念大体上只有在城市经济学教材中才可以看到。在这些教材中一般都明确地指出:所谓设施,不是单纯指建筑物和构筑物等设施,而是"为进行某项工作或满足某种需要而建立起来的机构、系统、组织等",即包含了借助物质设施进行社会活动的组织、机构体系。社会类基础设施对城市社会发展具有更重要的作用与意义。联合国教科文组织在2016年曾提出,"终身学习应成为城市发展的基础设施",强调要把终身教育变成像城市的交通、通信、电力等城市基础设施那样社会赖以生存和发展的一般条件。

城市社会类基础设施具有较强的社会公益性和社会关注性特征,对经济社会可持续发展的影响很大。部分城市基础设施投资主要来源于国家及地方财政支出,涉及政府公共资源的优化配置问题。社会类基础设施高质量发展相关政策的制定,往往会成为社会公众高度关注的公共政策热点问题,需要进行广泛调研、公众参与、深度协商,以便达成共识。不仅要求政策的内容合理科学,而且要求程序合法合规,社会公众能够普遍接受,形成尽可能广泛的社会共识及共同行动。

城市社会类基础设施包括七大系统,分别是:城市教育系统,包括学前教育、基础教育、高等教育、成人教育、特殊教育等类型;城市医疗系统,包括公共卫生设施与机构、医疗设施与机构、医疗保健、医学教育及医学研究等设施与部门;城市文化系统,包括图书馆、博物馆、剧院、文化馆、美术馆、文物、古迹以及文化普及等;城市广播电视系统,包括广播、电视、报纸、杂志、音像制品、娱乐等文化产业;城市互联网系统,包括信息基础设施建设和信息化应用、信息化发展环境、信息化管理和服务水平以及由新一代信息技术演化而成的新型城市基础设施等;城市体育系统,包括以满足社会公共需要为目标的公益性体育活动,以及以满足个人和家庭需要为目标的营利性体育事业两大类;城市科研系统,包括基础科学研究、应用技术研究、公益性技术研究和科学技术推广等方面的活动。

（四）城市生态类基础设施:六大系统

城市生态类基础设施是保障城市生态安全、提高城市生态品质、建设城市生态文明的基础,是城市湿地、绿地、地面和建筑物表面、资源和废弃物进出口、交通和水系在生态系统尺度上的有机整合,能够为城市生产、生活活动提供必要的生态服务。

生态类基础设施概念最早见于1984年联合国教科文组织"人与生物圈计划"发布的研究报告,用于表示自然景观和腹地对城市的持久支持能力。20世纪90年代以来,西方发达国家的一些科学家和研究组织进一步丰富了生态类基础设施概念的内涵,将生态类基础设施分为生态斑块、廊道及基质等三种要素,强调自然环境和生命支撑系统在城市土地利用规划(包括雨水花园、屋顶绿化和湿地等)以及促进环境健康方面的重要作用。在美国还出现了与生态类基础设施相近的概念,即绿色基础设施。该概念最初用于城市绿色空间和生态廊道的规划,后多用于生态雨水管理。当前绿色基础设施与生态类基础设施两个概念所表达的含义已逐渐趋于一致。

生态类基础设施应包括流域汇水系统、城市排水系统、区域能源供给和光热耗散系统、城市土壤活力和土地渗滤系统、城市生态服务和生物多样性网络、城市物质代谢和循环系统、区域大气流场和下垫面生态格局等多个方面。通过城市的水、土、气、生、矿五大生态要素的支撑能力,以及肾(湿地)、肺(绿地)、皮(地面和建筑物表面)、口(资源和废弃物进出口)、脉(交通和水系)五类生态设施的服务功能,维持城市生态系统的活力和可持续性。城市生态基础设施应当是肾、肺、皮、口、脉在生态系统尺度上的有机整合,为城市生产、生活活动提供必要的生态服务。

城市生态类基础设施通常有两个层面的含义:一是自然区域和其他开放空间相互连接的生态网络系统;二是"生态化"的人工基础设施。认识到各种人工基础设施对自然系统的改变和破坏,如交通基础设施被认为是导致景观破碎化、栖息地丧失的主要原因,人们开始对交通基础设施进行生态化的设计和改造,来维护自然过程和促进生态功能的恢复,并将此类人工基础设施也称为"生态化的"基础设施。

城市生态类基础设施通常有三种尺度类型:一是从区域的宏观层面来讲,这是一种关于城市生态安全格局的分析方法,为城市建设提供了具有可行性的最优化发展框架,确立城市土地保护、开发的最佳方案和建设政策。二是从城市的中观层面讲,生态类基础设施与城市绿地系统相结合,作为构建城市生态网络的途径,同时维护和修复城市中的自然景观形态。三是从场地的微观层面来讲,这是可持续生态系统的基础结构,是城市建设的必要组成部分,通过提供生态雨水设施、绿色交通基础设施(无机动车道或绿道)、废弃地修复等城市运行所需的配套功能和服务,满足人们对生产、生活、生态的需求。从中国的国情出发,我们经过多年的研究认为,将中国城市生态类基础设施界定为以下六大系统是科学的,合理的。

城市生态类基础设施包括六大系统,分别是:城市水环境保护系统,包括给水工程、排水工程、饮用水源工程、净水工程、输配水工程、雨水排放工程、污水处理与排放工程等;城市大气环境保护系统,是指通过对工业产生的大气污染、日常生活产生的废气、城市汽车尾气等多种来源的大气进行综合治理,降低污染气体排放量,使用清洁型能源,同时扩大城市内部绿化用地面积,提高城市大气环境净化效果;城市固体废弃物(包括生活垃圾)处理系统,包括垃圾处理厂(场)、垃圾填埋场、垃圾收集站、垃圾转运站、车辆清洗场、环卫车辆场、公共厕所以及城市环境卫生管理设施,其作用是收集与处理城市各种废弃物,综合利用,变废为宝,清洁市容,净化城市环境;城市噪声污染防治系统,主要是对已建成的和将建设的居民区、学校、医院、政府办公机构周边的轨道、道路加装隔音降噪设施,避免因城市基础设施运营引发扰民问题;城市土壤恢复系统,主要通过生物修复、植物修复和酶学修复等技术手段,恢复受污染的城市土地,满足城市的土地资源应用需求,提高土地资源利用率,解决城市土壤污染和土地浪费问题;城市绿地系统,指城市内部和城市外部所有绿地所共同组成的整体,既包括市区层面的绿地系统,也包含市域层面的绿地系统,通过合理安排城市各类园林绿地建设和市域大环境绿化的空间布局,达到保护和改善城市生态环境、优化城市人居环境、促进城市可持续发展的目的。

城市经济类、社会类、生态类基础设施的政策主体、政策目标、政策工具及其所涉及的供给、需求、环境、时空等层面均具有一定的共同点,只是在专业技术和行业特质方面有所差别。从政策主体而言,城市基础设施各行业领域的政策均分为国家、部门、地方政府三个层面;从政策目标而言,一般分为总体战略目标、区域目标、地方目标、行业目标等层面;从政策工具而言,一般包括规划、资金、工程、人才、技术、科创、财税、金融、政务等方面。因此,城市基础设施的政策目标虽然具有一致性,但在实践环节仍需要对不同行业的城市基础设施政策进行统筹协调。

二、"XOD+PPP+EPC"三位一体的城市基础设施建设新模式

在追求高质量发展模式的实践中,以三大类基础设施为一体的城市基础设施建设新体系,为城市发展和治理提供了探索与实践经验。在这一进程中,与城市基础设施建设新体系相对应的建设新模式——"XOD+PPP+EPC"三位一体的建设模式应运而生。所谓"XOD+PPP+EPC",即以XOD模式为导向(XOD中的"X"特指三大类城市基础设施),以"PPP+EPC"模式为手段,引导政府资本和社会资本从交通拓展到城市经济类、社会类、生态类等三大类城市基础设施。城市基础设施是杭州打造"覆盖城乡、全民共享"的"生活品质之城"的重要基础。从2001年起,杭州市先后在一系列城市重大开发建设项目中探

索"XOD+PPP+EPC"模式,主要是为一揽子破解城镇化"钱从哪里来到哪里去、地从哪里来到哪里去、人从哪里来到哪里去、手续怎么办"等四大难题。

（一）以XOD为特色的城市基础设施建设的规划模式

规划是进行合理的选择和对未来活动加以控制的行为。为充分发挥城市基础设施规划的引领性、先导性、基础性和调控性作用,政府应对城市基础设施的未来需求及发展方向进行预测,并进行总体布局规划,制定城市基础设施建设的中长期规划,制定城市基础设施适应新时代发展要求的高质量发展调控体系。针对跨区域、跨国区域城市基础设施供给等趋势,研究推动城市基础设施政策制度一体化、标准化、国际化的应对措施,建立区域信息数据共享机制,制定城市基础设施高质量发展的区域性调控体系。

1. 土　地

土地是自然赋予人类宝贵的资源,是一切生活和一切生产的源泉,是人类赖以生存和发展的物质基础。土地作为人类活动的场所与空间,具有养育功能、承载功能、仓储功能和景观功能等。在人口、资源、环境和经济发展关系中,土地处于其他资源无法替代的地位。

土地可以分为下列三种:一是土地即田地、地面,这是一般人通常最直观的认识。二是土地即地球上陆地的表层,包括水域在内,是由地貌、土壤、岩石、水文、气候、植被等要素组成的自然综合体。三是土地即自然物、自然力或自然资源。

城市土地是指在一定期限内用于城市建设和满足城市功能运转所需的土地。从区域上说,城市土地包括三个层次:一是城市市区的土地,即城区建成区范围内的土地。二是城市规划区范围内的土地。三是城市行政管理区范围内的土地,即城市和郊区(县)的土地。

2. 地租及级差地租

所谓地租,是指土地所有者凭借土地所有权而获得的收入。在不同的社会制度下,土地所有权的性质不同,地租的性质、形式也就不同。西方古典经济学家最早论述了土地问题,马克思则在批判和继承西方古典经济学理论的基础上,形成了马克思主义的土地经济学理论。

马克思在《资本论》中全面论述了"地租理论",特别是"级差地租理论"。地租理论,特别是级差地租理论是马克思政治经济学的重要组成部分。在当今中国,千万不能将土地问题污名化,更不能将地租理论污名化。"地租",简而言之即指土地所有者依靠土地所有权从土地使用者那里获取的报酬。"级差地租",简而言之即指由于土地等级不同(在当今的中国,造成土地等级不同的因素包括土地的性质、土地的用途、土地的功能、土地的投入等)而形成的具有差别性的地租。

当然,马克思是在土地私有制的背景下,研究地租特别是级差地租问题的。而今天,我们是在土地公有制的背景下,研究地租特别是级差地租问题的。换言之,今天的中国亟须研究并创新具有中国特色、时代特征的马克思主义地租理论特别是级差地租理论,进而在基础理论层面阐明:在今天的中国,各级政府作为城市全民(国有)所有制土地所有者的代表,依法向土地使用者收取"土地出让金"是完全合理的、必须的。各级政府只要严格依法做到所收取的地租特别是级差地租"取之于民、用之于民",其彰显的必然是全体人民所期盼的马克思主义的公平正义。

3. TOD模式

所谓"TOD(transit oriented development)模式",最早是指以公共交通为中枢、综合发展的步行化城区发展模式,是一种交通导向的"紧凑开发"模式,是基于土地利用的交通战略开发模式。最早由美国建筑设计师哈里森·弗雷克提出。其中公共交通主要是指地铁、轻轨等轨道交通及公交干线,然后以公交站为中心、以400—800米(5—10分钟步行路程)为半径建立集工作、商业、文化、教育、居住等为一体的城区,以实现各个城市组团紧凑型开发。

按照TOD模式的位置、特点及作用的不同,可以把TOD模式划分为"城市TOD模式"和"社区TOD模式"。"城市TOD模式",是指实施TOD模式的地区位于区域公共交通网络主干线上,如在地铁站、轻轨站或公交车站周围,并将成为商业中心或就业中心。这种地区具有很高的土地开发密度,规模较大,空间尺度一般以步行10分钟的距离或600米的半径为限。"社区TOD模式",是指实施TOD模式的地区不是位于区域主干线上,而是位于距地铁站、轻轨站或其他公交换乘站10分钟公交路程的公共交通网络支线上,通过公交支线与主干线相连。社区TOD模式以提供多样化的居住为主,具有较高的居住密度,并向邻近居民提供娱乐、餐饮、零售以及市政公用设施等社区服务。

进入21世纪,在以传统公共交通为导向的TOD模式基础上,开始出现以机场、港口、高速公路节点、高铁站等为导向的新型TOD模式(大TOD模式)。诸如高铁组团、空港组团等应运而生,上海虹桥站、杭州火车东站就是TOD模式应用的典型案例。

4. XOD模式

XOD模式是借鉴TOD模式的理念,以城市经济类、社会类、生态类等三大类基础设施为导向的城市空间开发模式。按照不同的城市基础设施类型,XOD模式可具体划分为POD模式(park oriented development,以城市公园等生态设施为导向)、EOD模式(educational facilities oriented development,以学校等教育设施为导向)、COD模式(cultural facilities oriented development,以博物馆、图书馆、文化馆、歌舞剧院等文化设施为导向)、SOD模式(stadium and gymnasium oriented development,以体育场馆等体育运动设施为导向)、HOD模式(hospital oriented development,以医院等综合医疗设施为导向)等。

XOD模式遵循"以人为本""三效合一(经济效益、社会效益、生态效益)""多规合一""优化布局""绿色发展"等城市规划、建设理念,通过规划引领,以空间规划为龙头,坚持实现与经济社会发展规划、土地利用规划、城市基础设施建设规划和环境保护规划的"五规合一",统筹生产、生活、生态三大布局,坚持集约发展,贯彻精明增长、紧凑城市理念,切实提高城市的宜居性,从而推动城市发展由外延扩张式向内涵提升式转变。

只有坚持XOD模式的发展理念,对城市基础设施和城市土地进行一体化开发和利用,形成土地融资和城市基础设施投资之间自我强化的正反馈关系,通过城市基础设施的投入改善企业的生产环境和居民的生活质量,从而带动土地的增值,进而通过土地的增值反哺城市的发展,才能切实解决新型城镇化发展进程中"钱从哪里来"的问题。21世纪以来,杭州实施的西湖综保工程、西溪综保工程、大运河综保工程、湘湖综保工程、良渚综保工程等一系列重大项目,都彰显了XOD模式的发展理念,非但没有给财政带来负担,还造福于广大人民,推进了城市又好又快发展。

（二）以PPP为特色的城市基础设施建设的投融资模式

城市基础设施建设需要大量资金,政府应从城市基础设施的筹资方式、生产方式、消费方式、管理方式、科研方式等方面对城市基础设施的规划、设计、投资、融资、建设、运营等全生命周期进行有效指引和调控,明确城市基础设施高质量发展的评价体系及奖惩措施。城市政府在城市基础设施建设中,既需要充分挖掘公共财力的潜力加大投入,又必须积极创新投融资机制。通过XOD模式,激发社会资本参与城市基础设施的热情;通过PPP模式,解决城市基础设施建设的投融资问题,二者双管齐下,相辅相成,从而真正破解中国特色新型城镇化建设"钱从哪里来"的难题。

1. PPP模式

PPP是public private partnership的缩写,指政府(public)与私人(private)之间,基于提供产品和服务的出发点,达成特许权协议,形成"利益共享、风险共担、全程合作"的伙伴合作关系。1997年,英国经济学界在联合国可持续发展的项目管理(SPM)会议上提出,PPP模式泛指政府部门与社会资本之间的一种合作经营模式,在政府公共部门与私营部门合作过程中,让非公共部门所掌握的资源参与提供公共产品和服务,从而达到对合作各方比预期单独行动更为有利的结果。其应用领域为公共产品或服务的制造与供应,是对传统意义上应由政府负责并主导的社会服务体系的补充或替代。

1995年,我国国家计委正式批准实施第一个BOT试点项目。2013年,党的十八届三中全会提出,"允许社会资本通过特许经营等方式参与城市基础设施投资和运营",财政部和国家发改委相继发力推动相关工作。2014年9月,《国务院关于加强地方政府性债务管理的意见》明确将PPP模式作为地方政府举债融资的重要举措,"鼓励社会资本通过特许经营等方式,参与城市基础设施等有一定收益的公益性事业投资和运营";同年11月,《国务院关于创新重点领域投融资机制鼓励社会投资的指导意见》印发,要求"进一步鼓励社会投资特别是民间投资";同年12月,《国家发展改革委关于开展政府和社会资本合作的指导意见》鼓励和引导社会投资,增强公共产品供给能力,促进调结构、补短板、惠民生。2015年3月,政府工作报告提出要在城市基础设施等领域积极推广PPP模式;随后,《国家发改委、国家开发银行关于推进开发性金融支持政府和社会资本合作有关工作的通知》提出灵活运用基金投资、银行贷款、发行债券等各类金融工具,推进建立多元化、可持续的PPP项目资金保障机制;同年4月,国家发改委、财政部、住建部、交通部、水利部、人民银行联合发文《基础设施和公用事业特许经营管理办法》,鼓励和引导社会资本参与城市基础设施和公用事业建设运营,提高公共服务质量和效率,保护特许经营者合法权益。同年5月,国务院办公厅转发财政部、国家发改委、人民银行联合制定的《关于在公共服务领域推广政府和社会资本合作模式的指导意见》,要求改革创新公共服务供给机制,大力推广政府和社会资本合作模式。2017年10月,国家发改委通知,鼓励各地政府、金融机构、企业等创新合作机制和投融资模式。

近年来PPP模式在中国取得了长足的进步和发展。作为一种能够有效引导社会资本参与公共服务或产品制造及供给的项目运作方式,PPP模式以及与之密切相关的特许经营模式受到各级地方政府及社会各界的关注。根据财政部政府和社会资本合作中心PPP项目管理库数据,至2020年末,累计入库PPP项目9459个,投资额14.4万亿元;累计落地项目6410个,投资额10.0万亿元,落地率67.8%;累计开工项目3760个,投资额5.7万亿元,开工率58.7%。

2. PPP模式与BT、BOT模式之间的区别和联系

"PPP"一词,是对已兴起的BOT、TOT等政府特许经营与社会资本的各类合作模式的总括。但是,这三者之间还是存在着很大的区别,不能混淆。

BOT(build operate transfer,建设—经营—转让)是城市基础设施投资、建设和经营的一种方式,以政府和私人机构之间达成协议为前提,由政府向私人机构颁布特许,允许其在一定时期内筹集资金建设某一城市基础设施并管理和经营该设施及其相应的产品与服务。政府对该机构提供的公共产品或服务的数量和价格可以有所限制,但要保证私人资本具有获取利润的机会。整个过程中的风险由政府和私人机构分担。当特许期限结束时,私人机构按约定将该设施移交给政府部门,转由政府指定部门经营和管理。所以,BOT一词意译为"基础设施特许权"更为合适。BOT模式作为PPP模式的一种形式最初以引进外资为主,后来被广泛应用到民间资本投融资城市基础设施建设中来。BOT模式一般适用于发电站、高速公路、铁路、供排水系统等具有投资回报的大型城市基础设施项目,但是关系国计民生且具有政治意义的城市基础设施项目一般不按此模式运作。与BOT模式相比,PPP模式的主要特点是,政府在项目中后期的建设管理运营阶段参与更多,企业在项目前期调研、立项等阶段的参与更多。政府和企业都是全程参与,双方合作的时间更长,信息也更对称。

过去很多人把BT(build transfer,建设—移交)模式误认为是PPP模式并进行推广,实际上两者并不一致。BT模式主要适用于建设城市基础设施,建设承包人负责建设资金的筹集和项目建设,并在项目完工时立即移交给建设单位(通常为政府),建设单位向建设承包人支付工程建设费用和融资费用,支付时间由建设双方约定,因此,BT模式是通过融资进行项目建设的方法。2012年,财政部、国家发改委、人民银行和银监会四部委联合发布了《关于制止地方政府违法违规融资行为的通知》,明确"除法律和国务院另有规定外,地方各级政府及所属机关事业单位、社会团体等不得以委托单位建设并承担逐年回购责任等方式举借政府性债务"。明确BT模式和PPP(如BOT模式等)模式的差异,是科学推行PPP模式的关键。PPP模式与BT模式相比,政策导向不同,目标不同,核心内涵不同,适用领域、期限和流程不同,预算管理要求不同,对地方政府债务的影响不同,监管和信息公开要求不同,政府成本负担不同,社会资本投资风险不同,融资政策不同。PPP模式有两个鲜明特点,一是保证社会资本营利,具有收费和还贷机制;二是社会资本要与公共资本和财政资本捆绑,共同承担经营风险,而BT模式均不符合上述两个特

点,所以不是真正意义上的PPP模式。

3. 推广PPP模式的意义

在我国,PPP模式不仅是一种融资手段,还是一次体制机制变革,涉及行政体制改革、财政体制改革、投融资体制改革。当前,我国正处于国民经济和社会发展第十四个五年规划和2035年远景目标加速实现的关键期,实施新型城镇化发展战略,既是现代化的要求,也是稳增长、促改革、调结构、惠民生的重要抓手。立足国内实践,借鉴国际成功经验,推广运用政府和社会资本合作模式,是国家确定的重大经济改革任务,对于加快新型城镇化建设、提升国家治理能力、构建现代财政制度具有重要意义。

第一,推广运用政府和社会资本合作模式,是促进经济转型升级、支持新型城镇化建设的必然要求。通过政府和社会资本合作模式向社会资本开放城市基础设施和公共服务项目,可以拓宽城镇化建设融资渠道,形成多元化、可持续的资金投入机制,有利于整合社会资源,盘活社会存量资本,激发民间投资活力,拓展企业发展空间,提升经济增长动力,促进经济结构调整和转型升级。

第二,推广运用政府和社会资本合作模式,是加快转变政府职能、提升国家治理能力的一次体制机制变革。规范的政府和社会资本合作模式能够将政府的发展规划、市场监管、公共服务职能,与社会资本的管理效率、技术创新动力有机结合,减少政府对微观事务的过度参与,提高公共服务的效率与质量。政府和社会资本合作模式要求平等参与、公开透明,政府和社会资本按照合同办事,有利于简政放权,更好地实现政府职能转变,弘扬契约文化,体现现代国家的治理理念。

第三,推广运用政府和社会资本合作模式,是深化财税体制改革、构建现代财政制度的重要内容。根据财税体制改革要求,现代财政制度的重要内容包括建立跨年度预算平衡机制、实行中期财政规划管理、编制完整体现政府资产负债状况的综合财务报告等。政府和社会资本合作模式的实质是政府购买服务,要求从以往单一年度的预算收支管理,逐步转向强化中长期财政规划,这与深化财税体制改革的方向和目标高度一致。

（三）以EPC为特色的城市基础设施建设的施工模式

改革开放以来,我国城市基础设施建设取得巨大成就,但城市基础设施的高质量发展仍然面临诸多挑战,如总量不足、结构不合理、标准不高、管理粗放等,城市基础设施的发展仍然无法满足社会经济高质量发展、产业高质量发展的支撑需要,无法满足人民日益增长的美好生活需要。总体来看仍有较大短板,一些施工单位追求经济效益,在施工过程中以次充好、偷工减料、做表面文章,致使一些城市基础设施存在安全隐患。EPC模式要求总承包人在设计、采购、施工等多个领域、多个专业具备较高的技术和管理水平,经验丰富、信誉好、管控组织能力强的总承包人能充分利用其在设计、采购、施工全产业链上的优势,确保项目按时、保质、保量完成。

1. EPC施工模式

所谓EPC（engineering procurement construction）模式,即采用工程总包形式的施工模式,是指企业受业主委托,按照合同约定对工程建设项目的设计、采购、施工、试运行等实行全过程或若干阶段的承包,是国际通用的工程总承包产业的总称。通常企业在总价合同条件下,对其所承包工程的质量、安全、费用和进度负责。

EPC模式在我国已历经30余年的探索实践。1984年,国务院颁布《关于改革建筑业和基本建设管理体制若干问题的暂行规定》,将工程总承包模式纳入我国工程建设模式。2003年,《建设部关于培育发展工程总承包和工程项目管理企业的指导意见》对工程总承包的主要方式做出了明确规定。2005年,建设部等六部委颁布《关于加快建筑业改革与发展的若干意见》,提出要进一步加快建筑业产业结构调整,大力推行工程总承包建设方式。此后两年,铁道部相继印发《铁路建设项目工程总承包办法》《关于加强铁路隧道工程安全工作的若干意见》,在铁道领域规范并推行工程总承包模式。EPC模式也从最初的石油、化工领域逐渐扩展到公路、铁路、水利、电力等领域。

2019年12月23日,住建部、国家发改委联合印发《房屋建筑和市政基础设施项目工程总承包管理办法》,要求工程总承包单位设立项目管理机构,设置工程总承包项目经理,并配备相应管理人员,加强设计、采购与施工的协调,完善和优化设计,改进施工方案,实现对工程总承包项目的有效管理控制,工程总承包项目经理应当熟悉工程技术和工程总承包项目管理知识以及相关法律法规、标准规范,并具有较强的组织协调能力和良好的职业道德。2020年8月28日,《住房和城乡建设部等部门关于加快新型建筑工业化发展的若干意见》指出,要大力推行工程总承包模式。新型建筑工业化项目积极推行工程总承包模式,促进设计、生产、施工深度融合。引导骨干企业提高项目管理、技术创新和资源配置能力,培育具有综合管理能力的工程总承包企业,落实工程总承包企业的主体责任,保障工程总承包企业的合法权益。

2. EPC模式的优势

与传统的设计和施工分开管理模式相比,EPC模式具有更大的优势。

一是招标程序合为一体,合同关系简单,减少招标成本。与传统模式设计、施工分开招标相比,EPC模式下一次招标、一个合同,招标程序缩减,合同关系简化。尤其是在国家大力推行的PPP模式中,投资人与EPC总承包人一体化招标的模式更容易被接受。

二是固定总价合同,有利于控制总投资。通过强化项目前期工作,推动项目可行性研究,可实现对投资总价的控制,项目最终价格及工期要求的满足具有更大的确定性。

三是减少业主多头管理,避免扯皮。EPC总承包人承担了设计、采购、施工的全部责任,即称单一责任。合同责任界限清晰、明确,有效克服设计、采购、施工相互制约和相互脱节的矛盾,有利于设计、采购、施工各阶段工作的合理衔接,有效地实现建设项目的进度、成本和质量控制符合建设工程承包的合同约定,确保获得较好的投资效益。

四是有利于提高工程建设质量和效益。设计阶段是工程造价控制的关键,设计费用一般为项目总体费用的3%—10%。EPC模式强调和充分发挥设计在整个工程建设过程中的主导作用,设计方即是施工方、采购方,在设计阶段能充分考虑采购、生产和施工要求,最大限度发挥总承包人的积极性,有利于工程项目建设整体方案的不断优化,达到降成本、缩工期、保质量的目标。

3. EPC模式的特征

一是确保进度,严把质量。在EPC模式下,发包人(业主)不应该过于严格地控制总承包人,而应该在建设工程项目中给总承包人较大的工作自由。例如,发包人(业主)不应该审核大部分的施工图纸、不应该检查每一个施工工序。发包人(业主)需要做的是了解工程进度、了解工程质量是否达到合同要求、建设结果是否能够最终满足合同规定的建设工程的功能标准。

二是过程控制,事后监督。发包人(业主)对EPC项目的管理一般采取过程控制模式和事后监督模式。所谓过程控制模式,是指发包人(业主)聘请监理工程师监督总承包人的设计、采购、施工等各个环节,并签发支付证书。发包人(业主)通过监理工程师对各个环节的监督,介入对项目实施过程的管理。所谓事后监督模式,是指发包人(业主)一般不介入对项目实施过程的管理,但在竣工验收环节较为严格,通过严格的竣工验收对项目实施总过程进行事后监督。

三是责任明确,各司其职。EPC项目的总承包人对建设工程的整个过程负总责、对建设工程的质量及建设工程的所有专业分包人履约行为负总责。总承包人是EPC总承包项目的第一责任人。

（四）努力实现"XOD＋PPP＋EPC"三位一体的城市基础设施建设新模式

创新城市基础设施建设模式,重点要体现新发展理念的要求,一是创新发展,推动产业优化升级,为城市基础设施发展带来新的驱动力,走高质量发展之路。二是协调发展,包括城乡协调发展、区域平衡发展,打破目前城市基础设施建设阶梯状分布发展的格局,促进城市基础设施体系不同层次的协调发展。三是绿色发展,保障城市基础设施建设、运维等整个生产链绿色、集约、可循环、可持续。四是开放发展,城市基础设施行业参与全国乃至全球价值链分工,促进国内产品、技术、服务水平达到国际先进水平,推动区域及国际不同层面的互联互通和国际接轨。五是共享发展,城市基础设施发展成果应力求惠及全体人民,在发展的过程中不断改善民生。

1. "XOD+PPP+EPC"的建设新模式

我们常讲,打造新型城镇化2.0,要坚持从TOD模式拓展到XOD模式,发掘一批能够发挥标杆导向作用的城市基础设施重大工程,是提升城市基础设施体系整体质量的关键。因此,要以城市基础设施大系统的优化完善为基础,统筹考虑综合性城市基础设施发展趋势,坚持XOD+PPP+EPC发展模式,推动城市基础设施建设,破解城市发展中面临的"钱从哪里来到哪里去、地从哪里来到哪里去、人从哪里来到哪里去以及手续怎么办"问题,统筹规划布局建设体现高质量发展要求的城市基础设施重点工程,以大工程项目带动整个城市基础设施体系的高质量发展。

XOD模式作为城市规划建设的方式,可以合理布局城市基础设施辐射区域的土地利用方式和开发强度;PPP+EPC模式吸引社会资本参与城市基础设施建设,从而在相应的规划土地上进行综合开发。简言之,XOD模式是以城市基础设施建设为导向的城市规划、开发、建设PPP+EPC模式的载体,PPP+EPC模式是XOD模式在以城市基础设施建设为导向的城市规划、开发、建设中的实现方式。因此,城市基础设施建设,要努力实现"XOD+PPP+EPC"三位一体的新模式。

探索应用"XOD+PPP+EPC"复合型新模式,就是以城市基础设施和城市土地一体化开发利用为理念,提高城市土地资产的附加值和出让效益,创新融资方式,拓宽融资渠道,鼓励社会资本特别是民间资本积极进入城市基础设施建设领域,是对创新、协调、绿色、开放、共享的新发展理念的贯彻落实,不仅有利于形成多元化、可持续的资金投入机制,激发市场主体活力和发展潜力,整合社会资源,盘活存量、用好增量,调结构、补短板,提升经济增长动力,而且有利于加快转变政府职能,实现政企分开、政事分开,充分发挥市场机制作用,提升公共服务的供给质量和效率,实现公共利益最大化。

2. 如何推进"XOD+PPP+EPC"三位一体的建设新模式

XOD+PPP+EPC的理论基础是地租理论,特别是级差地租理论。在当今中国,要实现城市土地地租和级差地租价值最大化,关键是用足用好有关不计费容积率、集中供绿、混合用地出让、行政划拨土地综合利用等创新型政策,做到重大项目投入产出比、性价比、费效比的最大化与最优化,实现基础设施建设经济效益、社会效益、生态效益的叠加与统一。同时,城市基础设施建设运营必须注重优地优用、土地集约、资源节约和环境保护,逐步减少不可再生资源的消耗和对生态环境的破坏,增加对知识、技术、信息、数据、人力资本等可再生要素的利用,实现新型城市基础设施绿色发展;城市基础设施发展规划的制定既要考虑代内公平,也要考虑代际公平,体现城市基础设施建设适度、超前的思想,用发展的眼光开展规划和建设;考虑创新、协调、绿色、开放、共享的新发展理念如何在基础设施建设环节予以落实。

推进"XOD+PPP+EPC"三位一体的建设新模式,需要对不同领域、地域的城市基础设施分类施策和系统规划,使城市基础设施作为整体最大限度地呈现其社会、经济、生态环境等的综合效益。上海、浙江等地出台的有关支持"新基建"与城市建设相关政策的亮点,在于充分利用了城市三大类基础设施建设产生的土地溢出效应,即地租和级差地租。比如,2020年4月发布的《上海市扩大有效投资稳定经济发展的若干政策措施》中有一些含金量极高的政策:"存量工业用地经批准提高容积率和增加地下空间的,不再增收土地价款。坚持公共交通导向发展模式和区域总量平衡,研究优化住宅和商办地块容积率,提升投资强度。支持利用划拨土地上的存量房产发展新业态、新模式,土地用途和权利人、权利类型在五年过渡期内可暂不变更。""创新土地利用机制,按照不同区域、不同产业差异化需求,精准实施混合用地出让、容积率提升、标准厂房分割转让、绿化率区域统筹政策,高效利用存量土地。"2019年11月,《浙江省人民政府办公厅关于高质量加快推进未来社区试点建设工作的意见》则提出了集约高效利用空间的相关举措:"加大城市存量用地盘活利用力度,打破一刀切模式,科学合理确定地块容积率、建筑限高等规划技术指标。允许试点项目的公共立体绿化合理计入绿化率,鼓励和扶持建立社区农业等立体绿化综合利用机制,推行绿色建筑。支持试点项目合理确定防灾安全通道、架空空间和公共开敞空间不计费容积率。支持试点项目空中花园阳台的绿化部分不计入住宅建筑面积和容积率。对符合条件的土地高效复合利用试点项目,纳入存量盘活挂钩机制管理,按规定配比新增建设用地计划指标。允许依法采用邀请招标方式、评定分离办法选择设计、咨询单位。在建筑设计、建设运营方案确定后,可以'带方案'进行土地公开出让。"

城市基础设施发展必须坚持围绕中心、服务大局、统筹兼顾,必须与经济发展的各项工作有机结合,必须以全局成效推动城市基础设施高质量发展,必须明确责任主体、规划实施、资金投入、科技支撑、智力支持、监督管理等方面的保障措施,做好相关政策的衔接配合,提升城市基础设施的综合保障能力,促进协调可持续发展。上述这些规定,是对21世纪以来杭州实施的"一调两宽两严"方法和政策的肯定。"一调",就是调整优化规划;"两宽",就是在不影响城市天际线和周边环境的前提下,放宽建筑容积率、放宽建筑高度;"两严",就是严保绿化率、严控建筑密度。要认真研究上述政策和XOD模式、城市基础设施、新型社区的关系,真正实现以人为核心的现代化基本单元和人民幸福美好家园,确保高质量的城市基础设施为高效能的生产经营活动保驾护航,为加快建设浙江高质量发展共同富裕示范区贡献力量。

三、社 区

城市建设的重心在社区。我们要把城市建设的重心下移、力量下沉,着力解决好人民群众关心的就业、教育、医疗、养老等突出问题,不断提高基本公共服务水平和质量。同时,聚焦基层党建、城市管理、社区治理和公共服务等,整合审批、服务、执法等方面的力量,把社区打造成为城市治理的坚实支撑和稳固底盘。

社区是城市生态价值、美学价值、人文价值、经济价值、生活价值、社会价值等最直接的体现,核心内容是"以人为本"综合服务功能的提升,强调生态环境、公共空间、居民家庭、城市建筑、历史文化、社会服务、经济发展等要素的有机融合。我们认为,要从未来城市生产力空间布局、人口空间分布、生态要素空间分布、生产要素资源禀赋分布出发,系统性谋划建设复合型功能的新型社区,加快形成独特的片区功能,吸引先进要素资源、服务区域广阔市场,全力打造现代化进程的增长极和可持续发展的动力源。

(一)社区的定义

"社区"一词源于德文,最早出现在德国社会学家斐迪南·滕尼斯在1887年出版的《社区和社会》中。滕尼斯认为,社区是基于血缘、亲缘和邻里关系而组成的社会群体,这种社会群体是自然形成的,人们因为共同的文化传统和价值观念结合在一起,为同样的目标而共同生活、共同劳动,彼此亲密无间,富有人情味,在这里情感的、本质的意志占据主导地位。

《社区和社会》英译本中的社区被翻译成"community",因此国际学术界普遍以此来表示"社区"这一概念。由于社区概念的复杂性,一些学者尝试从分类的角度来总结和区分。《社会学百科全书》认为:社区一词在社会学上的主要用法是指空间或地域的社会组织,其次是指心理凝聚力或共同情感下结合于此组织中者。这是对社区类别的一种二分法。丹尼尔·贝尔在其《社群主义及其批评者》一书中,将社区分为三类:一是地域性的社区,也就是通常意义上的社区;二是记忆性的社区,指拥有共同的历史传统的人群,这类社区的核心要素不是地域,而是人群所共同拥有的道德、文化、宗教、信仰、风俗、习惯等历史传统;三是心理性的社区,指的是由于共同活动而形成共同的心理,并追求共同目标的人群组合,其特征是成员间的相互认同和信任。

城市学所谓的社区是城市社会空间与地理空间的结合，是城市社会的基本单位。目前，在世界范围内广泛开展的社区发展运动和在中国蓬勃兴起的城市社区建设浪潮也主要是指对地域社区的重建与推动。

(二)城市社区的特征

城市社区是相对于农村社区来说的，两者有着天然的联系，又有许多不同。城市社区就是城市的地方社会或地域群体，它包含以下特征：以一定的地理区域为基础，有一定数量的人口，居民之间有着共同的意识和利益，并有着较密切的社会联系和互动关系，主要表现为以下几个方面。

1. 地域特征

城市社区的地域特征是指社区的位置、范围及特点。在一个相对稳定的时间段内，它表示一种静态的区位关系；在一个较长的历史时期，它表现为一种动态的地域演化过程。城市尤其是现代城市，随着规模的不断扩大，其内部的地域分工日益明显，形成了一系列界限明显的功能分区，如住宅区、工业区、商业区、文化娱乐区等。这些区域因为不同的道路、桥梁、建筑、公共设施等人文景观而具有不同的地域特点。

2. 人口特征

一是人口高度集中，居住密度高，聚居规模大，人口平均素质较高，是城市区别于农村的最显著、最直观的特征，也是世界上大多数国家划分城市社区和农村社区的主要标准。

二是人口的流动性大，社会角色易变。由于城市分工细、发展机会多、社会限制少、产业结构变化快，居民在行业与职业方面流动频繁，跳槽、改行和下岗再就业现象普遍，与之相应的是居民个人的社会角色与社会地位多变。

三是人口增长以机械增长为主，异质化程度较高。一般说来，农村的人口增长以自然增长为主。而在城市化阶段会有大量移民不断涌入城市，成为城市人口增长的主体。

3. 经济特征

一是极强的商品性。城市是商品生产、商品交换最发达的地区。历史上，许多城市首先是作为商品集散地、作为不同层次的商品交换中心发展起来的。因此，城市经济具有以交换为目的而存在、运行和发展的特性。

二是高度的聚集性。城市经济是聚集经济，城市因人口、产业在空间上的聚集而产生和发展。同等数量、同等质量的生产工具和劳动者集中，可以完成个体分散时所不能完成的任务，可以通过分工和协作大大提高劳动生产率，大大缩短生产周期，加速资本的周转。

三是高效性。城市是工业、商业、建筑、金融、交通、服务等非农产业集中的地方，具有先进的技术设备、现代化的管理方式和较高的劳动生产率。

4. 社会特征

一是地方性和家庭功能弱化,社会综合性功能强。城市的社会、经济、文化、政治活动集中,商业、贸易、金融、信贷、文化、教育、科技、信息等综合性功能强,社会服务体系完善,流动性强,同一城市不同社区之间的价值观念、思维方式、行为规范等方面的差异越来越小,社区的许多地方性功能已经被更大的城市功能所取代。

二是社会结构复杂。城市各种活动高度集中,人员的异质性、活动的多样性使得城市社会结构和关系网络异常复杂。对此相对应的是一种复杂的社会组织管理体系——科层制的形成,并被普遍推行。

三是人际关系由血缘、地缘关系转向业缘关系,社会控制主要依靠法律和正式的社会组织。在传统的农村社区,人们之间的关系在很大程度上是依靠风俗习惯、道德风尚、家规族规等传统力量。而在城市社区中,由于社会化大生产和社会分工,人们之间的社会关系主要体现为以工作关系为主的业缘关系。

四是生活节奏快、压力大,社会问题呈"急性"状态。城市人口高度集中,竞争激烈,对人自身的文化素质、工作能力等的要求远远高于农村社区,人们生活在快速节奏中,时常引发环境、交通、就业、住房、犯罪、老龄化等各种社会问题,呈现"急性"状态和连锁效应。

5. 文化特征

与农村社区相比,城市社区的文化特征主要体现在多元性与开放性方面。城市社会结构复杂、层次多样,社会成员异质性高,社区文化多姿多彩、异彩纷呈,多元化的特征明显。而多元文化又使得城市社区比农村社区具有更多的包容性和开放性,可以接纳各种不同的文化、各种不同的人。

(三)社区的类型

社区是包含着多种社会群体、社会关系、社会活动的地域社会共同体。不同的地理位置、自然环境、人口构成、社会状况及文化背景等形成了不同类型的社区。

1. 按地域划分

根据地域条件特征和差异划分,一般可分为农村社区、集镇社区和城市社区三种。而每一种社区又可根据其地域条件进一步细分,如城市社区又可分为中心城区社区、郊区社区等。

2. 按功能划分

可以把社区划分为经济社区、文化社区、政治社区、宗教社区、军事社区等。

3. 按发展程度划分

可将社区分为传统社区、发展中社区和现代社区等。

4. 按规模大小划分

可将社区划分为特大型社区、大型社区、中型社区、小型社区和微型社区等。

5. 按形成方式划分

可将社区划分为自然性社区和法定性社区,前者如农村中的自然村,一般以自然地理(河流、湖泊、山地等)为边界;后者如城市中的街道办事处辖区、居委会辖区等,一般是根据社会管理需要划定其边界。

(四)社区的功能

1. 社会服务功能

社会服务是指以提供劳务的形式来满足社会需求的社会活动。即在政府指导和政策扶持下,发动和组织社区成员利用开发社区资源,以满足社区居民物质生活需求和精神生活需求为目的,开展的各种带有公益性质的社会福利服务和便民生活服务。社会服务是社区最基础也是最核心的功能。为居民提供优质、完善的社区服务,最大限度地满足社区居民的物质与文化生活需求,是社区建设与社区管理的中心任务。

2. 人的社会化功能

人的社会化是指自然人成长为社会人的教化过程。社区在人的社会化过程中起着无可替代的重要作用,是人的社会化的重要载体与场所。第一,社区是人们早期社会化的主要场所,主要是儿童与青少年最早接受语言、情感、角色、经验、技能、观念与规范等方面的教化。第二,社区是人们继续社会化的重要载体,如对离退休人员生活方式的调整,为下岗再就业人员提供的就业指导、职业培训,对进城打工的农民进行社会吸纳和城市规范教育等。第三,社区在人的再社会化过程中扮演重要角色,通过社区帮教,助力那些违法犯罪人员经过强制性再教化后重新融入社会,成为再社会化过程的桥梁。

3. 社会控制功能

社会控制指社会组织对其成员的社会行为实施的约束。社会控制的目的是要人们遵从公认的社会规范,维护正常的社会秩序。狭义的社会控制是指对偏离行为、脱轨行为、违法犯罪等反社会行为的控制。广义的社会控制则指对一切影响社会秩序与社会稳定的行为的控制,如对社会矛盾、社会冲突以及其他社会非稳定因素等的控制。

4. 社会整合功能

社会整合也就是社会一体化的过程,是指社会各因素、各部分之间相互协调、相互适应,以结合成一个和谐统一的有机整体的过程及结果。社会整合是社会发展的必要条件,一个社会能否健康发展在很大程度上取决于这个社会的整合程度。在高异质性、多元化的城市社会,社区在促进各种社会力量、各种社会因素的整合中起着重要作用。

5. 社会福利功能

社区是国家福利政策和社会保障体系的基层执行者,其社会福利功能主要体现在三个方面:第一,国家福利部门或社会慈善机构提供的资金援助和物资援助一般要通过社区得到落实。第二,社区各类服务机构为居民提供社区服务,如医疗卫生服务、文化教育服务、劳动就业服务、孤老残幼服务、社区帮教服务等。第三,社区居民之间的互助与互济。在社会贫富差距日益加大的现阶段,卓有成效地承担起扶贫济弱的责任,使人们能够平等分享经济发展成果,保证国家福利政策和社会保障体系的落实,促进社会安定与团结。

6. 社会参与功能

社会参与是一种公众参与，意味着社区居民对社区的责任分担和成果共享，使每一个居民都有机会亲身参与社区的管理，为社区的发展贡献力量，因而对社区产生更多的归属感和更强的认同感。社区居民参与社区管理、决策和建设，是实践社会民主的过程，是实现社区民主选举、民主决策、民主管理、民主监督的过程，也是实现社区居民自我管理、自我教育、自我服务、自我监督的过程。

四、城市基础设施社区化

展望2035年中国城镇化基本完成的发展目标，当前，中国的城市发展和产业转型都处在一个关键节点上，概括来说就是：从"有没有"向"好不好"转变，从"快中求好"向"好中求快"转变，加快打造2.0的发展模式，即高质量的发展模式。城市基础设施建设要适应城镇化高质量发展，实现在新起点上取得新突破，关键要做到城市基础设施规划社区化、建设社区化、管理社区化、经营社区化，以城市基础设施社区化破解当前城市规划建设中的"一般化、碎片化、同质化"问题，以及传统城市基础设施建设过程中存在的城市品质不高、产业活力不足、土地集约利用不够、城市运营维护不善、政府债务控制不力等问题。

（一）城市基础设施社区化的目标导向

城市基础设施建设以服务所在城市为终极目标，以服务所在社区为前提条件，从而确保城市基础设施这一公共产品具有最大的溢出效应，确保城市基础设施实现经济效益、社会效益、生态效益的最大化，确保城市基础设施建设少负债甚至不负债。这里所谓的"社区"，不同于现有的行政区划意义上的城乡社区概念，是在传统城市社区范畴的基础上增加"未来社区""特色小镇""产业园区"等新空间、新载体、新功能的基本单元，是一种立足当前、面向未来的空间边界清晰、主导产业明确、城市基础设施功能完善的功能复合式新型社区，是人本化、生态化、数字化"三化突出"且邻里、教育、健康、创业、建筑、交通、能源、服务、治理九大场景差别化融入的城市现代化基本功能单元；这里所谓的"城市基础设施社区化"，不是城市社区基础设施的大拼盘，也不是城市基础设施集中建在某个特定社区，而是基于多规合一、产城融合、职住平衡、"三生"融合、线上线下相结合的理念，打造政府主导、市场调配、企业主体、商业化运作、规建管营一体化的城市基础设施建设新模式。

城市基础设施社区化，以打造"15分钟生活圈＋15分钟通勤圈·就业圈·消费圈·社交圈·教育圈·医疗圈·运动圈·休闲圈·生态圈"为首要目标。

15分钟生活圈，是指在居民步行出门15分钟路程的范围内，具备生活所需的基本的服务功能和日常生活的公共活动空间，以满足日常生活的需要，主要包括幼儿园、中小学、便利市场、运动场、文化活动中心、社区服务中心和医疗服务机构。

15分钟通勤圈，是指社区内居民在15分钟的单程通勤距离内，基本能够找到满足其生活、就业、消费、社交、教育、医疗、运动、休闲、生态等常规需求的各类场所，这是TOD导向的城市基础设施社区化的高级阶段。比如，可规定在已建、在建及已纳入近期建设规划的地铁站、轻轨站及其他公交站点500米范围内实施以居住为主的综合开发,实现居民出行更加舒适、高效、便捷。

15分钟就业圈,是指顺应未来生活与就业融合新趋势,更注重职住平衡、产城融合导向的工作、创业社区化模式,通过推行就业地和居住地相互嵌入的模式,减少长距离长时段通勤。鼓励社区周边布局一定比例的就业用地,鼓励在地铁站、轻轨站、公交站点或公共活动中心周围集中安排就业空间。

15分钟消费圈,是指通过完善城市多层级生活服务业服务体系构建15分钟便民服务圈,鼓励完善社区生活服务业和商业终端建设,提升生活服务便利化程度,创新打造5分钟一个便利店、10分钟一个菜市场、15分钟一个综合商业设施(社区商业中心)的便民商业格局,加快发展社会化养老、家政、医疗保健等服务业。

15分钟社交圈,是指社区内提供多层次、多类型的公共活动和社会交流场地,打造富有人文魅力的城市公共空间。居民从家中到社区公共开放空间、小型公共空间等场所,基本实现15分钟步行可达。

15分钟教育圈,是指完善教育配套设施,提升优质教育资源供给能力,优化15分钟通勤范围内的幼儿园、中小学、老年大学、图书馆等公共文化教育设施布局规划,规范各类技能型、知识型、辅导型的教育培训机构,真正让居民实现在家门口就能享受优质教育服务的愿望。

15分钟医疗圈,是指持续优化社区卫生服务中心软硬件设施建设,合理布局基层医疗体系,建立高覆盖、高品质、全方位的社区医疗服务网络,不断满足居民"15分钟健康服务圈"需求,努力让居民在家门口享受到优质诊疗服务。

15分钟运动圈,是指完善社区公共开放空间和体育设施,结合城镇化发展和全民健身计划统筹规划体育设施建设,合理布点布局,建设一批步行15分钟可达的中小型体育场馆、公众健身活动中心、户外多功能球场、健身步道等场地设施。

15分钟休闲圈,是指通过建设优化市民家门口的"口袋公园"、文化活动设施、青少年活动设施、健身活动场地等休闲游憩场所,打造"15分钟便民休闲圈",让居民在家门口通过慢行交通系统就能游憩、健身、休闲、放松,通过多样化的设施配置,整体提升居民的生活品质。

15分钟生态圈,是根据生态文明城市、公园城市的建设要求,完善社区绿地系统,打造"出行300米见绿,500米见园"的15分钟生态圈,让居民看见绿、贴近绿,更能享受绿,提升幸福感与获得感。

按照高质量发展、高品质生活、高水平治理的要求,打造"十圈十美"的新型城市功能单元和国土空间格局。城市基础设施社区化,通过"15分钟生活圈+15分钟通勤圈·就业圈·消费圈·社交圈·教育圈·医疗圈·运动圈·休闲圈·生态圈"的功能组合和系统构建,建设有归属感、舒适感、成就感和科技感的未来社区、未来园区、未来街区、未来片区、未来城区、未来城市,探索逐步实现高质量发展与共同富裕的系统性解决方案。

(二)城市基础设施规划社区化

1. 城市基础设施规划社区化的含义

所谓城市基础设施规划社区化,是在区域总体规划指引下,按照多规合一的要求,以编制系列化的城市三大类基础设施规划为核心，以区域功能需求和资金自求平衡为准则，科学划定社区范围，并将城市基础设施项目纳入社区规划体系的发展模式。城市基础设施规划社区化强调以城市发展方式转变带动经济发展方式转变，统筹协调总体规划与分区规划、产业圈规划与生活圈规划、外部推动力与自身驱动力、社区营造与共建共享、商业模式与城市经营等五对关系，强化城市个性、特色、文脉、环境优势，以一流的城市环境吸引一流的人才创业，以一流的人才兴办一流的企业，培育壮大城市产业体系。

城市基础设施规划社区化应当立足城市和区域发展的实际，从城市的全局和长远发展着眼，对各系统、各部门、各单位的发展实行统筹兼顾、综合部署，以不断提高城市基础设施的整体综合效益。在制定规划与实施规划的过程中，把握好以下关系。

一是把握近期与远期的关系。城市基础设施规划大量的工作是安排当前各项用地和建设，为近期建设服务，特别是在我国城市化快速发展的时期，建设量大、时间又紧，城市基础设施规划要立足当前。同时，由于当代科学技术日新月异，生产力发展迅猛，经济社会变化万千，我们对未来发展的认识和预测能力有限，因此，在规划中应对远景发展留有余地，以利主动。在妥善处理近远期关系中，必须承前启后，要推进好当前城市建设，更要为今后城市发展创造条件。

二是把握需要与可能的关系。在制定规划的过程中，既要有科学预期，把握城市发展的客观需要，又要从实际出发，充分考虑现实的可能性，使规划尽量切合实际。工作中要防止两种倾向：一种是盲目求大，越大越好，越快越好；另一种是不顾城市发展的现实，主观硬性压缩，以致规划批准不久就被发展所突破。必须辩证地处理好这些矛盾。在城市基础设施建设规模、标准与速度上，应当加大力度，适度超前，但是也要注意量力而行，逐步实现，不可操之过急，过于超前，脱离实际。

三是把握局部和整体的关系。城市这个巨系统中的子系统和单元，都有自身的要求，但巨系统的正常运行和综合效益的取得，要求各子系统和单元服从全局的安排。局部服从整体，是现代社会生活的准则，任何子系统和单元都不应例外。社区的规模再大，也是城市局部，不是独立的城市，仍然是城市的有机构成部分。

四是把握平常时期与非常时期的关系。非常时期是指遭遇灾害的时期。自然灾害和人为灾害对人类的危害，在城市尤其需要重视。城市基础设施规划应将防灾与减灾作为重要任务，对建设用地和工程提出必要的要求，要特别注意交通、供水、供电、通信等防灾减灾"生命线"工程的规划和建设，力求城市安全。此外，对未来战争的预防也不能忽视。发达国家城市地下空间发展很快，一旦发生战争，许多人可以转入地下，我国在这方面尚待加强。城市地下空间的利用，应当统筹规划，协调安排，做到平战结合。

五是把握城市功能与城市形象的关系。随着我国城市现代化的推进，城市经济实力的增强，许多城市加强了城市形象建设，城市环境面貌不断变化，为群众创造了美好的居住环境，这是城市个性、特色、品质的体现。城市形象建设必须以城市功能为基础。我们所进行的城市基础设施建设与整治，首先必须以满足一定功能为目的。应当在充分满足功能、讲求效益的前提下，搞好形象建设，真正做到适用、经济、美观相统一。

2. 城市基础设施规划社区化的理念原则

城市基础设施规划社区化,要按照"高起点规划、高标准建设、高强度投入、高效能管理"的方针,不断推进城市建设与发展。坚持高起点规划,就是坚持规划的超前性、系统性、权威性和操作性原则。

一是坚持城市基础设施规划社区化的超前性。规划是城市建设的龙头,是城市建设的依据和蓝图。坚持城市基础设施规划社区化的超前性,就是规划必须具有前瞻性,起点要高,眼光要远,才能经得起历史的检验。只有加强对城市发展规律和城市未来发展的前瞻性研究,才能准确把握城市发展脉搏,科学预测城市未来,使城市基础设施规划既符合当前城市建设需要,又适应未来发展要求,做到高起点、宽视野,留有余地、富有弹性,克服盲目性。坚持城市基础设施规划社区化的超前性,就是坚持发展理念的创新性。推进城市基础设施建设由基本适应向适度超前转变,城市功能由单项突进向综合配套转变,城市发展由规模扩张向品质提升转变,所有这些都体现了城市发展理念的创新性。坚持城市基础设施规划社区化的超前性,就是坚持发展战略的一致性。注重调查研究,立足城市基础设施发展现状,把握时代发展脉搏,谋划城市今后20年甚至更长远的经济社会的发展方向和发展战略,为城市经济社会发展少走"弯路"创造条件,并将城市发展方向与发展战略落实到城市基础设施规划的编制中。坚持城市基础设施规划社区化的超前性,就是坚持"可持续发展",以发展的眼光看待未来。城市在发展过程中,必然会不断地遇到新情况、新问题。因此,城市基础设施规划必须展望更远的时间空间、审视更广的地域空间(城市化对人口再分布的影响范围)、透视更深的内部空间(资源、环境与城市的动力机制、产业结构等),将超前性落实到城市总体规划等各类规划的编制之中。

二是坚持城市基础设施规划社区化的系统性。城市基础设施规划是一项系统工程,涉及政治、经济、文化、社会、环境生活的方方面面。坚持城市基础设施规划社区化的系统性,就是坚持统筹兼顾、合理安排。要统筹老城保护与新城建设、统筹工业发展与服务业发展、统筹城区发展与郊区发展、统筹城市建设与城市管理,为城市经济社会的协调发展,为城市人口、资源、环境的可持续发展提供保证。坚持城市基础设施规划社区化的系统性,就是坚持体系完整,注重结合。要注重不同时期、不同层面、不同类型规划之间的相互衔接;注重城市规划与产业发展、经济社会发展、土地利用、生态保护等规划的结合。真正做到整合资源,多规合一。坚持城市基础设施规划社区化的系统性,就是坚持总体规划、分步实施。要在城市道路交通、自然生态保护、历史街区保护等重大城市基础设施建设与工程中,做到"规划一次到位,工程分步实施"。

三是坚持城市基础设施规划社区化的权威性。就是在坚持城市基础设施规划的超前性、系统性的基础上,保持规划执行的严肃性,避免规划朝令夕改,努力维护规划的权威性。坚持城市基础设施规划社区化的权威性,就要牢固树立"规划就是法"的理念。违反规划就是"违法",杜绝城市规划中的"长官意志",任何人、任何部门都必须服从规划。通过立法,确定规划不可随意变动的法律地位,规划一经批准,必须严格执行,切实做到不因领导人的变动而变更,坚持"一张图纸干到底"。坚持城市基础设施规划社区化的权威性,就要加强规划的法治建设。要完善规划的法规体系,把城市的发展、建设、管理都纳入规划管理之中,维护规划的法律地位、法律效力。通过对规划执行的跟踪管理,依法严肃查处违反规划的行为,确保各项规划能切实执行。坚持城市基础设施规划社区化的权威性,就要坚持政务公开,加强社会监督。坚持政务公开、阳光规划,增强规划的透明度,将城市基础设施规划的编制与实施情况,向社会公众公示,听取社会公众意见,动员公众参与规划的制定和实施,主动接受公众民主监督和社会舆论监督。

四是坚持城市基础设施规划社区化的操作性。规划的操作性,体现在规划体系的层次性与具体化中。坚持城市基础设施规划社区化的操作性,就是要将总体规划转化为可操作的具体实施计划。要在总体规划的统领下,通过编制分区规划、详细规划、专项规划等,将规划目标、规划理念、规划思路、规划战略、规划原则体现到具体的城市基础设施项目规划上,使规划内容成为具有操作性的建设项目和工作措施。坚持城市基础设施规划社区化的操作性,就是坚持前瞻性与时序性相统一。要制定近期、中期和远景规划目标,明确空间时序及各阶段的规划建设内容,做到各阶段目标清晰,重点突出,衔接合理。将长远的规划目标化作各个不同阶段的行动计划。坚持城市基础设施规划社区化的操作性,就要反映多方诉求,兼顾各方利益,做到规划的理想性与规划的可行性相统一。规划不但要符合城市发展要求,而且要兼顾利益相关方需求。只有反映大多数诉求,维护大多数群众利益,规划才能赢得社会公众的理解、配合与支持,才能推进规划的实施。

3. 如何实现城市基础设施规划社区化

一是坚持以人为本、以民为先的理念,推动人民城市人民建、人民城市为人民。根据"发展靠人民、发展为人民、发展成果由人民共享、发展成效让人民检验"的原则,努力做到"四问四权",即问情于民、问需于民、问计于民、问绩于民,落实"以民主促民生"的理念和工作方法,准确把握"少数服从多数"的原则,坚持服从多数,关注少数,确保人民的知情权、参与权、选择权、监督权。

二是坚持研究引领,以研究带规划、保护、建设、管理、经营。从城市规保建管营全生命周期角度出发,立足社区化的整体效应,由城市基础设施开发主体牵头开展规划设计、开发建设、产业策划、土地整理、运营管理全过程研究。按照前期战略研究、概念规划、总体规划、专项规划、方案设计的顺序,稳步推进城市基础设施规划社区化,防止规划环节和建设环节脱节,预防项目建设和项目运营脱节。其中,总体规划对社区设计有着纲领性、统筹性和指导性作用,方案设计是对总体规划发展目标和战略定位的具体体现。

三是坚持高起点规划,以规划先行实现"先人一步、快人一拍、高人一筹"。这是城市基础设施社区化的前提和基础。只有抢抓历史机遇和发展窗口,集聚各类要素资源,才能做到"先人一步、快人一拍、高人一筹"。根据超前性、系统性、权威性和操作性的原则编制城市规划,处理好局部与整体、近期与长远、需要与可能等关系,确保"一张蓝图干到底"。

4. 城市基础设施规划社区化案例:杭州火车东站

杭州火车东站是城市基础设施规划社区化应用的典型案例,铁路站场设施规划建设与周边的杭州城东新城规划紧密衔接,科学测算土地收益,提前规划布局了一批 TOD 社区。杭州火车东站在建设资金投入方面,除了铁道部拨款,地方政府在配套设施建设上也追加了大量投资,而这笔资金是靠仅有 9.3 平方千米的杭州东站组团土地增值后反哺而得以解决的,并未动用杭州市财政和税收收入。依托高铁组团的 TOD 发展模式,杭州市不仅成功填上了 100 多亿元的东站枢纽配套设施建设资金缺口,而且还为杭州市积累了巨额的可用于其他城市基础设施建设项目的建设资金。

一是坚持高铁组团的大 TOD 建设模式。进入 21 世纪,在以传统公共交通(主要是公共汽电车站、地铁站、轻轨站等)为导向的 TOD 模式基础上,开始出现以机场、港口、高速公路节点、高铁站等为导向的新型 TOD 模式(大 TOD 模式)。高铁组团是以现代化综合交通枢纽中心为依托,以高密度混合开发为特色,以高端商务办公、商业休闲、旅游服务、居住生活功能为主体,体现高品质、国际化、城际化、通勤化并融合多彩生活内容的经济"新蓝海"与城市"新门户",以杭州火车东站为中心的高铁组团就是大 TOD 发展模式的成功应用。

二是坚持新城开发建设体制机制创新。为加强统筹协调,杭州市委、市政府决定由钱江新城建设管理委员会承担城东新城的规划建设任务,就是以钱江新城管委会为载体,实施新城建设集团化战略。这是杭州重大项目特别是新城建设的一个重大突破,有利于钱江新城管委会输出人才、管理、文化、品牌和经验,规划建设好城东新城。城东新城在建设中坚持贯彻"四高方针",其标本性的意义就在于:确立了一种规划、建设、管理和发展现代化城市的价值尺度,确立了城市建设、管理和发展的实践标杆,所形成的现代化发展理念为未来的城市建设和发展,提供了一个可供借鉴的新范本。

三是坚持动静态交通组织的"零换乘"理念。新式综合交通枢纽已越来越多地变成城市错综复杂的交通网络中的交汇点,成为承担区域联系、城际联系、都市圈通勤与市内交通等功能的综合性交通枢纽,这必然促使该地区成为城市中大量人流集散的活力中心。城东新城打破传统的铁路分割城市的模式,坚持能"零换乘"的尽可能"零换乘"、能利用慢行系统的尽可能利用慢行系统的思路,实现了高铁、普铁、地铁、公交车、出租车等各种交通工具在杭州火车东站的"零换乘"。

四是坚持引入打造"城市综合体"的理念。城市综合体是指有机组合三个以上城市功能空间,以一种功能为主、多种功能配套的多功能、高效率建筑群落。城东新城坚持以城市综合体建设带动新城建设,围绕东站交通枢纽综合体,在铁路两侧核心区范围内形成七大综合体。各综合体之间通过 20 多条空中连廊、地下通道连接,依据设计系统化、功能复合化、建设一体化的开发思路,形成高度复合的城市空间。

(三)城市基础设施建设社区化

1. 城市基础设施建设社区化的含义

所谓城市基础设施建设社区化,是城市三大类基础设施建设主动适应城市网络化、智能化、个性化的系统性要求，按照每平方千米容纳1万人的产城融合、职住平衡标准，推进城市建设从经济型转向生态型、从土地型转向人口型、从数量型转向质量型、从粗放型转向效益型、从外延扩张型转向内涵提升型的方式。城市基础设施建设社区化按照一个新型生活区就是一个产业功能区、一个新型社区的理念，着力构建产业生态圈和市民生活圈，以产业功能需求和居住人群需求为导向，科学合理建设经济类基础设施、社会类基础设施、生态类基础设施。

城市基础设施建设社区化要实现六个根本转变。

一是在建设空间上，从过去以市区为主向以社区为主转变，以城市基础设施社区化为目标，以城市基础设施功能辐射和资金区域平衡为准则划定社区范围，突出开放式、复合型、包容性、高智能、有韧性等特征，努力将社区建成强大而包容的高品质生活宜居地，培育形成充满活力、富于创造的社会氛围和生活场景，旨在为城市未来发展塑造新空间、构建新优势，为经济高质量发展和城市可持续发展提供空间载体和试验场景。

二是在实施主体上，从以市为主向市、区县、社区结合转变。过去，城市基础设施社区化的实施主体基本上是市。现在，城市基础设施建设项目越来越多，建设任务越来越重，必须坚持市和区县、社区相结合，充分调动各方积极性，特别是发挥社区的积极性，搞好规划协调，注意政策配套，形成上下合力，推进设施共建，实现资源共享，共同投身城市建设中，共同投身大都市建设中。

三是在建设理念上，从强调功能向注重生态和品质转变。过去，城市基础设施建设工程注重的是功能达标，很少注意生态效应和建设品质。建成后，往往与周边环境不太协调，与城市社区整体形象不太和谐，导致专家不叫好、百姓不叫座。为改变这一局面，必须树立以人为本、生态优先的建设理念，坚持"四高"方针，按照"建一项工程，出一批精品"的要求，重视城市基础设施建设工程的人文、生态、科技因素，力争使每一个建设项目都能充分体现"精致和谐、大气开放"的杭州城市人文精神，成为经得起历史检验的标志性工程，促进城市社区形象和品质的整体提升。

四是在建设方式上，从单向突进向综合配套转变。过去，在城市基础设施建设过程中，往往关注投资大、规模大、影响大的重点项目。如果只注重单向突进，过分强调单一功能，而忽视整体开发、综合开发，往往会导致经济效益、社会效益、生态效益之间不平衡。因此，在城市基础设施建设社区化的过程中，必须树立统一规划、综合开发的理念，使项目建设与区域开发、单向突进与综合配套、功能目标与城市品质等相互联动，做到建设一个、打造一串、开发一片、配套一批、构建一圈、美化一域。

五是在投资方式上，从政府单一投资向多元投资转变。必须牢固树立"只求所在、只求所用、不求所有"和"谁投资、谁所有、谁受益"的观念，加大城市基础设施工程投融资体制改革力度，拓展多元投资领域，畅通多元投资渠道，真正实现从过去主要靠政府投资转变为国资、民资、外资"三位一体"进行投资，建立起以市场配置为基础的多元投入机制。

六是在建设目标上，从基本适应向适度超前目标转变。总体上说，当前我国城市基础设施建设已经从相对滞后转变为基本适应，硬件环境得到了一定改善。但是，随着经济社会的快速发展，硬件环境又出现了瓶颈,特别像道路交通、医疗、教育等城市基础设施的滞后已严重影响了新一轮城市发展步伐,成为老百姓反映最强烈的热点问题。为此,必须坚定目标,力求城市基础设施建设从基本适应向适度超前转变。

2. 城市基础设施建设社区化的理念原则

一是坚持"以民为本"。人为城之本。城市发展的根本宗旨就是更好地为人提供生存、发展环境。以民为本是推进城市基础设施建设社区化的根本出发点和落脚点,是"立党为公、执政为民"理念在城市社区建设实践中的具体体现。以杭州的实践为例,在实施西湖综合保护工程中,杭州提出"打通西湖、还湖于民"的要求,打通西湖沿线,免费开放西湖;提出"还山于民"的要求,保留吴山"大碗茶",恢复吴山庙会,让老百姓游得了吴山、游得起吴山;提出"景区美、寺庙兴、百姓富"的要求,努力把梅家坞、龙井村、灵隐村等"景中村"建成社会主义新农村建设示范村。在实施西溪湿地综合保护工程中,杭州提出"还溪于民"的要求,强调要让西溪湿地成为"人民的大公园"。在实施大运河综合保护工程中,杭州围绕还河于民、申报世界文化遗产、打造世界级旅游产品"三大目标",打通大运河两岸游步道,加强城市基础设施建设,整治大运河沿线老旧小区,改善两岸危旧房,既解决了大运河的可进入性问题,又改善了两岸居民的生活环境特别是居住条件,使大运河真正成为"人民的运河""游客的运河"。杭州反复强调,要把西湖、西溪湿地、大运河打造成世界级旅游产品,提升杭州旅游核心竞争力,为杭州老百姓种下一棵"摇钱树",让杭州老百姓捧上一个"金饭碗"。在迈入21世纪以来实施的重大工程中,杭州反复强调坚持科学决策、民主决策,坚持走群众路线,落实"四问四权",充分体现了"城市建设为人民、城市建设靠人民、城市建设成果由人民共享、城市建设成效让人民检验"。

二是坚持"生态优先"。城市是有生命的,会经历生死兴衰。保护好城市的自然生态,处理好城市与环境的关系,是保持城市旺盛生命力的关键因素。杭州反复强调把生态效益放在首位,在生态效益、环境效益与社会效益、经济效益发生矛盾时,坚持社会和经济效益无条件地服从生态和环境效益。在西湖综合保护工程中,提出了"淡妆建筑设施、浓抹花草树木"的要求,强调要尽最大可能降低建筑密度和人口密度,尽最大可能保护和修复自然生态,做到"虽由人作、宛若天开"。在西溪湿地综合保护工程中,杭州又提出最小干预理念,强调严格控制建筑和建设规模,大力降低人类活动的强度,在生物资源调查和生态环境研究基础上,保护和修复地貌、水域的原生性,保护好柿基鱼塘、桑基鱼塘、竹基鱼塘这些次生湿地的标志,加强湿地生态植物的培育,对现有植被进行必要修复,突出自然和野趣,充分体现湿地生物的多样性,恢复西溪湿地历史上的最佳生态,形成与国家湿地公园相匹配的生态环境。在"三口五路""一纵三横""五纵六路""两口两线"等道路综合整治和背街小巷改善、庭院改善、危旧房改善、市区河道综合保护等工程中,杭州提出"清洁、清净、亲水、绿色、无视觉污染"的理念,强调要努力让杭州天更蓝、水更清、山更绿、花更艳,实现人与自然和谐相处。

三是坚持"系统综合"。城市是一个"生命体",是一个复杂的巨系统。杭州始终坚持把城市三大类基础设施建设作为一项庞大的系统工程来抓,总体规划、分步实施,由点到面、由线到片,系统综合、有序推进。杭州提出以路(河)有机更新带整治、带保护、带改造、带建设、带开发、带管理,推动城市有机更新,更体现了系统综合理念。"以路(河)带整治",就是通过道路、河道的有机更新,对道路、河道两侧的自然环境、建筑立面等进行综合整治;"以路(河)带保护",就是通过道路、河道的有机更新,保护好道路、河道两侧的自然生态和人文生态,凸显"城市美学",在不割断城市历史、不打破城市肌理的前提下实施城市建设;"以路(河)带改造",就是通过道路、河道的有机更新,带动道路、河道两侧"城中村"改造,加快农转居多层公寓建设,真正走出一条"城中村"改造的新路子;"以路(河)带建设",就是通过道路、河道的有机更新,推动沿路沿河的新农村建设,使市政基础设施向城乡接合部延伸,推进城郊农村地区的城市基础设施更新;"以路(河)带开发",就是通过道路、河道的有机更新,带动道路、河道两侧地块开发,利用这些地块的土地出让收益平衡道路综合整治资金投入;"以路(河)带管理",就是通过道路、河道的有机更新带动道路、河道后续长效管理的落实,推动路河两侧环境的洁化、绿化、亮化、序化。从西湖综合保护工程坚持整治、绿化、引水、造景"四位一体",到大运河综合保护工程提出截污、清淤、驳坎、绿化、配水、保护、造景、管理"八位一体",到市区河道综合保护工程提出"流畅、水清、岸绿、景美、宜居、繁荣"目标,体现了系统综合理念。

四是坚持"品质至上"。对于城市基础设施工程,无论大小,杭州都反复强调坚持高起点规划、高强度投入、高标准建设、高效能管理的"四高"方针,强调细节,强调精益求精。杭州明确要求,工程实施前,规划设计方案公开展示,广泛听取和采纳市民群众、专家学者和社会各界的意见;工程实施中,用料、施工、美化、视觉污染整治和植被恢复等都要严格遵守设计标准,严格执行施工规范,严格实施工程监管;工程建成开放前,要专门组织各方面专家和市民代表"挑毛病",并及时整改,使每一个景点、每一处建筑都经得起人民的检验、历史的检验,成为专家叫好、百姓叫座的"世纪精品、传世之作",成为"今天的建筑、明天的文物"。杭州高度重视独特性、差异性、唯一性,在西溪湿地综合保护工程中提出西溪国家湿地公园首先要打以桑基鱼塘、柿基鱼塘和竹基鱼塘为特征的"自然景观牌",这是西溪湿地最具独特性、差异性的景观特征;像中国湿地博物馆这样的新建筑,则要成为具有独特性、差异性、唯一性的标志性建筑。在实施市区河道综合保护工程过程中,杭州要求每条河道都要有独特性、差异性,防止"千河一面"。

五是坚持"集约节约"。在城市基础设施建设中以最少的投入,获取最大的经济、社会和生态效益,是城市高质量发展的重要特征。在城市基础设施重大工程建设中,杭州始终高度重视集约节约利用土地资源和建设资金,打造"廉洁工程""节约工程",努力在集约节约与打造精品之间找到一个最佳平衡点。杭州坚持"一调两宽两严"原则,强调向规划要土地、要资金,通过调整优化规划,集约节约利用土地资源,借地生财、借地发展。杭州积极引入"紧凑型城市"发展理念,提出在钱江新城、钱江世纪城、下沙新城、杭州高新开发区(滨江)白马湖区块等局部区域开展"紧凑型城市"试点。杭州始终坚持"政府做地、企业做房",重大工程建设涉及的所有出让地块,均按规定程序实行"招拍挂",努力实现土地收益的最大化。对各项重大建设工程,杭州均实行严格的审计制,节约建设资金20%以上。杭州要求钱江新城努力打造杭州建设资源节约型、环境友好型社会示范区,使市民中心成为节能型建设的样板。杭州还专门组织力量,对西湖综合保护工程进行绩效评估。

六是坚持"可持续发展"。可持续发展理论是现代城市发展的基础理论,也是城市基础设施建设必须遵循的基本规律。杭州在推进城市基础设施建设中,始终坚持可持续发展理念,强调既满足现代人的需求,又不损害满足后代需求的能力,不吃子孙饭,不断子孙路,充分体现代际公平。特别是在西湖综合保护工程、西溪湿地综合保护工程、大运河综合保护工程中,杭州提出城市是一个生命体的理念,强调城市也有自己的"生命信息""遗传密码",必须在做好保护、管理、经营文章的同时,做好研究文章,收集城市的"生命信息",破译城市的"遗传密码",保护好城市的历史文化,让城市不忘"回家的路",实现资源的永续利用和城市的可持续发展,让杭州这座千年古城"再活一个五千年"。

3. 如何实现城市基础设施建设社区化

一是突出前期研究,编制新型可行性研究报告。建议地方政府委托专业智库或规划设计单位,提供以项目是否具有足够土地溢出效应为特色的新型可行性研究报告,作为项目贷款的前置条件之一,进而从根本上控制政绩工程、形象工程及政府负债,从根本上解决城市三大类基础设施建设项目商业模式缺乏问题,进而落实"优地优用"政策,助推城市高质量发展,创造城市高品质生活。

二是突出高标准建设,实现社区功能复合共享。坚持"品质至上""细节为王""功能复合""系统谋划",强调精益求精,从建筑全生命周期角度考虑确定建设标准,使每一个景点、每一处建筑都经得起人民的检验、历史的检验,成为"世纪精品、传世之作"。在组团、片区范围内,按照"由远及近"的原则率先强化城市基础设施建设项目用地保障,构建"大中小"三层级的社区生产、生活、生态服务圈,摒弃只顾短期需要的"插花式"建设布局思维,构建产业功能区、公共服务区、日常生活区功能复合共享的建设格局。

三是突出高强度投入,实现设施收益多元化。多渠道筹措建设资金,坚持集约节约用地,注意政策配套,形成上下合力,出台一系列加大城市基础设施建设投入的政策文件。参考PPP投融资模式及产业引导基金发展模式,构建人力资本导向的现代化产业配套服务平台,增加城市基础设施项目的自身收益,以项目自我造血功能为高强度投入提供资金支持。

4. 城市基础设施建设社区化案例:大运河综保工程

杭州是京杭大运河的南端,大运河是杭州的生发之河,也是杭州这座城市最重要的生态类基础设施之一。大运河综保工程是弘扬传承京杭大运河"国之瑰宝"、巩固提升杭州"城之命脉"的综合整治和保护开发项目。之所以实施大运河综保工程,主要是应对大运河运输功能衰落后面临的文化遗产保护滞后、环境污染、建设性破坏、协调管理不足等困境。2002年,杭州开始实施大运河综保工程,南起江干区三堡船闸,北到余杭区塘栖镇北,总长约39千米,河两岸各宽1000米,规划用地约78平方千米。

大运河综保工程按照"统一领导、市区联动、政府主导、市场运作"原则,构建了集合政府、企业、社会等众多利益主体的大运河综合保护复合主体;围绕还河于民、申报世界文化遗产、打造世界级旅游产品"三大目标",使大运河真正成了"人民的运河""游客的运河";坚持"保护第一""生态优先""拓展旅游""以人为本""综合整治"基本原则,按照"截污、清淤、驳坎、绿化、配水、保护、造景、管理"的要求,实施了水体治理、路网建设、景观整治、文化旅游、民居建设"五大工程"。

经过连续10多年的整治,大运河综保工程取得了显著成效,打破了长期以来"多龙治水"的格局,构建了统一有效的协调管理机制;加强了沿岸老旧小区城市基础设施建设,显著改善了两岸的居住条件,使污染之河变成生态之河、景观之河、百姓之河;全面提升了大运河生态功能,传承发掘了历史文化价值和大运河文化产业;打通了大运河两岸约23千米游步道,兼具交通功能、文化和景观特色,惠及沿岸居民数十万人,现已成为城市文化旅游的一张金名片和大运河文化遗产保护利用的典型案例;通过改善城市发展环境、生活环境、创业环境,吸引了一大批一流企业来杭州创业发展。

2006年5月24日,杭州与全国政协共同举办了第一次京杭大运河保护与申遗研讨会并通过了《杭州宣言》。2014年6月,京杭大运河被列入《世界遗产名录》,大运河综保工程为成功申遗做出了重要贡献。大运河综保工程能够成功实施,主要是按照打造大运河生态带、文化带、经济带、发展带的理念统筹规划建设,在推动大运河文化创造性转化、创新性发展,强化生态环境保护修复,加快文化旅游融合发展、大运河沿线文化产业发展和文创产品开发等方面提早布局。

(四)城市基础设施管理社区化

1. 城市基础设施管理社区化的含义

所谓城市三大类基础设施管理社区化,是依据国家政策方针和相关法律,结合国民经济发展规划、城市总体规划和社区实际发展情况的要求,研究制定城市基础设施管理社区化的方针政策,按照自上而下与自下而上相结合的原则,推进城市管理力量下沉到社区解决实际问题,推进社区基层治理现代化,逐步解决城市基础设施管理社区化存在的体制机制性难题。城市基础设施项目是否体现高质量发展的要求,归根结底要根据其最终能够提供的城市社区公共服务的质量和效率来检验。因此,要以城市社区公共服务的保障程度作为检验城市基础设施项目高质量发展的最终标准。

迈入21世纪以来,杭州坚持"城市管理为人民,城市管理靠人民,城市管理成果由人民共享,城市管理成效让人民检验"的理念,在城市管理中做到"议题来自民间、重点突出民生、解决依靠民主、结果赢得民心",逐步形成了党政、媒体和市民"三位一体"的城市管理民主参与机制。城市基础设施管理社区化,同样要重视健全城市管理民主参与制度。

一是建立城市基础设施管理社区化民主参与机制。城市基础设施建设作为一项民心工程,与城市居民的切身利益密切相关,建立城市基础设施管理社区化民主参与的工作机制迫在眉睫。因为办任何事情,即使是民心工程,也未必是普惠的、均等的,必然会涉及老百姓的切身利益。协调关系老百姓切身利益的不同意见、不同想法,单纯靠领导拍板、行政干预是不行的,只有通过发扬民主,特别是通过发扬城市社区基层民主的办法来解决。只有做到"问情于民",改不改让老百姓自己定;"问需于民",改什么让老百姓自己定;"问计于民",怎么改让老百姓自己定;"问绩于民",改得怎么样让老百姓自己评,才能真正落实老百姓的知情权、参与权、选择权、监督权。因此,建立城市基础设施管理社区化民主参与机制,是民主集中制原则的拓展和延伸,进一步拓展了民主的空间和渠道,搭建了群众利益表达的新平台,有利于领导干部增强民主意识、提高民主素养,使城市基础设施管理社区化工作的决策更趋于科学合理,更符合群众的利益。

二是明确城市基础设施管理社区化民主参与的主体。迈入21世纪以来,杭州探索建立了党政、媒体和市民"三位一体"的城市基础设施管理社区化民主参与机制,主要包括三方面内容:发挥党政主导力。党委、政府在民主民生问题上必须发挥主导力作用,凡是涉及人民群众利益调整问题,尤其是城市基础设施重大工程、重大项目和重大政策的出台与实施,都必须主动问情于民、问计于民、问需于民、问绩于民。发挥媒体引导力。充分发挥新闻媒体的优势和作用,在党委、政府与公众之间架起一座平等沟通的桥梁,使两者的观点、声音、争论能公平公正地表达出来,推动民生问题的解决。发挥市民主体力。必须通过广开民主参与渠道,拓宽民主参与途径,让新老杭州人做主人、唱主角,广泛参与城市基础设施管理社区化实践。

三是完善城市基础设施管理社区化民主参与的做法。在城市基础设施管理实践中,杭州积极探索了多种形式的民主参与新做法。民间求题。通过公开征集意见,深入基层专题调研,选取群众关注的热点、难点问题,征求利益相关群众的意见,具体项目做不做、做什么、怎么做都由老百姓说了算。领导挂帅。市领导领衔挂帅,带头发扬民主,推进重大工程、重大项目建设,破解涉及民生改善的重大问题。比如,围绕出台停车新政,市领导亲自列出"十大问题"刊登在杭州各大媒体,共征集到28万字的意见建议,以良好的民意基础确保"停车新政"的顺利实施。恳谈听证。主要是通过恳谈会、听证会的形式,就人民群众关心关注的突出问题、重点工作、重要政策的制定、关系社会公共利益重大事项的出台等,听取群众意见建议,以民主决策推动民生问题的解决。网络互动。借助网络媒体,大范围、多层次地倾听网民声音,通过网络互动推动民生问题的破解。比如,2008年以来,杭州市有关会议通过网络视频直播和邀请市党代表、市人大代表、市政协委员、市民代表参加的方式,直接听取群众的意见建议。媒体引导。充分发挥新闻媒体的舆论导向作用,集思广益,推动社会关注的热点、难点问题的解决。上下联动。整合各方力量,多层面听取意见,以"大协作"的工作方式来推动民生难题的解决。背街小巷改善、庭院改善、危旧房改善就是上下联动的范例。公众参与。对一些与老百姓关系密切的重大事项,采取老百姓民主投票的方法来讨论确定。下访接访。领导干部走进基层、走进群众、走进矛盾,面对面听取意见建议,解决民生难题。代表委员监督。邀请党代表列席市委全委会和常委会,向党代表、人大代表和政协委员"两代表一委员"征求意见建议,组织"两代表一委员"参与城市基础设施管理社区化重大项目的视察、评议、监督。

2. 城市基础设施管理社区化的理念原则

一是坚持"民本管理"。"以民为本"是我国经济社会发展的长远指导方针,也是推进城市基础设施管理社区化的核心要求。城市基础设施管理社区化必须适应由"管制型"向"公共服务型"转变的历史要求,必须走科学化、人文化和民本化之路。城市基础设施管理社区化应围绕"为了人"这一根本出发点和落脚点,高度重视和体现人民群众意愿和期盼,千方百计为市民营造一个良好的生活、居住和工作环境。

因此,在推进城市基础设施管理社区化实践中,必须从人民群众最关心、最直接和最现实的利益问题出发,坚持"以群众呼声为第一信号,以群众利益为第一追求,以群众满意为第一标准";坚持"城市管理为人民,城市管理靠人民,城市管理成果由人民共享,城市管理成效让人民检验";坚持"问需于民、问情于民、问计于民、问绩于民",落实群众的"知情权、参与权、选择权、监督权"。大力倡导人性化管理、亲民型管理,与人民群众一道共建共管共享"生活品质之城",实现"城市上水平,百姓得实惠"。

二是坚持"从严管理"。一座好的城市从某种意义上讲不是"造"出来的,而是"管"出来的,城市基础设施能否实现效益最大化,关键是在管理特别是社区化管理。坚持从严管理,就必须牢固树立"严管是尽职,宽管是失职,失管是渎职"的理念;坚持严管重罚和零容忍,就是依法实施高标准管理、高频率巡查、高额度处罚、高效率执法;坚持"严"字当头,就是通过严管、严查和对少数不和谐行为的严罚、严处,来实现更大范围的和谐,让更多的市民受惠得益。

三是坚持"依法管理"。依法管理是城市基础设施管理社区化的基础,是城市基础设施管理法治化的需要,也是深化市民守法教育的需要。坚持依法管理,就必须建立健全城市基础设施管理社区化的法规规章和制度,规范城市基础设施管理社区化的各类活动,做到依法审批、依法管理、依法监管、依法处罚,使城市基础设施管理社区化的各项活动规范化、程序化和法律化。坚持依法管理,就必须正确处理从严管理与亲民管理的关系、严格处理与适当疏导的关系、维护多数人利益与少数人利益的关系,不断提高全体执法人员的依法管理能力。坚持依法管理,就必须开展群众性的学法、懂法、守法教育活动,不断增强市民群众的知法守法意识,与执法人员一起,依法管理好、维护好杭州这座"生活品质之城"。只有坚持依法管理,才不会失之于宽、失之于严,才能真正体现以民为本、以民为先,依法保护最广大人民群众的合法权益,实现城市基础设施管理社区化的法治化。

四是坚持"标化管理"。"标化管理",源于现代工业文明,是保障产品和管理品质化的基础,是现代化管理的前提。在城市基础设施管理社区化中,坚持"标化管理",就是要求在管理社区化工作中,按照标准化管理的要求,既要拉高标杆,又要严格标准。这就要求我们不但要善于借鉴国内外一流城市的先进管理制度、管理标准,更要注重在自身的管理实践中总结经验,推进城市基础设施管理社区化的规范化、程序化、制度化。只有实施高标准的城市基础设施管理社区化,才能真正实现"少花钱、多办事、办好事"的要求,才能真正体现"生活品质之城"的管理水平,才能打造具有世界一流水平的城市基础设施管理社区化新模式。

五是坚持"精细管理"。把"精细管理"理念引入城市基础设施管理社区化中,就是要确立为老百姓提供更好的服务的意识,强调寓管理于服务之中,细分公共管理和服务对象,优质高效地提供人性化、个性化的公共服务,实现人本导向的城市基础设施管理社区化。坚持"精细管理",就是崇尚精致、追求完美、不留遗憾;坚持"精细管理",就是强调细节;坚持"精细管理",就是在工作中严把质量关,使城市的每一项重大工程都经得起人民的检验、历史的检验。总之,城市基础设施管理社区化要为广大市民提供更优质的公共服务,就必须坚持"精细管理"理念,做到精益求精。

六是坚持"品质管理"。在未来的城市竞争中,杭州以其自身所拥有的独特的地理环境和人文优势,决定了城市的发展和跨越,绝不能以人口和规模拼大小,而只能以品质争高低,以特色论输赢。因此,在城市基础设施管理社区化中,必须牢固确立"品质意识",坚持以"品质管理"为导向,通过"品质管理",努力打造"品质环境",创造"品质生活",建设"品质城市"。实施"品质管理",不仅需要我们牢固树立起"品质管理"的理念,而且需要在推进城市化过程中,一如既往地坚持高起点规划、高标准建设、高强度投入、高效能管理的"四高"方针。通过城市基础设施管理社区化的体制创新、机制创新、方法创新和手段创新,探索出一条能与世界一流城市管理水平相媲美的,与杭州"生活品质之城"建设相适应的,具有杭州特色的城市基础设施管理社区化之路。

3. 如何实现城市基础设施管理社区化

一是突出高效能管理,推进城市基础设施管理社区化的多主体参与。通过问情于民、问需于民、问计于民、问绩于民,切实落实人民群众的知情权、参与权、选择权、监督权,使城市基础设施由城市政府一家管理向社会复合主体共同治理转变。

二是突出高品质生活,提升城市基础设施社区化管理带来的获得感。要从"品位"和"质量"相统一的角度,大力提升"五大生活品质",从人们日常的、根本的需求角度来审视城市发展,把城市发展放到一个现实而又终极的意义上去把握,使城市与市民紧紧联系在一起,使经济社会发展与市民日常生活紧紧联系在一起,不断增强老百姓的获得感、幸福感。

三是突出公园社区导向,实现城市基础设施生态效益常态化。公园社区是公园化的社区,是公园城市的基础和细胞。公园单位则是公园化的单位,是公园社区的基础和细胞。按照公园城市的标准,把城市作为"最大的公共产品",构建尺度宜人、开放相容、邻里和谐的开放空间,提高城市活力、品质,实现从城市的公园向公园的城市、从社区的公园向公园的社区、从单位的公园向公园的单位三个历史性跨越,实现城市基础设施生态效益广覆盖、高品位、常态化。

4. 城市基础设施管理社区化案例:背街小巷、庭院、危旧房、物业管理"四大改善"

城镇老旧小区改造作为城市有机更新的主要内容,具有"既保民生,又稳投资,同时拉动内需"的特点,已经成为我国城镇高质量建设的时代所需,受到了各级政府和社会各界的高度关注。杭州市老旧小区大多位于老城区,保留着一个城市的历史和记忆,在城市发展、建设、更新过程中始终扮演着重要角色。

进入21世纪以来,杭州坚持"保老城建新城""城市有机更新""生活品质之城建设"的理念,以背街小巷、庭院、危旧房、物业管理"四大改善"工程为载体,推动老旧小区改造,以破解"四大难题"为前提,坚持推行"四改联动"的综合改造方案,为全国老旧小区改造实践提供了样板。

背街小巷改善工程是杭州市委、市政府在2004年提出,对主城区背街小巷进行道路平整、积水治理、截污纳管、立面整治、危房修缮、平改坡、绿化提升、景观照明、违建拆除、城市家具、公厕改造、缓解交通"两难"、架空线"上改下"、标识标牌多杆合一等14个方面的整治。2004年至2010年,全市共完成

2953条背街小巷的改善任务,受益群众205万人。

庭院改善工程是背街小巷改善工程的延续和深化。杭州市委、市政府在2007年提出,把庭院改善工程作为共建共享"生活品质之城"的重大举措来抓。2007年至2010年,全市累计完成972个庭院、4532幢房屋的改善任务,受益住户21.9万户,受益群众65.7万人。

危旧房改善工程由杭州市委、市政府在2007年全面启动,针对困难群众、弱势群体和低收入阶层,通过维修、拼接、重建、项目带动四种形式,完成老城区范围内180万平方米危旧房改善任务,显著改善了危旧房3.5万住户的住房条件。

物业管理改善工程由杭州市委、市政府在2009年提出,力争杭州市老城区实施庭院改善和危旧房改善后的1000多万平方米老旧住宅小区基本实现物业管理全覆盖,逐步建立老旧住宅小区的物业管理长效机制。经过三年扎实推进,杭州共完成物改工程项目301处,接管小区323个,涉及老旧住宅5923幢,推行社区化准物业管理面积约1877万平方米,惠及住户26.2万余户。

"四大改善"工程累计投入近百亿元,在城市基础设施管理社区化理念指引下,提升了老百姓的生活品质,让城市基础设施带来的溢出效益率先覆盖城市大街小巷。"四大改善"工程因此成为四项投入最少、产出最大、效益最好的民心工程与实事工程。

（五）城市基础设施经营社区化

1. 城市基础设施经营社区化的含义

20世纪中叶,城市经营的思想在国外就已经浮现。在城市经济学这一学科理论的指导下,美、法、日等国在城市基础设施建设的投融资方面进行了尝试,就如何运用市场机制来吸引民间资本,促进城市硬件环境建设形成了一些不同的模式,为城市经营理念的形成和运作提供了经验。20世纪80年代中后期,国内一些城市提出"城市基础设施的经营与管理""城市土地有偿使用"等观点,实际上是城市经营理念的起源与雏形。90年代以后,国内一些大城市相继在城市建设和发展中探索出了"以路带房""城市基础设施建设带动旧城改造""市政设施专营权有期限转让""发行城市建设债券"等做法,进一步从理论和实践上印证了城市经营的理念。1998年9月,中国城市经济学会会长汪道涵在上海召开的纪念十一届三中全会20周年研讨会上明确指出,今后城市现代化建设要走城市经营的新路,"城市经营"的概念首次在公开会议上被正式提出。城市经营的概念一经提出,立即引起了城市管理者和学术界的高度重视。

综合国内外城市经营的理论研究与实践探索,我们把城市经营的内涵界定为,在政府调控和市场机制的共同作用下,按照城市发展战略和城市规划要求,对城市资源进行资本化的集聚、重组和营运,建立城市建设资金投入产出的良性循环机制,实现城市资产保值增值和城市总体价值的提升,从而达到优化城市环境,完善城市功能,提高生活品质,增强城市综合实力和竞争力,促进城市可持续发展的目的。用最直白的话表述就是:将经营从企业层面延伸到城市层面,把城市当作最大的国有资产来整体规划、建设、管理和经营,最大限度地促进城市增值,最大限度地提高市民生活品质,实现城市的可持续发展。

　　参考城市经营的概念和内涵,所谓城市基础设施经营社区化,就是城市基础设施运营管理部门从城市基础设施经营效益最大化角度出发,树立系统经营理念,创新运营管理模式,拓展经营收益渠道,实现资产效益最大化,提升品牌知名度,统筹协调并有效利用社会资源,对教育、科技、文化、卫生、体育等城市基础设施进行经营管理的发展模式。

　　城市基础设施经营社区化具有以下几个特点。

　　一是系统性。城市基础设施是一个包含经济、政治、文化、社会、生态等子系统的极其复杂的巨系统,不仅有着复杂的构成要素,更有着极其复杂的运行机制,其发展过程、动力机制和变化速率等均不是线性函数,而是一个非平衡状态下的复杂的动态变化过程。这就决定了城市基础设施经营社区化是一个系统工程,涉及规划、建设、管理和运营等方方面面,必须从整体、系统的角度来思考、处理和解决城市中所遇到的种种问题,使城市系统运行效益化、效率化和秩序化。

　　二是开放性。实施城市基础设施经营社区化必然需要与外界进行人才、物质、信息、能量等资源的交换,这是城市基础设施经营社区化能够顺利进行、获得良性循环不可缺少的基础和条件。虽然城市基础设施经营社区化是以社区为考量单位,但是在经营理念上必须拓宽视野,重视对内对外的开放,把城市基础设施放到更大范围中来经营,融入城市分工体系和发展潮流中。

　　三是广泛性。城市基础设施经营社区化的主体多元化,既包括城市管理者,也包括企业、社会组织,还包括城市居民。城市基础设施经营社区化的客体涉及面非常广,无论是有形的还是无形的,一切可经营的城市基础设施资源均是经营的对象。

　　四是动态性。城市基础设施可以分成不可经营性和可经营性两大类。其中城市基础设施经营社区化的对象主要是城市可经营性基础设施。但可经营性和不可经营性的划分不是绝对的,而是随着制度的变迁、管理理念的创新、科学技术的进步、思维方式和生活方式的改变、社会的发展等外界环境的变化而变化的。特别是随着知识经济和信息时代的到来,以及人力资本、知识信息对生产力的促进作用已逐步超越传统的实物资本和货币资本的新形势下,城市基础设施经营社区化的方式也应做相应的改变,由单纯的物质资本经营转向物质资本和知识、信息、人才、文化、生态相结合的多维度经营,由以有形资产经营为主转向有形资产和无形资产经营相结合。

　　五是综合性。在城市发展中,城市存量资产的价值不断发生变化,流量资产不断增加。从城市社区的可持续发展出发,城市基础设施经营社区化既要算小账、分账,更要算大账、总账;既要重视眼前利益,更要重视长远利益;既要重视经济效益,更要重视社会效益和生态效益。特别是各种城市基础设施资产所具有的外部性,常常使得投资很难在所运作的项目上回收,这就必须从整体出发,综合运用城市各项资产,最大限度地发挥每一项城市基础设施资产的作用,从整体上运作城市基础设施资产,使得城市资产的投入—产出进入良性循环和自我滚动的发展轨道,从而实现城市范围内三大类基础设施资产的优化配置。

2. 城市基础设施经营社区化的目标

一是缓解政府在城市建设资金上的困境。在传统的城市建设模式下，城市基础设施建设都是由政府包揽包办，单一投资。随着经济发展对城市建设的要求越来越高，各项城市基础设施和服务所需的投资也越来越多，政府日益面临着城市建设需求强烈但投资供给不足的困境。通过城市基础设施经营社区化，把社区的三大类城市基础设施建设项目推向市场，实行产业化经营，本着"谁投资，谁受益"的原则，吸引各方面的投资参与社区建设，从而打破单一政府投资的模式，使城建投资由主要依靠政府转向依靠社会，由主要源于财政转向主要源于市场，从而解决基础设施建设资金缺乏的困境，这是城市基础设施经营社区化的最基本的出发点。

二是促进城市建设效率的提高。在计划经济体制下，城市基础设施的建设方式主要依靠行政指令，建设周期长、资源浪费多、施工成本高，建设缺乏积极性且效益难以保证。而城市基础设施经营的社区化，实行投资主体多元化、建设项目业主化、运行机制市场化，城市基础设施管理主要依靠市场手段。业主对项目实行企业管理、自负盈亏，按照市场经济规律运行，城市基础设施建设从整体上实行社会化管理。从而杜绝资源浪费、重复建设、零散建设和建而不用、用而不全等现象的发生，使城市基础设施建设的成本降低、周期缩短、效益上升，促进城市基础设施建设效率的提高，增强城市基础设施部门的活力。因此，城市基础设施经营社区化不仅要考虑如何"生财"的问题，而且要切实研究对资金、资产的有效管理和使用，以期发挥最大的效益。

三是推动城市政府职能的转变。在计划经济时期，城市基础设施都是为人们提供生产、生活条件的无偿服务型、共享型的公共产品，政府职能重叠、混乱不清，严重影响了城市功能的发挥。而城市基础设施经营社区化，可以使政府把精力更多地投入片区的发展、规划和资产的监督、管理，把城市基础设施的投资和经营尽可能地交由市场来完成，从而促进政企分离和政府职能的转变，使政府更加适应市场经济的发展环境。也就是说，"生财""理财"仅仅是城市基础设施经营社区化的基本目标，其深层次目标应当是能够解决投资体制的问题。

四是促进城市的可持续发展。一方面，按照市场经济规律经营城市基础设施，综合运用三大类城市基础设施的资产，在社区范围内实现资产配置效益的最大化、最优化，从而从更大的深度和广度上使城市基础设施资产实现优化配置，使城市基础设施资产得到尽可能的节约集约；另一方面，由于它又是政府的行为，所以会首先从城市公众的整体利益出发，从而避免了市场经济的负面效应，达到经济效益、社会效益和环境效益的统一，实现社区和城市的可持续发展，这是城市基础设施经营社区化所应达到的最终目标。也就是说，城市基础设施经营社区化的核心目的应该是着眼于解决城市发展中的各种关系和矛盾，是一个"协调"和"发展"的问题。

3. 城市基础设施经营社区化的理念原则

一是处理好有形资产经营和无形资产经营的关系。经营城市的有形资产，能够在短时间内获利，但局限于此是不够的，要注重无形资产的价值。所以，既要重视经营土地、水、矿产等已被开发利用的传统城市资源,又要重视信息、网络、品牌、文化、人才等还未被充分开发利用的现代城市资源,实现从主要依赖传统城市资源向大力开发现代城市资源转变。

二是处理好城市经济效益、社会效益与生态效益的关系。城市基础设施经营社区化,既要重视城市基础设施的经济效益,又要注重社会效益和生态效益,实现经济效益、社会效益、生态效益的和谐统一。城市基础设施经营社区化是推进城市建设和发展的重要手段,但不是它的全部目标和内容,不能以经营代替所有的政府行为。要正确区分经营与非经营,要区别对待可经营性资产和公益性非经营性资产。在不断拓展经营城市基础设施资产广度和深度的同时,政府对一些公用事业要做出无偿投入;一些不宜市场化的城市资产仍应由政府经营,如图书馆、群众文化馆、青少年宫、公园等不能搞承包经营,政府应当拨款,无条件地为纳税人服务。至于一些自然和历史文化遗产、著名的风景旅游区更不能轻易出让经营权,应当加强控制管理,合理开发利用,保护是第一位的,不能为了短期效益而急功近利。

三是处理好局部资源与整体资源的关系。城市资源要作为整体概念来对待,要有计划、有步骤地开发经营,不能只顾局部,不顾整体。城市基础设施经营社区化,既要重视局部城市资源的开发和利用,也要重视城市资源的整体、组合式运作,发挥城市资源的集约和综合效应。现代城市要以循环生产、适度消费、平等公正为特征,维护自然生态和社会生态的整体利益。

四是处理好社区资源有效利用与可持续发展的关系。城市可利用资源是有限的,因此,既要充分地开发利用资源,又要严格做好资源的保护,实现资源利用的可持续发展。城市基础设施经营社区化,不能只顾眼前,搞短期行为,尤其是对不能再生的资源(如土地等)要有长远的使用规划。任何一座城市、一个社区,要走出一条经营合理、良性发展的道路,必须要有科学定位、长远发展战略与规划,重视节约、保护资源,既注重经营资源的短期效益,又着力于提升城市管理者的战略性经营意识。

五是处理好市场化、多元化与政府主导作用的关系。城市基础设施经营社区化是市场经济条件下的必然产物,同时也是城市政府的重要职能。既要充分发挥工厂、企业、民间组织在城市基础设施经营社区化中的多元作用,又要突出政府在其中的主导作用。在城市基础设施经营社区化中,政府不能完全顺着开发商的意愿走,而要体现政府对社区和城市整体发展的战略意图,体现市民的根本利益,考虑市民的承受力,实现社区和城市的可持续发展。

4. 如何实现城市基础设施经营社区化

一是突出高水平经营,实现基础设施投入产出比、性价比、费效比的最大化。把经济发展方式转变与城市发展方式转变紧密结合,使政府有形之手与市场无形之手有机统一,变政府主导式为政府引导式,既保障经济利益,又注重社会效益,既防止市场失灵,又避免政府失灵。只有实现城市基础设施经营社区化,才能使城市基础设施的溢出效应最大化。

二是突出三大效益统一,统筹土地资产与城市基础设施资产一体化经营。努力实现生态效益、社会效益、经济效益三大效益的统一。"钱从哪里来"问题是四大难题的重中之重、难中之难。政府统筹解决城市三大类基础设施建设的成本问题,总体来讲,主要有城市财政预算安排(包括财政转移支付)、从国有资产的经营性收益中支付、推行PPP模式、从城市土地收益中支付四个渠道。要解决"钱从哪里来"难题,核心环节在于深入研究城市土地资产、城市基础设施资产经营问题,做好城市基础设施导向的土地综合开发文章。

三是突出全口径资产经营,创新城市基础设施社区化的商业模式。坚持无形资产经营与有形资产经营并重的理念,积极探索城市基础设施资产证券化之路。关键要做到"四改联动",即农地征用制度、土地储备制度、土地招拍挂制度和土地出让金使用制度的改革联动,做到节约用地、集约用地、优地优用,实现经济效益、社会效益、生态效益三大效益的叠加和统一。拓展城市基础设施经营社区化新渠道,落实国家"新基建"战略,积极推进智慧城市基础设施进社区、进家庭,按照数字化改革、资产化重构、证券化融资的思路对城市基础设施、数据资源等线上线下资产进行一体化经营,开拓城市基础设施社区化运营新的商业模式。

5. 城市基础设施经营社区化案例:西溪湿地综合保护工程

杭州西溪国家湿地公园为我国首个湿地公园,面积约11平方千米,2009年7月被列入《国际重要湿地名录》。迈入21世纪以来,杭州严格遵循《湿地公约》,坚持"积极保护"方针,通过成功实施PPP+POD复合模式,西溪湿地周边土地实现了大幅增值,不但反哺了该工程150余亿元的前期投入,并且积累了大量资金用于其他项目的生态保护,取得了显著的生态效益、社会效益和经济效益,形成了城市基础设施经营社区化的"西溪模式"(见图1)。

图1 杭州西溪湿地国家公园

第一,西溪湿地经营社区化,体现在其整体资源的开发、利用和经营模式的创新。PPP+POD复合模式体现了"金镶玉"的开发理念,即以湿地公园为"玉",以湿地周边土地为"金",通过"赋金于玉"实现"金玉成碧",形成一流的自然与人文生态、良好的人居与创业环境,带动湿地周边土地大幅增值,进而实现湿地公园的可持续发展。

第二,西溪湿地经营社区化,体现在其收益渠道的创新。杭州在坚持"保护第一、最小干预"的前提下,把西溪湿地及周边地区打造成以湿地生态为基础,以人文生态为精髓,以休闲度假功能为主,集观光、会展、美食、演艺、购物、艺术、创意、培训、居住等多种功能于一体的国际旅游综合体,成为杭州市民和中外游客旅游休闲的好去处。

第三,西溪湿地经营社区化,体现在其公共资产效益的最大化。采取以管委会为统一核算单位的保护资金内平衡模式,对西溪湿地等城市基础设施和城市土地进行一体化开发和利用,形成土地融资和西溪湿地投资之间自我强化的正反馈关系。通过对西溪湿地的投入改善企业生产环境和提高居民生活质量,进一步带动土地的增值,进而通过土地的增值反哺城市的发展,切实解决"钱从哪里来"的问题。

第四,西溪湿地经营社区化,体现在其投资发展环境的改善。为了完成从"湿地公园"向"湿地公园型城市组团"的成功转型,实现游在西溪、学在西溪、住在西溪、创业在西溪的"四个在西溪",在定位上落实组团的生态功能、文化功能、人居功能、产业功能。

第五,西溪湿地经营社区化,体现在其品牌美誉度和知名度的提升。西溪湿地先后获得"国家5A级景区""国家环保科普基地""全国科普教育基地""国家生态文明教育基地""中国十大文化休闲基地""中国最美湿地""全球文化产业特色园区创新引领奖"等荣誉和奖项。

在城市基础设施经营社区化的理念指引下,杭州通过对西溪湿地这一重大生态类基础设施及其周边组团进行持续经营,有效弥补了西溪湿地保护建设和管理经费不足的问题,并反哺周边区域城市基础设施建设,切实解决了"钱从哪里来"的问题,实现了"三效统一"的城市升值。

格局决定眼界,眼界决定理念,理念决定思路,思路决定出路。城镇化是推动中国高质量发展、解决发展不充分不平衡的关键领域,是人民追求美好生活、实现共同富裕的主要途径,是当代中国最伟大的社会实践和发展成就。在当前高质量推进新型城镇化的背景下,必须深入贯彻落实习近平总书记提出的"人民城市人民建,人民城市为人民"的重要论断,准确把握城市属于人民、城市发展为了人民、城市建设依靠人民的城市工作理念。城市规划管理建设经营只是手段,城市发展的终极目标应该是实现人民的美好生活。在不增加甚至减少城市基础设施建设负债和追求人民满意的高品质生活之间找到一个最佳平衡点和最大公约数,是当前和今后城市发展必须首先破解的难题。"城市基础设施社区化"就是破解这一难题的不二法门。

发展卫生健康事业　扎实推进共同富裕

张大卫

河南省人大常委会原副主任

中国国际经济交流中心副理事长、秘书长

一、构建卫生健康发展指标体系

参考WHO等机构、各国公共卫生效果评价体系以及联合国《2030年可持续发展议程》相关指标,秉持可监测、可衡量、可统计的原则,按照"投入—过程—结果"的逻辑关系,2020年,我国尝试推出了国内第一套卫生健康发展指标体系。初步拟定五个一级指标:卫生健康投入、卫生健康资源、卫生健康管理、疾病防控和卫生健康水平。12个二级指标:卫生费用、医疗保健、机构资源、设施资源、人力资源、妇幼管理、养老管理、医疗服务、疾控卫生机构、传染病控制、生育健康、生命健康。此外,还有27个三级指标。

构建卫生健康发展指标体系的意义在于:一是综合客观评价国家和地区公共卫生健康发展状况,发挥监测、评估、比较和引导功能。运用大数据提高统计数字的准确性,为公共卫生健康发展提供可靠的依据。二是吸取新冠疫情的经验教训,构建完善的公共卫生体系,依托各等级的中心城市(镇),构建不同的公共卫生网络节点,并形成合理的圈层结构,为周边特别是农村地区提供公共卫生保障,让城乡居民共同享有利于生命健康安全的环境。三是推进基本公共服务均等化发展的需要,保障人民群众基本健康需要,体现了把人民健康放在优先发展战略地位以及实施健康中国战略的要求。

二、彰显卫生健康发展的理念

第一,坚持"以人民健康为中心"的"大健康"理念。"没有全民健康,就没有全面小康。"健康是人民群众美好生活的重要基石,是全面建成小康社会的重要内容。要牢固树立以人民为中心的发展理念,着力深化医药卫生体制改革,优化卫生资源配置,加强综合服务能力,在促进卫生健康事业高质量发展中,全面提升人民群众就医获得感和幸福感。

第二，坚持"人人享有健康"的健康可及性理念。强调提高卫生资源服务整体的可及性、突出初级卫生保健广覆盖的重要性。

第三，坚持"预防为主，防治结合"理念。公共卫生的核心功能之一是监测人群健康状况，对疾病进行预防。预防也是最经济、最有效的健康策略。疾病预防控制体系是保护人民健康、保障公共卫生安全、维护经济社会稳定的重要保障。

第四，坚持体现卫生健康发展公平性理念。卫生健康发展指标体系把城乡均衡发展纳入考量范围，对城乡差距较大的相关指标从城市和乡村两个维度的考量。缩小城乡、地区、人群间基本健康服务和健康水平的差异是建设社会主义现代化强国和实现共同富裕的重要任务，是我国加强卫生健康体系公平性建设的重要体现。

第五，坚持引导卫生资源下沉的理念。基层医疗是健康卫生系统的基础，因此，加强基层医疗水平建设和基层医疗能力培养，增加医疗资源服务供给，加强卫生健康人才队伍建设，完善引培并举机制，优化医疗卫生服务管理，推动医疗卫生行业综合监管制度落实，加强卫生健康信息化建设，实施改善医疗服务行动计划，是我国推进卫生体制改革保基本、强基层的重要内容。

当前我国城乡以及各区域之间的基层医疗公共卫生服务机构服务水平以及设施资源仍存在着较大的差异。要进一步提升基层医疗公共卫生服务机构的服务建设水平，调整城乡医疗卫生的财政投入结构、改变城乡二元结构，深化医疗体制改革以及完善基本医疗卫生服务监督评价体系，缩小城乡和区域差距，推进基本卫生服务均等化，真正实现卫生健康高质量发展，以达到共同富裕。

城市的万众创新与共同富裕

杨 卫

国家自然科学基金委员会原主任

中国科学院院士

本次年会的主题是"城市高质量发展与共同富裕",我报告的题目叫《城市的万众创新与共同富裕》。我觉得共同富裕最主要的动力就源自万众创新。从高质量发展这一要求来说,我们期待高质量的城市环境,我们期待高品质城市功能,我们期待高素质城市人群。因此,我认为要建设一座名副其实的"共富之城",可以从以下四个层面来考虑。

第一,经济层面——增量发展。要实现共同富裕,当务之急是把蛋糕做得更大。这就需要有增量发展的布局,而不是简单的零和博弈。第二,社会层面——中收占优。要实现共同富裕,应不断加大城市里中等收入群体的数量,推动社会结构由传统的金字塔形向枣核型演变。第三,管理层面——大众参与。要实现共同富裕,应摒弃简单的科层式管理模式,更广泛地推动大众参与。过去10年间,杭州城研中心持之以恒地举办西湖城市学金奖征集评选活动,获得了大量含金量很高的点子,体现了发展为大家、治理靠大家的理念。第四,文化层面——共同价值。要实现共同富裕,社会大众必须要有共同的价值观、共同的欣赏观,进而形成强大的社会凝聚力、向心力。

从逻辑上来看,以上四个层面的最大公约数是创新。也就是说,"创新之城"是"共富之城"的最大公约数。就"增量发展"而言,我们希望有新经济、新业态,这完全是由创新驱动的。就"中收占优"而言,我们希望城市里有更多的专业人士,中产阶级有更稳定的收入。就"大众参与"而言,我们希望个人持续做产生个人成就与个人财富的工作。就"共同价值"而言,我们希望通过万众创新,创造出更多的新技术、新产品和新市场。

最近,我当选为中国学位与研究生教育学会理事会会长。该学会有10项创新实践竞赛活动,其中有一项叫智慧城市技术与创意设计大赛,还有一项叫公共管理大赛。公共管理大赛是对城市发展问题的实践探索,类似于西湖城市学金奖。智慧城市技术与创意设计大赛致力于展现选手对智慧城市的顶层设计、数字化实现及它所对应的文化艺术创意。

实践证明,高质量发展的内涵包括高水平大学、高端创新园区、高质量城市管理、高素质年轻流入人口等内容。这些内容,在今天会场所在的未来科技城都有充分展现。文一西路两侧遍布着数字经济产业园区,吸引着数以万计的大学生,天元公学更是一座高品质的教育综合体。2020年,杭州新引进35岁以下大学生43.6万人,人才净流入率继续保持全国第一。城市的竞争,本质上是人的竞争,尤其是人才的竞争。杭州能拥有这么高的人才净流入率,说明了杭州这座城市对人才的吸引力,说明了杭州未来的发展仍相当强劲。

著名智库机构爱思唯尔曾与上海市研发公共服务平台管理中心合作编写了《数据与洞察:全球20个城市国际科技创新比较研究报告(2016—2020)》,从研究和企业创新活动的角度,衡量了全球20个城市的技术创新竞争力。其中,亚洲有上海、北京、深圳、香港、东京、大阪、首尔和新加坡市;北美有纽约、波士顿、芝加哥、洛杉矶、旧金山和多伦多;欧洲有柏林、伦敦、巴黎、斯德哥尔摩、莫斯科和阿姆斯特丹。北京、上海等城市的创新人数已经不少,但创新浓度还不够高。

从学术产出的统计数据看,北京最多,杭州估计排在10—14名。最近,再一次对浙江的情况进行统计时发现,各项指标的增长幅度还是很明显的。但相比于江苏、上海、广东,浙江科研规模尚有发展空间。从研究人员移动性来看,杭州研究者的流动性目前可能冠绝全球,2020年流入杭州的本科学历以上人才就有42万人。从学术影响力变化看,如果全世界平均水平为1,大部分入选城市都超过1。过去四年,有些城市的学术影响力是往下走的,也有些城市的学术影响力是往上走的。比如,香港的学术影响力就是逐年上升的;旧金山的学术影响力是逐年下降的,虽然它仍然处于高位;杭州近年来上升势头很猛,但总体学术影响力仍处于世界中下游水平。

就浙江而言,有些领域走在全国前列,比如人工智能产业。这一点,刚才潘云鹤院士已经讲得比较详细了。再比如,新材料、新化工、生物制药等方面,浙江的排名也比较靠前。但是,相比于广东、江苏等地,浙江在很多领域差距比较大。比如,企业研发能力、科技传播平台、专利授权量等方面。

总之,杭州要争当浙江高质量发展建设共同富裕示范区的城市范例,就需要向世界最先进城市逐步看齐,加快扩大创新规模,不断提升创新水平,激发共同富裕创新驱动力,真正实现以科技创新赋能共同富裕。

谢谢大家!

文化遗产让城市"活起来"

陈育宁

宁夏回族自治区政协原副主席

宁夏大学原党委书记、校长

首先,向杭州国际城市学研究中心主办的中国城市学年会·2021的召开表示衷心祝贺!这次年会是在深入学习贯彻习近平总书记关于抓好浙江共同富裕示范区建设的重要指示精神下举行的,我们对这次会议特别关注和期待,因为这次会议的主题是关于城市的高质量发展和共同富裕,这是大家普遍关心的问题。我们相信,在会议主办方的充分准备和各参与单位的支持配合下,这次会议一定能够取得非常优秀的成果,一定能够发挥智库的巨大作用,也一定能对各地产生广泛的影响。

当前城市高质量发展,最终目的还是要能解决人民日益增长的美好生活需要和不平衡不充分的发展之间的矛盾,那么要满足人民群众对美好的精神生活、精神文化越来越多、越来越高的需求。

城市的历史文化遗产见证着城市的历史与发展,同时又是城市文明的标志和不可替代的特色。所以在高质量发展中,一定要处理好发展与保护利用历史文化遗产之间的关系。我认为在这方面要注意这样几个问题。

一是要保护老城区、建设新城区,功能要有所划分,既能够保持城市历史文化的传统,又能向现代化城市积极推进,完善城市的现代化功能。使老城区古老的面貌和新城区的现代功能有机结合起来,使传统文化融入人民群众的生活,同时又能够让他们享受现代化生活带来的城市便利,让生活更加美好。

二是要建立完备的、整体的保护体系,制定必要的规章制度、法律条文,保证历史文化遗产能够传承下来。北京市完善制定了《北京历史文化名城保护条例》,在2005年版的基础上进行了修订完善。《北京历史文化名城保护条例》也提出最好的保护,其实就是找到合理的利用模式,使它活化起来,成为人们生活的一部分,只有用起来才能保护起来。所以与此同时专家也呼吁,针对保护利用要形成全社会的共识,人民群众自觉行动起来。

三是在发展文化产业中要注重对传统城区、传统产品,老品牌、老产品加以保护更新,进一步支持它们发展。同时结合旅游文化的开展,发展旅游文化产品,促进和带动人们新的消费需求,发挥传统企业的带头作用。

四是要深入挖掘历史文化遗产的内涵价值,发挥其育人功能。这里我想结合宁夏银川市的情况谈一点看法。银川市是1986年国家公布的第二批历史文化名城,在2021年10月18日第三届中国考古学大会上,公布了中国现代考古学诞生100年来100项重大的考古发现,这100项重大的考古发现中宁夏有两项:一是水洞沟遗址,二是西夏陵。水洞沟遗址是我国第一个被发现并且挖掘的旧石器时代人类文化遗址,距今应该有三万多年。遗址在黄河东岸,这反映了古老的黄河从人类文明开始时就养育了人类。2019年9月,习近平总书记在郑州召开的黄河流域生态保护和高质量发展座谈会上讲,黄河文化是中华民族的根与魂,水洞沟遗址反映了黄河培育了最早的中华文明,养育了中华民族的祖先,是人类文明的起源地之一。西夏陵是公元11到13世纪,北方的一个少数民族"党项族"建立的少数民族政权,前后存在了将近200年,党项族所建立的首府兴庆府,就是今天的银川市。党项族在那建立了民族王朝的同时,也在贺兰山下建立了仿照中原,特别是仿照宋陵的帝王陵园。这个宏大规模的帝王陵园虽然是为党项族统治者所建立的,但是却反映了对中原文化的继承。

我们从遗址可以看出,它继承了中原封建等级制度下帝王的陵寝制度,完全采取了唐宋以来已经成熟的中原传统的建筑形制,体现了中原的建筑文化。同时它吸收了北方一些民族文化的元素以及从丝绸之路传来的各地域的文化元素,体现了中华民族共同体的意识。

银川市这两个历史文化遗址,让我们看到了中华民族形成的历史过程,看到了黄河在中华文明创造过程中所起到的巨大作用。它们会提升银川市的文化地位、文化品质,也会强化人们对中华民族历史和共同体形成的认识。我觉得这也是在城市高质量发展过程中需要注意的一个问题,需要加强的一个方面。

总之,历史在延续,历史的文化遗产也伴随着我们进入新的时期。我们要更注重发挥历史文化遗产的作用,自觉地保护好历史文化遗产,为它注入新的生命,让它在新的时代、新的格局中发挥更大的作用,增添城市的色彩,让城市更加美好。

谢谢大家!

共同富裕　文化引领

单霁翔

中国文物学会会长

故宫博物院原院长

首先,非常荣幸接到(中国)城市学年会组委会邀请,因新冠疫情无法出席现场,所以通过视频的形式和大家交流。(中国)城市学年会已经连续举办了10届,一届比一届精彩,一届比一届有影响力。

今天,全世界超过一半的人口居住在城市。2020年末,我国常住人口城镇化率超过了60%,城镇成为承载人口和高质量发展的主要载体。在杭州,这个比例已经达到83%以上,而且还在不断增加。因此,越来越多的人聚集到城市,城市高质量发展对于人们的生活、国家的未来都具有重大意义。

促进人民精神生活共同富裕是实现共同富裕的重要内容,共同富裕是全体人民的富裕,是人民群众物质生活和精神生活都富裕。而文化又是共同富裕美好图景中最富魅力、最吸引人的标志。优秀的城市文化可以提高市民对于所在城市的认同感、满意度,进而产生自豪感、优越感,逐渐转化为城市的凝聚力,产生更大的感召力,最终形成人们热爱城市、建设城市的局面,使城市居民积极参与城市发展进程。这些是城市文化发展的根本动力,也是城市文化发展的根本价值。

在悠久的历史发展中,杭州人民创造出了独特的城市文化,这一文化又引领了杭州经济社会发展,形成了独特的城市景观,影响了人们的精神面貌与生活方式,受此影响的人们又继续传承优秀的传统文化。1999年,西湖申遗工作正式启动;2011年,西湖成为世界文化遗产。2021年,恰好是西湖申遗成功10周年。过去20年,杭州建设了壮美绚丽的钱江新城,保护了传统的文化景观,营造出人与自然和谐共生的宜居环境。与此同时,从2001年到2020年,杭州GDP总量从1580亿元增长到16100亿元,不仅高速发展的经济没有受到影响,还为杭州这座城市带来了西湖、京杭大运河、良渚古城遗址等三大世界文化遗产,真正实现了文化引领经济社会发展,进而走向共同富裕。今天的杭州已成为浙江高质量发展建设共同富裕示范区的城市范例,还将举办令人瞩目的第19届亚运会。期待古老的南宋临安城再创奇迹,充满活力的现代杭州更创辉煌。

预祝本次年会取得圆满成功,越办越好!

共同富裕是中国共产党初心使命的重要体现

朱善璐

北京大学原党委书记

中国李大钊研究会会长

首先,对"(中国)城市学年会·2021"的召开表示衷心的祝贺!本次年会把"城市高质量发展和共同富裕"作为会议主题进行学术交流和研讨,非常及时,很有必要。我认为不仅有理论意义、实践意义,还有强烈的现实意义,表示由衷的赞赏和支持。

2021年10月16日出版的第20期《求是》杂志刊发了习近平总书记的重要文章《扎实推动共同富裕》,对共同富裕的必要性、本质要求、原则和目标做了重要阐述。中国共产党的初心和使命,就是"为中国人民谋幸福,为中华民族谋复兴"。习近平总书记的系列论述必将在指引新时代、新阶段推进社会主义现代化强国建设、推进实现共同富裕这一中国共产党的初心使命上产生重要的影响,并发挥积极的指导作用。

下面,我就"共同富裕与城市高质量发展"谈几点简单的看法。

共同富裕是科学社会主义和马克思主义的应有之义,其重要的内涵和价值追求目标,也是中国共产党人初心使命的体现。100年来,从以李大钊为代表的中国共产党早期革命先驱者开始探索奋斗,一直到今天习近平总书记和中国共产党带领全国人民,推进社会主义现代化强国建设和伟大民族复兴的光荣事业,共同富裕这一重大的历史课程和使命无疑是极其重要的组成部分和终极价值目标。

共同富裕一直是中国志士仁人和广大劳苦人民群众向往追求的目标。但是,只有在马克思主义指导下,随着共产主义运动的深入发展,才会对共同富裕这一重大的社会发展历史课题和使命任务予以科学的回答,并取得一系列的理论上和实践上的重大成果。

共产主义先驱者李大钊先生在探索救国救民道路、寻找马克思主义真理的过程中,对于未来的社会主义社会提出了最初的、开放性和基因性的设想。1923年，李大钊先生在上海大学发表关于社会主义的演讲，指出社会主义"是要富的，不是要穷的"，"社会主义是使生产品为有计划的增殖，为极公平的分配，要整理生产的方法，这样一来，能够使我们人人都能安逸享福，过那一种很好的精神和物质的生活"，社会主义社会"不是使人尽富或皆贫，是使生产消费，分配适合的发展，人人均能享受平均的供给，分享最大的幸福"。这是李大钊在近百年前对中国未来社会主义制度和未来人民群众享受共同富裕的社会理想的早期设想，代表了早期共产党人就把共同富裕作为初心使命的重要追求目标，说明了共同富裕是中国共产党百年初心使命极其重要的组成部分和追求价值。

党的十八大以来，共同富裕这一理论和实践有了新的创新发展，习近平总书记在共同富裕这一重大的课题回答和解决方面，做出了新的历史性贡献。习近平总书记强调要坚持"以人民为中心"的发展思想，在高质量发展中促进人民的共同富裕。特别指出，在扎实推进共同富裕的历史新阶段，必须把促进全体人民共同富裕作为为人民谋幸福的着力点。

从百年前到现在，回顾这一段历程，我们切身感受到中国共产党、中国共产党人始终如一，把为人民谋幸福作为自己的使命和奋斗目标。学习革命先驱者关于共同富裕的早期设想，学习习近平总书记关于共同富裕的重要论述，都有助于我们理解中国共产党百年的初心使命，也有助于我们理解在建设社会主义现代强国的道路上，如何进一步推进城市的高质量发展和城乡一体化进程，在这样一个进程中如何把实现全体人民共同富裕作为自己的追求目标和重要的实现途径。

最后，祝贺本次年会圆满成功！谢谢大家！

教育体系与教育治理能力现代化

钟秉林

国家教育咨询委员会委员

国家教育考试指导委员会委员

国务院学位委员会委员

中国教育学会原会长

北京师范大学原校长

首先,我祝贺"(中国)城市学年会·2021"顺利召开。高质量发展是"十四五"时期我国经济社会发展的主题,是主动应对中国社会主要矛盾变化的必然要求。进入21世纪以来,我国教育规模急剧扩大。2020年,各级各类学校接近54万所,在校生接近2.9亿人,专任教师接近1800万人,学前教育毛入园率85.2%,义务教育巩固率95.2%,高中阶段教育毛入学率91.2%,高等教育毛入学率54.4%,基本实现了全面普及,中国教育发展水平进入了世界中上行列。

随着教育普及程度的提高,教育主要矛盾发生了转化。人民群众享受高质量教育的需求迫切,而优质教育资源供给短缺而且发展不均衡的教育公平和教育质量问题凸显。中国的教育发展方式正在发生转变,提高质量,优化结构,促进公平,实现教育内涵式发展,强化优质教育资源供给,建设高质量教育体系,满足经济社会发展和人民群众的多样化教育需求,服务经济社会高质量发展目标是"十四五"时期我国教育发展的战略任务。党的十九届四中全会通过的决定,明确了坚持和完善中国特色社会主义制度,推进国家治理体系和治理能力现代化的重大意义和总体要求,提出了到2035年基本实现国家治理体系和治理能力现代化的总体目标,为新时代我国教育治理体系与治理能力现代化建设指明了方向。

2019年2月,中共中央、国务院印发的《中国教育现代化2035》明确了形成全社会共同参与的教育治理新格局的战略目标,提出了提高教育法治化水平,提升政府教育管理服务水平,提高学校自主管理能力,推动社会参与教育治理常态化,推进教育治理体系和治理能力现代化的战略任务。构建学校协调顺畅的内外部关系,坚持依法办学、依法治教,优化教育治理体系,提高教育治理能力,既是现代学校制度建设的基本目标,也是推进学校内涵式发展,建设高质量教育体系的重要基础和制度保障。

本届(中国)城市学年会以"城市高质量发展与共同富裕"为主题,具有重要的现实意义。最后,我祝愿本次年会取得圆满成功,谢谢大家!

中国百年考古与城市发展

王 巍

中国考古学会理事长

中国社会科学院学部委员

非常高兴能有这样的机会跟大家交流,杭州是一座历史文化名城。进入21世纪以来,我进行了15年的"中华文明探源工程",最重要的工作就是探索中国5000年文明究竟是传说还是历史事实。在浙江同志们的努力下,良渚古城遗址成为成功的案例,证明中华5000年文明并非虚言,并在2019年7月6日成功列入《世界遗产名录》,入选的重要原因就是良渚古城遗址展示了以稻作农业为基础的早期国家形态,良渚文明和中华5000年文明得到世界的承认。

一、中国百年考古揭示古代城市面貌

2021年是中国现代考古学诞生100周年,习近平总书记在"仰韶文化发现暨中国现代考古学诞生100周年"纪念大会的致贺信中指出,百年来几代考古人筚路蓝缕、不懈努力,取得一系列重大考古发现,展现了中华文明起源、发展脉络、灿烂成就和对世界文明的重大贡献。此外,还对考古工作者寄予了很高的期望,希望广大考古工作者增强历史使命感和责任感,努力建设中国特色、中国风格、中国气派的考古学,更好展示中华文明风采,弘扬中华优秀传统文化。如何展示好中华文明的风采,是习近平总书记对我们提出的新要求,也是考古工作者未来要书写的重要课题。近期公布的"百年百大考古发现"中,约1/3是古代城市,包括历代王朝的都城,也包括早期城市文明。这些城市证实了中华文明发展的脉络,而且这些城市有一个共同点,即很多都压在现代城市之下,包括临安城。

二、城市建设发展与文化遗产保护存在矛盾

我国城市建设中的文化遗产保护走过弯路。一是在基本建设过程中,违反《文物保护法》,不事先进行考古勘探就建设,导致大量的珍贵文化遗产被破坏。二是在古建筑遗产保护方面,拆旧建新导致大量

的古建筑被夷为平地,建成了新房;给古建换"新颜",完全改变了原来的面貌;近10年来古镇、古建筑被保护下来,但空房现象严重,如何利用成了新问题。三是在文化遗产利用方面存在问题,考古遗址现场复原展示水平比较低,民众感觉无趣;历史文化博物馆展览说明词过于简单,民众看不懂;鉴宝类节目泛滥,形成错误导向。但是,近20年来,尤其是党的十八大以来,全民族的认识、各级政府的认识都发生了深刻的转变,保护珍贵的、不可再生的文化遗产的理念深入人心。

三、文化遗产有效保护、利用与城市建设

一是处理好文化遗产保护与城市建设的关系。将文化遗产保护工作列入城市发展总体规划,城市发展必须把文物保护和利用放在规划当中;考古勘探置于规划制定之后,项目审批之前。

二是加强古城、古镇、古村、古建筑的保护与利用。把保留和发掘城市特色和风貌作为城市发展的基本战略,古城、古镇拆旧建新、"千镇一面"的现象逐渐好转,要注重保留和发掘当地的特色风貌;把古镇、古建筑的保护利用真正纳入城市发展规划;对破坏古镇和古建筑的行为要追责到底;要因地制宜,把经过妥善保护的古镇、古建筑作为延续地方文脉、保护历史文化风貌、发展文化旅游的重要资源。让这些古镇、古建筑"活起来",将它们利用起来。

三是加强考古遗址的有效保护与活化利用。比如在一些古代都城中复建一些古代标志性建筑,把重要的遗址建设成考古遗址公园,建设生动、形象的考古遗址博物馆,打造让民众看得明白、看得有趣、看得受益的历史文化类博物馆。现在我国已有36处国家考古遗址公园被挂牌,开始正式运营,还有67处被立项,一些主要的都城或者重要的遗址都在列,其中包括良渚古城遗址。这些考古遗址公园的建立具有深刻的意义,有效缓解了政府部门、旅游部门和文物保护部门间的矛盾。

我国的文物保护利用正在进入一个新的阶段,这次年会的主题是共同富裕,共同富裕包括物质生活和精神生活的共享,考古遗址公园、国家文化公园就是一个让民众共享中华文明灿烂成就的舞台。在这方面考古遗址公园、国家文化公园应该做得更好,让每个民众从中受到教育、启示,增强民族文化自信。考古工作者有着义不容辞的责任,应该像建设良渚国家考古遗址公园一样,建设中国其他的考古遗址公园;像发掘良渚古城遗址一样,发掘其他时代的遗址,将辉煌灿烂的中华文明更好地展现给广大民众和世界。

科学把握高质量发展的重要机遇 积极探索共同富裕的杭州路径

丁狄刚

杭州市人民政府党组成员、副市长

金秋十月,丹桂飘香。在这个丰收的季节里,我们又迎来了一年一度的(中国)城市学年会·2021暨第十一届城市学高层论坛。受杭州市委副书记、市长刘忻同志的委托,我代表杭州市政府,向年会的召开表示热烈祝贺!向各位嘉宾的到来,表示诚挚欢迎!向长期以来关心支持杭州发展的各位领导和社会各界,表示衷心感谢!

2021年是建党100周年,在这特殊的历史时刻,本次年会以"城市高质量发展与共同富裕"为主题,具有重大而深远的意义。高质量发展、共同富裕,是每个城市都必须面对的两个战略性任务。2021年8月17日,习近平总书记在中央财经委员会第十次会议上指出,"共同富裕是社会主义的本质要求,是中国式现代化的重要特征,要坚持以人民为中心的发展思想,在高质量发展中促进共同富裕",这为我们科学把握城市高质量发展与共同富裕这一重大课题,指明了方向,提供了遵循。我们要始终牢记习近平总书记的谆谆嘱托,以争当共同富裕示范区城市范例的"头雁"姿态,牢牢把握"亚运会、大都市、现代化"的重要机遇,不断厚植"历史文化名城、创新活力之城、生态文明之都"的基础和优势,积极实践在高质量发展中促进共同富裕的杭州路径。

我们要坚持走以创兴城的创新共富之路。历史上的杭州,商业繁荣,富庶安宁,科技工艺先进,涌现了活字印刷术的发明者毕昇、《详解九章算法》的数学家杨辉、《梦溪笔谈》的作者沈括等一批享誉海内外的科学巨匠。现在的杭州,更是一片创新创业的热土,培育集聚了阿里、网易、海康、新华三等一批数字经济龙头企业和248家上市企业;在《2021年胡润百富榜》中,杭州共有170位企业家上榜,居全国第四位。我们将充分发挥这些创富企业和企业家的示范引领作用,努力打造"全国数字经济第一城",高水平建设"数智杭州",既为做大共同富裕"蛋糕"提供重要动力,也为实现均衡发展创造共享机制,让创新活力之城的特色优势进一步彰显。

我们要坚持走以文铸城的精神共富之路。杭州历史文化底蕴深厚,从8000年前的跨湖桥文化,到实证中华5000年文明史的良渚文化,历经吴风越雨、唐宋更迭,有着千年古都的大气,有着文脉绵延的弦歌。白居易、苏东坡曾分别这样赞誉杭州:"未能抛得杭州去,一半勾留是此湖。""欲把西湖比西子,淡妆浓抹总相宜"。现在的杭州,拥有良渚古城遗址、京杭大运河、西湖三大世界文化遗产,正加快大运河国家文化公园、宋韵文化传承展示中心等重大项目建设,推进南宋皇城遗址的保护和申遗,为共同富裕注入强大文化力量。人民精神生活共同富裕不可或缺。我们将继续着力打造世界遗产群落,加强宋韵文化挖掘,在现代化先行中实现文化先行,在共同富裕中实现精神富有,让历史文化名城的底色更加鲜亮。

我们要坚持走以水定城的生态共富之路。杭州因水而生、因水而兴、因水而名,这里有"水光潋滟晴方好"的西湖,有"溪居宜月更宜秋"的西溪湿地,有"漫漫平沙起白虹"的钱江大潮,有"十里银湖墅"盛景的千年古运河,有被誉为"天下第一秀水"的千岛湖,处处都浸透着江南韵味、凝结着世代匠心。现在的杭州,正统筹推进山水林田湖草综合治理,深入实施西湖、西溪湿地综合保护工程,建设淳安特别生态功能区,持续推进"五水共治""五水共导",让全市人民都能喝上千岛湖水。优质生态的共建共享是共同富裕的题中应有之义。我们将持续打好蓝天碧水保卫战,深入推进"湿地水城"建设,在彰显共同富裕的生态之美上先行示范,让杭州生态文明之都的底色更浓,让真山真水园中城的韵味更足,让"绿水青山就是金山银山"的理念诠释得更好。

各位领导、各位来宾!城市学年会至今已成功举办十届,今年是第十一届,已经形成了集评选、论坛、平台、课题、人才、宣传、基金、基地、咨询、培训十位一体的研究链,累计征集到论文专著1.7万余篇(部)、民间点子11.5万余个,不少成果已转化成政府部门的决策和推动城市发展的重要举措,发挥了"资政启民"的重要作用。杭州国际城市学研究中心作为年会主办单位,已成为杭州智库服务全省、影响全国的"金名片",为杭州乃至全国城市发展、为丰富我国城市学理论做出了积极贡献。在此希望在座领导和专家一如既往地关心关注杭州,为杭州加快建设社会主义现代化国际大都市,争当共同富裕示范区城市范例提供更多新的视野、新的思路和新的启示。

最后,预祝年会圆满成功!祝大家身体健康、万事如意!

探索城市高质量发展规律
助力白杨市高水平发展

贺星洪

新疆生产建设兵团第九师副师长

巴克图经济技术开发区党工委书记、管委会主任

非常高兴来到美丽的杭州,参加一年一度的(中国)城市学年会。杭州国际城市学研究中心作为国内知名的研究机构,打造的"(中国)城市学年会"已成为国内城市学领域的学术盛会。请允许我代表新疆生产建设兵团第九师向本次年会的隆重举办和丰硕成果表示由衷的敬意。

2020年9月,习近平总书记在第三次中央新疆工作座谈会上指出,发展是新疆长治久安的重要基础。要科学规划建设,全面提升城镇化质量。从1953年开始,新疆生产建设兵团就肩负着为国家屯垦戍边的职责,成为祖国安边固疆的稳定器、凝聚各族群众的大熔炉、汇集先进生产力和先进文化的示范区。城市是人类文明的伟大创造,而边疆城市是国家长治久安、繁荣昌盛的第一道屏障。

在"十四五"发展新阶段,为了进一步增强兵团维稳戍边实力,让边疆城市生活更美好,中共新疆维吾尔自治区第九届委员会第十一次全体会议审议通过了《关于设立新疆维吾尔自治区直辖县级白杨市行政区划调整的方案》,由兵团第九师在东距塔城市12千米,西距巴克图口岸八公里的空间战略节点,建设一座全新的城市——白杨市。

白杨市肩负着"一带一路"倡议的中亚国家合作枢纽、丝绸之路经济带的重要支点、沿边地区经济发展的新增长极、国家新能源战略的安全屏障等重要使命。2021年7月起,我师邀请杭州城市学智库联合北京大学建筑设计研究院等单位共同开展了前期规划研究,王国平理事长亲自领衔指导,研究团队以高强度工作模式投入方案策划中,统筹城市的规划、保护、建设、管理、经营、研究,以"六管齐下、全面统筹、承前启后、继往开来"为原则,对白杨市全域发展进行顶层设计。通过融汇城市学杭州学派理念和手法,以产业集聚、人才集聚、要素集聚、政策集聚和体制机制创新为发展路径,以XOD模式破解新城建设"钱

从哪里来到哪里去、地从哪里来到哪里去、人从哪里来到哪里去、手续怎么办"的四大难题,以"游在白杨、住在白杨、学在白杨、创业在白杨"为新城功能定位,打造"政策优惠、配套优良、服务优质、人才优先、产业兴旺、生态优美"的一流综合环境,研究团队忘我工作的奉献精神、精益求精的工作态度、过硬的专业素养和精湛的专业技术,为我师建设做出了重大贡献。

在此,我们再一次向杭州城市学智库的领导专家表示感谢,同时也希望借才智汇聚的大好机会,向各位嘉宾发出诚挚邀请,欢迎你们到大美新疆、白杨新城做客、考察、投资、创业,我们愿与八方来客广泛交往、全面交流、深度交融,共同打造白杨市美好的明天。

最后,预祝本次年会圆满成功！感谢！

中国人口的迁移水平有多高？

陈 卫[1] 庄溪瑞[2]

1 中国人民大学人口与发展研究中心、北京社会建设研究院教授
2 中国人民大学社会与人口学院硕士研究生

一、研究背景

2020年，中国的流动人口达到3.76亿人，已经超过了美国的总人口（3.31亿人）。虽然中国的流动人口规模超过了美国，但中国人口的迁移水平是否高于美国？目前中国的迁移人口规模是全世界最大的，但迁移水平是否也是全世界最高？这些问题都需要进一步探讨。

图1显示了历次全国人口普查和人口小普查中中国流动人口的增长趋势，1982年只有600多万人，20世纪90年代以后流动人口数量上升得非常快。图1显示了流动人口规模很大、增长很快，但是我们无法判断中国人口的迁移水平到底是怎么变化的，怎么上升的，现在有多高。实际上图1显示的是流动人口的存量数据，3.76亿人是2020年流动人口的存量人口，但去年一年到底增加了多少流动人口我们并不知道。如果我们不知道每一年流动人口的增量，就无法计算每年中国人口的迁移水平到底是什么样的。

从影响人口变化的因素来看，生育、死亡和迁移是影响人口变化的三大因素。以往对这三个因素的研究非常多，其中，生育是传统人口学研究的主要领域，文献浩如烟海。比如第七次全国人口普查数据显示，2020年中国的总和生育率是1.3，意味着平均一个妇女一生生育1.3个孩子。新中国成立初期我国生育水平很高，20世纪五六十年代的妇女平均每人一生生育6个孩子。随着计划生育的开展，女性生育率迅速下降。

对另一个因素死亡，我们也有很多数据，比如说经常用平均预期寿命来衡量死亡水平。新中国成立时，人们的平均寿命大概为40岁，2019年卫健委公布的数据是77.3岁。

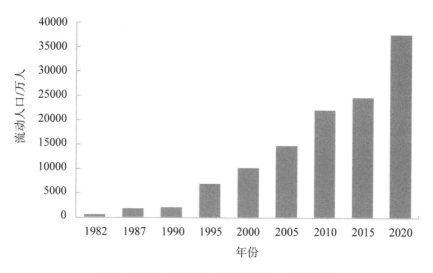

图1 1982—2020年中国流动人口增长趋势

日本、加拿大、澳大利亚等国家的平均预期寿命都非常高,超过80岁,现在日本是全世界平均预期寿命最高的,接近90岁。

所以无论是对于生育还是死亡,我们都有很多研究数据,了解中国在世界上处于什么位置。但是人口迁移水平我们并不是很清楚,到底中国人口的迁移水平有多高,在全球处于什么位置。实际上这不是中国一个国家的问题,世界各国包括美国及很多发达国家,也并不清楚各国人口迁移水平到底是有多高。主要的原因是迁移数据难以收集,迁移涉及时间问题、空间问题。联合国等很多国际机构往往也只有迁移的存量数据,就是现在有多少移民,但对于每一年新增多少移民的数据是非常少的。另外,生育、死亡是传统人口学的重要研究内容,它们的指标、模型有很多的发展应用;迁移虽然也有一些指标和模型,但是应用很少,而且人口学者也非常少使用。因此在教科书里,多数是讨论生育、死亡的指标模型,而对迁移的讨论很少。

美国地理学家泽林斯基在1971年提出了迁移转变理论,他认为随着人口转变,人口从高生育率、高死亡率向低生育率、低死亡率转变的过程中,迁移也会发生转变,一开始迁移率比较低,慢慢会提高,后来又会下降,但是这个理论并没有提出怎么样衡量迁移的水平。

中国的城市人口占总人口的60%以上,人口迁移发生了转变。最近几年很多学者在研究迁移的转变,主要是分析流动人口的规模和结构,但仍然是针对存量数据,没有涉及迁移水平,与对生育和死亡的研究相比有很大的距离。在人口学的研究里面,对迁移水平、迁移转变过程的研究还是比较少,所以本研究目的是初步探讨中国人口的迁移水平,如何用数据来计算,然后进行国际比较。

本文的研究问题有三个:一是如何测量人口迁移水平;二是中国人口迁移水平有多高;三是中国人口迁移水平在不同人群、不同地区之间有怎样的差异。

二、迁移水平的测量

(一)定 义

人口迁移水平需要根据数据来进行计算。在中国,如果户籍地发生了变化叫迁移,户籍地没有发生变化叫流动,国外没有这样的区别。一般人口小普查会考察过去一年的常住地有没有变化,而普查会考察过去五年你的常住地有没有改变。常住地发生改变的比例就是迁移率,我们可以计算出总的人口迁移率,也可以据此计算出不同年龄、不同性别、不同地区的迁移率。

第一,迁移。调查前某时刻(如一年前或五年前)常住地与调查时登记地不同则认为发生了迁移,与国际学者预期迁移次数研究中的"迁移"定义一致。

第二,迁移率。一个国家或地区内部人口迁移的程度,具体含义为一定时间间隔内发生常住地跨区域变更的迁移人口占该国家或地区总人口的比重。

第三,预期迁移次数。一个假定队列按给定的年龄别迁移率和年龄别死亡率度过一生,活到某个确切年龄的人未来预期迁移的次数。

(二)测量迁移水平

本研究想要提出一个指标计算预期迁移次数,国外也有同样的研究,具有可比性。该指标和人口学里面的预期寿命类似,预期寿命是指按照给定的死亡水平度过一生时,个体能够活多少年。预期迁移次数也一样,指按照给定的迁移率度过一生,个体一生将迁移几次。在国外,美国学者威尔伯在1963年首次将年龄别迁移率与单递减死亡生命表相结合计算美国人口预期迁移次数。研究发现对于1959年出生的1岁人口,在他/她剩下的一生中,预期迁移到不同常住地的次数是12.99次。此后,不少学者通过编制迁移生命表对预期迁移次数研究进行拓展应用。拉里运用一年间隔的单岁组迁移率编制了1966—1971年的完全迁移生命表;贝莉和斯莱研究了不同时期美国都市和非都市(non metropolitan)预期迁移次数的相对差异;夏尔马总结了1956—1987年美国预期迁移次数的变化趋势,并利用1979年、1980年全国健康访谈调查确定了影响美国人口流动性的主要因素;澳大利亚学者马丁用生命表技术估计澳大利亚人口迁移水平;印度学者拉姆研究了印度"农村—城市迁移者(通勤者)"的迁移预期。

(三)计算方法及数据

公式1是迁移率的计算公式。

$$\mu_x^n = \frac{\sum_x^{x+i} m_x^n L_x}{l_x} \tag{1}$$

其中,n 为第 n 年迁移长度;l_x 为生存人数,表示活到确切年龄 x 岁时还留存的人数;m_x^n 为 n 年时间间隔 x 岁人口迁移率;L_x 为生存人年数,表示活到确切年龄 x 岁的生存人数 l_x 在 x 至 $x+i$ 岁之间一共生存过的人的年数;$m_x^n L_x$ 为期望迁移人次数 v_x^n;$\sum_x^{x+i} v_x^n$ 为 x 至 $x+i$ 岁人口的期望迁移人次数 v_x^n 之和,从而得到累计迁移人次数;μ_x^n为所求预期迁移次数,表示活到确切年龄 x 岁的人口在接下来的一生中预期迁移的次数。

  表1是以中国2005年人口小普查数据制作的迁移生命表,这是人口学里最重要的一个分析工具。表1前四列属于传统的生命表,72.95就是指2005年中国人口的平均预期寿命是72.95岁。在传统生命表的基础上,增加了各年龄的迁移率,然后再与前面的数据进行计算,得出数据。这个生命表的作用是,通过结合死亡率和迁移率,计算出在给定的2005年这一迁移条件下,中国人一辈子将迁移1.95次。所以我们可以用该方法来计算不同年份的迁移情况,并通过国际比较,评估中国的人口迁移到底是什么样的水平。

表1 2005年中国人口预期迁移次数

年龄/岁	尚存人数/人	生存人年数/年	累计生存人年数/年	平均预期寿命/岁	迁移率/%	预期迁移人次数/次	累计迁移人次数/次	预期迁移次数/次
0	100000	98288.38	7294997	72.95	3.34	3282.83	194509.80	1.95
1—4	98089	391561.80	7196709	73.37	2.22	8692.67	191227.00	1.95
5—9	97767	488382.40	6805147	69.61	0.97	4737.31	182534.30	1.87
10—14	97586	487546.10	6316765	64.73	0.61	2974.03	177797.00	1.82
15—19	97433	486526.80	5829219	59.83	6.53	31770.20	174822.90	1.79
20—24	97156	484854.00	5342692	54.99	9.71	47079.33	143052.80	1.47
25—29	96772	482826.70	4857838	50.20	6.4	30900.91	95973.42	0.99
30—34	96349	480534.20	4375011	45.41	4.44	21335.72	65072.51	0.68
35—39	95845	477642.60	3894477	40.63	3.03	14472.57	43736.80	0.46
40—44	95173	473542.80	3416835	35.90	1.97	9328.79	29264.23	0.31
45—49	94169	467056.00	2943292	31.26	1.21	5651.38	19935.44	0.21
50—54	92522	456560.30	2476236	26.77	0.93	4246.01	14284.06	0.15
55—59	89898	439793.50	2019676	22.47	0.78	3430.39	10038.05	0.11
60—64	85705	413600.70	1579882	18.44	0.63	2605.68	6607.66	0.08
65—69	79280	373620.70	1166281	14.71	0.42	1569.21	4001.97	0.05
70—74	69531	314635.20	792660.6	11.40	0.38	1195.61	2432.77	0.03
75—79	55621	235441.90	478025.4	8.59	0.34	800.50	1237.15	0.02
80及以上	38109	242583.50	242583.5	6.37	0.18	436.65	436.65	0.01

  本研究使用的数据来自全国人口普查和人口小普查,包括1990年、2000年、2010年的全国人口普查,2005年、2015年的人口小普查。1990年中国人口普查数据来自美国的明尼苏达人口中心数据库。该中心收集了全世界很多国家的人口普查数据。后面四次调查的数据都来自国家统计局,国家统计局把这些数据放在人民大学、北京大学、清华大学的数据中心,我们利用这些数据计算了迁移情况。(见表2)。

表2 人口普查和抽样调查

调查名称	调查时间	数据来源	一年间隔样本	五年间隔样本
1990年第四次全国人口普查	1990年7月1日	明尼苏达人口中心数据库	无	10625567
2000年第五次全国人口普查	2000年11月1日	国家统计局	无	1180111
2005年人口小普查	2005年11月1日	国家统计局	2556988	2445783
2010年第六次全国人口普查	2010年11月1日	国家统计局	无	1193298
2015年人口小普查	2015年11月1日	国家统计局	1355467	1291116

注:五次调查的有效样本数分别占我国总人口的1%、1‰、2‰、1‰、1‰,其中2005年小普查、2015年小普查的总样本数占我国总人口的1%。

三、研究结果

研究结果显示,2005年中国人口一生预计迁移1.95次,2015年变成2.32次,10年间总迁移次数有所上升,但是跨省迁移次数有所下降,省内迁移次数上升。

下面我们进行国际对比,对于1岁人口一年间预期迁移次数,中国为2次左右,2005—2015年略有增加,但是和其他国家相比低很多。从20世纪50年代到80年代,美国都是10多次,英国8次,日本将近5次,所以中国的迁移水平明显低于这些发达国家。

对于跨省(州)的预期迁移次数,美国1岁人口1年间预期迁移次数为2次左右,中国是0.57次,少于美国。

然后来看迁移的年龄、性别差异,我们发现年龄别迁移率是高度集中的曲线,迁移的高峰阶段在中青年时期,20—24岁是迁移的最高峰,而且越来越高。第一个迁移阶段是0—14岁,在该阶段人口的迁移率不断下降。第二个迁移阶段是15—50岁,集中在20—29岁的年轻人口中,峰值是20—24岁,迁移率为7%—10%。

但是和2005年相比,2015年年轻人的迁移率有所降低,老年人迁移率开始提高。从0岁开始一直到死亡,预期迁移次数不断下降,一开始下降比较慢,后来比较快。2015年,总预期迁移次数是2.3次,跨省0.57次;2005年,总预期迁移次数接近2次,跨省1.76次。

对于分性别的预期迁移次数的国际对比,美国、澳大利亚的女性流动率一直高于男性。

中国以前是男性的预期迁移次数多于女性,2015年以来女性开始多于男性,这种情况和发达国家类似。

然后再来看一下迁移水平的地区差异。1990年、2000年、2010年,北京、天津、上海、浙江、广东等地的预期迁移次数较多,迁移水平跟经济发展水平呈现正相关的关系。1990年,上海最多,广东比较少。2000年,上海、北京最多,预期迁移次数为8次,广东比1990年多了5.6倍,进入全国前三,天津反而开始下降了。到2010年的时候,上海、北京仍然是第一、第二,但是浙江增加的速度非常快。实际上第七次全国人口普查的总量数据也表明,浙江增加速度非常快,广东反而有所放缓。

四、主要结论

随着时间的推移,中国人口的预期迁移次数呈上升趋势。跨省迁移水平先上升后下降,近年来省内迁移不断增多。人口迁移的年龄模型为高度集中的分布曲线,其中20—24岁为最高峰。人口迁移水平具有明显的性别差异,整体而言男性的迁移水平高于女性,近年来女性流动性(尤其是省内迁移)有所增加。我国人口迁移水平呈现出明显的地域差异,迁移水平跟经济发展水平呈正相关的关系。

本研究还有一些不足,因为迁移数据只是普查人口前一年或者前五年常住地的改变情况,而不是普查过去一年发生过什么样的迁移。此外,迁移覆盖范围广,涉及全年龄段,缺乏详细的数据,同时缺乏同时期国际对比数据。

共同富裕的内涵、测量与实现

郭汀滢　季方婧　张哲琪

杭州师范大学经济管理学院

在推动共同富裕实现的过程中,主动解决城乡差距、人口流动问题,是推动社会全面进步和人的全面发展的重要一环。在城乡融合发展的背景下探讨人口流动现象既有助于探索新型城镇化发展路径,又将对实现共同富裕、发展宏观经济产生助推作用。由杭州国际城市学研究中心主办的(中国)城市学年会"城市流动人口问题"主题论坛于2021年10月30日在杭州城研中心召开。来自北京、上海、杭州、安徽等省市高校和科研机构的10位学者发表演讲,20余位学者出席论坛并参与讨论。与会代表围绕"人口流动与共同富裕"主题,深入探讨了共同富裕的内涵、测量与实现,现将主要观点综述如下。

一、人的全面发展是共同富裕的理论内涵与时代意义

共同富裕并非崭新的词语。早在20世纪80年代,我国改革开放的总设计师邓小平就曾提出"社会主义与资本主义不同的特点就是共同富裕,不搞两极分化"。目前我国不同地区、群体之间的发展的确存在不平衡的状况。在新一轮科技革命与产业变革的背景之下,我国需要进一步解放和发展生产力,也需要实现全民共享发展与共同富裕。

马克思主义共同富裕思想的基本原则是实现每个人自由而全面的发展,浙江省政府咨询委员会委员、浙江省社会科学院智库首席专家杨建华认为共同富裕的内涵是经济发达、生活富裕、精神富有、保障完善、发展均衡、公平正义。杨建华研究员指出,追求富足的生活是人的一项基本需求,所谓共同富裕不仅是要保证老百姓的消费能达到舒适品消费的水平,还需要为老百姓创造能够更加体面、安全、自主地追求财富的空间。共同富裕的前提是"富裕",人通过劳动而获得财富,是个人的能力与成就体现,也是保障个人拥有更富裕、更体面生活的经济基础,因此,让老百姓在"求富"的过程中活得更轻松是共同富裕的应有之义。

在共同富裕中,共同与富裕之间的关系是生产力和生产关系之间的相互关系,浙江省发展规划研究

院副院长周世锋认为,可以从两个维度对共同富裕进行理解,一方面,是收入的整体提升;另一方面,是收入分配结构的优化。英国牛津大学社会人类学项飙教授则从社会经济形态演变的角度出发提出可以通过人和物质的关系理解共同富裕,从计划经济到市场经济,人和生活物资的关系一直在变化,由人和生活物资关系的变化产生的生活压力不仅影响着人们的物质生活质量还影响着心理生活质量,因此,在共同富裕的效用层面,减少人们的生活压力可能比提高收入更为有效。因此,实现共同富裕要解决的可能不是收入问题而是支出问题,共同富裕更重要的可能也是解决人和物的关系问题。

二、以经济指标和社会指标构建共同富裕的衡量框架

构建共同富裕的测量指标不仅能够揭示共同富裕的阶段性特征,还能够明确新发展阶段下共同富裕新的目标要求。杨建华研究员认为,可以把人均国内生产总值、城乡居民人均收入两个经济指标和中等收入群体规模、基尼系数两个社会指标作为共同富裕的标志性衡量指标。

经济指标体现经济社会发展质量,在共同富裕的衡量中引入经济指标是对"富裕"要求的回应。从人均国内生产总值来看,杨建华研究员通过将浙江省的人均国内生产总值和发达国家做比较,认为可以人均国内生产总值达到2.5万—3万美元作为参照,进一步提高经济发展水平,为共同富裕提供更加坚实的经济基础。对于城乡居民人均收入,杨建华研究员指出,共同富裕关键体现在民众的富裕上,而民众的富裕即是民众收入的普遍提升。但是,基于中国人口流动性增强而流动半径缩小的社会现实和发展趋势,项飙教授认为,由流动半径的缩小直接带来流动频次的提高,将会导致人与空间、经济机会、家庭关系的重组,在进行共同富裕的测量时,这种重组可能比简单的经济指标更重要。

社会指标体现人民的生活质量,在对共同富裕的衡量中引入社会指标让"共同"的意义更加凸显。关于将中等收入群体规模作为共同富裕的一项指标的讨论集中在对"收入"的界定上,杭州师范大学公共管理学院卢福营教授提出,如果以中等收入群体规模作为衡量共同富裕的量化指标,收入的计算、中等收入的界定以及收入结构中"中等"的占比问题有待商榷。浙江大学社会学系刘志军教授则认为,以中等收入群体规模作为共同富裕的衡量标准具有合理性但也存在不足,在我国脱贫攻坚战取得全面胜利的背景下,应该赋予共同富裕更加丰富的内涵,"收入"不再是衡量共同富裕的重要指标。关于基尼系数的讨论,浙江大学公共管理学院米红教授认为,基尼系数是衡量共同富裕的一个严格的客观指标,米红教授分享了中外在基尼系数测算中的不同,他指出,英国在计算基尼系数时会将社会保障体系中最底层的人,即享受零支柱养老金保障的人群去除。中国大概有1.7亿人享受农村养老保险,如果在进行基尼系数的测算时也将这部分人剔除,那么基尼系数测算的结果将会显现出更大的收入差距。

客观的标志性衡量指标是对共同富裕的建设情况的清晰描述,是共同富裕实践的检验标准,而共同富裕取得实质性进展应体现在"让人民看到变化、得到实惠"。卢福营教授认为,在对共同富裕做精准化计算时,一些标准是需要进一步推敲的,应避免把对共同富裕、小康的一些研究和探索,演变成某种范畴的"数字游戏"。浙江省社会科学院副院长查志强指出,推进共同富裕是一个长期艰巨的工程,要遵循规

律,积极有为,但也应该量力而行,不要脱离实际,不要人为调高预期。

三、促进人口的迁移流动和社会性流动是推动共同富裕的重要举措

中国的人口迁移水平及其变动长期存在人口流动数量大但流动水平低的问题,北京大学人口研究所乔晓春教授通过对2020年全国人口普查数据的分析发现,与2010年相比,当前我国城镇人口比例、人户分离人口和流动人口都有大幅度的增长,人户分离人口增长88.52%,流动人口增长69.73%,且2015年以来,北京、上海等超大城市的流动人口开始减少。中国人民大学人口与发展研究中心陈卫教授通过普查和抽样调查数据计算迁移率和预期迁移次数发现,随着时间的推移,中国人口的预期迁移次数呈上升趋势,省际人口迁移水平先上升后下降,近年来,省内迁移不断增多,女性的流动性有所增加。

从乡土中国到迁徙中国,中国人口迁移水平的变迁与国家发展、制度变革、民生改善等因素密不可分。杨建华研究员认为,改革开放后的具体实践证实了人口流动率越高的地方经济发展水平越高,而人口的演变背后是有故事的,有社会经济发展现象,也有很多的政策因素。安徽农业大学经济管理学院院长栾敬东指出,在省际流动人口集聚的过程中有拉力也有推力,如20世纪80年代人口流动的拉力主要源于乡镇企业的发展,自1992年邓小平南方谈话以来,珠三角、长三角的发展带来对劳动力的需求形成了人口跨地域流动的拉力,而限制性政策的取消及农业机械化使用水平的提高则形成了推力。北京大学人口研究所乔晓春教授通过对不同时期人口迁移政策进行回顾分析指出,改革开放前,严格的户籍管理制度导致中国人的生活方式非常稳定,户口所在地和居住地几乎完全一致、城镇人口比例长期偏低,改革开放后,商品粮供应制度取消,政府开始允许农民进入城镇并自理口粮从事生产和经营活动,人们从农村涌入城市,从欠发达地区流入发达地区,出现大规模的人口流动。

中国人口的迁移水平受到经济、社会、文化等多方面因素影响的同时,也对这些因素产生着重要的作用。陈卫教授指出,地区的迁移水平与经济发展水平呈现正相关关系,促进人口的迁移流动和社会性流动,对推动共同富裕具有重要意义。杨建华研究员认为,人是理性的,流动是人寻找机会、追求财富的过程,由流动带来的个体发展能够促进共同富裕。教育部长江学者特聘教授、浙江大学中国农村发展研究院院长钱文荣也指出各个省份人口的流入流出,在未来对各个省的经济结构、社会结构等都会产生非常大的影响,从而会影响共同富裕的实现。因此,实现共同富裕需要鼓励流动、倡导流动,不为流动设限,让人、财、物、信息流动,让社会"活"起来。

人口迁移的过程是理性的人通过流动寻找发展空间的过程,促进人口的迁移流动和社会性流动需要城市和农村的共同推动。从城市的角度,周世锋研究员认为,要使人口往高质量发展地区集聚,首先要促进城市高质量发展,通过完善国家体制,构建合理的土地指标,优化教育资源配置,打造更高质量的城市。从农村的角度,栾敬东教授认为,要提高农业人口向城市转移的力度,要依靠"规模+科技"让更多农民从乡村转移出来,同时更需要城市政府不断破除各种体制机制障碍,通过完善收入分配机制等政策,填平各种社会和经济鸿沟,推动农业转移人口实现社会性的流动。

四、城乡高质量融合发展是促进共同富裕的制度需求

圃于城乡二元结构,我国城乡居民收入水平差距仍然较大,较大的城乡收入差距将会导致相对贫困问题,明显与共同富裕的目标相背离。近年来,从精准扶贫到乡村振兴,在聚力缩小城乡差距的层面已取得一定的成效,从流动性视角来看,当前的城乡互融性趋势也已经远远超出"城—乡"结构体系,因此,共同富裕背景下的城乡问题研究重心应向城乡融合转变,城乡融合思维是一种整体性思维,需要将城市和乡村一体化统筹和考虑,一方面,承认二者间的功能性差异;另一方面,推进二者间各类资源和要素的衔接。钱文荣教授认为,实现共同富裕要更加关注城乡人口的双向流动问题,建议通过一系列的制度优化设计,形成城乡人口双向流动、互相融合的格局。他指出,实现共同富裕应着力推动人口和人才回流、资源和要素下乡,通过实现乡村振兴来缩小城乡差距,同时要创造条件让农民工通过城镇化、市民化加入中等收入群体的行列。

作为城市化高速发展背景下的一种特殊的社区形态,位于城市和农村交叉地带的城乡接合部的发展对城乡融合具有重要的促进作用,浙江大学公共管理学院米红教授认为,城乡接合部的产业、人口、社会经济情况都相对复杂,但其凭借大城市的经济、市场、区位、技术等方面的支撑优势,担负着实现农业现代化、标准化、市场化、信息化、法制化、城镇集聚化、城乡文明化的多重职能。米红教授通过对城乡接合部人口流动集聚与管控模式的研究提出,杭州城乡接合部的发展经验表明,通过大学城的城镇化、高新区的城镇化、开发区的城镇化,整体上带动大城市的城镇化是改革开放后形成的城市发展经验,因此,应坚定不移地推进新型城镇化战略,以高质量的城镇化带动高质量的经济发展,以高质量的城乡融合发展促进共同富裕。

五、壮大中等收入群体,推动橄榄型社会收入结构加快形成是实现共同富裕的关键一步

中等收入群体规模较小是我国当前居民收入差距大的原因之一,扩大中等收入群体的规模,形成中间大、两头小的橄榄型的收入分配格局更能保证社会的稳定和平衡,也是实现共同富裕的重要途径。周世锋研究员指出,可以通过使农村人口继续向城市转移的方法实现中等收入群体的扩大,转移到城市的农村人口能够获得收入更高的工作,农村人口的转移释放了农村资源,从而使农村人口分配到更多的资源,最终实现充分平衡的共同富裕。杨建华研究员就浙江省的情况指出,2019年浙江中等收入人群约为2060万人,占总人口的35.23%,而中等收入以下人群占总人口一半以上,2021年,《中共中央、国务院关于支持浙江高质量发展建设共同富裕示范区的意见》发布,浙江省要实现打造共同富裕示范区的目标,需要促进中低收入人群快速增收。2021年浙江省全年劳动力3780万人,其中,灵活就业劳动力1100万人,占比高达29%,正因如此,灵活就业的薪酬、就业的保障直接关系到共同富裕,通过探索灵活就业机制、农民财产性收入机制、"农户+农民"合作协会发展机制、因病致贫精准救助机制以及民间慈善组织

发展机制"五机制",也能够有效壮大中等收入群体,推进橄榄型社会收入结构加快形成。

六、消除数字鸿沟,缩小农村家庭收入差距是共同富裕战略的重要内容

在互联网技术广泛应用的当下,城乡之间的差距还体现在接触互联网技术的机会的差距,互联网技术不仅是农民实现自我提升的工具,还成为影响收入的重要因素,弥合数字鸿沟,缩小农村家庭收入差距是共同富裕战略的重要内容。武汉大学刘传江教授基于中国家庭追踪调查数据探讨了"数字鸿沟是否会影响农村家庭收入"这一问题。研究指出,随着城乡互联网普及率大幅提升,城乡居民间的数字鸿沟逐渐从"接入鸿沟"向"认知鸿沟"转变,农村家庭相较城镇家庭在获取数字资源、享受数字红利的机会和能力上的相对不足降低了农村家庭总收入尤其是工资性收入,所以,数字鸿沟问题会影响共同富裕的实现。弥合数字鸿沟,实现共同富裕,首先要加强乡村的高速互联网基础设施建设,促进农村现代化物流设施和金融建设,减少设施不足带来的资源缺失。此外,刘传江教授的研究还表明,数字鸿沟拉大了农村家庭之间的收入差距,且对低收入家庭的影响最大,这一问题可以通过利用网络技术帮助农民增强自信心和幸福感,从而提高工作积极性,进而提升收入来解决。杨建华研究员进一步指出,城乡之间、性别之间、城镇居民与农村居民之间、中青年和老年人之间的数字鸿沟问题是政府、社会、企业在制定政策或进行生产时需要考虑的问题,在实现共同富裕的过程中逐步缩小数字鸿沟,降低由数字鸿沟产生的各方面的影响,能够使共同富裕的实现更具实效。

七、完善社区治理,关注人与人、人与空间的相互关系是共同富裕的进一步体现

完善社会治理体系、提升社会治理能力是在高质量发展中促进共同富裕的重要抓手,随着社会治理单元的不断下移,作为城市居民生活最主要空间的城市社区也逐渐成为社会治理中的"神经末梢",因此,如何通过社区治理让社区生活更具获得感、激发社会活力也是研究共同富裕的实现中的重要内容。项飙教授提出了,从功能性社区的概念中走出来,构建"附近"这一新范畴的设想。社会学中对社区概念的理解更多的是认为它属于一种比较有形的组织,但以北京"浙江村"为例,北京"浙江村"在实践过程中虽然没有形成一个有形的组织体,却是有绝对的组织性和组织力的。因此,"附近"概念是对"社区"概念的补充,"附近"是以人为中心的概念,存在异质性和多样性,而强调"附近"需要改变人们对生活的感知,更加注重社会差异性。将这一概念运用到社区治理的实践中,周世锋研究员认为,"附近"赋予了社区新的内涵,"附近"实际上不仅仅是空间的相近,更是从地理到心理的相近,对应浙江未来社区建设中"九场景"中的邻里场景,可以让我们从关注社区建设本身转变到关注人与人、人与空间的相互关系,"附近"概念对未来社区建设具有指导意义。

综上所述,共同富裕有着丰富的经济、社会、文化、治理内涵,共同富裕的衡量指标的构建也应当从更多维度进行思考,流动人口问题是一项系统工程,从流动人口问题的维度思考共同富裕能够更好地统

筹区域和城乡之间的发展,实现新型城镇化的目标。要使共同富裕更具实效,真正实现满足人民对美好生活的向往的奋斗目标,就要从与人民群众联系最紧密的方面寻找切入点,在促进人口迁移流动、推动城乡共同发展、壮大中等收入群体、弥合数字鸿沟、完善社区治理的过程中,更加关注人的获得感和满足感,让人的生活更美好。

城市如何吸引高技能人才?

——基于教育制度改革的视角

王春超[1]　叶　蓓[2]

1暨南大学经济学院教授、博士生导师

2暨南大学经济学院硕士研究生

摘　要:本文探索了我国各城市吸引高技能人才的有效制度安排。研究发现,12年免费教育制度对各地区人才具有显著的吸引作用,也有助于改善政策实施地的劳动力技能结构。同时,城市教育政策改革对人口迁移决策的影响效应随人群受益程度的不同而有显著差异:随迁子女、学龄随迁子女数量越多,效应越强;学龄随迁子女年龄差异而导致的当下、预期未来获益程度越强,效应越强。本文的理论分析认为,人口流入城市的行为以家庭为基本决策单元,同时取决于货币化经济收益和非货币化城市公共服务水平,父母对城市公共教育扩张和子女接受公共教育机会的考虑是流动人口,尤其是高技能人口迁入城市的关键因素。本项研究为各地区制定吸引人才的有效政策提供了参考。

关键词:高技能人才;人才流动;劳动力技能结构;12年免费教育制度;政策改革

一、引　言

人才是第一资源,是城市实现高质量发展的重要因素。一个城市要保持竞争力和创新力,吸引人才是重中之重。各地区要发挥人才资源的作用,首先要聚才、引才。学界对高技能人才的定义各有不同,常用的划分方式包括职业或学历。本文定义学历为大专及以上的人群为高技能人才。

何种政策能真正吸引高技能人才? 本文将从影响子女教育的制度改革入手,重点关注高技能人才。劳动力的迁移决策很大程度取决于货币化的经济收益和非货币化的城市公共服务水平。考虑到子女教育在家庭决策中的重要性,可认为父母对子女的教育选择和未来预期一定程度上决定了父母迁移的成本与收益,进而影响迁移决策。因此,要吸引人才,子女的教育保障必不可少。未成年子女的教育及制度安排对人才迁移尤为重要。

本文研究的免费教育不等同于义务教育。2018年,《中华人民共和国义务教育法》第二次修订,其中规定:"义务教育①是国家统一实施的所有适龄儿童、少年必须接受的教育,是国家必须予以保障的公益性事业",具有强制性、普适性、免费性。12年免费教育属于各地尝试探索的惠民政策制度。深入研究城市12年免费教育制度改革对高技能人才迁移决策的影响,具有广泛的意义。

本文建立在流动人口家庭效用函数分析的理论基础上,利用国家卫生健康委员会组织收集的"全国流动人口动态监测调查"数据,研究12年免费教育制度对高技能人才的吸引作用。具体而言,本文探究在政策实施前后,城市高技能人才的流入行为及该地劳动力技能结构的变化情况。

通过对以往文献的回顾,笔者发现,虽然已有大量关于公共服务对城市劳动力市场影响的研究,但其大多是结合多种公共服务以共同刻画城市的吸引力水平。较早发现公共服务与人口迁移间存在正向关系的是蒂伯特,他认为迁移者会选择公共品和税收组合最符合其偏好的地区居住。夏怡然和陆铭用生均小学教师数和生均中学教师数衡量城市的基础教育水平,用人均病床数、人均医生数和人均医院数衡量城市的医疗服务水平,证实了劳动力选择与城市基础教育、医疗服务等公共服务的正向关系。杨刚强等认为教育、医疗卫生服务的可及性和可获得性对劳动力转移决策有显著正面影响。

本文首次研究了城市12年免费教育制度改革对城市人才吸引的影响效应及其机理,为城市出台吸引高技能人才的教育政策以及进一步深化改革提供思路和依据。本文的主要贡献在于:第一,笔者利用12年免费教育制度分地区推进的特征,采用"自然实验"下的双重差分模型探究该项教育政策改革对高技能流动人口迁移决策和当地高技能人才比例的影响效应。一方面,为政府吸引高技能人才提供了公共教育政策的分析视角;另一方面,目前社会各界对教育政策改革的判断主要来自对政府财力、九年义务教育制度实施情况的考量以及其他一些定性主观论断,本文也为城市教育政策的制定提供了一个新的分析思路。第二,本文从城市劳动力数量和质量两方面研究城市12年免费教育制度改革的效应。一方面,研究政策实施前后改革地和未改革地之间高技能流动人口的数量变化是否存在差异;另一方面,也对免费教育制度改革如何影响当地劳动力技能结构进行了剖析。这两方面的研究有助于理解城市教育制度改革对地方劳动力市场影响的综合效应。

二、理论分析框架

拉文施泰因较早研究人口迁移,并提出人口迁移规律是农村向城市集中。而后鲍格提出人口流动取决于流入地、流出地的生活情况对比,为后续的"推拉理论"奠定了基石。罗伊最早提出自选择的概念。②随后,博尔哈斯和奇斯威克等人对罗伊模型进行了提炼和完善,并将其拓展用于分析移民的迁移选择问题。

---

①国家实行九年义务教育制度。实施义务教育,不收学费、杂费。国家建立义务教育经费保障机制,保证义务教育制度实施。
②认为人们根据自身偏好和特长做出不同职业选择。

初期关于劳动力迁移动力的讨论更多着眼于城乡收入差异,而随着教育的重要性日益凸显,国内外许多研究开始建立流动人口与教育之间的积极关系。20世纪60年代,考德威尔就表明:"教育最重要的作用之一是促进长期的乡城移民进程。"一方面,提升教育是流动人口迁移的重要原因;另一方面,较高的教育水平也会增加迁移可能性,教育程度与迁移意愿呈正相关关系。教育是劳动力转移过程中不容忽视的变量,它不仅能给人带来直接经济收益,还能通过影响劳动力迁移决策,提升本地人力资本,扩大人口规模,带来间接经济收益,对城市发展有全面而重要的影响。

国内文献研究的城市流动人口是户籍制度下的一个特殊概念,主要指离开户口所在地迁移到城市临时居留、工作的人群。①随着时代发展,流动人口越来越受到城市教育资源的吸引,希望通过迁移子女能获得进入城市接受良好教育的机会。高中教育作为基础性教育,具有显著的外溢效应,对推进流动子女基础教育制度改革至关重要。国内外研究一再表明,缺乏足够的教育不仅会对儿童本身产生负面影响,还会给整个社会带来负面影响。

理论假说中国劳动力流动决策的基本单元是家庭,家庭化迁移相对于个体,在公共服务方面的需求会趋于多样化和复杂化,生活成本、收入、城市交通及子女的受教育机会是流动人口家庭选择是否留在该城市的重要考量因素。不妨假设迁移决策取决于货币化的经济收益和非货币化的城市公共服务水平,以流动人口核心家庭②为分析单位,分别构建迁移决策模型和细分劳动力技能水平的异质性效用函数模型,从微观层面讨论12年免费教育制度对城市人才流动和劳动力受教育结构的影响。

具体而言,本文从家庭入手,构建考虑非货币化城市公共服务水平的迁移决策模型,通过分离12年免费教育制度变量,回答"12年免费教育制度能否吸引人口流入"的问题;进一步,我们在控制除政策变量外的地区特征的情况下,加入流动人口技能水平变量,回答"相比于低技能劳动力,12年免费教育制度对高技能人才的吸引力是否更大"的问题。

1. 迁移决策模型

考虑流动人口家庭在进行迁移决策时的效用最大化模型。流动人口在决定流向何处时面临一系列的选择,假定流动家庭i选择迁移至城市j的效用为:

$$\max_{\{c_{ij}, V_{ij}, X_j\}} U(c_{ij}, V_{ij}, X_j), \text{s.t.} \quad I_{ij} = c_{ij} + E_{ij} \ ; \ V_{ij} = \tau E_{ij} \tag{1}$$

其中,I_{ij}为i家庭在城市j的收入,由于本文聚焦教育,因而假定支出分为家庭教育支出E_{ij}与其他消费品c_{ij}(价格标准化为1)。子女收益V_{ij}为对其的教育支出E_{ij}及教育回报系数τ的乘积。对子女的教育支出被视为父母的一种"投资",父母期待未来的获益。

在j地实施12年免费教育政策前,流动人口家庭的具体效用函数如式(2):

---

①国家卫生健康委定义为:在本地居住一个月以上,非本区(县、市)户口,16—59周岁的流动人口。

②核心家庭是家庭结构类型的一种,指由一对夫妻及其未成年或未婚子女组成的家庭。这种家庭中父母教育的自主权较大;在教育观念方面也较主干家庭更符合时代特征。

$$U_{ij} = c_{ij}{}^{\beta_c} \cdot V_{ij}{}^{\delta} \cdot Z_{ij}{}^{\beta_z} \cdot e^{M_{ij} + \mu_j + \varepsilon_{ij}} \tag{2}$$

Z_{ij}反映个体i在j地享受的基础公共服务,[①]M_{ij}为迁移负效用,μ_j表示城市j的地区固定效应,ε_{ij}捕捉流动人口个体差异。

在j地实施12年免费教育制度P_{ij}后,流动家庭效用函数如式(3),增加了12年免费教育政策影响。考虑到公共教育扩张反映了城市对公共教育的投资意愿,教育支出增加可提高当地整体教育质量,因而假定此政策可增大流动人口效用,$P_{ij}{}^g > 1$。

$$U_{ij} = c_{ij}{}^{\beta_c} \cdot V_{ij}{}^{\delta} \cdot Z_{ij}{}^{\beta_z} \cdot P_{ij}{}^g \cdot e^{M_{ij} + \mu_j + \varepsilon_{ij}} \tag{3}$$

则j地实施12年免费教育政策后,流动家庭间接效用函数[②]为:

$$V_{ij} = \frac{\beta_c{}^{\beta_c} \cdot \delta^{\delta} \cdot \tau^{\delta}}{(\beta_c + \delta)^{\beta_c + \delta}} \cdot I_{ij}{}^{\beta_c + \delta} \cdot Z_{ij}{}^{\beta_z} \cdot P_{ij}{}^g \cdot e^{M_{ij} + \mu_j + \varepsilon_{ij}} \tag{4}$$

公共政策实施后流动人口i选择城市j的概率为:

$$P\left(\ln V_{ij} > \ln V_{ik}, \forall j \neq k\right)_{after} = \frac{\exp\left((\beta_c + \delta)\ln I_{ij} + \beta_z \ln Z_{ij} + g\ln P_{ij} + M_{ij} + \mu_j + \varepsilon_{ij}\right)}{\sum_{k=1}^{J} \exp\left((\beta_c + \delta)\ln I_{ik} + \beta_z \ln Z_{ik} + g\ln P_{ik} + M_{ik} + \mu_j + \varepsilon_{ij}\right)} \tag{5}$$

为简化分析,假定j地实行教育试点不影响收入I_{ij}、迁移负效用M_{ij}、j地其他公共服务Z_{ij}及k地的公共服务Z_{ik}、$P_{ik}(\forall j \neq k)$,即仅变动j地的12年免费教育政策P_{ij}。则教育政策变动前后个体i迁移至j地的概率分别为:

$$P_{before} = \frac{A_{ij}}{\sum_{k=1, k \neq j}^{J} A_{ik} + A_{ij}} \qquad P_{after} = \frac{A_{ij} \cdot P_{ij}{}^g}{\sum_{k=1, k \neq j}^{J} A_{ik} + A_{ij} \cdot P_{ij}{}^g}{}^{[③]}$$

易得$\dfrac{P_{after}}{P_{before}} > 1$,即12年免费教育制度可增加流动人口迁移至当地的可能性,因而提出以下假说。

假说1(a):推行12年免费教育制度可能促进流动人口流入。

2. 异质性效用函数模型

我们希望探究若该制度确能促进人口流入,对异质性技能水平流动人口的作用是否相同。本文在上述迁移决策模型基础上控制地区变量Z_{ij},地区固定效应μ_j及个体变量M_{ij}、ε_{ij},仅保留实施政策变量P_{ij}的影响,并结合罗伊范式加入技能水平变量e,进一步构建区分流动父母技能水平的微观家庭效用函数,聚焦公共教育政策扩张对异质性技能水平流动人口的作用。模型中包括一个父(母)及一个随迁子女,

---

① 包括九年义务教育、本地医疗、社会保障等本地公共服务享受情况。

② 效用最大化必须满足:$E_{ij}^* = \dfrac{\delta}{\beta_c + \delta} \cdot I_{ij}$,将其代入(3),并考虑预算约束推导所得。相对应,j地实施12年免费教育制度前,间接效用函数为$V_{ij} = \dfrac{\beta_c{}^{\beta_c} \cdot \delta^{\delta} \cdot \tau^{\delta}}{(\beta_c + \delta)^{\beta_c + \delta}} \cdot I_{ij}{}^{\beta_c + \delta} \cdot Z_{ij}{}^{\beta_z} \cdot e^{M_{ij} + \mu_j + \varepsilon_{ij}}$。

③ 其中,$A_{ij} = \exp\left[(\beta_c + \delta)\ln I_{ij} + \beta_z \ln Z_{ij} + M_{ij} + \mu_j + \varepsilon_i\right]$。

父母为唯一决策者。①父母预算约束同样包括消费与教育支出,子女收益来自教育投资,与迁移决策模型的区别在于此处更加聚焦,细分教育支出 E_{ij} 为父母对子女进行的额外私人教育支出 r 与子女必需公共教育支出 t。同时假定 g 为政策收益,②反映公共教育扩张。

$$\max_{(c,r,t)} U(c) + \varphi U(V) + \alpha(r,t{:}e), s.t \quad I = c + t + r, V = \beta(e)\cdot r + \mu\cdot(t + g) \tag{6}$$

系数 ∂_r、∂_t 分别代表私人教育投资和公共教育投资带来的边际效用提升。③$\beta(e)$、μ 对应迁移决策模型中的 τ,反映教育回报,在此分别定义为私人、公共教育收益回报系数。由于个体教育收益率随受教育程度增加而单调递增,高技能人才可能因自身教育带来更多选择机会和工资回报,教育回报预期更大,更愿投资子女教育。许多实证分析也表明,子女个人能力与家庭背景关系密切,良好的家庭氛围有助于提高个人能力,因此有理由认为,子女获家庭额外教育投资的收益回报率 β 与家庭相关,高技能家庭有更高的私人教育收益回报;而公共教育收益回报 μ 则与学校教育相关,设为常数。

考虑到子女教育在中国家庭中的重要性,我们认为地区公共教育水平日益成为影响流动人口迁移的重要因素,因此本文结合罗伊范式解释系数经济含义:私人教育投资 r 反映父母对子女教育的重视程度,公共教育投资与居民教育投资正向相关,因此高技能人才在转移中更注重选择公共教育投资水平高的地区,选择效应更大。④而公共教育政策的实施并不区分流动人口的技能水平,高、低技能流动家庭获得的政策收益相同,因此公共教育投资 t 则更倾向于反映政策对流动人口的分类效应,是由政策直接经济收益带来的"货币性"迁入吸引力。⑤

此模型在如下方面与罗伊模型的原理论框架有所不同:(1)原框架中,r、t 分别代表给予子女的陪伴时间和转移支付;而本文中 r、t 分别代表为子女支付的额外私人教育的投资和必需的公共教育投资,分别强调区分公共教育政策带来的非货币性效应和货币性效应的对比。(2)原框架中的 e 指子女禀赋,本文定义 e 为流动父母技能水平。(3)原框架中子女禀赋差异决定父母资源分配决策;而本文集中讨论父(母)项本身技能水平对其教育投资支出 r、t 的决策影响,子女只能被动接受。(4)原框架中,$\beta(e)$ 指父母的时间投入回报。而本文定义其为私人教育收益回报率,同时定义 μ 为公共教育收益回报率,强调家庭教育和公共教育的回报差异。(5)原框架将子女对父母效用的影响途径定义为利他主义,并通过实证验证;而本文将子女教育视为父母"投资",直接定义 $\varphi > 0$。

将(7)、(8)式代入(6):

$$\max_{(c,r,t)} U(I - t - r) + \varphi U\big(\beta(e)\cdot r + \mu\cdot t + \mu\cdot g\big) + \alpha(r,t{:}e) \tag{9}$$

①为简化分析,假定父母效用 $U(c)$ 和子女效用 $U(V)$ 线性可分离,φ 对应迁移决策模型,反映子女效用对家庭总效用的贡献比例,$\alpha(r,t{:}e)$ 为因技能水平 e 不同而可能导致教育投资带来的个体效用差异。

②由式(3)推得:$\varphi = \delta/\beta_c$。假定子女效用对高、低技能流动家庭贡献相同,不受技能水平 e 影响。

③可降低必需公共教育支出。此处将政策收益计入子女获益。

④由于子女教育投入被视为父母投资,期待未来获益,$\partial_r > 0$,$\partial_t > 0$。

⑤选择效应:个人偏好、技能水平决定的个体迁移倾向,技能水平越高,选择效应越大,越可能迁移。

模型中的外生变量是 e 和 g。首先考虑政策收益 g：记 $L = U(I - t - r) + \varphi U(\beta(e) \cdot r + \mu \cdot t + \mu \cdot g) + \alpha(r, t:e)$，则 ∂_L/∂_g 表示 12 年免费教育制度对流动人口效用的影响。

易知 $\partial_L/\partial_g > 0$。由此提出如下假说。

假说1(b)：12 年免费教育制度能提升流动人口效用，促进人口流入。

进一步探究技能异质性造成的差异：偏微分 ∂_r/∂_e 与 ∂_t/∂_e 分别代表静态分析下，仅由技能水平带来的选择和分类效应。有理由推测：12 年免费教育制度增强了人们对城市教育的信心，而高技能群体更愿意投资子女教育，重视经济因素之外的非货币性收益，因而私人教育投资的边际效用更大，即 $\partial_r/\partial_e > 0$；而低技能群体相对更重视实际的现时经济利益，货币性效应更强，即 $\partial_t/\partial_e < 0$。之后我们关注全微分 d_r/d_e 和 d_t/d_e，希望探究在所有参数同时变化的情况下，技能异质性可能带来的选择及分类效应差异。

由计算可知，r 与 e 的比较静态关系为：

$$\frac{d_r}{d_e} = \frac{F_t \cdot G_e - F_e \cdot G_t}{\begin{vmatrix} F_t & F_r \\ G_t & G_r \end{vmatrix}} = \frac{A_1 \cdot \alpha_{re} + A_2 \cdot \alpha_{te} + A_3 \cdot \beta(e) + A_4}{\begin{vmatrix} F_t & F_r \\ G_t & G_r \end{vmatrix}} ^② \tag{10}$$

t 与 e 的比较静态关系为：

$$\frac{d_t}{d_e} = \frac{F_e \cdot G_r - F_r \cdot G_e}{\begin{vmatrix} F_t & F_r \\ G_t & G_r \end{vmatrix}} = \frac{B_1 \cdot \alpha_{re} + B_2 \cdot \alpha_{te} + B_3 \cdot \beta(e) + B_4}{\begin{vmatrix} F_t & F_r \\ G_t & G_r \end{vmatrix}} ^③ \tag{11}$$

由系数易知 $A_1 > 0, A_2 < 0, A_3 > 0, B_1 < 0, B_2 > 0, B_3 < 0$。但无法确定 A_4、B_4 的符号，因此我们进一步比较异质性技能水平劳动力的选择效应 $\dfrac{d_{r^i}}{d_{e^i}}$ 与分类效应 $\dfrac{d_{t^i}}{d_{e^i}}$。

估计 $\dfrac{d_{r^h}}{d_{e^h}} - \dfrac{d_{t^l}}{d_{e^l}}$ 或是 $\dfrac{d_{r^h}}{d_{e^h}} - \dfrac{d_{t^l}}{d_{e^l}}$ 涉及大量可变参数，这需要我们对除技能水平 e 外的其他参数进行人为确定。假定高、低技能水平流动人口在效用函数及相关系数上完全相同，则：

$$\frac{d_{r^h}}{d_{e^h}} - \frac{d_{r^l}}{d_{e^l}} = \frac{A_1\left(\alpha_{re}{}^h - \alpha_{re}{}^l\right) + A_2\left(\alpha_{te}{}^h - \alpha_{te}{}^l\right) + A_3\left(\beta^h - \beta^l\right)}{\begin{vmatrix} F_r & F_t \\ G_r & G_t \end{vmatrix}} \tag{12}$$

即流动人口因技能水平不同而形成的选择效应差异可细分为两部分：流动父母教育投资倾向差异

---

① 构建函数 $F(r, t, e) = -U_c(I - t - r) + \varphi \beta(e) U_V(\beta(e) \cdot r + \mu \cdot t + \mu \cdot g) + \alpha_r(r, t:e)$，

$\quad G(r, t, e) = -U_c(I - t - r) + \varphi \mu U_V(\beta(e) \cdot r + \mu \cdot t + \mu \cdot g) + \alpha_t(r, t:e)$，

$\quad$ 得 $F_r = U_{cc} + \varphi \beta^2 U_{VV} + \alpha_{rr}$，$F_t = U_{cc} + \varphi \beta \mu U_{VV} + \alpha_{rt}$，$G_r = U_{cc} + \varphi \beta \mu U_{VV} + \alpha_{tr}$，

$\quad G_t = U_{cc} + \varphi \mu^2 U_{VV} + \alpha_{tt}$，$F_e = \varphi r \beta \beta_e U_{VV} + \alpha_{re} + \varphi \beta_e U_V$，$G_e = \varphi \beta_e \mu r U_{VV} + \alpha_{te}$

$\quad$ 不妨设 $\begin{vmatrix} F_t & F_r \\ G_t & G_r \end{vmatrix} > 0$

② 其中：$A_1 = -(U_{cc} + \varphi \mu^2 U_{VV} + \alpha_{tt})$，$A_2 = U_{cc} + \varphi \beta \mu U_{VV} + \alpha_{rt}$，$A_3 = -\varphi r \beta U_{VV}(U_{cc} + \alpha_{tt})$，

$\quad A_4 = \varphi \beta_e\left[\mu r U_{VV}(U_{cc} + \alpha_{rt}) - \alpha_{tt} V_w + \varphi \mu U_V U_{VV} - U_V U_{cc}\right]$。

$\alpha_{re^h} - \alpha_{re^l}$ 和私人教育回报差异 $\beta^h - \beta^l$ 代表的非货币性效应,及政策直接经济收益带来的货币性效应 $\alpha_{te^l} - \alpha_{te^h}$。如前所述:高技能人才更愿意投资子女教育,边际效用 α_r 的增幅更大,即 $\alpha_{re^h} - \alpha_{re^l} > 0$;而低技能人才更看重货币性收益,$\alpha_t$ 增幅更大,即 $\alpha_{te^l} - \alpha_{te^h} > 0$;同时,由于前文定义 β 为私人教育收益系数,高技能流动人口家庭系数更大,即 $\beta^h - \beta^l > 0$,则 $\dfrac{d_{r^h}}{d_{e^h}} - \dfrac{d_{r^l}}{d_{e^l}} > 0$,高技能流动家庭因本身更重视子女教育以及更高的子女教育收益系数,使得总的非货币性效应大于货币性效应,选择效应更大。

同理,货币性效应之差可表示为:

$$\frac{d_{t^h}}{d_{e^h}} - \frac{d_{t^l}}{d_{e^l}} = \frac{B_1\left(\alpha_{re}^h - \alpha_{re}^l\right) + B_2\left(\alpha_{te}^h - \alpha_{te}^l\right) + B_3\left(\beta^h - \beta^l\right)}{\begin{vmatrix} F_r & F_t \\ G_r & G_t \end{vmatrix}} \tag{13}$$

可得 $\dfrac{d_{t^h}}{d_{e^h}} - \dfrac{d_{t^l}}{d_{e^l}} < 0$,低技能人才更重视政策的货币收益,分类效应更大。由此提出以下假说。

假说2:相比于低技能组别,高技能人才由于自身技能水平更高,更重视子女教育且拥有更高的家庭教育收益率,因而政策实施对其产生的非货币性效应更大,选择效应更强;而在政策改革地所能享受到的直接经济福利则能对低技能组别产生更大的吸引力,政策对低技能流动家庭的分类效应更强。

但考虑到12年免费教育制度带来的直接经济收益有限,因此其为高技能组别带来的选择效应增量可能大于为低技能组别带来的分类效应增量,不妨提出如下假说。

假说3:相较于低技能人才,12年免费教育制度的实施可能更显著地促进高技能人才迁入。

更进一步,若将随迁子女数量由模型中的一个拓展到多个,则可预见的是流动人口的必需公共教育支出 t 的减少幅度更大(代表分类效应,为政策实施地对流动人口的吸引力),因此提出以下假说。

假说4:流动人口的随迁子女数量也会对人才迁入决策产生影响,随迁子女数量越多,12年免费教育制度的实施对流动人口的吸引力更强。

同理,考虑到12年免费教育制度实施也可能对携不同年龄随迁子女的流动家庭产生不同"预期",从而提出如下假说。

假说5:流动人口的随迁子女年龄也可能影响12年免费教育制度的人才吸引效应。

三、数据和模型构建

(一)数据及政策背景

本文使用的数据是2010—2014年全国流动人口动态监测调查数据,包含31个省(区、市)和新疆生产建设兵团。采用分层、多阶段、与规模成比例的PPS抽样方法,以调查当年各城市第一次季报流入人口排序确定抽样比例,[①]在地理位置和经济发展水平等方面均具有较为广泛的代表性。

---

① 为求严谨,我们以2010年为例,比对了2011年的流动人口动态监测数据与国家统计局2010年的人口普查数据,发现流动人口动态监测数据的抽样比例与人口普查数据中确定的各省份流动人口数相符,说明具有代表性。

下文主要通过比较实施覆盖流动子女的12年免费教育制度的改革城市(实验组城市)与其他城市(控制组城市,包括只针对本地户籍学生和不试点城市)在政策实施前后人才流动的变化情况,来验证教育政策改革对当地高技能人才流入与劳动力技能结构的影响效应。

1. 因变量:流动人口数量与居留意愿

本文选取政策改革前后各城市的流动人口数量,尤其是高技能人才的数量及占比做计量分析,以研究政策对人才的吸引作用。[①]表1为本文因变量的描述性统计。

表1　因变量选用及描述性统计

因变量	城市总量	均值	标准差	最小值	最大值
加权流动人口数量	380	2618	4333.788	4	20278
加权高技能流动人口数量	380	787	1282.204	0	4269
加权低技能流动人口数量	380	1998	3233.783	3	16596
加权高技能流动人口占比	380	0.174	0.072	0.007	0.700
推断总体流动人口数量	380	3741883	6107268	5419	27400976
推断总体高技能流动人口数量	380	1110363	1776945	147	6535704
推断总体低技能流动人口数量	380	4028579	5592827	4141	20993752

注:本表数据由2010—2014年中国流动人口动态监测调查整理所得。

2. 核心解释变量:12年免费教育制度

覆盖流动人口的12年免费教育制度是本文研究的重点。[②]在2014年底之前,样本中六个省(区)共15个区域分别在不同时间实施了针对不同受众的12年免费教育制度。[③]这些城市的政策公布时间与执行时间十分接近,可认为流动人口并无充分时间对此产生反应,这就将流动人口进行了随机分配:政策执行地与不执行地的流动人口、携流动子女和子女留守的流动人口,这是自然实验的核心价值所在。

本文仅将覆盖流动人口的改革城市作为实验组,赋值为1,其余均列入控制组,赋值为0。核心解释变量为实验组城市的不同流动人口组别与12年免费教育制度实施的交互项(见表2)。

表2　实验组城市及其样本情况

省(区)	总样本量	占比/%	执行时间	具体县市	样本量
内蒙古自治区	14854	76.05	2011年在本地户籍学生中进行试点,2012年10月推广至所有学生	乌兰察布市	406
				乌海市	379
				兴安盟	125
				包头市	2356

①其中:$B_1 = U_{cc} + \varphi\beta\mu U_{VV} + \alpha_{tr}$, $B_2 = -(U_{cc} + \varphi\beta^2 U_{VV} + \alpha_{rr})$,

　　$B_3 = \varphi\beta U_{VV}(\delta\mu U_V + r\alpha_{tr} + rU_{cc})$, $B_4 = \varphi\beta_e\left[U_V(U_{cc} + \alpha_{rt}) - \mu rU_{VV}(U_{cc} + \alpha_{rt})\right]$。

②为求严谨,我们以2010年为例,比了2011年的流动人口动态监测数据与国家统计局2010年的人口普查数据,发现流动人口动态监测数据的抽样比例与人口普查数据中确定的各省份流动人口数相符,说明具有代表性。

③考虑到该数据涉及多次分层,层间为不等比例抽样,层内等比例抽样,本文在计算全国指标时进行了加权,由于篇幅所限未呈现于正文中。

续表

省(区)	总样本量	占比/%	执行时间	具体县市	样本量
内蒙古自治区	14854	76.05	2011年在本地户籍学生中进行试点，2012年10月推广至所有学生	呼伦贝尔市(代管满洲里)	558
				呼和浩特市	6582
				巴彦淖尔市	618
				赤峰市	798
				通辽市	266
				鄂尔多斯市	2073
				锡林郭勒盟	586
				阿拉善	107
湖南省	40	0.20	2012秋	湘潭市	40
福建省	2599	13.31	2012春	泉州市	2399
			2010秋	福州市	200
陕西省	80	0.41	2010前	延安市	80
浙江省	1680	8.60	2010前	宁波鄞州区	1680
河北省	280	1.43	2010前	迁安市	280

注：2011—2015年中国城市统计年鉴以及各地方教育局的相关政策文件。

3. 控制变量:个体特征

流动人口的个体因素可能对其流入城市的行为与意愿造成影响,例如性别、年龄、学历、婚配状况、户口等。样本数据中,性别变量的均值为0.46,男女比例相近;流动人口年龄介于15—61岁,无较大极值点,且均值位于34岁左右的中等年龄段上;婚姻状况均值为0.79,样本中已婚比例较高,家庭化趋势较强;户口变量均值为0.15,表明农业户口比重较高;随迁子女均值为0.65,说明多数流动人口所携随迁子女数量小于或等于1。[①]

4. 城市特征:社会经济状况

为进行实证分析,本文还匹配并控制了2010—2014年各城市社会经济状况数据。[②]同时,在流动人口动态监测数据中出现,但无法获得足够城市特征数据的一些地区被排除在外。[③]

(二)计量模型构建

本文以各省(区、市)政策执行时间为时间折点,利用政策时间不同的双重差分模型识别12年免费教育制度对人才的吸引作用,构建"双向固定效应模型"如下:

①流动子女异地高考政策虽于2010年提出,但公布异地高考方案的省(区、市)实际均于2014年起实施,因此本文未考虑该冲击。
②试点地区分别是宁波市鄞州区、陕西省吴起县、广东省珠海市、河北省迁安市、西藏自治区、江西省德兴市、成都市双流县、河南省新郑县、湖南省吉首市、湖南省韶山市、福建省晋江市、福州市马尾区、内蒙古自治区、南疆三州地(和田、喀什、克孜勒州)及福建省漳州市。南京的12年免费教育制度向前延伸,主要针对学前教育(发放幼儿助学券),被排除在实验组之外;江西省德兴市因数据缺失而排除;珠海、西藏、新郑、双流、南疆等地的改革均只针对本地户籍学生,本文将其作为对照组城市。
③携带一个及以下随迁子女的流动人口占总样本的84.99%,绝大多数流动人口所携随迁子女少于三个。

$$Y_{ct} = \alpha_1 + \beta_1 \times \text{TREAT}_c \cdot \text{postEDU}_t + \gamma \times \sum Z_{ct} + \delta_t + f_c + \varepsilon_{it} \qquad (14)$$

其中,Y_{ct}为t年城市c的相应因变量指标,包括:流动人口增量、高技能流动人口增量、低技能流动人口增量及高技能流动人口占比,后文分别用 $\ln(\text{Migrant\_number})_{ct}$、$\ln(\text{Highskill\_number})_{ct}$、$\ln(\text{Lowskill\_number})_{ct}$ 以及 $\text{Highskill\_number\_percent}_{ct}$ 表示;此外,因变量还包括推断而来的总流动人口数量及高、低技能流动人口数量,[①]即 $\text{All\_migrant\_number}_{ct}$、$\text{All\_highskill\_number}_{ct}$ 及 $\text{All\_lowskill\_number}_{ct}$。核心解释变量为 $\text{TREAT}_c \cdot \text{postEDU}_t$,通过 TREAT_c 对实验组流动人口做不同限制,探究该政策改革对不同组别流动人口的影响差异,postEDU_t 为政策虚拟变量,用于区别t年该地是否推行政策改革。f_c、δ_t 分别为地区、时间固定效应;Z_{ct} 为一系列与人口数量相关的控制变量,主要包括反映城市社会经济水平、教育状况的城市控制变量和反映流动人口个体特征的个体控制变量。

在上述模型中,如果受惠于教育政策真的有利于高技能流动人口的流入,那么系数 β 应该显著为正。

(三)识别假设检查

为更直观了解12年免费教育制度改革的影响,本文对2010—2014年实验组和控制组的高技能人才占比的变化情况进行趋势比较。图1展示了本文识别策略的有效性,显示了2010—2014年实验组城市和控制组城市的高技能人才占比的核密度图。图2显示,在进行了12年免费教育试点之后,实验组的峰值显著右移。而控制组由于不存在政策推行的前后时间区分,我们选择用年份进行界定,由图3可知,控制组城市在2010—2014年,高技能人才的占比虽有浮动,但基本处于同一值域内,并无如实验组一般的显著差异。

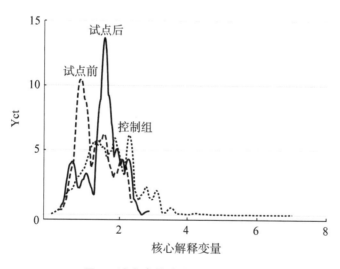

图1 城市高技能人才占比核密度

---

①包括基本社会经济特征变量(GDP、人均GDP、人口数量、第二产业占GDP比重、工业总产值当年价、全社会固定资产投资总额、社会消费品零售总额、外商投资额)、财政变量(地方财政一般预算内收入、地方财政一般预算内支出)、土地变量(行政区域土地面积、人口密度)、劳动与就业变量(年末单位从业人员数、城镇私营和个体从业人员数、年末城镇登记失业人员数、第三产业就业人数、第三产业就业比重、在岗职工平均工资)、教育变量(普通高等学校、普通高等学校在校人数、普通中学、普通中学在校人数、小学、小学在校人数)、城市可达性变量(货运总量、客运总量)。

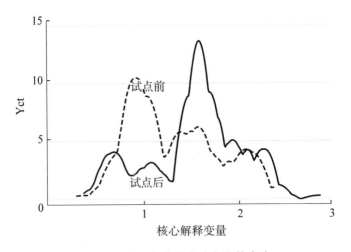

图2 实验组高技能人才占比核密度

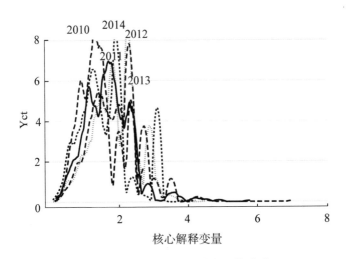

图3 控制组高技能人才占比核密度

双重差分法的另一个前提是平行趋势假定。本文通过加入一系列年份与处理变量的交互虚拟变量,以追踪和检验政策实施对城市流动人口数量增量影响的逐年效应:

$$\ln(\text{Migrant\_number})_{ct} = \alpha_0 + \beta_1 \times D^{-3it} + \beta_2 \times D^{-2it} + \beta_3 \times D^{0it} \cdots + \beta_9 \times D^{+6it} + \delta_t + f_c + \varepsilon_{it} \quad (15)$$

其中,D^{-j}表示在该地实施12年免费教育制度之前第j年的流动人口迁入情况,D^{+j}表示实施后第j年的迁入情况。δ_t和f_c分别为年份固定效应和地区固定效应。以实施前一年份为基期数据,进行去趋势和集中。

将免费教育政策实施前一年作为基准对照年,发现实验组和对照组流动人口增量的变动趋势在政策实施前无显著差异;而在政策实施当年,实验组流动人口数量增量迅速提升,随后几年虽有波动,但始终显著高于实施前,进一步验证了免费教育政策实施对人才吸引的正面作用。

四、计量结果与实证分析

在通过前文识别检验的基础上,本文使用DID模型,定义实验组流动人口和政策虚拟变量EDU_t的交互项$treat \cdot EDU_t$。回归发现,12年免费教育制度的实施确能促进流动人口流入(假说1得证):政策实施能使当地的流动人口数量显著增加约5.88%(见表3)。

表3 双向固定效应模型的估计结果

变量	(1)	(2)	(3)	(4)	(5)	(6)
	流动人口增量			高技能流动人口占比		
$treat \cdot EDU_t$	0.0588***			0.0061***		
	(13.9911)			(20.9671)		
$withtreat \cdot EDU_t$		0.0746***			0.0059***	
		(14.9942)			(17.0545)	
$Withtreat \cdot EDU_t$			0.0474***			0.0036***
			(14.5164)			(15.2695)
常数项	4.0265***	4.0260***	4.0266***	0.1142***	0.1143***	0.1146***
	(176.4027)	(176.4027)	(176.4372)	(55.5519)	(55.6200)	(55.9159)
控制变量	控制	控制	控制	控制	控制	控制
样本量	717008	717008	717008	716221	716221	716221
调整R^2	0.9214	0.9214	0.9214	0.8662	0.8662	0.8662

注:括号内为回归系数标准误,*、**、***分别表示在10%、5%、1%水平上统计显著。

此外,考虑到政策的直接受益人群为携随迁子女的流动人口,构建该群体与政策变量的交互项$withtreat \cdot EDU_t$,发现:若将对象限于携随迁子女的流动人口,政策实施后此部分群体数量增加7.46%。说明政策对直接受益的流动人口组别正向效用更大,符合现实预期。

同时,考虑随迁子女数量差异可能影响政策效果,构造连续型DID交互项$Withtreat \cdot EDU_t$。此时交互项系数反映:政策实施后每单位随迁子女数量增加带来的净效应,可看到边际效应约4.74%。假说4得证,即政策实施对随迁子女数量多的流动人口更具吸引力。

该政策的实施对不同技能人才的影响效应不同(见表4):对两组别均有显著正向作用,但高技能组别更强:政策实施后,高技能组别数量增加7.43%;但低技能组别仅为5.64%。

针对携随迁子女的高技能人口,政策实施后,该群体数量将增加10.78%;对应低技能组别增量仅为7.07%。边际效应回归结果类似,高技能组别随迁子女增加的边际政策效应为6.47%,低技能组别仅为4.53%。同时,政策实施后,实验组高技能人才占比显著提升,这说明12年免费教育制度的实施能显著改变当地劳动力结构,吸引高技能人才迁入;相较于低技能人才,该政策能更显著的促进高技能人才迁入,假说3得证。

表4　双向固定效应模型的估计结果

变量	（1）	（2）	（3）	（4）	（5）	（6）
	高技能流动人口增量			低技能流动人口增量		
treat·EDU_t	0.0743***			0.0564***		
	(12.2493)			(13.1023)		
withtreat·EDU_t		0.1078***			0.0707***	
		(14.1170)			(14.0444)	
Withtreat·EDU_t			0.0647***			0.0453***
			(12.2482)			(13.7580)
常数项	−0.1357***	−0.1369***	−0.1358***	4.0975***	4.0970***	4.0976***
	(−4.4545)	(−4.4949)	(−4.4585)	(180.9631)	(180.9627)	(180.9955)
控制变量	控制	控制	控制	控制	控制	控制
样本量	716221	716221	716221	717008	717008	717008
调整 R^2	0.9077	0.9077	0.9077	0.9183	0.9183	0.9183

注:括号内为回归系数标准误,*、**、***分别表示在10%、5%、1%水平上统计显著。

考虑到不同特征家庭对公共服务的异质需求可能影响流动人口转移的强度,本文定义不同的 $TREAT_c$ 以进一步限制随迁子女年龄。首先,构建 $TREAT_1·postEDU_t$ 表示携1—6岁随迁子女的实验组城市流动人口,[①]同时用1—6岁随迁子女个数的连续变量构建 $TREAT_2·postEDU_t$,进行连续型DID。回归结果显著为正:12年免费教育制度实施后,当地携1—6岁随迁子女的高技能人才数量将增加约9.38%,在此基础上,流动人口携带的1—6岁随迁子女每增加一个带来的边际效应为正,即额外增加8.07%。

继续限制随迁子女年龄至7—12岁(小学)、13—15岁(初中)、16—18岁(高中),同理构建 $TREAT_3·postEDU_t$—$TREAT_8·postEDU_t$,发现12年免费教育制度对子女已上初中的流动家庭影响较大,边际效应约9.15%;对携小学阶段随迁子女组别的边际影响为4.87%;对子女已上高中的流动家庭影响虽为正,却并不显著。

结果表明,政策对携初中及学前阶段随迁子女的流动家庭吸引力最大,而高中阶段最小,假说5得证。这可能是因为对携初中随迁子女的流动家庭来说,高中免学费的现实可获益性更强,而对随迁子女已上高中的流动家庭来说,政策的现实获益性相对较弱;对子女仍处学前阶段的流动家庭来说,预期未来可获益性更强,随时间推移,当地的教育政策将更完善(见表5)。

---

①根据抽样样本的数据,通过加权计算,推断而来的全国流动人口估计量。

表5　双向固定效应模型的估计结果

变量	高技能流动人口增量				高技能流动人口占比			
	（1）	（2）	（3）	（4）	（5）	（6）	（7）	（8）
组A：0、1变量的DID回归								
$TREAT_1$	0.0938***				0.0048***			
	（9.0648）				（9.8346）			
$TREAT_3$		0.0597***				0.0033***		
		（5.1137）				（6.3681）		
$TREAT_5$			0.0972***				0.0058***	
			（5.5167）				（6.8419）	
$TREAT_7$				0.0311				0.0021**
				（1.5528）				（2.2744）
常数项	−0.135***	−0.133***	−0.133***	−0.132***	0.115***	0.116***	0.116***	0.116***
	（−4.422）	（−4.373）	（−4.365）	（−4.348）	（56.485）	（56.617）	（56.674）	（56.799）
控制变量	控制	控制	控制	控制	控制	控制	控制	控制
样本量	716221	716221	716221	716221	716221	716221	716221	716221
调整 R^2	0.9077	0.9077	0.9077	0.9077	0.8662	0.8661	0.8661	0.8661
组B：用表示实际处理程度的子女数量进行回归								
$TREAT_2$	0.0807***				0.0042***			
	（8.6245）				（9.4096）			
$TREAT_4$		0.0487***				0.0031***		
		（4.5680）				（6.5648）		
$TREAT_6$			0.0915***				0.0057***	
			（5.4225）				（6.9346）	
$TREAT_8$				0.0282				0.0019**
				（1.4518）				（2.1599）
常数项	−0.134***	−0.133***	−0.133***	−0.132***	0.115***	0.116***	0.116***	0.116***
	（−4.412）	（−4.367）	（−4.364）	（−4.348）	（56.528）	（56.636）	（56.679）	（56.803）
控制变量	控制	控制	控制	控制	控制	控制	控制	控制
样本量	716221	716221	716221	716221	716221	716221	716221	716221
调整 R^2	0.9077	0.9077	0.9077	0.9077	0.8662	0.8661	0.8661	0.8661

注：此处因变量 $TREAT_c$ 均代表 DID 交互项 $TREAT_c \cdot postEDU_t$。

此外，通过对推断流动人口数量进行回归（见表6）发现：若以全国流动人口数量作为基数，12年免费教育制度的实施约能为政策实施地增加53003个高技能人才。

表6 双向固定效应模型的估计结果

变量	推断总流动人口增量		
	（1）	（2）	（3）
treat·EDU_t	581430*** (59.957)		
withtreat·EDU_t		485813*** (40.370)	
组A：整体增量　Withtreat·EDU_t			315202*** (38.173)
常数项	4.645e+06*** (70.051)	4.650e+06*** (70.124)	4.650e+06*** (70.128)
控制变量	控制	控制	控制
样本量	724351	724351	724351
调整 R^2	0.9073	0.9073	0.9073

变量	（1）	（2）	（3）	（4）	（5）	（6）
	推断高技能人才增量			推断低技能人才增量		
treat·EDU_t	53003*** (5.745)			424388*** (17.854)		
withtreat·EDU_t		62159*** (5.629)			248798*** (8.526)	
组B：细分技能水平　Withtreat·EDU_t			53059*** (5.366)			216675*** (8.017)
常数项	$-1.527\mathrm{e}^{+5}$*** (-2.627)	$-1.528\mathrm{e}^{+5}$*** (-2.627)	$-1.527\mathrm{e}^{+5}$*** (-2.626)	$1.354\mathrm{e}^{+6}$*** (8.093)	$1.353\mathrm{e}^{+6}$*** (8.082)	$1.353\mathrm{e}^{+6}$*** (8.082)
控制变量	控制	控制	控制	控制	控制	控制
样本量	104586	104586	104586	104586	104586	104586
调整 R^2	0.9062	0.9062	0.9062	0.9242	0.9242	0.9242

五、机制检验与稳健性检验

（一）机制检验

1. 非货币性选择效应

理论框架分析认为，相比于低技能人才，高技能人才非货币性效应更大的原因来自两点：高技能父母更愿意投资子女教育，同时子女的家庭教育收益率更高。

不少现象证实高技能家庭具有高教育收益,指出子女教育与父母技能水平间存在正向关系。根据经济合作与发展组织在2014年发布的教育调查报告:父母是否接受高等教育与子女是否获得更好教育具有强相关性,高学历、高技能父母更容易培养出高学历子女。李雪松、赫克曼也通过实证发现,父母双方的受教育水平对子女大学入学概率的平均边际效为正。

对选择效应检验的一个思路是证明高技能人才在转移过程中确实更注重选择公共教育投资水平高的地区。绘制公共教育投资水平与高技能人才增量及占比的散点图易知:公共教育投资水平更高的地区确实有更多高技能人才,证明选择效应确实存在(见图4、图5)。

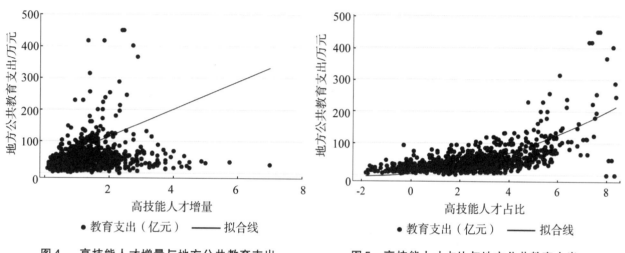

图4　高技能人才增量与地方公共教育支出　　　图5　高技能人才占比与地方公共教育支出

2. 货币性分类效应

货币性效应对应于理论框架中的分类效应,表示由流入地的基础设施、社会服务水平所决定的地区迁入吸引力。国内外较多研究已然证明了地区公共服务水平与流动人口转移之间的正向关系:基础设施建设有利于吸引流动人口流入。同时,理论分析12年免费教育制度通过减学杂费或给予补贴减少了家庭必需教育支出。基于这一考虑,本文利用家庭总收入s作为直接经济收益吸引力的代理变量,以区分政策对不同技能流动人口的影响差异。

细分技能水平发现,随着技能水平提高,政策促进效应逐步加大;而家庭总收入正好相反,低技能组别的家庭总收入在政策实施后有显著提升,而高技能组别收入无显著变化。说明政策对高技能组别的货币性收入无显著影响,而对低技能组别有显著正向作用,低技能组别分类效应更大。该结果证明,高技能组别更多受到非货币性因素的影响,选择效应更大;低技能人才则更看重政策的货币性直接经济收益,分类效应更大(假说2得证)(见表7)。

表7　分类效应检验结果

变量	(1)	(2)	(3)	(4)	(5)
	各组别流动人口增量				
组A:高技能人才增量　treat·EDU$_t$	0.0893***	0.0531***	0.1281***	0.0869***	0.6757**
	(10.1116)	(10.1201)	(7.2435)	(2.6155)	(2.4727)
常数项	3.7814***	3.7900***	0.5593***	0.2228	0.5949
	(63.1294)	(135.4967)	(5.4288)	(1.0446)	(0.5654)
样本量	103868	508794	79612	22448	1679
调整R^2	0.9085	0.9154	0.9237	0.9465	0.9657
组B:家庭总收入　treat·EDU$_t$	656.3479***	414.5646***	−659.9312	1124.8839	116.7854
	(3.0344)	(3.3341)	(−1.5473)	(1.4543)	(0.0219)
常数项	4602.0603***	4940.2093***	5369.6745***	7495.6868***	11317.0884***
	(192.9245)	(454.5036)	(206.1312)	(125.0501)	(43.7271)
样本量	119914	551229	84524	23737	1731
调整R^2	0.0001	0.0001	0.0000	0.0003	0.0013

(二)安慰剂检验

为检验未知遗漏变量的影响,本文通过随机分配样本城市改革状态进行安慰剂检验。由于共有15个区域在2011—2012年推行了政策,根据DID方法,我们将2010年作为处理前年份,首先从2011—2014年随机抽取一年记为政策实施年份t,同时随机选择15个城市作为实验组,假设其开展了12年免费教育试点,并使用该虚拟处理状态进行安慰剂估计。理论上说,这一随机指定状态的回归结果应是不显著的。

经过1000次运行后的估计值分布发现,随机分配的估计值分布明显以0为中心,①远低于回归系数0.0743,说明随机指定虚拟状态构建的12年免费教育制度改革没有效果,即12年免费教育制度改革对高技能人才的显著正向吸引作用并非由某些未观察到的因素驱动。

(三)PSM-DID计量模型

结合机制分析,同时考虑到迁移意愿较强或流入时间更长的流动者更可能携子女迁入,导致自选择性,因此本文选用近邻结合半径匹配方法,将家庭总收入、迁移意愿、②随迁子女数量、流入时长及本地家庭规模作为匹配协变量,对样本进行1:3匹配。此处借鉴之前的研究,采用逐年匹配法为各年的实验组样本找到相应对照组,以进一步加强计量结果可靠性。③结果发现回归数值变动不大且依旧显著,证明结果稳健。

①如内蒙古自治区的政策试点始于2012年10月,则将2012年流动人口动态监测数据(于当年5月完成)作为内蒙古的基准年份数据来源,即反映政策改革前一年的情况。

②此处不考虑子女数量的差异,只要流动人口携随迁子女即赋值1。

③安慰剂检验结果限于篇幅限制未呈现于正文中。

六、结论与政策含义

本文使用流动人口的12年免费教育制度惠及各实验组城市的情况作为"准自然实验"来研究这一制度对人才的吸引作用。研究发现,12年免费教育制度对高技能人才迁入具有显著的积极影响,能改善当地劳动力技能结构。平均而言,12年免费教育制度实施后,当地流动人口数量能增加约5.88%;若是限定于直接受益于该政策的流动人口,则效应更大(约7.46%),同时随迁子女增加带来的边际影响也显著为正。此外,该政策对高技能组别影响更大:政策实施后,高技能人才数量的增量为7.43%,而对应的低技能组别仅为5.64%。进一步研究发现,随迁子女数量与政策效应存在正向关系,携随迁子女数量更多的流动人口组别在政策实施后增量也更大;同时,各年龄组中,携初中及以下阶段学龄子女的流动人口能获得更大的促进效应。笔者还通过机制检验、安慰剂、PSM-DID稳健性检验进一步证明了本文结论。

本文研究表明,通过教育制度改革促进流动人口流入城市的政策路径是有效的:覆盖流动人口的12年免费教育制度确实能够促进高技能人才迁入城市和推动当地劳动力技能结构优化。随着城镇化的发展,子女获得优质教育越来越成为父母流动的理由,他们希望通过迁移为孩子创造更美好的未来。目前阶段各地吸引人才通常采用高薪、高安家费等货币性的经济激励,但本文的研究结果表明,高技能人才更看重非货币性收益,要在"抢人大战"中占据优势地位,真正吸引人才流入,加强其子女的公共教育是至关重要的因素。所以制定适当的针对流动人口子女教育的政策并以社会期望的方式影响这一"人才引进"进程是必不可少的。

因此,城市,尤其是在人才吸引进程中处于相对劣势地位的三、四线城市,其教育和财政部门更应统筹安排,提高本地的教育接纳程度以促进高技能人才的迁入。

聚焦地方政府成本—收益分析与理性决策。12年免费教育制度的实施决策在很大程度上取决于该政策的成本—收益分析。鉴于数据可获性和严谨性的考虑,本文并未精确比较各城市的政策获益与免费教育专项支出,但通过初步测算,我们发现:12年免费教育制度的实施从经济净收益上看对城市平均而言是有利的,它能通过相对较少的财政资金投入吸引人才流入,显著提升当地的人均GDP水平,给大部分城市带来经济收益。

聚焦全国义务教育改革与人才发展战略。与全国性义务教育相比,鼓励各地自主探索延长免费教育年限具有优势。一方面,当前和今后一个时期,在国家顶层设计上,继续巩固九年义务教育仍是教育工作的主要任务。鼓励各地因地制宜、因需施策,自主探索免费教育具有可行性。另一方面,"一刀切"将高中纳入义务教育也不利于职业教育发展,继续坚持普职分离,一手抓学术、一手抓技能,给予孩子、家庭更多发展自主权,也是构建现代职业教育体系的题中应有之义。

从长远发展看,固然可能存在各地均实施措施可能抹平引才效果的顾虑,但各地积极进行试点和自主探索本身就意义重大,不仅能为后续在国家层面深化义务教育制度改革提供经验和有益探索,也有助于实现教育强国的远景目标,提升国民整体素质。

功以才成,业由才广。鼓励各城市实施12年免费教育制度,吸引更多优秀人才流入,能够发展当地经济,从而进一步助力以"引"促"育",造就更多本地人才。引才有如"及时雨",育才则像"自流井"。引才需要育才来"接力",以城市基础公共教育的提升引进人才,激活城市发展内生动力;育才更需引才来"授艺",通过高技能人才带动当地经济发展,也能反过来夯实育才经济基础,实现正向循环。因此,建议地方政府找准定位,积极探索,在教育优先发展战略下尽量提供充足的公共财政保障,加速城市教育制度改革,加快完善全国中小学生学籍信息管理系统,落实流动人口子女在城市享受平等教育机会和教育资源的权利。由此,教育才能在促进人才引进和优化城市劳动力技能结构的过程中发挥更大作用。

参考文献:

[1]才国伟,刘剑雄.收入风险、融资约束与人力资本积累——公共教育投资的作用[J].经济研究,2014(7):67-80.

[2]陈斌开,张川川.人力资本和中国城市住房价格[J].中国社会科学,2016(5):43-64.

[3]谷宏伟,吴华倩.中国农村劳动力流动对儿童义务教育的影响——基于CFPS数据的经验研究[J].财经问题研究,2017(3):91-99.

[4]李楠,林矗.太平天国战争对近代人口影响的再估计——基于历史自然实验的实证分析[J].经济学(季刊),2015(4):1325-1346.

[5]李雪松,赫克曼.选择偏差、比较优势与教育的异质性回报:基于中国微观数据的实证研究[J].经济研究,2004(4):91-99.

[6]梁琦,陈强远,王如玉.户籍改革、劳动力流动与城市层级体系优化[J].中国社会科学,2013(12):36-59.

[7]梁文泉,陆铭.城市人力资本的分化:探索不同技能劳动者的互补和空间集聚[J].经济社会体制比较,2015(3):185-197.

[8]梁文泉,陆铭.后工业化时代的城市:城市规模影响服务业人力资本外部性的微观证据[J].经济研究,2016(12):90-103.

[9]林崇德.心理学大辞典[M].上海:上海教育出版社,2003.

[10]吕青.流动人口迁移的家庭化过程及影响因素——基于江苏2017年流动人口动态监测调查[J].人口与社会,2018(5):94-101.

[11]亓昕.人口抽样调查数据分析中的加权方法[J].人口与经济,2003(1):40-44.

[12]唐东波.垂直专业化贸易如何影响了中国的就业结构[J].经济研究,2012(8):118-131.

[13]王春超.中国农户就业决策与劳动力流动[M].北京:人民出版社,2010.

[14]王广惠,张世伟.教育对农村劳动力流动和收入的影响[J].中国农村经济,2008(9):44-51.

[15]夏怡然,陆铭.城市间的"孟母三迁"——公共服务影响劳动力流向的经验研究[J].管理世界,2015(10):78-90.

[16]邢春冰.迁移、自选择与收入分配[J].经济学(季刊),2010(2):633-660.

[17]杨刚强,孟霞,孙元元,等.家庭决策、公共服务差异与劳动力转移[J].宏观经济研究,2016(6):105-117.

[18]Acemoglu D, Angrist J. How large are human-capital externalities?: Evidence from compulsory schooling laws[J]. NBER/Macroeconomics Annual, 2000, 15: 9-59.

[19]Albouy V, Lequien L. Does compulsory education lower mortality? [J]. Journal of Health Economics, 2009, 28(1):155-168.

[20]Black S E, Devereux P J, Salvanes K G. Staying in the classroom and out of the maternity ward?: The effect of compulsory schooling laws on teenage births[J]. Economic Journal, 2008, 118(530): 1025-1054.

[21]Bogue D J. Internal Migration[M]. Chicago: University of Chicago Press, 1959.

[22]Borjas G J. Self-selection and the earnings of immigrants[J]. American Economic Review, 1987, 77(4): 531-553.

[23]Borjas G J, Doran K B. The collapse of the Soviet Union and the productivity of American mathematicians[J]. The Quarterly Journal of Economics, 2012, 127(3): 1143-1203.

[24]Brunello G, Fort M, Weber G. Changes in compulsory schooling, education and the distribution of wages in Europe[J]. Economic Journal, 2009, 119(536):516-539.

[25]Caldwell J C. African Rural-Urban Migration: The Movement to Ghana's Towns[M]. New York: Columbia University Press, 1969.

[26]Chiquiar D, Hanson G H. International migration, self-selection, and the distribution of wages: Evidence from Mexico and the United States [J]. Journal of Political Economy, 2005, 113(2): 239-281.

[27]Chiswick B R. Are immigrants favorably self-selected? [J]. American Economic Review, 1999, 89(2):181-185.

[28]Ferrara E L, Chong A, Duryea S. Soap operas and fertility: Evidence from Brazil[J]. American Economic Journal: Applied Economics, 2012, 4(4):1-31.

［29］Gentzkow M. Television and voter turnout［J］. The Quarterly Journal of Economics, 2006, 121（3）: 931-972.

［30］Grogger J, Hanson G H. Attracting talent: Location choices of foreign-born PhDs in the united states［J］. Journal of Labor Economics, 2015, 33（S1）: 5-38.

［31］Harris J R, Todaro M P. Migration, unemployment & development: A two-sector analysis［J］. American Economic Review, 1970, 60（1）:126-142.

［32］Heyman F, Sjoholm F, Tingvall P G. Is there really a foreign ownership wage premium?: Evidence from matched employer-employee data［J］. Journal of International Economics, 2007, 73（2）: 355-376.

［33］Kerr W R, Lincoln W F . The supply side of innovation:H-1B visa reforms and U.S. ethnic invention［J］. Journal of Labor Economics, 2010, 28（3）: 473-508.

［34］Li H, Rosenzweig M, Zhang J. Altruism, favoritism, and guilt in the allocation of family resources: Sophie's choice in Mao's mass send-down movement［J］. Journal of Political Economy, 2010, 118（1）:1-38.

［35］Li P, Lu Y, Wang J. Does flattening government improve economic performance?: Evidence from China［J］. Journal of Development Economics, 2016, 123: 18-37.

［36］Liang Z, Chen Y P. The educational consequences of migration for children in China［J］. Social Science Research, 2007, 36（1）: 28-47.

［37］Moretti E. Workers' education, spillovers and productivity: Evidence from plant-level production functions［J］. American Economic Review, 2004, 94（3）: 656-690.

［38］Moser P, Voena A. Compulsory licensing: Evidence from the trading with the enemy act［J］. American Economic Review, 2012, 102（1）: 396-427.

［39］Murdock G P. Social Structure［M］. New York: The Macmillan Company, 1949.

［40］OECD. Education at a Glance 2014［R］. Paris: OECD Publishing, 2014.

［41］Ravenstein E G. The Laws of migration［J］. Journal of the Royal Statistical Society, 1889, 52（2）: 241-305.

［42］Roy A D. Some thoughts on the distribution of earnings［J］. Oxford Economic Papers, 1951, 3（2）: 135-146.

［43］Tiebout C M. A fure theory of local expenditures［J］. Journal of Political Economy, 1956, 64（5）: 416-424.

［44］Zhang S. Effects of high school closure on education and labor market outcomes in rural China［J］. Economic Development and Cultural Change, 2018, 67（1）: 171-191.

多层级视角下流动人口的城市公共安全感知及其影响因素研究

何　炬

中国科学院地理科学与资源研究所博士研究生

摘　要：新冠疫情的暴发使得民众对公共安全问题的关注达到前所未有的程度。城市的公共安全也是城市高质量发展和宜居城市建设的重要内容。本文基于2019年住建部推进的全国试点城市体检进行大规模问卷调查，运用多层线性模型从"城市—城区—个人"三个层级研究流动人口视角下的城市公共安全感知及其影响因素。研究发现：(1)流动人口对城市和区层级的城市公共安全感知评价最高的分别是厦门市、西宁的城东区。(2)城市的GDP、绿化面积、医院数量、医疗参保人数等因素对流动人口的城市公共安全感知有积极作用，而平均工资水平、养老保险参保人数与之呈显著负相关关系。(3)区的GDP、医院数量与流动人口的城市公共安全感知有显著正相关性，人口密度、道路密度、体育场馆数则有负面影响。(4)个体与家庭的属性不同，对城市公共安全的感知也不同。本文的研究既是疫情发生后对城市公共安全建设的思考，也可以作为政府在进行城市公共安全建设时的理论参考。

关键词：流动人口；城市公共安全；感知；多层线性模型；城市体检

一、引　言

面对新冠疫情时，城市暴露出应急管理不当、医疗资源分配不均、应急场所配置缺乏等问题，给城市安全韧性建设一次敲响了警钟。在城市发展进程中，公共卫生安全事件、自然灾害、社会日常安全事件等时有发生，当城市面对这些安全事件时，应急设施和组织管理能力等在人口流动加剧化的大背景下显得至关重要。

"韧性城市"建设已是城市发展的重点方向，也是宜居城市建设的重要组成部分。韧性城市能够在没有外部支援情况下而依靠自身防止受到极端事件造成的严重损失和伤害,能够维持其一定的生产和生活质量。新冠疫情暴露出区域安全韧性建设的必要性,从中观尺度来看,以武汉市为例,其各区的应急效率、医疗设施数有所差异;从宏观尺度来看,全国不同省份由于经济水平、配套设施等存在差异,疫情控制效果也不同。全国范围内高效且均衡的安全韧性才能最快地控制病毒的传播,因此韧性城市的建设有必要促进区域均衡发展,提高整体韧性。从客观角度去评价城市安全韧性的研究已有不少,而从公众满意度的主观角度去探究城际以及城市内部各层级的安全韧性的成果却不多见。安全性问题关乎每个人自身利益,公众对城市安全韧性的关注度逐渐上升。但每个人自身的差异、所处环境不同、应急处理能力的悬殊都会导致对城市安全韧性的感知不同。国外研究表明,当公共安全事件或自然灾害发生时,性别、收入、年龄、健康状况、家庭生命周期等个体差异以及属性的交叉性会使得公众对安全感知呈现不同;国内也有学者指出,不同类型的城市居民会对城市安全韧性给出不同的评价,通常女性、老年人、低收入者、低学历者、外地人、有小孩的家庭等群体表现出较低的城市安全感;另外,个体对城市安全感做出评价时,对他人的信任感等情感寄托也会有一定的影响。

本文选择流动人口这一群体基于以下原因。在我国城镇化背景下,流动人口已经成为中国城市的重要组成部分,在城镇化进程中发挥着举足轻重的作用。对于流动人口来说,户籍制度因素成为他们在城市生存和发展的制度屏障,没有本地户口,就没有资格享受当地的许多社会福利和服务,包括最低生活津贴和补贴住房。此外,许多流动人口集中在低收入的工作岗位,生活在低成本的社区,较差的居住环境,往往伴随着相对高的犯罪率。这些因素可能会导致流动人口对其周边环境更加敏感且能够洞察不同城市安全韧性的差异。另外,流动人口的自身特征,尤其是居住、收入、家庭、职业、婚姻等因素会影响他们对城市的满意度或迁居意愿,人在适应新的环境时心理感知也会较为敏感。流动人口由于自身流动性的特征,是疾病传播过程中的重要因素之一。

本文基于2019年全国范围近万份城市体检调研数据,将11个体检城市和所属73个区作为研究区,从“城市—城区—个人”三个层级构建理论分析研究框架,运用多层线性回归模型,探究影响流动人口对城市安全韧性满意度的因素。通过本文的研究,以期回答以下问题:(1)城际以及城市内部城区间的流动人口安全韧性满意度差异如何;(2)城市中不同人群对城市安全韧性满意度如何;(3)城市层级是否会影响流动人口的城市安全韧性满意度;(4)区级对流动人口的城市安全韧性满意度影响程度如何。基于对以上问题的探究,本文以期为韧性城市和宜居城市建设提供科学的依据。

二、研究设计

(一)研究框架

个体层面,已有文献指出各类人群对安全事件的敏感性以及他们的反应能力因为他们的社会经济特征不同而存在差异,弱势群体更容易受到突发安全事件的伤害,也就更容易产生不安全感。因此,推测其他影响社会不平等的个体社会经济属性特征也会影响到居民的公共安全感知,如年龄、性别、收入、学历、户籍、职业况等。

居住环境方面,住房性质不同而会使得其配套设施、物业管理服务水平、小区开放程度及居民整体素质水平呈现差异;住房来源方面,若为租赁房屋,居民自身和邻里的流动性会增大,对周围环境的陌生感可能会降低他们的安全感,但是租房群体对居住环境安全性更宽容,也可能会提高其安全感;建筑物的建成年代会带来建筑新旧问题,建成时间较长的建筑在抗自然灾害等方面会面临很多问题,可能会给居民带来较低的安全感;流动人口在城市有无朋友或伴侣会对其情感寄托产生较大的影响,进而可能影响其安全感。

流动人口的城市活动范围基本稳定在职住所在的城区一级,使得他们对其所在城市的安全感知在城区级显得更为直观。目前从微观(街道、社区)和中观(地级市)尺度开展的城市主观满意度研究相对较丰富,而针对中微观(城区)开展的研究相对较少。城区级是否会对居民的城市公共安全感知产生影响还没有较成熟的文献参考,因此假设居民对城市公共安全感知会受到区级因素的影响,借鉴城市层级维度加以细化,从社会经济、医疗设施、应急备用场所和开放程度四个方面选取指标。

根据已有研究,城市层级在居民对城市某方面感知时有一定影响。根据城市安全韧性的内涵并借鉴白立敏、孙阳等对安全韧性城市评价指标体系构建的研究,从基础设施安全、经济发展安全、生态环境安全和社会保障安全四个维度选取指标,并假设会作用于居民对城市公共安全的感知。最终,构建"城市—城区—个人"三层级的理论分析研究框架(见图1)。

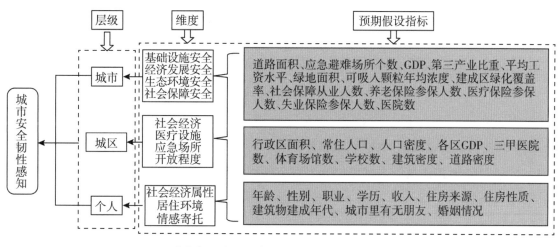

图1 "城市—城区—个人"三层级理论分析研究框架

(二)数据来源及预处理

本文的数据主要有主观和客观两类。

客观数据方面,城市数据主要来自《中国城市统计年鉴2018》。从社会、经济、生态和基础设施四个维度共选取28个指标。将所有指标标准化后,借助SPSS 25进行共线性检查,最终每个维度保留2—4个指标;城区级统计数据主要来自各市统计年鉴或政府网站。三甲医院、学校、体育场馆等的数据通过高德地图获取POI。建筑物、道路等数据从OpenStreetMap官网获取。以上数据标准化后进行共线性检查。

主观数据是在中国住房和城乡建设部组织下,由宜居城市课题组于2019年在沈阳、南京、福州、厦门、景德镇、长沙、广州、海口、成都、遂宁、西宁11个体检试点城市的73个区通过问卷调查获取。问卷调查采用等距随机抽样、方便抽样、交通控制配额抽样相结合的方法,控制调查对象为居住半年以上的居民。问卷调查累计发放13438份线上问卷,回收有效问卷12050份,有效率为89.7%(每个城市约1000份样本问卷)。城市公共安全满意度在本次调研问卷中采用李克特5点量表尺度进行问答,从高到低依次为"非常满意、满意、一般、不满意、非常不满意"五种,分别赋值100、80、60、40和20分。本文研究对象为流动人口,参照已有文献常用标准,根据被调查者居住时间和户籍,将居住该城市半年以上的非本地户籍者定为流动人口。经过数据筛选并删去缺失值,最终有4689个样本。

(三)研究方法与变量设置

本文从"城市—城区—个人"三个层级探究流动人口城市公共安全感知及其影响因素。这三个层级在地理背景上存在着嵌套关系,即个人嵌套在城区和城市之中,城区嵌套在城市之中。当变量在地理空间存在嵌套关系时,与单层次经济学相比,多层线性回归模型能很好地将不同层级对个人的影响区分开,并且能够精确计算不同层级因素对个体安全感知差异的贡献情况。

本文将城市公共安全满意度作为被解释变量,基于调研数据,满意度评价的结果是有序分类李克特5点变量。由于本文关注的是影响城市公共安全与否的因素,对安全感知的程度并不关注,故将五分类变量转化为二分类变量,将非常满意及满意赋值为1,不满意和非常不满意赋值为0,评价为"一般"则视为居民对城市公共安全感知无敏感性,去除此类样本。这样的赋值将问题简化为概率计算,在多层线性回归模型中二元分类响应变量的概率模型最具适用性。解释变量在上文已有阐述,不再赘述。

三、结果分析

(一)居民城市公共安全感知的城际、区际差异

我们统计了11个城市流动人口对城市公共安全感知的平均值(见图2),发现11个城市流动人口的城市公共安全感知均值为64.21分。高于平均线的有六个城市,其中福州和南京与平均水平相近,厦门得分最高,其次是海口、广州和西宁;其他五个城市的城市公共安全感知得分低于平均水平,沈阳最低,遂宁和景德镇次之。

从73个区的流动人口对城市公共安全感知的结果可以看出区层级公共安全感知得分基本集中在60—70分,处于较低水平的有福州的马尾区、南京的高淳区、成都的郫都区及沈阳的四个区,其中,马尾区、郫都区和高淳区在各自所属市的地理位置都比较偏远,且经济水平相对落后。得分较高的是西宁的城东区、海口的秀英区和广州的黄浦区、南沙区,这几个区所处城市整体水平较高。

结合描述性统计结果,可以发现城市和区级因素都会对流动人口的城市公共安全感知产生影响。

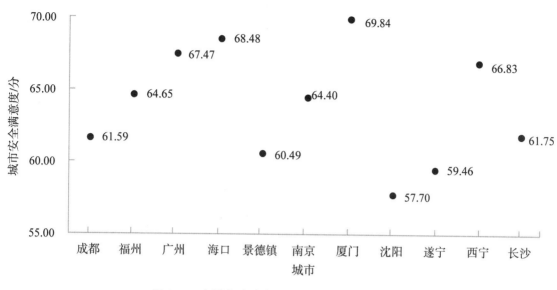

图2　11个城市流动人口对城市公共安全的感知

(二)城市公共安全感知影响因素模型识别

1. 个人层级因素对城市公共安全感知的影响

为使得模型能达到最优效果,且避免区级因素对个人城市公共安全感知作用时受城市层级因素影响,因此先构建双层模型进行城区—个人层级的影响因素分析。借助HLM7.0软件,首先构建双层模型得到组间分解系数$ICC_{双层}=0.089$(在0.001水平上显著),大于0.059,即可认为流动人口的城市公共安全感知有8.9%来自城区层级因素差异解释,有必要采用多层线性回归模型进行分析。然后根据研究框架,从个人层级因素、区级的"社会经济、医疗设施、应急备用场所和开放程度"四个方面分别引入变量共设置五个模型,结果如表1所示。

模型Ⅰ主要探讨流动人口个人社会经济属性、情感寄托及居住环境与城市公共安全感知之间的关系。(1)个人社会经济属性方面,年龄、学历、职业和收入与城市公共安全感知都有显著相关性,而性别则无明显关系。50—59岁群体与城市公共安全感知呈显著的负相关,说明中老年群体的城市公共安全感更低。这类人群的身体健康状况可能开始下滑,社会压力也相对较大。受教育程度为高中及以下的低学历者相对于本科及以上学历群体有着更低的城市公共安全感;从流动人口来看,低学历使得他们在城市的生存压力更大。党政机关工作者、个体经营者、其他工作者和已退休人员相对于企业职工群体均与城市公共安全感知有着显著的负相关关系。从绝对值来看,已退休人员>个体经营者>党政机关工作者>其他工作者。家庭收入方面,相对于中等收入家庭,过低收入和富裕家庭的流动人口城市公共安全感知会较低。(2)情感寄托方面,婚姻状况、城市里有无朋友都与城市公共安全感知呈显著相关性。其中,已婚群体相对单身群体对城市公共安全感知有着显著的负相关作用。相对于在城市没有朋友,"有一些朋友"会提高调查对象的城市公共安全感。(3)居住环境方面,在建成年代较久远的建筑物居住的调查对象的城市公共安全感知较低。对于住房来源,相对于政策性住房,住在商品房和自建房的调查对象对城市公共安全的感知较高,而住在单位房的调查对象则与城市公共安全感知有着显著的负相关作用。

以上个体属性变量在加入区层级变量后,在模型Ⅱ—Ⅴ中的相关性和显著度也基本保持一致,总体来说:中老年、受教育程度较低、家庭收入过低或较高、已婚、城市中缺少朋友的流动人口群体的城市公共安全感较低,另外,居住在建成年代久较远的建筑物和政策性住房的调查对象的城市公共安全感知评价也较低,而住房性质和性别与城市公共安全感知没有显著关系。

表1　城市公共安全感知"城区—个人"双层线性模型结果

变量		模型Ⅰ	模型Ⅱ	模型Ⅲ	模型Ⅳ	模型Ⅴ
常数项		0.662***	0.706***	0.618***	0.590***	0.597***
区层级变量	行政区面积		-0.050			
	常住人口		0.994			
	人口密度		-0.160**			
	GDP			0.223**		
	建筑物密度				-0.026	
	道路密度				-0.696***	
	医院数					0.226**
	体育场馆数					-0.609**
	学校数					0.095
	个体层级变量					
	20岁以下	1.350	1.340	1.216*	1.434**	1.569**
	20—30岁	-0.315	-0.318	-0.326*	-0.311*	-0.314*
年龄(参照组:30—40岁)	40—50岁	-0.214	-0.216	-0.220	-0.212	-0.213
	50—60岁	-0.469**	-0.473**	-0.479**	-0.464**	-0.469**
	60—70岁	-0.153	-0.152	-0.153	-0.150	-0.148
性别(参照组:男性)	女性	-0.006	-0.006	-0.005	-0.006	-0.006
婚姻状况(参照组:未婚)	已婚	-0.708***	-0.707***	-0.705***	-0.693***	-0.710***
	离异	0.019	0.020	0.047	0.027	0.030
	丧偶	0.109	0.119	0.108	0.112	0.110
个人层级变量　学历(参照组:大专)	高中及以下	-0.928***	-0.932***	-0.929***	-0.918***	-0.940***
	本科及以上	0.079	0.082	0.083	0.082	0.084
职业(参照组:企业职工)	党政机关者	-0.416**	-0.419**	-0.420**	-0.413**	-0.419**
	个体经营者	-0.761***	-0.766***	-0.768***	-0.755***	-0.767***
	其他工作者	-0.334**	-0.337**	-0.335**	-0.330**	-0.338**
	已退休人员	-0.916***	-0.921***	-0.923***	-0.908***	-0.924***
家庭年收入(参照组:7—30万元)	7万元以下	-0.341**	-0.340**	-0.343**	-0.334**	-0.340**
	30万—100万元	-0.810***	-0.810***	-0.813***	-0.798***	-0.808***
	100万元以上	-0.796***	-0.798***	-0.797***	-0.787***	-0.802***

变量		模型Ⅰ	模型Ⅱ	模型Ⅲ	模型Ⅳ	模型Ⅴ
城市朋友数 （参照组：很少）	非常多	0.122	0.118	0.122	0.115	0.115
	有一些	0.559***	0.558***	0.561***	0.548***	0.555***
	没有	−0.130	−0.140	−0.137	−0.141	−0.140
住房建成年代 （参照组：1990—2010年）	1980年以前	−0.555**	−0.556**	−0.558**	−0.549**	−0.559**
	1980—1990年	−0.081	−0.080	−0.078	−0.082	−0.082
	2010年至今	0.077	0.073	0.073	0.071	0.072
住房性质（参照组：租房）	购买房	0.223	0.230	0.225	0.226	0.233
	商品房	0.452**	0.454**	0.452**	0.446**	0.455**
住房来源 （参照组：政策性住房）	单位房	−0.572***	−0.574***	−0.577***	−0.565***	−0.576***
	自建房	0.958**	0.967**	0.976**	0.946**	0.955**
	区级层级方差	0.168	0.176	0.135	0.163	0.165
	ICC	14.38%	14.97%	11.89%	14.02%	14.16%

注：*表示在0.1水平上显著，**表示在0.05水平上显著，***表示在0.001水平上显著。

2. 区层级因素对居民城市公共安全感知的影响

根据表2，模型Ⅱ显示人口密度与城市公共安全感知呈显著负相关关系，即城市人口密度越大，调查对象的城市公共安全满意度越低，而行政区面积和城市常住人口两个因素对城市公共安全感知没有显著影响；模型Ⅲ表示GDP水平越高的区会给流动人口带来更高的城市公共安全满意度；从模型Ⅳ来看，区级空间范围内的道路密度越大越会使得调查对象的城市公共安全感知会降低，而建筑密度与之没有显著相关性；模型Ⅴ结果显示三甲医院数越多则流动人口的城市公共安全感越高，而体育场馆数越多则越会降低调查对象的城市公共安全感知，学校数量则与之无显著关系。

从模型Ⅱ到模型Ⅴ，区级层级方差在0.135—0.176，组间方差分解系数ICC保持在5.9%水平以上，表示区级层级因素的差异会对居民的城市公共安全感知产生影响。总体来说，区的GDP和三甲医院数会影响居民的城市公共安全感，而人口密度、道路密度和体育场馆的增加会降低居民的城市公共安全感，行政区面积、常住人口数、建筑物密度和学校数与它没有显著关系。

3. 城市层级因素对城市公共安全感知的影响

在分析城市层级影响因素时，构建"城市—城区—个人"三层模型，计算出组间相关系数ICC=0.063（在0.05上显著），大于0.059，表示市级因素差异会对被解释变量产生影响。分别从基础设施安全、经济发展安全、生态环境安全和社会保障安全四个维度选取变量设置模型。为使模型最优，将社会保障安全维度指标分成两部分模型进行，共五个模型。各层级变量全部引入，将区层级和个人层级因素作为控制变量进入模型，结果如表2所示。

模型Ⅰ反映，城市道路面积与流动人口城市公共安全感知有显著的负相关关系，而城市应急避难场所个数与之无关系。这可能因为城市的宣传力度不够，流动人口对城市应急避难场所的关注度不足。

模型Ⅱ表示城市GDP与城市公共安全感知呈显著正相关,在岗职工的平均工资水平与之呈显著负相关,而第三产业比重与之无关系。从模型Ⅳ来看,城市绿地面积和建成区覆盖率的提高都会提升居民的城市公共安全感知,而污染物的年平均浓度则与之无关系。模型Ⅳ—Ⅴ反映的是城市社会保障安全方面。医保参保人数、医院数和社会保障从业人数都与城市公共安全感知呈现显著正相关,而养老保险参保人数与之有显著的负相关关系,失业保险参保人数与之无关系。

五个模型中市级方差在0.050—0.083内,组间相关系数ICC$_{模型I}$=0.0476,ICC$_{模型Ⅱ—Ⅳ}$均大于0.05,ICC$_{模型Ⅴ}$=0.0495,实际研究中如果组间相关系数大于0.059,即可认为有必要采用多层线性回归模型进行分析,但组间相关系数不是绝对的"金标准"。

综上,城市因素会对流动人口城市公共安全感知产生影响。道路面积、GDP、平均工资水平、绿地面积、建成区绿化覆盖率、养老保险参保人数、医保参保人数、社会保障从业人数和医院数等因素都与之有显著相关性。

表2　城市公共安全感知的"城市—城区—个人"三层线性模型结果

变量		模型Ⅰ	模型Ⅱ	模型Ⅲ	模型Ⅳ	模型Ⅴ
常数项		0.984***	0.539***	0.541***	0.537***	0.528***
	道路面积	-0.750**				
	应急避难场所数	0.183				
基础建设安全						
	GDP		1.382**			
	第三产业比重		-0.613			
	平均工资水平		-1.222**			
	绿地面积			0.886*		
生态环境安全	可吸入颗粒年均浓度			-0.902		
	建成区绿化覆盖率			0.843*		
	社会保障从业人数				2.989*	
	养老保险参保人数				-2.061**	
社会保障安全	医疗保险参保人数					4.320**
	失业保险参保人数					-2.512
	医院数					2.736**
区级层级变量		控制	控制	控制	控制	控制
个人层级变量		控制	控制	控制	控制	控制
市级层级方差		0.050	0.053	0.082	0.083	0.051
ICC		4.76%	5.03%	7.58%	7.67%	4.95%

注:*表示在0.1水平上显著,**表示在0.05水平上显著,***表示在0.001水平上显著。

四、结论、建议与讨论

(一)结论与建议

本文基于住房和城乡建设部2019年度在中国进行的大规模问卷数据,从流动人口视角出发,以11个体检城市和它们所辖的73个区为主要研究对象,采用多层线性回归模型探究了城市、区和个体三个层级因素对城市公共安全感知的影响。主要研究结论如下。

第一,在调研的11个城市中,流动人口对城市公共安全感知最高的是厦门,最低的是沈阳。73个区中,城市公共安全感知评价最高的是西宁的城东区,其次是海口的秀英区和广州的黄浦区,处于较低水平的有福州的马尾区、南京的高淳区。

第二,区级的人口密度、道路密度、体育场馆数对流动人口的城市公共安全感知具有显著的负相关影响,而医院数量多会提高流动人口的城市公共安全感知。结果表明,对于提高流动人口的城市公共安全感知,区级的人口密度不宜过高,需要控制在一个合理的范围。体育场馆需要精简化并提高场馆服务和增加安全措施,降低体育活动过程中的意外发生率。另外,区级空间范围内需要增加医院数量,提高流动人口的就医便捷性。

第三,城市层级的GDP、绿地面积、建成区绿化覆盖率、社会保障从业人数、医保参保人数和医院数对提高流动人口的城市公共安全感知具有积极作用。而道路面积、在岗职工平均工资水平和养老保险参保人数与之有显著的负相关关系。结果说明,城市需要通过增加城市绿地面积和提高建成区的绿地占有率,营造良好的城市生态环境;发展社会保障职能机构,增加医院数量,为流动人口提供更好的医疗保障环境;适度控制道路扩张面积,大力推进建立中老年流动人口的保险保障机制。这些都对提高流动人口的城市公共安全感知具有重要意义。

(二)讨 论

新冠疫情的暴发反映出城市面临的公共安全形势愈加严峻,民众对公共安全问题的关注达到了前所未有的程度。然而目前地理学和城市规划领域尚缺乏对居民公共安全感知和社区环境之间关系的研究。

根据本文的研究结果,经济水平越高、绿化水平越好、医疗设施越健全的城市越会给流动人口带来高的城市公共安全感知,由此会吸引更多的流动人口来到城市。但带来了工资水平上涨和城市道路建设加速化等现象,从而给人们带来更大的工作压力和更高的交通事故率,又降低流动人口的城市公共安全满意度。另外,在中国,城市空间的扩张通常带来城郊发展不平衡的问题,城市所辖各区的经济水平、医疗设施、路网密度和其他配套设施出现两极化。同城市一样,经济水平更高、医疗设施更齐全的区会给流动人口带来更好的城市公共安全感知,道路密度越高越会降低人们对区的安全感知。另外,本文研究还发现体育馆越多的区,人们的城市公共安全感较低,这可能与高概率的体育事故有关。

根据个体因素分析结果来看,城市应该更加关注流动人口所居住的建成年代较久远的建筑物,加大危房险房建筑修缮力度或进行拆除,提高建筑抗风险能力。相关企事业单位还应该提高供流动人口居住的单位房的安保措施和物业服务水平,给流动人口更高的城市公共安全感。从自身出发,漂泊他乡的流动人口应该在其经常活动的城市空间内建立自己的朋友圈,避免与伴侣异地分居,通过情感寄托的方式提高其对所处城市的安全感。

总的来说,本文验证了公共安全居民感知与外界环境的关系,是对公共安全问题研究的重要补充,也为流动人口的研究提供了新内容。同时研究结论对城市管理具有实践应用价值,对指导城市规划、城市内部区域均衡发展、提升居民生活质量具有积极意义。本文受限于城市体检工作仍处于试点阶段,样本城市和区数量有限,但这11个城市和73个区在自然本底、空间分布、城市等级水平、经济水平等方面都有一定的差异性和自身独特性,具有代表性。另外,在后续的研究中还应考虑选择流动人口户籍所在地的城市作为参照组进行对比研究。

参考文献:

[1]张文忠,尹卫红,张锦秋,等.中国宜居城市研究报告[M].北京:科学出版社,2016.

[2]吴志敏.大数据与城市应急管理:态势、挑战与展望[J].管理世界,2017(9):170-171.

[3]李彤玥.韧性城市研究新进展[J].国际城市规划,2017,32(5):15-25.

[4]邵亦文,徐江.城市韧性:基于国际文献综述的概念解析[J].国际城市规划,2015,30(2):48-54.

[5]张文忠.宜居城市建设的核心框架[J].地理研究,2016,35(2):205-213.

[6]Mileti D, Noji E. Disasters by Design: A Reassessment of Natural Hazards in the United States [M]. Washington, DC: Joseph Henry Press, 1999.

[7]刘张,千家乐,杜云艳,等.基于多源时空大数据的区际迁徙人群多层次空间分布估算模型——以COVID-19疫情期间自武汉迁出人群为例[J].地球信息科学学报,2020,22(2):147-160.

[8]戈德沙尔克,许婵.城市减灾:创建韧性城市[J].国际城市规划,2015,30(2):22-29.

[9]钱少华,徐国强,沈阳,等.关于上海建设韧性城市的路径探索[J].城市规划学刊,2017(S1):109-118.

[10]陈玉梅,李康晨.国外公共管理视角下韧性城市研究进展与实践探析[J].中国行政管理,2017(1):137-143.

[11]张明斗,冯晓青.中国城市韧性度综合评价[J].城市问题,2018(10):27-36.

[12]修春亮,魏冶,王绮.基于"规模—密度—形态"的大连市城市韧性评估[J].地理学报,2018,73(12):2315-2328.

[13]何继新,贾慧.城市社区安全韧性的内涵特征、学理因由与基本原理[J].学习与实践,2018(9):84-94.

[14]徐漫辰.适灾韧性理念下的社区灾害脆弱性实证研究[J].规划师,2019,35(5):94-98.

[15]周利敏.永续社区减灾:国际减灾最新趋向及实践反思[J].西南民族大学学报(人文社科版),2015,36(5):1-7.

[16]刘晓霞,肖鸿元,王兴中,等.地理学的安全感研究:基于地点的综合理解、应用及展望[J].人文地理,2018,33(5):38-45.

[17]Jackubke H D . Analysis of the reasons and characteristics of sudden public health events[J]. Lingnan Journal of Emergency Medicine, 2007, 31(6):798-799.

[18]Hamama-Raz Y, Palgi Y, Shrira A, et al. Gender differences in psychological reactions to hurricane sandy among New York metropolitan area residents[J]. Psychiatric Quarterly, 2015, 86(2):285-296.

[19]Graif C. (Un)natural disaster: Vulnerability, long-distance displacement, and the extended geography of neighborhood distress and attainment after Katrina[J]. Population and Environment, 2016, 37(3):288-318.

[20]Thompson K, Trigg J, Smith B. Animal ownership among vulnerable populations in regional South Australia: Implications for natural disaster preparedness and resilience [J]. Journal of Public Health Management and Practice, 2016, 23(1):1.

[21]黄建毅,苏飞.城市灾害社会脆弱性研究热点问题评述与展望[J].地理科学,2017,37(8):1211-1217.

[22]余建辉,张文忠.基于社会属性的北京城市居民居住环境安全性评价[J].地理科学,2009,29(2):167-173.

[23]Smith B, Wandel J. Adaptation, adaptive capacity and vulnerability[J]. Global Environmental Change, 2006, 16(3):282-292.

[24]张延吉,秦波,唐杰.城市建成环境对居住安全感的影响——基于全国278个城市社区的实证分析[J].地理科学,2017,37(9):1318-1325.

[25]王新贤,高向东.中国流动人口分布演变及其对城镇化的影响——基于省际、省内流动的对比分析[J].地理科学,2019,39(12):1866-1874.

[26]刘涛,齐元静,曹广忠.中国流动人口空间格局演变机制及城镇化效应——基于2000和2010年人口普查分县数据的分析[J].地理学报,2015,70(4):567-581.

[27]殷江滨,李郇.中国人口流动与城镇化进程的回顾与展望[J].城市问题,2012(12):23-29.

[28]林李月,朱宇.中国城市流动人口户籍迁移意愿的空间格局及影响因素:基于2012年全国流动人口

动态监测调查数据[J].地理学报,2016,71(10):1696-1709.

[29]Bosker M, Brakman S, Garretsen H, et al. Relaxing hukou: Increased labor mobility and China's economic geography[J]. Journal of Urban Economics, 2012, 72(2/3): 252-266.

[30]张翼.农民工"进城落户"意愿与中国近期城镇化道路的选择[J].中国人口科学,2011(2):14-26.

[31]朱宇,林李月.流动人口的流迁模式与社会:从"城市融入"到"社会融入"[J].地理科学,2011,31(3):264-271.

[32]Chen Y, Dang Y, Dong G. An investigation of migrants' residential satisfaction in Beijing[J]. Urban Studies,2020, 57(3), 563-582.

[33]李楠.农村外出劳动力留城与返乡意愿影响因素分析[J].中国人口科学,2010(6):102-108.

[34]蔚志新.分地区流动人口居留意愿影响因素比较研究:基于全国5城市流动人口动态监测调查数据[J].人口与经济,2013(4):12-20.

[35]刘于琪,刘晔,李志刚.中国城市新移民的定居意愿及其影响机制[J].地理科学,2014,34(7):780-787.

[36]朱宇.国外对非永久性迁移的研究及其对我国流动人口问题的启示[J].人口研究,2004,28(3):52-59.

[37]张延吉,秦波,朱春武.北京城市建成环境对犯罪行为和居住安全感的影响[J].地理学报,2019,74(2):238-252.

[38]范宪伟.流动人口健康状况、问题及对策[J].宏观经济管理,2019(4):42-47.

[39]王华伟.健康传播视角下的流动人口疾病防治——基于北京等地社区卫生服务中心的调查研究[J].西北人口,2016,37(1):52-57.

[40]Foster S, Giles-Corti B. The built environment, neighborhood crime and constrained physical activity: An exploration of inconsistent findings[J]. Preventive Medicine, 2008, 47(3): 251.

[41]兰宗敏,冯健.城中村流动人口日常活动时空结构——基于北京若干典型城中村的调查[J].地理科学,2012,32(4):409-417.

[42]康雷,张文忠,谌丽,等.北京市低收入社区社会融合的多维度测度与影响因素分析[J].人文地理,2019,34(3):22-29.

[43]谌丽,张文忠,褚峤,等.北京城市街区尺度对居民交通评价的影响[J].地理科学进展,2018,37(4):525-534.

[44]党云晓,张文忠,谌丽,等.居民幸福感的城际差异及其影响因素探析——基于多尺度模型的研究[J].地理研究,2018,37(3):539-550.

[45]谌丽,党云晓,张文忠,等.城市文化氛围满意度及影响因素[J].地理科学进展,2017,36(9):1119-1127.

[46]党云晓,余建辉,张文忠,等.环渤海地区城市居住环境满意度评价及影响因素分析[J].地理科学进展,2016,35(2):184-194.

[47]白立敏,修春亮,冯兴华,等.中国城市韧性综合评估及其时空分异特征[J].世界地理研究,2019,28(6):77-87.

[48]孙阳,张落成,姚士谋.基于社会生态系统视角的长三角地级城市韧性度评价[J].中国人口·资源与环境,2017,27(8):151-158.

[49]田明.地方因素对流动人口城市融入的影响研究[J].地理科学,2017,37(7):997-1005.

[50]田明.中国东部地区流动人口城市间横向迁移规律[J].地理研究,2013,32(08):1486-1496.

[51]湛东升,张文忠,党云晓,等.中国流动人口的城市宜居性感知及其对定居意愿的影响[J].地理科学进展,2017,36(10):1250-1259.

[52]胡涤非,陈思茵.社会资本理论下个人慈善行为影响因素分析——基于多层线性模型的实证研究[J].北京交通大学学报(社会科学版),2019,18(4):101-109.

[53]党云晓,余建辉,张文忠,等.北京居民生活满意度的多层级定序因变量模型分析[J].地理科学,2016,36(6):829-836.

[54]Goldstein H. Multilevel Statistical Methods[M]. 3rd ed. London: Arnold, 2003.

[55]Morrison P. Local expressions of subjective well-being: The New Zealand experience[J]. Regional Studies, 2011,45(8):1039-1058.

[56]Winters J, Li Y. Urbanisation, natural amenities and subjective well-being: Evidence from US counties[J]. Urban Studies, 2017,54(8): 1956-1973.

智能交通与智能城市及智能社会融合发展中的智慧出行

杨晓光

同济大学交通运输工程学院教授

智慧出行可以成为我们考察智能交通、智能城市、智能社会融合发展的切入点。回归交通的本源，交通从来都不是独立存在的，更多的是与人类的生存、生产、生活、城市密切相关。纵观这次"出行服务与城市高质量发展"论坛的主旨报告，多个专家和学者从多重维度深度解读了城市交通的发展，这有利于我们以动态、辩证的眼光来看待当下的智慧出行方式，尤其是其对中国城市发展和人民生活的影响，而不至于陷入交通"停滞"的僵化思维中去。

一、智能交通及其发展需求再认识

为什么大家都会讲到交通？人类发展面临的挑战究竟是什么？如何实现交通与运输，交通为何低效不安全？怎样的交通运输最优？未来交通运输系统如何？交通是实现人民高品质生活的重要手段，并且要消耗人类最为宝贵的两种资源：时间和物质空间。在讨论交通问题时，一定不要忽略城市，假设我们拍摄一个城市视频，会发现视频里有两种状态，一个是静态，另一个是动态，动态的就是交通。

倘若深而究之，交通是人和物的移动，是人类活动世界的"交"与"通"。"交"是一种连接，所以最近在讨论交通的科学问题时，很多人说交通学科又虚又软又无共识，实际上这种连接是看得到的，那么看不到的就不存在吗？交通包含汽车、列车、道路、轨道、机场等，但实际上这些只是交通的组成要素，交通是它们的集合。运输融于交通之中，重在"运"与"输"。多种交通方式的运能、价值在一个空间和时间上统一化了。我们要研究的交通运输系统是整个移动主体，不仅有人，有物，还有汽车、列车、飞机、船舶等交通工具，道路、轨道、机场等交通设施，物理、生态、心理等通行环境，此外还有法规、政策等通行规则和综合信息等的交互，以与法律、社会等关联起来，总之，应通过以上要素解读交通系统。

交通确实很重要，但是交通排在人类活动、人类社会、城市的后面。人类活动要形成人类的社会，那人类社会要在什么地方来活动呢？因此就产生了城市。那真正到城市以后，我们要怎么移动？

前面提到的是活动,到交通层面就叫移动,这个过程实际上把社会、城市以及交通有机结合起来了。

我们需要人类形成社会,社会需要以城市为载体,最后实现人类发展的目标,因此要移动。那么在这个过程当中,究竟怎么来实现这种融合呢?

《雅典宪章》当时就明确提出城市所谓的四大功能。特别需要注意的是交通空间,唯有交通空间能把另外几个空间——居住、工作、休憩空间结合起来,所以如果要想真正使一个城市发展起来,交通非常关键。

另外,我们要系统地看交通与城市的关系。也就是说我们在讨论交通的时候,不能为交通讨论交通,要把它放到城市层面来看,它是一个子系统,它们之间是有有机关系的。

以往很多城市花了很多精力去解决交通问题,最后却发现效果不佳。此外,我们交通人经常自认为做的一些工作非常重要,但是一旦放到更大的空间里讨论的时候,就会发现效果不理想,想做的事情最后往往很难实现。

这究竟是什么原因呢?我们要想真正把交通弄清楚,一定要把交通跟城市的关系搞清楚,所以这里重点讲两点:一是交通运输实际上是支撑着城市和经济社会的发展,以前是比较被动的,认为修两条路、建立两个控制系统就可以了,实际上不是这样。二是交通运输对城市效率的影响。

当然从科学层面来看,这里我想特别关注城市与交通的关系和作用机理是什么,然后进一步去研究。

刚才讲的是交通和城市,接下来看看社会和城市的关系是什么。实际上社会是人的一种需求,城市仅仅是为了实现人的这种需求而存在的又有空间含义的载体,其中包括社会关系。所以人类对安全、尊严、生产、健康等有所需求。

我们要通过医疗、教育、市场,甚至交通来实现这些需求,所以在讨论交通的时候我们要进一步讨论交通和城市的关系。

接下来,我们要讨论人类社会发展的困境是什么,也就是说我们需要和谐发展。

从原始社会到未来社会,每次社会进步实际上都跟交通有关系,人类从爬行发展到半直立再到直立最后到跑,以及现在的开车,整个过程实际上都和交通有关系。

我们进一步来看看智能交通运输系统被提出来的时候主要的背景是什么,有一种观点认为这是因为科技进步,发展到智能时代,就要有智能交通,但实际上智能交通提出来有三个原因:一是人类社会普遍面临严峻的交通问题,而这时正好处于冷战结束时期;二是冷战结束时期,国防方面很多先进的科技需要应用空间,交通无疑是最合适的一个领域;三是产业发展的需要,附加值比较低的产业会随着新兴国家的迅速发展而逐步发展起来,而所谓的先进国家就缺乏竞争优势,需要迅速寻找新的产业。

以上三个原因导致了智能交通运输系统的出现。智能交通运输系统,实际上不是一个简单的技术系统,它已经充分地考虑到城市和社会发展的需要,以及人类社会发展面临的问题。

先进的出行者信息系统、先进的交通管理系统、先进的公共交通系统、紧急交通救援管理系统、先进的车辆控制系统、新物流交通系统等六大系统支撑城市与社会发展。

现在我们讲到工业4.0,或者说第四次工业革命,它的主要特征是智能化。由物联网、移动互联网、云计算、大数据等技术来支撑着它,这些技术可以促进智能社会、智能城市、智能交通的高度融合。

在深度融合的过程中,未来人工智能一定会发挥很大的作用。麦肯锡所做的咨询报告显示未来人工智能在交通运输和物流领域会有广泛的应用。

刚才讲的是智能交通,智慧城市的出现又是怎么回事呢?

实际上智慧城市是从更大层面来讨论如何通过运用资源和条件把数据信息融合起来进行城市管理和城市功能的释放。

至于什么是智能社会,中国提出的加快建设创新型国家目标中,清晰地提出了发展智慧社会,与科技强国、质量强国、航天强国、网络强国、交通强国、数字中国共同作为新时代建设目标。

智能社会以信息技术、数据科学、人工智能等为技术引擎,推动生产模式智能化、社会管理智能化、社会服务智能化。

二、智能交通与城市及社会的融合

在数智化时代,交通在经济和社会中的地位逐渐重要,这预示了交通所扮演的角色将会发生重大变化。但这个重大变化和被传统交通出行支配的交通结构与经济组织有所区别。虽然如此,智能化模式的运作中还涌现出一股更大范围的力量,对交通出行的冲击无法逆转。假如说传统的"交通制"还是以一种固化的理念以及理念下的制度仪式来规范交通,那么"新交通"则以崭新的方式渗透进人们的日常工作与生活,对人们出行造成潜在的影响。在这一过程中,我们可以看到交通是如何在数智化"协助"下完成"变体"的。

从人类发展困境和对策来看,困境之一是碳排放问题。此外,交通运输的损失非常惊人,约占城市GDP的3%—8%。困境之二是人类社会发展困境,不仅仅是交通,人类几乎所有的发展都面临不断增长的社会需求与有限的自然资源的矛盾。最终产生三大问题:自然环境问题、社会效率问题、人身安全保障问题,这些都与交通密切相关。

此时新工业革命的出现支撑了新的革命,即所谓的智能化。四次工业革命很大一部分与交通有关,起于交通,终于交通。这样一来,我们看看未来交通究竟应该怎么做。我对未来交通做了简单归纳,把新工业革命概念出现以后的智能交通称之为智能交通运输系统2.0,即高速与智能、个人定制与共享。例如屋顶飞机预约、定制轨道出行、共享单车、共享汽车、MaaS等。

2010年,上海世博会上智能城市的发展受到国际的广泛重视。智能城市指的是运用信息和通信技术手段感测、分析、整合城市运行核心系统的各项关键信息,从而对包括民生、环保、公共安全、城市服务、工商业活动在内的各种需求做出智能响应。其实质是利用先进的信息技术,实现城市智慧式管理和运行,进而为城市中的人创造更美好的生活,促进城市的和谐、可持续发展。

回过头来思考现在"交通+"的概念,交通运输系统与以前的城市系统、经济系统、社会系统密切联系。随着智能交通、智能城市、智能社会的发展,交通问题应该值得我们特别关注,所以我现在的研究重点落在智能社会、智能城市、智能交通融合发展体系上。智能社会促进城市高度社会化,赋予智能交通移动社会的内涵,智能城市整合社会组织与城市系统,重构交通系统;智能交通引导社会需求智能升级。

智能社会、智能城市、智能交通三者的融合,实际上一定是有一些动因的:一是引导社会需求智能升级,二是提高城市的功能,三是对社会的组织系统加以整合。智能社会、智能城市、智能交通需要进一步进行功能整合。

那么就要提到信息技术这一块,实际上这些技术是推进融合发展非常重要的因素。

其中最核心的就是移动互联网,其不仅为智能交通提供了服务与管理平台,更为海量数据的采集提供了巨大的资源与条件。

那么具体怎么融合呢?我们从系统论的观点来看,一是输入。输入将会改变我们原来的交通需求和城市需求,把社会需求作为输入,我们不仅仅要考虑交通和城市,还要把居住、劳动、市场、娱乐等需求加进去。二是输出。我们把四维空间扩大一点,把技术体系扩大一些,未来技术、产业等方面都会发生巨大的变化。

三、主动智能服务型出行管理系统

如果问交通之外的第二个关键词是什么?我一定会跟大家讲是系统,这些要素合在一起最后形成了若干的功能和性能,包括安全、通畅、便捷、环保、公平、效率(产出/投入)。系统是由相互作用、相互依赖的若干组成部分结合而成,是具有特定功能的有机整体,而且这个有机整体又是它从属的更大系统的组成部分。也就是说,任何一个系统都是它所从属的那个系统的子系统。那么这些子系统究竟靠什么相互联系?这也是为什么大家觉得交通系统很简单,但又没有破解交通问题。交通系统内部是10张网构成的综合交通网络,原来是七张网,包括需求网、运输网、设施网、服务网、能源网、管控网、治理网。有了基于信息化、智能化的信息网络后,使得感知、通信、互联变得可能,这样一来多重网络得以整合成综合交通运输系统。人类历史上第一次或者现阶段确切地把交通系统由虚、软、无共识变成硬、实、科学。这10张网使得交通系统和实际有机结合起来。我们必须讨论广义的交通问题,如果不讨论交通系统的广义性,狭义的交通问题就无法解决。

实际上,综合交通网仅仅指交通运输本身,变得立体以后,就把交通运输和城市、空间有机结合起来,枢纽就变得很重要。交通供需随时间发生变化,受资源约束,交通供给的增长非常艰难,交通需求却因为与人类发展、GDP与人口增长有关而不断增长。人类未来到底要关注交通哪些方面?包括:公共交通、低碳交通、交通服务、交通管理、交通治理、智能交通、精准交通、交通优化、公共政策、协同创新等。

智能交通系统是20世纪80年代后半期形成的相关技术的总称,其提出并不是因为智能技术、科技的发展,而是因为世界性交通问题尖锐化、高新技术发展、新产业发展。人类交通问题复杂化之后,想靠增加资源获得发展不可能了,科技转向民用,智能交通运输系统产生的主要动因为:全面提升交通与运输系统的功能和性能。

这里就要再次提到党的十九大报告里的描述,中国创新型国家建设的七大目标之一是交通强国,根据上面的分析可以得到一个基本结论:交通强国将是创新型国家的重要载体。

创新型国家与交通强国的核心是什么? 现在要想发展交通强国的话,核心是智能交通。面向交通、城市、社会一体化的出行服务,究竟应该是怎样的? 最核心的是交通系统。对于人和物的移动,由于有了移动互联网,整个交通系统发生了巨大变化,移动互联网不仅为智能交通提供了服务与管理的平台,更为海量数据的采集提供了巨大的资源与条件。

在上海世博会上,美国通用汽车公司第一时间把移动互联网引入交通系统和城市系统里面,提出车路联网、自动驾驶、自动充电等。我们原来关注的所有交通问题,由于汽车出现产生了三个显著变化:一是微型化,二是电动化,三是智能化。大家平时讨论的是电动化和智能化,我关注的是微型化,因为微型化可以使交通真正融入人类的活动空间。当汽车可以坐电梯的时候,出行将会发生变化。

这里还要注意一点,没有产业的智能交通是不存在的,服务科学将成为世界经济发展的核心推动力。服务科学是由管理向服务发展,由被动的信息搜索向主动的信息提供发展,"主动"不仅是科学技术发展的需要更是社会服务发展的需要。

当然,交通规划一定不要忘了把智能交通、智能城市以及智能社会规划深度融合起来。在此基础上,我们还要提供管理服务,构建数据共享和产业发展框架。所以,我们不仅仅要讲交通,而是要把交通、城市、社会结合起来,从感知、传输、数据处理到应用,实现整个区域的和谐发展。我们原来对待交通问题通常束手无策,但现在完全有可能运筹帷幄、胸有成竹,这是基于智能计算和技术的发展。

出行服务与城市高质量发展

戴　辰

杭州国际城市学研究中心助理研究员

城市交通系统正面临供需矛盾突出的难题,随着城市交通治理和技术变革,随机、不可控的公众出行将更加精准、可控,不断催生新场景、新模式。2021年10月30日,由杭州国际城市学研究中心、浙江省城市治理研究中心主办的"出行服务与城市高质量发展"主题论坛在杭州城研中心举行。来自同济大学、浙江大学、大连理工大学、昆明理工大学、南京大学、华东院、浙江省交通科学研究院、浙江数智交院、杭州公交集团、杭州市交通运输管理服务中心、杭州市综合交通运输研究中心、杭州市规划和自然资源局、FM93浙江交通之声、杭州日报等相关专家及博士研究生、硕士研究生50余人参加。会议分为两个阶段,分别由昆明理工大学交通运输学院副院长秦雅琴和浙江大学智能交通研究所所长王殿海主持。与会代表围绕"出行服务与城市高质量发展"主题,深入探讨了数字化时代下MaaS、慢行交通等智慧出行系统的特征、发展策略以及未来场景,现将主要观点综述如下。

一、构建数智化背景下实时、准确、高效为核心的出行服务体系

智能交通是将先进的传感器技术、信息技术、通信技术等多项高新技术有机地运用于整个交通运输管理体系,充分利用交通、空间、时间和移动的资源建立起的一种实时的、准确的、高效的交通运输综合管理和控制系统。对数智化背后的以出行链、服务链和管理链为核心的一站式出行服务体系的考察可以成为新型交通和城市融合发展的基础。为此我们有必要在当下智能化交通盛行的时代,在这样一个实时、准确、高效的空间中,探讨这些服务体系是如何发展和推广起来的。那么,如何为所有出行以及用户最优和系统最优实现最大限度的和谐?

同济大学交通运输工程学院/城市交通研究院二级长聘教授,同济大学智能交通运输系统(ITS)研究中心主任杨晓光做了题为《智能交通与智能城市及智能社会融合发展中的智慧出行》的报告。他从智能交通及其发展需求再认识、智能交通与城市及社会之融合、主动智能服务型出行管理系统等三个维度

展开论述。在第一个维度上,交通是人和物的移动,是人类活动世界的"交"(连接)与"通"(通达)。交通包含但不限于汽车、列车,也不限于道路与轨道或机场,是其集合。运输融于交通之中,重在"运"与"输"。交通的本源是人类社会—城市—交通,即与人类的活动、生产、生存、生活、城市密切相关。他针对交通与运输问题,提出了智能交通系统(ITS),包括先进的出行者信息系统(advanced travelers information system,ATIS)、先进的交通管理系统(advanced transportation management system,ATMS)、先进的公共交通系统(advanced public transport system,APTS),借此强大的系统来改善交通系统的有机联系性,充分利用系统的时空资源改善交通阻塞问题,提高公共交通的便捷性和准时性。在第二个维度上,他指出智能交通的出现并不是因为智能技术、科技的发展,而是由于资源的不可再生、科技的民间应用以及交通运输系统性能的提升需要。但在智能交通与城市及社会融合发展中,人类仍面临着环境、社会效率、安全等问题。因此,要将一体化出行变成现实,提供一站式的出行服务,建立以出行链、服务链和管理链为核心的"主动智能交通服务管理体系",为所有出行以及用户最优和系统最优实现最大限度的和谐。在第三个维度上,他指出主动智能服务型出行管理系统,即面对(交通+社会+服务)一体化的出行服务,并且满足出行链—服务链—管理链的协同需求,来探讨创新型国家与交通强国的话题。

除了智能化交通出行体系的构建外,打造未来社区的数字化交通场景也是发言人关注的话题。浙江永泽建筑设计有限公司创始人、国家一级注册建筑师、浙江省未来社区发展研究中心核心专家张永刚做了题为《未来社区——数字化中的未来交通场景》的报告。他指出,未来社区聚焦人本化、生态化、数字化三维价值的幸福美好家园,包括软场景:邻里、治理(响应人的社交需求)、教育、健康、创业、服务(响应人的生活服务需求);硬场景:建筑、低碳、交通(响应人的安居需求)。在此基础上,"数字化社区"的核心是信息资源的整合以及各政府职能部门、社区基层管理机构、社区居民之间的信息沟通渠道搭建,从而使管理更加高效,服务更加优质,最终使居民满意,不断提升居民的生活质量。

基于未来社区的案例分析,他从交通中的一键出行、智能停车、便民配送等微观层面分析了未来交通场景的数字化设计。他指出,对社区来讲,为让生活在快节奏城市中的居民感到舒适,交通出行的对象应体现在人、车、物品。首先,需要提供"一键式、全行程"的人性化出行服务。其次,需要打造"智慧停车、共享停车、绿色停车"的智慧共享停车。最后,需要打造"规模化、品质化"的便民集成配送平台。即按照"一键出行、智能停车、便民配送"的设计思路,为居民提供安全、智慧、高效、有序、便捷的新生活。

二、利用MaaS交通服务平台整合交通资源及城际交通方式

智慧交通的构建是整体上对城市交通的范式进行了革新,那么在城市交通系统的发展中,利用好和营造好交通服务平台等问题便应运而生。正是因为交通服务地位的逐渐重要,预示了新型平台在城市交通中所扮演的角色将有重大变化。自2014年欧盟智能交通系统世界大会大会上首次提出MaaS(mobility as a service,出行即服务)的概念之后,MaaS便成为交通领域的热议话题,并在17个国家、41个城市得到了推广应用,相关的APP达到45个。MaaS通过整合城市内各种交通资源及城际交通的出

行方式,接入餐饮、住宿、购物、旅游等信息,基于公共交通智能调度、个人习惯分析、绿色出行优先等,提高互联网的支付能力,实现出行行程预定、路径一键规划、公共交通无缝衔接、费用一键支付等功能,整体提升公众公共交通出行满意度,实现公众绿色出行良好体验。

同济大学交通运输工程学院段征宇副教授做了题为《城市级 MaaS 的发展现状及推进策略》的报告。他从国内外城市级 MaaS 发展现状、深圳 MaaS 发展需求与挑战、深圳城市级 MaaS 的推进策略三个层面进行了对交通平台构建的解读。他指出,MaaS 是将多种交通服务整合为一个单一的、随需求响应的集成移动服务,包括服务集成、票务集成,一站式服务,出行全过程、门到门服务、个性化三大部分。他从芬兰、中国、英国、美国等国家出发,详解了国内外 MaaS 应用发展现状。在此基础上,他指出我国深圳的 MaaS 发展可以采用"政府指导,多方参与"的模式,采用"自上而下"(政府部门牵头,负责 MaaS 整合的顶层设计、制定配套的政策法规、对 MaaS 服务整合提供支持)与"自下而上"(企业主导的应用试点)同步推进的策略。段征宇副教授提出目前可以建立一个以公交车为主导的 MaaS 平台,通过建设补贴和运营政策支持,吸引和整合交通服务商,通过竞争性竞标的方式,与现有出行规划服务商(高德、腾讯、百度等)合作开发一个新的 MaaS 平台,提升平台的整体运营效率。借此平台的建设和运营,实现政府层面、公交企业、其他交通服务商、用户的综合利益。

大连理工大学交通学院名誉院长、教授赵胜川做了题为《从城市交通新潮流谈 MaaS 及其研究动向》的报告。他从日本城市交通切入,提出自动驾驶、共享、小交通和 MaaS 是城市交通的新潮流,其核心是给私家车做减法,给公交车做加法。MaaS 是一种多元整合交通服务,不仅针对人,还针对货物,在国内先关注的是货物。但其实质是提高公共交通的竞争力,把公共交通做到跟私家车一样有竞争力。关于 MaaS 和交通行为研究包括六个方面,一是私家车拥有与使用行为的变化;二是 MaaS 的自主性、灵活性、可靠性;三是 MaaS 附加价值的提升;四是 MaaS 用户端设计;五是 MaaS 支付意愿及收益分配;六是用户特征分析。最后,赵胜川教授指出接受度与交通行为变更、MaaS 社会实验以及共享出行与公共交通将是我们未来研究的重点。在此基础上,从整体绩效角度出发,建立一整套社会视角下的综合指标评价体系;结合城市特点,开展特大应用场景试点;通过组建联盟等形式,构建涵盖多个利益相关方的发展生态,平衡多方利益,实现共同受益。

三、"低效无序"转为"优化有序"中优化交通出行的细节

现今城市化进程不断加快,人口飞快增长,车辆迅速增加,城市面积成倍上升。在交通机动化进程迅速发展的形势下,城市道路交通拥堵是现代城市发展中面临的一个严峻问题。在城市发展并不断扩展的路上,城市交通和城市发展呈现出正相关的关系。很多时候城市发展取得突破性进展的时候,城市交通也在建立或重塑自己的体系。两者并不是此消彼长的对峙状态,而是存在一种共同的趋向,而注意到这种正相关的影响关系,正是反思的开始。可见如何解决交通拥堵这个具有高度社会性和实践性的问题关乎城市的发展。

改革开放以后,随着城市经济社会快速发展,高峰时期的交通拥堵一直是城市管理者不得不面对的

重要问题。随着数据处理能力、信息技术等方面的发展,当下,缓解路上拥堵又有了新方案。缓解拥堵的关键,就在于让交通流更加有序,令被空占的运能得以释放,更有效率地得到利用;更好地维护路上的秩序,尊重人们的出行需要。如何做到这一点?第十一届钱学森城市学金奖作者、北京交通发展研究院院长郭继孚以线上形式围绕获奖作品《预约出行:构建无拥堵的城市交通体系》做了报告。他指出,数字时代为交通出行的变革带来了机遇,定制服务、预约服务是未来出行的发展方向。通过北京轨道交通站的成功实验,郭继孚院长提出将排队的过程放在家里面,借助网上进站的排号系统为市民提供合适的到站时间。但由于在新型系统的设计、规划的变革以及超级计算等方面存在问题,实现全民预约还相当困难。为实现这个目标,当下可以从公交车专用道变成优先道等一些小的举措着手。郭继孚院长阐明了预约系统的重要性,即从系统优化角度,在保证系统总体服务能力的情况下,改变出行需求时空分布,实现出行需求与系统服务能力适配,从而提升交通系统的服务效率。换句话讲,出行预约系统就是一个需求响应的系统,基于出行需求可以对系统进行干预。让人们按照预约"时刻表"准时、可靠、高效出行,实现"出行即服务"的理念,交通系统由"低效无序"转为"优化有序"。

宁波市高等级公路建设管理中心副主任周继彪针对《城市自行车共享系统交通特性与发展策略》做了报告。周继彪副主任等人的《城市自行车共享系统交通特性与发展策略》一书包括城市自行车共享系统现状分析、城市自行车共享系统经验借鉴和功能定位、城市自行车共享系统交通特性分析、城市自行车共享系统满意度分析、城市自行车共享系统投放规模研究、城市自行车共享系统调度策略研究、城市自行车共享系统合作博弈研究和城市自行车共享系统发展策略与建议等内容。在这次报告中他指出,发展绿色交通、鼓励绿色出行,在缓解城市交通拥堵、改善空气质量、节能减排等方面具有重要现实意义。共享经济时代下,绿色交通已经成为城市发展的必然趋势,是缓解城市深层次交通问题的重要手段,是实现城市可持续发展的必然选择。从宁波城市自行车共享系统的发展来看,为破解租借无车和归还无桩的出行问题,无序调度和运力不足的调度问题,未来应当在公共自行车投放规模上以有限的城市道路网容量为约束条件,基于时空消耗法计算投放规模。一是优化站点运维人员配置;二是根据调度车载车量动态变化曲线配置调度车数量;三是进一步分析站点分时段租还差数据,优化站点桩位数量。

中国城市公共交通协会大数据专业委员会秘书长曹明做了《慢行交通——城市交通高质量发展的重要支撑》的报告。他指出,城市的交通就是快交通和慢交通的平衡。城市交通高质量发展需要采用市场化的手段使交通行业中形成一种理性的、合理的选择,这样才有助于形成一种长期的可持续机制。当前共享单车的形态和运营模式是不堪重任的,难以满足不同群体的需求、难以适应不同环境的使用。

综上所述,交通问题,因人而致,因人而止,因人而治。在今天各种交通问题中,备受关注的有很多,正确审视当下交通发展的状况,我们首先要正视交通问题在中国的特殊性。在社会实践和社会关系的语境里,我们有必要把交通问题、城市问题和中国当下的经济崛起联系到一起,历史地、辩证地对待。与会专家瞄准出行服务的电子化、数字化、智能化,视角新颖、研究扎实、内容系统,可以总结为"追求快,快而不快,做好慢,慢而不慢",通过数智交通的手段,引导未来交通出行,更高质量推进交通运输治理体系和治理能力现代化。

数字化背景下我国城市出行即服务系统发展实践及推进建议

尹志芳　　张晚笛　李　超

交通运输部科学研究院

摘　要: 伴随着互联网和信息技术的快速发展,我国城市交通领域在近十年来不断涌现出新概念、新模式,出行即服务这一概念的迅速传播,为我国城市和企业带来新的发展动力,甚至被奉为可持续出行问题的完美解决方案。但是目前,我国城市出行即服务发展模式探索尚未取得令人满意的效果,这需要研究者和决策者重新认识和理解这一新模式的发展实践、发展需求和发展的决定因素,寻找可行的发展路径。本文基于交通强国建设,从全国城市出行即服务系统发展实践入手,系统梳理了国家层面的相关政策,深入分析了中国特色的出行即服务发展形势、发展优势和决定因素,从制度体系建设、数据共享机制、可持续的商业模式和综合性试点示范工作几个方面提出可行的推进建议。

关键词: 出行即服务;出行服务商;数据共享

持续提升人民群众出行获得感、幸福感、安全感是建设交通强国的重要目标和内容。近年来,移动互联网、云计算、大数据、位置服务等先进理念和技术将传统出行服务与互联网融合在一起,促进需求响应型出行、共享出行、联程运输等新型模式蓬勃发展,极大丰富了人民群众的出行选择,显著提高了出行效率。数字化时代,大力发展共享交通,打造基于移动智能终端技术的服务系统,推进出行服务快速化、便捷化,实现一站式出行服务——出行即服务,将有力促进我国出行领域深化供给侧结构性改革,推动出行服务绿色转型发展,也必将提升城市运行效率,支撑城市高质量发展。

一、出行即服务发展实践

（一）国际发展概况

2013—2014年，在"一切皆服务"的趋势下，集成不同出行服务方式的出行即服务理念开始萌芽。2014年，在赫尔辛基召开的智能交通系统世界大会上首次提出"出行即服务"是指"各种交通方式整合为按需访问的出行服务"，随后一些科技公司开始尝试将相互独立的出行方式整合集成，为用户提供一站式出行服务。全球第一家"出行即服务"平台 Whim 于2017年在赫尔辛基市上线运营，用户能够组合、规划、预订和购买多种出行服务，包括公交车、出租车、租赁汽车、互联网租赁自行车和电动滑板车等，从而实现在一个应用程序内通过一次订阅使用多种出行方式。随后，瑞典哥德堡、德国汉堡等17个国家的40余个城市也进行了尝试。

（二）我国的发展实践

2015年，"出行即服务"理念传入我国后，很多城市和企业开始尝试探索不同的发展模式。2018年，深圳海梁科技有限公司率先提出建设"麦诗出行"，拟将常规公交车、定制公交车、地铁、动态小巴、互联网租赁自行车等交通方式全部整合到一个平台。2019年，《交通强国建设纲要》提出"加速新业态新模式发展，实现出行即服务"之后，很多城市和企业启动出行即服务平台建设。例如，广州市成立了由公共交通企业、网约车、互联网租赁自行车企业组成的 MaaS 联盟，并尝试建立粤港澳大湾区的 MaaS 平台。济南公交集团与高校、研究机构、技术厂商开展战略合作，成立了"济南 MaaS 平台"创新应用实验室，基于公交数据大脑和"369出行"APP搭建出行即服务平台。

出行即服务理念的关键是互联互通，当前无论是城市内交通还是城际交通服务都在向"整合、联通"方向发展，并有与生活休闲等其他服务相融合的趋势。例如，"携程"等旅行服务商提供旅行消费服务的同时也提供交通服务，在其APP上可预订酒店、门票、车（船、飞机）票等。此外，以"高德""美团"为代表的聚合平台，聚合了多家网约车品牌，这也体现了"整合、联通"这一特点。

从城市层面来讲，当前我国出行即服务系统有两种发展模式。一是北京市交通委牵头组织公共交通企业与"高德""百度"两家数字地图服务商合作建立 MaaS 平台。平台借助"高德"与"百度"APP向用户提供公交车实时信息，个性化综合交通出行规划，公交车、地铁拥挤度信息，绿色出行激励等服务。该平台建立的绿色出行正向激励机制是一大创新，用户可用碳积分兑换相应的公交充值券或互联网租赁自行车骑行券等。截至2021年底，北京 MaaS 平台注册用户300万人次，日均500万人次参与绿色出行。二是广州羊城通与"滴滴出行"合作推出"绿通票"二维码，以月票或周票的形式向公众提供公共交通与互联网租赁自行车之间的支付套餐，实现了"公交车+单车"一票通行。"绿通票"由传统公共交通运营企业与互联网出行服务商合作推出，是公私合作发展 MaaS 的初步尝试。

（三）我国出行即服务系统发展的政策谱系

2015年7月，《国务院关于积极推进"互联网+"行动的指导意见》印发，提出推进基于互联网平台的多种出行方式信息服务对接和"一站式服务",推动跨地域、跨类型交通运输信息互联互通,提高基础设施、运输工具、运行信息等要素资源的在线化水平。这与国外提出的出行即服务理念异曲同工,突出了利用互联网手段加强交通资源的集成与联通。

2019年7月,《交通运输部关于印发〈数字交通发展规划纲要〉的通知》提出倡导出行即服务的理念,以数据连接出行需求与服务资源,使出行成为一种按需获取的即时服务,让出行更简单。该文件首次在国家层面提出出行即服务概念,并明确其数字化出行助手的发展定位。

2019年9月,中共中央、国务院印发《交通强国建设纲要》,提出"加速新业态新模式发展""大力发展共享交通,打造基于移动智能终端技术的服务系统,实现出行即服务",为城市MaaS发展指明了实现路径。

2019年12月,《交通运输部关于印发〈推进综合交通运输大数据发展行动纲要(2020—2025年)〉的通知》发布,提出鼓励各类市场主体培育出行即服务新模式,以数据衔接出行需求与服务资源等重点任务。

2022年1月,国务院印发《"十四五"现代综合交通运输体系发展规划》,提出以满足个性化、高品质出行需求为导向,推进服务全程数字化,支持市场主体整合资源,提供"一站式"出行服务,打造顺畅衔接的服务链。进一步明确了"一站式"出行服务的发展目标和发展路径。

二、中国特色的出行即服务发展形势分析

(一)发展需求

一是高质量发展对城市交通提出新要求。城市高质量发展是提升城市经济品质、人文品质、生态品质、生活品质,增强居民获得感、幸福感、安全感的城市发展模式。当前我国城市已进入高质量发展阶段,集约高效、以人为本的发展理念成为核心。与高质量发展相适应的城市交通需要满足效率高、成本低、环境影响小的发展要求。城市交通的关注点亟须从注重交通工具的移动、满足居民基本出行转移到服务于出行者的需求和支撑城市可持续运行上来。

随着城镇化的快速发展与城市居民生活水平的迅速提高,从20世纪90年代中后期私人小汽车开始在大城市迅速发展,到2020年底,全国机动车保有量达到3.7亿辆。机动化的快速发展带来了交通拥堵、空气污染等问题,与此同时,居民出行需求层次也在不断升级。"十三五"时期,我国交通运输基础设施不断完善,运营里程和客运量显著增长。与此同时,随着城镇化的快速发展,机动化进程不断加快,居民生活水平显著提升,城市交通出行需求结构、内涵等特征正在发生深刻变革,城市居民出行次数增多,出行距离显著增长,出行方式呈现多样化态势,这给城市交通系统带来较大压力与挑战。大城市交通拥堵、环境污染等问题日益凸显,社会议论广泛,已成为影响城市运行效率和发展活力、影响人居环境和生活质量的突出问题。《中华人民共和国国民经济和社会发展第十四个五年规划和2035年远景目标纲要》为城市交通发展指明了方向,城市交通服务亟须从满足基本出行转换到交通出行品质的提升上来,由单一的、固定的、有限的交通供给,转向多元的、定制的、弹性的供给模式,注重品质提升。

二是当前我国城市出行不同方式间相互独立,严重影响着城市交通系统的服务效率和服务能力的

提升。网约车、互联网租赁自行车、汽车分时租赁等新业态的蓬勃发展使城市交通的出行结构与客运资源发生改变,并由此带来市场主体间的利益冲突,影响着城市交通系统的转型升级。新老业态之间的冲突主要体现在不同交通方式对客流等资源的竞争上,使得城市各交通方式间互相掣肘,难以形成合力。不同出行方式之间的不协调导致供需不平衡、资源配置不高效、利用不充分等问题凸显,而这些问题不是某一种交通工具或某一类基础设施产生的问题,问题的解决需要不同出行方式之间的规划、建设、监管、运营服务等环节打通。

出行即服务概念的提出恰逢其时。一方面,通过平台引导公众选择绿色出行,有助于缓解交通拥堵,减少污染排放;另一方面,互联网技术与信息通信技术的发展为出行即服务发展提供了支撑。技术与智能手机等移动终端设备以及通过程序接口连接的有关地图信息、支付结算等多项服务的融合应用催生了网约车、互联网租赁自行车等交通出行平台,这些互联网交通出行平台承载并持续扩大相关服务的特性为 MaaS 的发展奠定了基础。

(二)发展优势

一是国家宏观政策与"发挥市场在资源配置中的决定性作用"为出行即服务发展提供了良好的制度环境。如前所述,《国务院关于积极推进"互联网+"行动的指导意见》与《交通强国建设纲要》均提出推进多种出行方式信息服务对接和一站式服务。2013年11月,《中共中央关于全面深化改革若干重大问题的决定》提出要紧紧围绕使市场在资源配置中起决定性作用深化经济体制改革。网络预约出租汽车等新兴出行业态在我国萌芽,中央政府对市场的态度从"基础性作用"转变到"决定性作用",这为在市场经济背景下发展出的出行新业态提供了制度性保障。此后,市场在出行领域的影响也愈发显著,共享单车、共享汽车、自动驾驶等不断涌现的新业态、新模式都得益于市场对国家宏观政策的稳定预期,同时,这些新业态、新模式的出现和不断完善也将进一步为出行即服务奠定良好的发展基础。

二是移动互联网与智能手机的高普及率为出行即服务系统发展提供了用户基础。中国互联网协会发布的《中国互联网发展报告(2021)》显示,2020年,中国网民总体规模已占全球网民的1/5。截至2020年底,中国网民规模为9.89亿人,互联网普及率达到70.4%,特别是移动互联网用户总数超过16亿人。[①]《2020全球移动市场报告》显示,中国是全球拥有最多活跃智能手机用户的国家,用户规模超过全球市场的1/4。我国庞大的移动互联网与智能手机用户为一站式出行服务平台的应用推广提供了良好的用户资源。

三是移动支付体系成熟发展为交通模式的组合创新与一体化支付提供了便利。移动支付是指移动客户端利用手机等电子产品来进行电子货币支付,移动支付将互联网、终端设备、金融机构有效地联合起来,形成了一个新型支付体系。《2021年全球支付报告》显示,在2020年我国所有的支付方式中,非现金支付占比为87%,其中,移动支付的占比达50%,是我国消费者选择最多的支付方式。中国互联网络信息中心发布的第48次《中国互联网络发展状况统计报告》数据显示,截至2021年6月,我国移动支付

①按注册移动终端数量计。

用户规模达到8.7亿人左右。移动支付体系的发展使不同交通出行模式的聚合成为可能,也为出行模式间的组合创新提供了技术支撑。

（三）决定因素

通过对北京、广州和深圳的出行即服务系统发展分析,我们认为在推进出行即服务系统过程中,从理念到实践需要优化很多要素。运营机构通过技术整合匹配供需双方分散化的信息,实现出行服务的三个转变。一是从一般化的规模供给向按需响应的分布式供给转变;二是从服务用户一般性需求向满足分散化需求转变;三是决策方式由自上而下向分散化市场化转变。转变带来的主要结果是更注重用户体验。对用户来讲,从单次的票卡式支付转向更便捷、更经济的套餐式账户化移动支付,身份信息、信用信息、出行信息等均记录在自身账户内,这使得记录个人碳足迹成为可能。出行即服务平台聚合的出行方式越多,集聚的信息越丰富,各出行服务提供商之间的合作越畅通,越能为用户带来更好的体验,同时,也越能吸引更多的用户参与,出行即服务平台就越壮大。

决定出行即服务发展的最根本因素是不同出行服务商之间的合作意愿以及数据集成与共享。我们对北京、深圳、宁波、郑州、武汉、佛山等城市政府、公共交通企业与"百度""美团""滴滴出行"等新业态企业及相关研究机构进行了调查,并采用德尔菲专家打分法征询有关专家的意见,对专家意见进行统计、处理、分析和归纳,客观综合多位专家的经验与主观判断后发现:政策支持、可持续的商业模式、数据共享机制是影响城市出行即服务发展的三个最重要因素,可持续的商业模式与安全的数据共享机制则是当前我国出行即服务发展最为薄弱和欠缺的地方,而更为开放的竞争政策与信用制度则是改善薄弱、促进数据共享与商业合作的根本驱动力。

三、我国出行即服务发展的建议

高质量发展是"十四五"时期我国经济社会发展的主题,出行即服务作为交通强国建设和"十四五"期间现代综合交通运输体系发展的重点任务之一,应遵循高质量、可持续发展理念,建立健全完善的顶层制度体系,构建有效的数据共享机制,形成可持续的商业模式,通过试点以点带面不断普及,进而支撑和促进现代化交通强国建设。

（一）推进系统的制度体系建设

一是国家顶层制度层面。明确"鼓励创新、包容审慎"的发展原则,研究出台"关于促进出行即服务市场发展的指导意见",坚持发挥市场在资源配置中的决定性作用,同时更好地发挥政府宏观调控作用,在市场自发秩序的基础上继续营造开放的宏观政策环境,鼓励各类市场主体参与出行即服务建设,整合多方资源,降低参与方之间合作的制度性成本和管理运行成本。构建面向个体出行的碳信用与激励机制,通过发展一站式出行服务引导公众使用以公共交通、自行车和步行为主体的绿色出行方式。

二是行业管理层面。研究制定基于产权交易的规则,保障不同出行即服务发展模式下各参与方的权责和利益,推动形成市场的稳定预期,激发市场主体通过声誉机制约束自身的市场行为。建立出行即服务系统发展涉及的交通、公安、住建、自然资源、金融等不同部门或机构间的协同管理长效机制,为不同出行模式在规划、运营、管理、服务等环节的高度整合提供了制度保障。

三是城市层面。交通主管部门应明确不同出行模式的发展定位,制定出行即服务发展框架,以打造用户为中心的高度整合的一站式出行服务为目标,涵盖用户、交通服务商、出行即服务平台服务商、数据提供方、政府部门等各利益相关方的权、责、利及相互关系。由城市政府牵头建立交通、公安、住建、自然资源、金融等部门组成的出行即服务发展联席会议制度,突出底线监管原则,建立协调多方利益主体的保障措施,并及时监管可能存在的安全问题。

(二)形成有效的数据共享机制

制定数据共享标准,构建出行即服务平台不同出行服务商间的数据共享机制。针对平台建设、运营、管理等各阶段,由行业主管部门牵头组织制定涵盖不同出行服务商的数据采集、存储、处理、共享、传输等的标准规范,按照最少必要原则明确各阶段、各环节的数据共享范围与共享对象。在具体设计数据共享规则时,应当在区分不同个人信息类型的基础上,设计信息主体的授权规则。在《中华人民共和国个人信息保护法》《中华人民共和国数据安全法》等法律基础上推进数据分类分级保护制度,完善数据安全监督管理制度体系,强化对各市场主体收集、传输、使用用户数据的监督管理,避免因数据共享而损害用户权益。

(三)推动形成可持续的商业模式

出行即服务系统建立的基础是平台服务提供商、交通服务提供商,以及支付和票务公司之间具有合作意愿并能够寻找到可持续发展的商业模式。商业模式的建立来自不同服务提供商之间通过合作建立创造价值和分配价值的价值网络,这样的价值网络的建立需要参与主体间的信任关系。传统出行服务运营企业与互联网背景下成长起来的新型服务提供商在观念和信用环境等方面存在很大不同,因此,出行即服务系统的成长与发展需要政府、企业以及社会公众经历较长时间的磨合。我国出行即服务系统发展需要探索公私合作的商业模式,鼓励公共交通企业与相关服务商进行灵活多样的合作。一方面,公共交通企业通过与私有出行服务商的合作扩展或补充公共交通的服务范围,提升服务水平;另一方面,通过合作调整客票类型并与其他出行方式捆绑销售等增加客流,增加收入,减轻政府财政负担。

(四)开展出行即服务试点综合性示范工作

结合交通强国建设试点和新型智慧城市建设进行具有典型特征的出行即服务试点。出行即服务试点应突出政府与市场既有的清晰边界,也需要政府与市场的合作。在具有太多不确定性的前提下,城市政府可以拿出部分资金作为"第一推动力",后续的技术创新与可持续的商业模式由市场来推动。政府更多地聚焦在公共服务、信息引导、秩序维护、基础设施改善等方面;企业尤其是新业态企业在技术与商业模式创新中起主导作用。试点通过票价优惠或碳信用积分给予选择步行、自行车、公共交通的个人以激励,倡导通过出行即服务平台选择绿色出行模式是时尚的、向社会负责的、令人尊敬的观念。

参考文献：

[1]李瑞敏.出行即服务(MaaS)概论[M].北京:人民交通出版社,2020.

[2]交通强国建设纲要[M].北京:人民出版社,2019.

[3]汪光焘,王婷.贯彻《交通强国建设纲要》,推进城市交通高质量发展[J].城市规划,2020,44(3):31-42.

[4]中国互联网络信息中心.中国互联网络发展状况统计报告[J].中国科技信息,2018(5):6-7.

关于杭州市"双限"政策的思考

陈 懿 张 栩 程 鹏 裴洪雨 白玉方

杭州综合交通运输中心

摘 要：杭州市"双限"(限行、限牌)政策实施多年,并已开展多轮优化工作,对缓解城市交通拥堵问题起到了一定的促进作用。随着2022年杭州主城区"两网"(快速路网、地铁网)基本按照规划建成,城市交通供给能力得到大幅提升;另外,随着生活水平的提高,市民对美好出行的诉求愈加强烈,"双限"政策新一轮优化工作也迫在眉睫。在此背景下,本文首先对"双限"政策的发展过程进行了回顾,分析了每个阶段政策的主要内容和实施效果;对当前杭州城市交通发展的形势进行了研判,系统介绍了近年来主要开展的治堵工作;重点对限行、限牌政策等上位政策进行分析,并提出针对性的建议,为杭州下一步"双限"政策优化提供一定参考和借鉴。

关键词：限牌政策;限行政策

一、"双限"政策发展回顾

(一)关于限行政策

杭州限行政策自2011年10月实施以来,历经了四个阶段。

借杭州举办第八届全国残疾人运动会的契机,杭州市委、市政府决定自2011年10月8日起,实施"错峰限行"等措施(面积约115平方千米)。实施后,早、晚高峰时段主城区由"中度拥堵"改善为"轻度拥堵"。

2014年5月,在原限行效果已基本抵消的情况下,杭州又实施了限行升级和限购的"双限并举"策略,早晚限行时间各延长半小时,在错峰范围及绕城高架内,实施非浙A牌照限行时段内全号段限行。实施后,早、晚高峰时段主城区由"中轻度拥堵"改善为"基本畅通"(见表1)。

表1 2014年5月"错峰限行"政策升级前后内容对比

限行规则		升级前	升级后
限行时间	早高峰	7:00—8:30	7:00—9:00
	晚高峰	17:00—18:30	16:30—18:30
限行规则	本地牌照车辆	周一限行尾号是1和9;周二限行尾号是2和8; 周三限行尾号是3和7;周四限行尾号是4和6; 周五限行尾号是5和0	
	外地牌照车辆	与本地牌照车辆相同	工作日高峰时段实行机动车全号段禁行; 限行区域除了错峰限行区域外,还包括绕城 高速合围区域内的其他高架道路(含匝道以 及附属桥梁、隧道)

2016年3月、4月,2016年3月28日萧山区正式实施中心城区(约35平方千米)针对外地车的早晚高峰时段限行措施。2016年4月5日起,为鼓励新能源汽车发展,杭州市不再对新能源汽车进行限行管制。萧山实施错峰限行后,早、晚高峰时段平均车速提升8.3%和19.1%。

2021年3月,为方便群众出行,拓宽市民获得小客车指标的途径,加强城市交通管理,杭州市推出"区域号牌"及相关配套限行调整措施,浙A号牌限行措施维持不变,其他号牌限行力度加大。实施后,早、晚高峰时段主城区路网交通拥堵指数环比略有下降,但仍处于"中度拥堵"状态,高峰前后时段快速路网拥堵明显好转。

(二)关于限牌政策

自2014年3月以来,杭州限牌政策几乎每年都有或多或少的补充、调整或优化完善,具体调整优化历程如下。

2014年3月26日零时起正式实行小客车总量调控管理,缓解大气污染日益严重、机动车保有量急剧增长、交通拥堵日益严重等问题。

2015年出台《杭州市小客车县(市)指标配置管理办法》以缓解县市群众用车需求问题。

2017年出台的《杭州市二手小客车交易周转指标管理办法》,解决二手车经营者车辆接收问题。

2018年出台了三项优化调整政策,即以阶梯摇号方式向久摇不中个人配置指标、建立个人竞价指标数量动态调节机制,以及延长增量和更新指标有效期。

2019年明确持本市核发的港澳台居民居住证人员享受本市户籍政策,并落实双稳人才政策、竞价补贴政策。

2020年应对新冠疫情合并了1月和2月的摇号,延长了部分指标有效期,并出台了一次性投入2万个指标以提振经济的措施。

2021年出台区域指标政策,并配套规定了"浙A区域号牌"车辆的限行范围和时间,调整了外地车限行规则。区域指标出台的同时,取消了县市指标配置。

实施限牌政策前,2012年至2014年三年间机动车增加了61.8万辆,2014年至2020年六年间仅增加了42.3万辆,有效降低了机动车保有量的增长幅度,缓解了交通拥堵压力,为地铁、快速路等城市交通基础设施建设赢得了时间;2021年区域牌照政策实施后,"浙A区域号牌"车和新能源车呈现爆发性增长(见图1)。

图1　机动车保有辆及城市人口数量变化

二、当前形势分析

过去几年为城市化、机动化发展较快的时期,城市人口的快速增加、城市空间的不断扩大、机动车保有量的持续增长等多种因素相互叠加,导致城市交通出行需求呈现爆发性增长,而城市道路、地铁等交通基础设施建设存在一定的周期性,交通供给增加速度远低于交通需求增长速度,导致交通供需不平衡。近年来主要通过以下几方面开展治堵工作。

(一)城市道路系统成网

杭州市把握城乡一体化发展和亚运会筹备等战略机遇,深入实施市域综合交通立体路网统筹建设,以上跨架桥、入地造隧、互通衔接的立体式建设模式,拉大城市空间结构、提升城市综合能级,不断提升现代都市交通路网密度和承载力。

快速路基本成网。到亚运会前形成"四纵五横三连十一延"464千米的快速路网,其中"四纵五横"约250千米、"三连"约22千米、"十一延"约192千米。深入推进城市主次干路及支路建设。"十三五"期间,杭州市域建成主次干路约247千米,支小路130千米。道路面积、道路密度等指标均稳步提升,道路密度达到6.15千米/平方千米,道路面积率达到14.4%。城市道路网的不断完善有效推动了主城外围,如望江新城、之江新城、三墩北、运河新城、丁兰新城、艮北新城和钱塘智慧城等多个新区域的开发,未来科技城、青山湖科技城、大江东等新城核心片区骨架路网初步形成。

（二）公交车、地铁成体系

截至2021年底,杭州地铁运营线路共九条,分别为地铁1号线、2号线、4号线、5号线、6号线(含杭富段)、7号线、8号线、9号线和16号线,共设车站179座(换乘站不重复统计),换乘枢纽站23座,运营总里程达342千米,相较2015年底增长260.5千米,市辖十区实现轨道全覆盖,目前暂列全国第九。

截至2021年底,杭州全市运营线路1077条,运营车辆10106台、11660.8标台,线路长度为18029.42千米,停保场32个,面积达121.2万平方米,中心站、首末站共297个。杭州主城区运营线路434条,运营车辆5076台、6013.6标台,线路长度为5932.38千米,停保场13个,面积达83.4万平方米,公交车中心站、首末站共172个(见图2)。

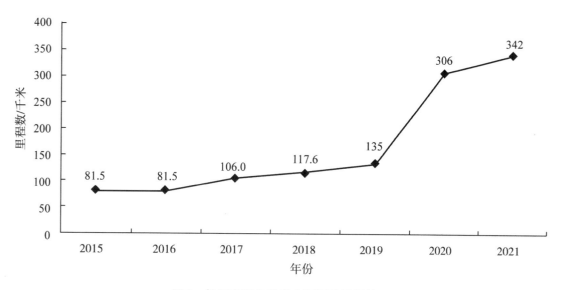

图2 杭州市近年轨道交通运营里程情况

（三）强化交通秩序管理

杭州城市交通精细化管理主要是在G20峰会后实现的,即深入实施改革强警和公安大数据战略,以城市道路交通的文明畅通行动计划为载体,以"城市交通大脑"建设为引擎,以现代化警务机制改革为支撑,大力推进观念革新、科技创新、方法更新,构建"一化"带"五化"的精细化管理体系。具体是以精细化为龙头,带动道路基础标准化、交通组织多样化、交通整治常态化、警务模式现代化、警力资源最优化,使得杭州城市交通拥堵问题明显缓解,道路通行效率不断提升,交通安全形势持续稳定。因地制宜、综合施策、统筹推进、分类实施堵点治理"六治法",一是施工堵点及时治,二是重大堵点综合治,三是高速堵点联动治,四是常发堵点滚动治,五是景区拥堵专项治,六是预判堵点提前治,民生关切热点问题明显改善。

（四）推动文明出行

积极倡导全方位文明交通让行,倡导规则意识,形成人人遵守交通秩序的新风尚。文明交通由车让人升级为车让人、人让车、车让车;开展文明交通安全出行活动,广泛引导城市公共交通企业加强文明出行创建,引导驾驶人文明驾驶、安全出行;以城市为重点,严查机动车闯红灯、争道抢行、不按规定让行及违法占用公交车专用道等行为;深入开展"一盔一带"安全守护行动,进一步规范摩托车、电动自行车骑乘人员使用安全头盔和客运车驾乘人员系扣安全带,提高安全防护水平;积极推广乘客排队候车、车厢内让座等文明出行行为,持续开展系列宣传活动,倡导老百姓文明行车、文明骑车、文明使用共享单车,从而带动全民养成良好出行习惯和提升交通文明水平。

(五)推出"双限"政策

结合杭州市城市交通发展阶段及运行状况,及时推出了"双限"政策,并不断优化调整,有效降低了小汽车的使用强度,缓解了交通拥堵压力,为城市交通建设特别是轨道交通建设赢得了时间,为市民日常出行及城市交通可持续发展创造了条件。

三、取消限行对城市交通发展的影响

(一)取消限行的基础条件分析

在存量发展的背景下,传统依靠大规模道路设施建设和扩大交通供给来缓解交通拥堵问题的做法几乎已不起作用,道路面积的增长速度永远赶不上小汽车增加的速度,交通需求管理将变得日益重要。机动车限行是交通需求管理的一种方式,是否取消限行需要从交通需求管理甚至从城市交通发展等更高层次进行系统性分析,判断杭州市取消限行政策的科学性和合理性(见图3)。

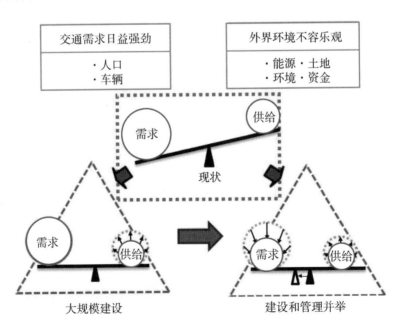

图3 传统方法与交通需求管理方法对比

1. 规范及上位规划相关要求

从《城市综合交通体系规划标准》(GB/T 51328-2018)以及《杭州市综合交通专项规划(2021—2035年)》的相关要求来看,杭州市中心城区仍需实施严格的交通需求管理政策。

《城市综合交通体系规划标准》要求:对小客车、摩托车等个体机动化出行的调控,宜从拥有、使用、停放和淘汰等环节综合制定对策。城市中心区应优先采取交通需求管理措施抑制个体机动化出行需求,保持道路交通运行状况在可接受的水平。

《杭州市综合交通专项规划(2021—2035年)》要求:实施分区差异化的交通发展策略,削减进入城市核心区的个体机动化交通总量,引导绿色出行。限行区属于规划绿色智慧交通示范发展区,以绿色交通为主体,推进轨道交通、公共汽(电)车线网、慢行交通协调发展,实行严格的交通需求管理。

2. 轨道交通转移小汽车交通功能分析

轨道交通能够拓展城市空间、优化出行结构、丰富出行选择、提高出行可靠性,但由于小汽车出行方式具有门到门的方便性、舒适性、私密性等天然优势,国内外经验显示利用地铁改变小汽车使用者的出行行为的作用不大,服务良好的地铁从小汽车吸引过来的乘客只有10%左右,地铁的大部分乘客来自常规公交和慢行交通。

从轨道网络已经成熟的伦敦来看,2004年到2014年公交分担率的变化平缓,2014年公交分担率全方式比重仅为37%,轨道交通的完善使得并未出现过高的公交分担率(见图4)。

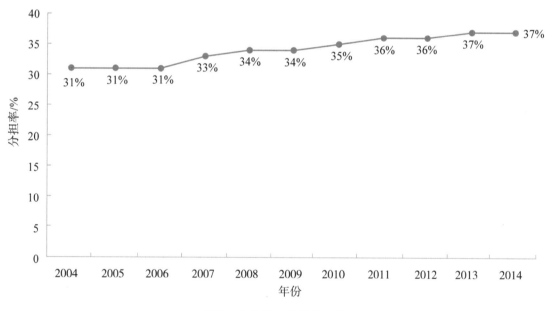

图4 伦敦公交分担率变化

从北京、上海、广州、深圳、南京来看,2015年至2019年,轨道交通和公共汽电车的人均每日乘坐次数整体处于稳中有降状态。2020年公交客运量呈现断崖式下降,2021年稍有回升,但仍未恢复到疫情前水平。由此可见,国内一线城市人均每日乘坐公共交通次数并未随着轨道线网长度的增加而增加(见表2)。

表2 2015年至2021年北上广深轨道和公共汽电车客运量统计

年份	北京		上海		广州		深圳	
	轨道线网长度/千米	人均每日乘坐次数	轨道线网长度/千米	人均每日乘坐次数	轨道线网长度/千米	人均每日乘坐次数	轨道线网长度/千米	人均每日乘坐次数
2015	554.0	0.91	588.0	0.63	235.0	0.87	179.0	0.70
2016	573.4	0.92	587.5	0.64	246.6	0.85	286.5	0.65
2017	588.5	0.89	637.3	0.64	353.2	0.85	285.9	0.64
2018	617.0	0.88	669.5	0.64	452.3	0.85	285.9	0.64
2019	637.6	0.89	669.5	0.66	489.4	0.85	304.4	0.65
2020	653.0	0.51	693.8	0.46	505.7	0.70	410.9	0.47
2021	708.9	0.67	795.6	0.56	564.0	0.63	419.3	0.48

2015年至2021年,杭州市轨道交通营运线路长度由81.5千米增加至342千米,主城区公共交通日均客运量仅由391.95万人次增加至436.49万人次,日均客运量增长了11.4%,再叠加考虑杭州市常住人口持续增长因素,主城区人均每日乘坐公共交通次数呈现下降趋势,由1.17次下降至1.05次,公共交通实际分担率并未提升(见表3、图5)。

表3 2015年至2021年杭州主城区公共交通客运量统计

年份	轨道交通			公共汽电车
	营运线路条数/条	营运线路长度/千米	日均客运量/万人次	日均客运量/万人次
2015	3	81.5	61.19	305.58
2016	3	81.5	73.31	316.40
2017	3	106	92.41	315.91
2018	3	118	144.49	319.31
2019	4	135	173.23	311.06
2020	7	306	158.63	140.11
2021	9	342	245.77	177.71

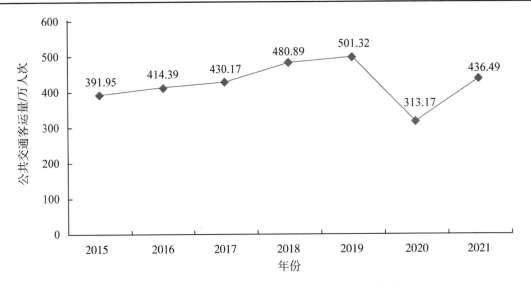

图5 2015年至2021年杭州主城区公共交通客运量变化

杭州轨道交通客流覆盖率较低,难吸引充足的客流。预计杭州2022年亚运会后,随着线网规模大幅提升,覆盖人口将有所增加。据测算,届时轨道交通站点800米以内覆盖常住人口约266.6万人,占十区总常住人口的31.4%。与北上广深等一线城市的水平较为接近,但与东京、纽约等国际大都市超过50%的常住人口生活在轨道交通站点500米以内相比仍有巨大差距,而且线网增加规模明显大于站点覆盖的增加人口规模,大量在建轨道线网的客流覆盖面较小。

杭州轨道交通运行速度慢,难满足长距离跨区通勤。杭州地铁16号线于2020年4月23日开通运营,全长35千米,目前日均客流约2万人。《国务院办公厅关于进一步加强城市轨道交通规划建设管理的意见》文件要求,轻轨线路初期客运强度不低于每日每公里0.4万人次。杭州地铁16号线初期日均客流需要达14万人,有巨大的差距。主要原因是地铁16号线运行速度慢,虽然最高设计速度达120千米/时,但乘客需要通过在城市外围换乘多次地铁才能达到中心城区,相比机动车出行增加了半小时以上,达不到通勤要求。而同一时间,杭州到临安采取了高速公路免费通行政策,进一步鼓励了私家车出行。

3. 交通需求管理政策仍须进一步完善

在主城区城市道路网、轨道交通网等交通基础设施日益完善的情况下,杭州市仍应继续强化交通需求管理措施,适时调整交通需求管理的主要手段,由"双限"为主的初级阶段向公共交通优先、停车价格调控为主的方向过渡。目前杭州的停车收费政策仍然延续2014年杭州市区机动车停放收费管理办法,停车收费标准仍远低于国内一线城市,特别像深圳、上海等城市的停车费用是杭州的三倍,杭州通过停车收费调控小汽车使用的力度不足。

(1)国际城市交通需求管理模式。国际城市的交通需求管理可概括为两种模式:一种是以新加坡为代表的,小汽车拥有与使用限制并举模式;另一种是以东京为代表的小汽车拥有自由、使用限制模式。两个城市均取得了较好的效果,从东京和新加坡的需求管理实践可以发现,交通与用地的协调、发达的公交系统是限制型需求管理政策实施的前提;不进行拥车调控,仅依托使用过程中的调控,依然可实现较好的需求管理效果(见表4)。

表4 新加坡模式、东京模式差异对比

差异		新加坡	东京
私人小汽车拥车水平		220辆/千人	约600辆/千人
需求管理策略	交通与用地协调	√	√
	公共交通优先与慢行提升	√	√
	拥车限制	√	×
	停车调控	√	√
	拥堵收费	√	×

(2)国内城市交通需求管理模式。选取北京、上海、广州、深圳、天津、杭州、成都7个城市的需求管理历程进行分析,国内城市中使用最多的需求管理政策为公共交通优先、差异化停车收费、外部交通控制,7个城市全部使用,其次为车辆配额(6个)、错峰出行(4个)、尾号限行(4个)。

对比国内外城市交通需求管理现状,可以发现,国外城市以经济调控为主;国内交通需求管理政策,仍停留在以"双限"为主的初级阶段,经济调控以停车价格调控为主,但未达到分期实施、动态调整的效果,调控力度及方案合理程度均有待提升。

(3)各类交通需求管理定性评级分析。从成本收益、短期缓堵效果、长期缓堵效果、资源利用最大化、其他社会目标以及近期实施难度几个方面,对各类交通需求管理措施进行定性评价和分级。综合来看,公共交通优先、停车价格调控、拥堵收费和错峰出行评级分值最高。

(二)取消限行对城市道路交通运行的影响分析

为了全面反映限行取消对城市交通运行的影响,选取2021年、2022年中8个调休工作日或者不限行工作日,开展主城区道路交通运行状况及公共交通客运量相关研究,并与限行工作日指标进行对比;限行工作日选取2021年4月、5月、6月的平均值,这三个总体拥堵水平处于全年平均水平。

经分析,高峰时段不限行情况下,早高峰7—9时通行车辆数增加9.3%,高峰延误指数增加13.9%,高峰平均车速下降14.1%。考虑到调休工作日或者不限行工作日仍有少量市民休假,因此,若正常工作日放开限行,上述各个指标可能会进一步恶化(见表5)。

表5 不限行情况下杭州主城区道路交通运行状况统计

日期	7—9时通行车辆总数/万辆	全天在途量峰值/万辆	高峰延误指数	延误指数峰值	高峰平均车速（千米/小时）	高峰快速路平均车速（千米/小时）	全天总通行车辆数/万辆
2021年4月25日	55.05	31.88	1.67	1.83	24.9	55.68	210.89
2021年5月8日	72.72	31.63	1.69	1.97	24.5	54.44	216.23
2021年9月18日	69.98	40.76	1.93	2.56	20.1	51.87	234.86
2021年9月26日	70.28	37.34	1.70	1.90	22.8	55.42	214.54
2021年10月9日	65.87	36.18	1.71	2.07	22.8	54.86	214.88
2022年2月16日	59.17	31.25	1.68	1.95	24.5	57.08	205.52
2022年2月17日	62.00	31.95	1.94	2.40	21.2	54.86	207.75
2022年2月18日	57.09	32.66	2.04	2.76	20.1	52.45	210.59
2021年4月	54.49	32.01	1.60	1.81	26.03	55.80	215.96
2021年5月	70.13	30.94	1.57	1.77	26.4	56.34	207.54
2021年6月	51.14	30.26	1.56	1.75	26.55	56.25	198.63

(三)取消限行的配套措施

1. 加强停车需求管理

在主城区城市道路网、轨道交通网等交通基础设施日益完善的情况下,杭州市仍应继续加强交通需求管理措施,并强化以停车价格调控为主的经济调控,通过价格杠杆抑制小汽车出行,减少机动车流量,缓解交通拥堵压力。

2. 提升公交服务质量

抓住地铁大规模快速成网的契机,全面提升公共交通服务质量,着力推动市民公共交通出行时间成本、费用成本双下降。一是加强地铁主动脉接驳,发展免费社区公共交通。二是构建绿色出行奖励体系,鼓励多乘多坐。三是完善公共交通票制体系,降低乘车费用。四是挖掘潜在需求,推动预约公共交通发展。五是应对限行政策,提供乘车优惠。六是优化"大站快线"发展,提升运营速度。

3. 加强交通执法管理

交通执法是停车价格调控及公共交通优先的重要保障,应进一步加大对车辆违停、公交车专用道违法占用等的执法力度,避免出现停车价格提高、违停现象增加的现象,以及公交车专用道形同虚设、公交车速度较慢的情况。

4. 采取渐进式放松限行政策

当前阶段直接取消限行措施,短期内会大幅加剧城市交通拥堵压力,建议采取渐进式放松限行措施。第一阶段,放开地面道路限行,快速路仍采取当前限行措施,并对新能源车实施快速路尾号限行,同步提高停车收费价格。第二阶段,结合交通运行状况,考虑是否全面取消快速路限行。

四、取消限牌对城市交通发展的影响

(一)取消限牌对城市道路交通运行的影响

2021年3月1日起,实施"区域号牌"政策,年度新增机动车64万辆,剔除长期在杭行驶的外牌车辆转入区域号牌量,净新增约27万(含新能源11.9万)辆,已与限购政策实施前2013年新增27.6万辆的规模相当。

目前,杭州市个体机动化水平超过北京、上海、广州和深圳,若取消限牌政策,预计会导致短期机动车保有量爆发性增长,个体机动化水平将会进一步提升,增加交通拥堵的压力。

(二)取消限行对交通领域碳达峰的影响

2019年,杭州市交通运输领域二氧化碳排放量497万吨,占浙江省交通运输领域碳排放总量(公路和水路)的17%,其中,营运交通310万吨,占比为62%,非营运交通187万吨,占比为38%。从2015—2019年变化趋势看,营运交通与非营运交通碳排放量均在2017年出现高点,2018年、2019年略有下降。这与杭州市建设绿色低碳交通城市、实行蓝天保卫战以及数据统计口径变化等有关。

对于非营运交通,农、林、牧、渔业,批发、零售、住宿、餐饮业和其他产业中,划分到交通运输领域的碳排放近5年来较为稳定且占比较小,属于刚性需求;"工业"中划分到交通运输领域的碳排放近5年呈明显下降趋势;居民生活中划分到交通运输领域的碳排放(主要是私人小汽车的碳排放)近5年一直处于高位,2019年占比达到48%,是非营运交通中主要的碳排放来源。非营运交通碳排放达峰关键变量在于私家车(见图6)。

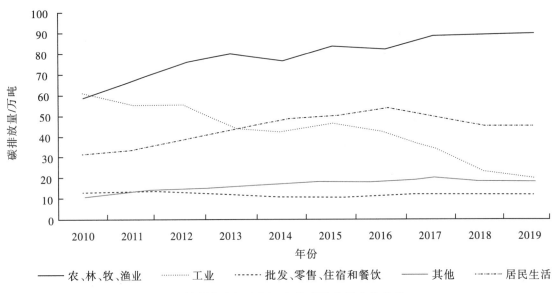

图6　杭州非营运交通二氧化碳排放量变化趋势

　　近年来,受新能源汽车技术的进步、新能源充电设施的完善、限牌限行政策等多重因素的影响,杭州市新能源汽车呈现高速发展的态势,新能源汽车数量占机动车保有量的比重达到8.4%,远超全国平均水平2.60%,杭州新能源汽车的千人拥车率上已经超过北京、上海(见表6、图7、图8)。

表6　2021年11月杭州机动车保有量分类和占比

车辆类型	机动车保有量/辆	占比/%
小客车	3060054	81.79
私人汽车	2669986	71.36
区域号牌车	411413	11.00
新能源车	314306	8.40
其中新能源网约车	80259	2.15

图7　2014—2021年杭州新能源汽车指标申领变化情况

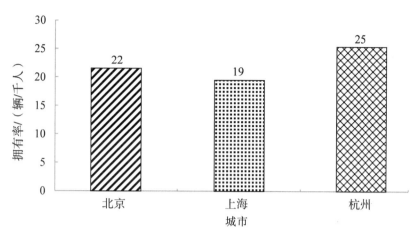

图8 2021年11月新能源汽车千人拥有率

《浙江省委省政府关于完整准确全面贯彻新发展理念做好碳达峰碳中和工作的实施意见》中明确推动交通运输装备低碳化,加大新能源推广的政策支持力度,推进以电力、氢能等新能源为动力的运输装备应用,引导社会车辆新能源化发展。浙江省和杭州市交通领域碳达峰专项行动方案中,均将提升社会车辆新能源化比例作为重要工作内容。

既有的限牌政策能够有效增加社会车辆新能源化比例,若取消限牌,则燃油车的购置比例将会明显提升,对推动交通运输装备低碳化工作有一定的负面作用。

(三)取消限行对经济发展的影响

若取消限牌竞价,不但会造成财政收入的减少,以往收取的费用也会受到一定的社会舆论压力。随着轨道交通运营里程的增加,每年政府补贴公共交通的费用也会增加,小汽车限牌竞价费用可用于对公共交通的补贴以及城市交通治堵工作。

参考文献：

[1]黄良会.香港公交都市剖析[M].北京:中国建筑工业出版社,2014.

[2]黄伟.TSM/TDM策略分类与评价分析[J].城市交通,2012,10(5):11-12

遵循规律 协力培养拔尖创新人才

钟秉林

国家教育咨询委员会委员
国家教育考试指导委员会委员
国务院学位委员会委员
中国教育学会原会长
北京师范大学原校长

进入21世纪以来,我国的教育普及程度不断提高,主要矛盾转化,到2020年底,学前教育毛入园率为85.2%,义务教育巩固率为95.2%,高中阶段教育毛入学率为91.2%,高等教育毛入学率为54.4%,基本实现了教育的全面普及。

在这样的背景下,教育主要矛盾发生了转化,一方面,人民群众享受高质量教育的需求更为迫切;另一方面,优质教育资源供给短缺而且发展不均衡问题更加突出。国际环境也日趋复杂,政治多极化、经济全球化、文化多样化的潮流不可逆转;国际社会日益成为相互依存的人类命运共同体,全球性的重大问题层出不穷,对国际秩序和人类生存构成严峻挑战,也使得学校的责任和使命不断拓展。教育和经济社会发展的联系更加紧密,中国的教育正在融入新发展格局,如何适应和促进经济社会发展,提高人才培养的契合度;如何服务国家重大战略需求,在基础学科创新引领,核心技术突破,以及自主创新能力提升方面,做出教育贡献,是我们面临的新挑战。

一、教育体系与教育治理能力现代化

中国的教育发展方式正在发生转变,提高质量、优化结构、促进公平,实现教育内涵式发展,拓展优质教育资源,建设高质量教育体系,满足经济社会发展和人民群众的多样化教育需求,服务经济社会高质量发展目标是"十四五"时期我国教育发展的战略任务。党的十九届四中全会通过的决定明确了坚持和完善中国特色社会主义制度,推进国家治理体系和治理能力现代化的重大意义和总体要求,提出了到

2035年基本实现国家治理体系和治理能力现代化的总体目标,为新时代我国教育治理体系与治理能力现代化建设指明了方向。

2019年2月,中共中央、国务院印发的《中国教育现代化2035》明确了形成全社会共同参与的教育治理新格局的战略目标,提出了提高教育法治化水平,提升政府教育管理服务水平,提高学校自主管理能力,推动社会参与教育治理常态化,推进教育治理体系和治理能力现代化的战略任务。构建学校协调顺畅的内外部关系,坚持依法办学、依法治教,优化教育治理体系,提高教育治理能力,既是现代学校制度建设的基本目标,也是推进学校内涵式发展,建设高质量教育体系的重要基础和制度保障。

二、新时代呼唤拔尖创新人才

科学技术迅猛发展,正在驱动着教育变革,信息量飞速增长,知识更新和成果转化的周期缩短,学科发展出现了综合化的趋势。在21世纪,一些学科和技术领域孕育着重大突破,尤其是以互联网技术、大数据技术、人工智能技术、虚拟现实技术以及区块链技术为代表的先进信息技术飞速发展,与教育教学融合的领域在拓宽、速度在加快,直接导致了人类知识传递的方式发生了转变,从过去的单向传递为主转变为多向互动,正在颠覆着传统的学习过程。这也导致学校教师角色发生转型,从过去知识单向传递背景下学生的知识传授者,转变为知识多向互动传递背景下学生的学习活动设计者和指导者。同时,也导致了学校里面师生关系发生变化,形成一种新型的学习伙伴关系,所以现在很多学者倡导要构建师生学习共同体,通过教师的引导、师生的互动、人机的互动和学生之间的合作来实现目标。

信息技术与教育教学的深度融合导致的知识传递方式的转变,以及学校教师角色和师生关系的变化,直接冲击了学校的教育教学观念、教学方式、学习方式、教学组织形态、教室布局,以及教学管理体制机制,使学校面临着严峻的挑战。要化解优质教育资源短缺的问题,根本途径就是要拓宽优质教育资源供给渠道,办好每所学校。而发展教育、办好学校需要遵循内在规律,其中一点就是需要长期积累,厚积薄发。学校精良教师队伍的形成,学校优良的办学传统、校园文化、校风学风以及鲜明办学特色的形成,都需要长期积累,不可能一朝一夕,一蹴而就。

提升教育质量的周期较长,显然和老百姓要上好学校的急迫期盼形成了强烈的反差。为了化解这个主要矛盾,我们国家的教育发展方式正在发生根本性转变,从过去的外延式发展转变为以提高质量、优化结构为核心的内涵式发展,这也使得学校的内涵建设任务非常繁重。所以现在我们国家各级各类学校都在进一步强化质量意识,改革教育评价,努力培养拔尖创新人才,建设高质量的教育体系。

三、创新人才培养是一项系统工程

高等教育是培养拔尖创新人才的关键阶段,这由大学生的身心发展特征和思维能力等因素所决定的。因此,高校成为培养创新人才的重要基地,也是学生从校园培养走向社会实践的转折点。高校的学术自由传统、科学与人文精神积淀、学科结构、育人氛围以及人力资源和物质资源的保证,可以为创新人才培养奠定重要的基础。而基础教育具有启蒙性和基础性的特点,学生的创新性思维品质、创新性人格特征、从事创造性劳动的正确价值取向和远大理想,必须要从小抓起。因此中小学校就成为孕育创新人才的摇篮,学生在中小学校培养了学习兴趣,形成了学习习惯,提高了学习能力和综合素质,打牢了知识基础,养成了思维能力,对于他们进入大学以及工作具有重要的作用。必须重视创新人才培养的系统性和层次性,不同的教育阶段要能够合理地衔接,不同层次的学校要能够贯通培养。

社会和用人单位创造的制度环境、工作条件和文化氛围是人才成长的大环境。毕业生要在工作实践中脱颖而出,取得创新性的成果和创造性的业绩,并且得到社会的认可,社会和用人单位有着非常重要的职责。因此,从这些角度而言,高等教育界要反思,基础教育界也要反思,用人单位、政府和社会也要反思。高等教育和基础教育必须协调改革、协同探索,教育领域内部和教育领域外部要能够达成共识、形成合力,协力培养拔尖创新人才。

四、大学和中小学要协同培养

我们要树立系统培养的观念,小学、中学、大学有机衔接;教学、科研、实践紧密结合;学校、家庭、社会密切配合。要加强学校之间、校企之间、学校与科研机构之间的合作,要探索中外学校联合培养等多种方式。通过努力,形成体系开放、机制灵活、渠道互通、选择多样的人才培养体制。比如现在的高校,为了培养拔尖创新人才,先后启动了珠峰计划、英才计划、强基计划,基于国家基础学科以及关键技术领域的需求来培养拔尖创新人才,还有种种实验班;中小学也有实验班、少儿班、素质班,在进行多样化的探索。

而要做到大学和中小学协同培养,首先,要更新教育思想观念,而且要贯穿于学生培养的全过程。我们要树立富有时代内涵的科学的人才观、多元化的质量观。要改革教育质量评价和人才评价制度,不断提高人才培养质量,克服应试教育的倾向,深化高考和中考改革,使我们的中小学真正实施素质教育,使我们的学生德智体美劳全面发展。要树立正确的教育公平观,践行因材施教的教育理念,公平不是平均,我们要使每个孩子都能够接受适合自己的教育,能够发展自己的兴趣和特长。要树立现代教学观,坚持以学生的学习为中心,鼓励和引导学生自主学习、合作学习、探究式学习。这是当前国内外学校教学改革的趋势。

其次,学校要坚持科学定位、励精图治、厚积薄发。我们要遵循教育教学规律,科学地确立学校的发展目标,坚持内涵式发展和多样化探索,体现不同教育阶段和不同类型学校的特点;要不断提高教师的业务水平和整体素质,为提高人才培养质量、拓展优质教育资源奠定基础、提供保证;要加强文化建设和特色发展,营造优良的校园文化和综合的育人氛围,通过长期积累形成优良的办学传统、校风学风和鲜明的办学特色。

最后,要坚持以学生为本,深化人才培养模式改革。我们要坚持立德树人,明确高校和中小学校的人才培养目标、规格和要求,培养方案的制定和课程体系的设计,要符合不同教育阶段的人才成长规律和特点,相互贯通衔接;要探索构建多样化的人才培养模式,尊重教育教学规律,尊重学生的选择,给他们更多的选择机会,践行因材施教的教育理念,探索多样化和个性化教育,发展学生的兴趣和特长。要深化课程改革,优化课程体系和教学内容,符合不同教育阶段学生的身心特点和认知规律。要探索探究式、参与式等教学和学习方式;重视融合先进信息技术,提高教学效率,改善学习效果;培养学生独立思考能力、问题意识和批判性思维;要构建和完善科学的教育评价体系、科学的质量监控体系和有效的质量保障体系。

五、关于超常儿童教育

第一,要能够研究基本概念,明确内涵及其边界。对于超常儿童的教育现在国内提法很多,比如说超常教育、天才教育,有时还把他们纳入特殊教育范畴,称为超常儿童、特长生、尖子生等,到底准确的内涵是什么,我想应该通过深入的研究进一步加以厘清和明晰。

第二,要论证超常教育的必要性和可行性。它的学理和法理依据如何去明确和构建,因材施教的教育理念如何体现,如何满足国家战略的需求,如何与高质量教育体系构建结合起来,如何借鉴国内外的经验等,都需要我们进一步深化研究。

第三,要构建科学的超常教育体系。比如说对于超常儿童的甄选体系如何构建,标准如何明确,方式如何优化,相应的工具如何研发,机构的准入标准和准入程序如何进一步地规范等。对于超常教育的培养模式,从国内外的情况来看有加速式的培养模式,有充实式的培养模式,到底我们如何去探索,如何更加突出差异化和个性化。另外,支撑体系如何去构建,包括课程的设置,教材的编写,教学方式和方法的探索,以及师资队伍的建设。从保障体系来讲,这种教育的学习效果如何评价,培养的质量如何监控和保障,教学组织和运行管理机制如何进一步建设等。

总之,我们应该遵循教育规律,遵循学生身心发展规律和人才成长规律,来稳步地进行探索,进行推进。

"天元拔尖创新人才（超常儿童）选拔培养工作会议"综述

王建慧　　林玥玥　　许梦迪

　　"教育兴则国家兴，教育强则国家强。"当今世界，国与国、城市与城市间的竞争，归根到底是人才的竞争、教育的竞争。2020年9月11日，习近平总书记在科学家座谈会上强调："要加强基础学科拔尖学生培养。"2009年，教育部联合中组部、财政部启动实施了"基础学科拔尖学生培养试验计划"，率先在北大、清华等国内16所著名学府的数学、物理、化学、生物、计算机学科进行"试验"，目的就是培养拔尖创新人才。2018年9月17日，《教育部等六部门关于实施基础学科拔尖学生培养计划2.0的意见》出台。2020年1月，《教育部关于在部分高校开展基础学科招生改革试点工作的意见》旨在服务国家战略，招收一批有志向、有兴趣、有天赋的青年学生进行专门培养，为国家重大战略领域输送后备人才，可见国家对拔尖创新人才需求的迫切性。做好超常儿童培养工作，是输送拔尖创新人才的关键之举。2019年5月16日，习近平主席在致国际人工智能与教育大会的贺信中指出："加快发展伴随每个人一生的教育、平等面向每个人的教育、适合每个人的教育、更加开放灵活的教育。"拔尖创新人才（超常儿童）培养，必须个性化地做好"每个人的教育"，而这一工作与拔尖创新人才（超常儿童）的选拔标准与培养体系息息相关。

　　2021年5月22—23日，由杭州国际城市学研究中心、杭州天元公学主办的"天元拔尖创新人才（超常儿童）选拔培养工作会议"在杭州国际城市学研究中心召开，会议主题为"拔尖创新人才（超常儿童）选拔标准与培养体系"。中国科学院院士、发展中国家科学院院士杨雄里，上海师范大学原校长、中国高等教育学会高等教育学专业委员会原理事长杨德广，光明日报《教育家》主编王湘蓉，华南师范大学特聘教授、中国心理学会理事长、教育部长江学者特聘教授李红，深圳大学心理学院特聘教授周永迪，杭州师范大学脑科学研究所所长、教育部长江学者特聘教授李葆明，南京大学心理学系主任、江苏省哲学与社会科学重点基地主任周仁来,北京师范大学认知神经科学与学习国家重点实验室教授、教育部长江学者特聘教授薛贵,北京师范大学教授、"国际信度与可重复性联盟"和"中国彩巢计划"奠基人左西年,东南大学生物科学与医学工程学院教授、教育部21世纪优秀人才禹东川,浙江大学心理与行为科学系教授、教育部长江学者青年学者陈辉等知名脑科学、心理学、教育学专家,杭州城研中心党组书记、主任、天元公学改革建设领导小组副组长江山舞,天元公学总校长、天元公学改革建设领导小组副组长兼办公室主任王发高,天元公学党委书记、天元公学改革建设领导小组副组长兼办公室副主任孟昌,以及教育主管部门代表、媒体代表、企业界代表参加会议。杨雄里院士、李葆明教授、周仁来教授分别主持会议。

中共浙江原省委常委、杭州原市委书记,杭州国际城市学研究理事会理事长,浙江省首批新型重点专业智库浙江省城市治理研究中心主任、首席专家,浙江省大运河文化保护传承利用暨国家文化公园建设工作专家咨询委员会主任,天元公学改革建设领导小组组长王国平向与会专家签赠《天元公学论》,以交流天元公学拔尖创新人才(超常儿童)培养工作。

一、个性化地做好"每个人的教育"

江山舞主任致辞。他首先回顾了习近平总书记在主持召开中央全面深化改革委员会第十九次会议时对办好义务教育提出的要求。义务教育最突出的问题之一是短视化、功利化问题没有得到根本解决,因此要深化教育教学改革,要满足学生的多样化需求。我国超常教育走过了40多年的历程,已经取得了一些成果,但仍然面临着政策保障、社会认知、选拔标准与培养体系等方面的制约,高水平、高层次拔尖创新人才(超常儿童)的教育和培养与世界发达国家相比还有着较大差距。为此,杭州城研中心与天元公学独辟蹊径,希望从基础教育阶段入手,更早发现、选拔和培养拔尖创新人才(超常儿童)。他希望与会专家关注杭州城研中心教育平台和天元公学的建设发展,通过天元公学的教育实践,不断地为国家培养一批拔尖创新人才。

王发高校长致辞。他从四个方面介绍了天元公学拔尖创新人才(超常儿童)培养工作:一是拔尖创新人才(超常儿童)培养的天元目标。创办天元公学的目的是要"探求教育本源、树立学校标杆、践行因材施教、破解大师之问"。二是拔尖创新人才(超常儿童)培养的天元理念。天元公学坚持"通才与专才并育"的育人理念,充分彰显"学术与艺术相长"的办学特色,以"基础扎实、特长凸显、专长突出"为教学总目标。三是拔尖创新人才(超常儿童)培养的天元模式。天元公学坚持因材施教,积极探索"基础教学+兴趣活动+专业培训"的教学模式,探索个性化潜能教育的实践。四是拔尖创新人才(超常儿童)培养的天元路径。天元公学结合连贯制、分段式两种模式,最大限度发挥其优势,既为人才培养提供保障,又能提升分阶段教育的效率效能。他指出,培养拔尖创新人才(超常儿童),回答"钱学森之问",是天元公学的重要使命,天元公学将立足杭州未来科技城这片沃土,为新时代中国教育改革发展、优质教育资源供给、拔尖创新人才(超常儿童)培养做出贡献。

杨雄里院士致辞。他提出了对于拔尖创新人才(超常儿童)选拔和培养工作的两点思考:一是拔尖创新人才（超常儿童）的选拔和培养要首先考虑选拔标准问题，并考虑在培养过程中如何根据拔尖创新人才（超常儿童）本身实际情况做出相应调整。二是拔尖创新人才（超常儿童）之所以超常于其他儿童，天赋是一方面因素，从脑科学的角度来说即具有更强的可塑性。他指出，天赋必须通过后天培养才能持续且真正发挥作用，因此，形成一套适合拔尖创新人才（超常儿童）培养的教育方式至关重要。他希望天元公学通过借鉴经验、集成创新，最终形成一套科学的拔尖创新人才（超常儿童）选拔标准和培养体系。

二、科学系统地谋划拔尖创新人才（超常儿童）选拔标准和培养体系

周永迪教授做了题为《特殊儿童基础教育》的主旨报告。他从洛杉矶地区公立学校系统和超常天才儿童教育项目论述了超常儿童的遴选和培养经验。其理念包括三个方面：所有学生都应接受与其个人能力、兴趣和需求相适应的教育；学生必须有学习机会，帮助他们的能力发展到最高水平；有天赋的学生是不典型的学习者，他们需要常规课程之外的特殊学习经验来确保成功。他认为拔尖创新人才（超常儿童）的培养与教师、家长和环境都具有密切关系，良好的家庭环境是拔尖创新人才（超常儿童）成长的重要助力和保障。最后，他建议，应建设一支专业团队，致力于研究通才与专才培养方案及实践路径。

左西年教授做了题为《人类智力——发育神经影像学》的主旨报告。他从脑科学角度出发，研究了大脑从微观到宏观的结构、连接组和功能。他通过神经发育影像学方法，分析了拔尖创新人才（超常儿童）脑（皮层）形态发展规律、人脑连接组的生成和发展模型、脑智发展规律、脑形态的学龄期发育曲线、东西方儿童学龄期的脑形态发育异同、学龄期的脑功能发育规律等问题。他指出，研究表明拔尖创新人才（超常儿童）脑结构发育进程还尚未能与其未来天赋和才能的发展准确对应，但能为科学地进行拔尖创新人才（超常儿童）选拔和培养奠定基础。

薛贵教授做了题为《基于脑科学的超常儿童选拔与培养》的主旨报告。他指出，在这百年未有之大变局中，国家对于创新拔尖人才（超常儿童）的需求激增，拔尖创新人才（超常儿童）培养的重要性显而易见。2014年教师节，习近平总书记在参观北京师范大学心理学院时强调："教育需要坚实的科学基础，因人而异、因材施教。"脑科学正在加速教育变革、推动社会发展和改变世界，薛贵教授详细讲述了脑科学对未来人才培养目标制定的启示以及基于脑科学的拔尖创新人才（超常儿童）的选拔与培训方法，还介绍了该实验室开展的英才项目的情况，供天元公学参考借鉴。

李葆明教授做了题为《超常儿童的选拔和培养》的主旨报告。他提出，拔尖创新人才（超常儿童）培养工作，应深入学习2020年9月11日习近平总书记在科学家座谈会上的讲话——"对科学兴趣的引导和培养要从娃娃抓起，使他们更多了解科学知识，掌握科学方法，形成一大批具备科学家潜质的青少年群体。"他从天赋与才能的定义、家庭与学校的发现、认知心理学的评估三个方面讲述了拔尖创新人才（超常儿童）的遴选与培养方法。他建议，天元超常儿童教育研究院、天元公学应从培养方案与课程建设、师资队伍准备与培训、教学条件与保障条件建设等方面持续发力，为培养实践提供系统化的指导。

杨德广教授对天元公学拔尖创新人才（超常儿童）教育培养工作提出了重要建议。他指出，拔尖创

新人才(超常儿童)需要超常教育。但长期以来超常教育存在严重不足,究其原因在于传统"均衡论"观念根深蒂固以及招生和培养模式的不足,导致超常教育不能实施、不敢实施。天元超常儿童教育研究院要做好超常教育,破解"钱学森之问",一要树立实施超常教育的责任感和紧迫感;二要转变思想观念,破除"唯分数论""唯升学论";三要制定拔尖创新人才(超常儿童)的选拔标准和操作办法,大力创建超常学校;四要创造良好的外部环境,善待拔尖创新人才(超常儿童)并加大培养力度。他还指出,不宜将拔尖创新人才(超常儿童)与一般学生混班培养,不宜采取简单的摇号招生办法,应建立一批以民办为主,专门招收和培养拔尖创新人才(超常儿童)的优质小学和中学。

李红教授对天元公学超常教育提出了三点建议:第一,要明确天元公学和普通学校的联系与区别,以教育情怀驱动,不惜成本为国家培养拔尖创新人才。同时,要为天才儿童个别化和差异化教学提供资源和环境,找到适应超常教育、能够激发拔尖创新人才(超常儿童)能力的教师。第二,拔尖创新人才(超常儿童)选拔要将统计学标准、综合智力测试与非智力测试标准统合起来,同时结合脑科学特别是脑连接等的研究成果。第三,人才培养,要能够区别通用人才培养和特殊人才培养方式,以合适和科学的培养方案激发拔尖创新人才(超常儿童)的特殊才能。

杨雄里院士总结发言。他指出,天元超常儿童教育研究院专家委员和天元公学要在充分吸收专家意见的基础上,研究拔尖创新人才(超常儿童)选拔标准、培养体系和运作机制,搭建好研究团队,建设好拔尖创新人才(超常儿童)教育师资队伍,为我国拔尖创新人才选拔和培养做出积极而有效的探索。他希望天元超常儿童教育研究院专家委员会充分交流思想、凝聚智慧,总结拔尖创新人才(超常儿童)教育发展经验,推进天元超常儿童教育研究院工作有序推进,为我国拔尖创新人才培养与教育改革创新提供新的思路和先进实践经验。

三、加快形成拔尖创新人才(超常儿童)选拔培养机制

会议期间还讨论了如何开展天元公学拔尖创新人才(超常儿童)选拔标准与培养体系研究工作,明确了研究团队和实施方案;讨论了"天元超常儿童教育奖"征集评选办法与活动组织方式;讨论了在中国心理学会框架下筹建"拔尖创新人才(超常儿童)教育专业委员会"的责任分工和工作安排;讨论了"第二届天元超常儿童教育论坛"筹备工作。

2020年11月8日,在杭州城市学研究理事会的倡导和杨雄里院士的支持下,天元超常儿童教育研究院揭牌。11月9日,"首届天元超常儿童教育论坛"召开,并举行了天元超常儿童教育研究院首批顾问委员、专家委员聘任仪式。2021年以来,天元超常儿童教育研究院进入实体化运作阶段。研究院将整合国内外专业力量,共同探讨拔尖创新人才(超常儿童)教育的理论和方法,努力走出一条具有"天元"特色的拔尖创新人才(超常儿童)培养之路,建设一流的拔尖创新人才(超常儿童)教育智库。

从《雅典宪章》到《马丘比丘宪章》:浙江城镇空间更新的理论脉络与实践逻辑

陈前虎

浙江工业大学设计与建筑学院院长、教授

浙江省国土空间规划学会理事长

小城镇在浙江经济发展当中起了非常重要的作用,浙江小城镇的持续发展促进了城乡融合,是当前浙江走向共同富裕的必由之路,也是浙江作为全面展示中国特色社会主义制度优越性的重要窗口中一道亮丽的风景线。高品质城镇化发展的抓手就是城镇空间更新,物质空间更新如何引领城镇特色转型发展?下面从四个方面分享一下我们的思考。

一、浙江城镇空间更新的实践逻辑

中国40多年的城镇化历程,大致可以分为上下半场。上半场是从改革开放到21世纪初,主要表现为粗放的工业化带动快速的城镇化,通过大规模的招商引资,吸引大量的农民进城,形成较多的工业园区与城中村。对于下半场的开始,从浙江的情况来看,标志性事件是2013年左右开始的五水共治、三改一拆、特色小镇与小镇环境综合整治。工业化、城镇化下半场发展的逻辑,就是通过以城镇空间更新为抓手的高品质城镇化,来助推高质量的工业化转型。

改革开放以来,浙江小城镇区域发展的历程大致可以分为三个阶段:第一阶段是1998年之前提出的城市化战略;第二阶段是1998—2010年,县域经济飞速发展;第三阶段则是2010年以后宏观经济进入新常态。2010年以后,明显可以从第六次全国人口普查、第七次全国人口普查的数据中看出,以杭州为代表的都市圈经济快速增长,人口和经济在浙江省的比重持续提高,围绕都市圈紧密发展小城镇成为非常明显的区位指向。

从这样的发展大背景下看,我国城镇化发展从村镇经济到县域经济最后到都市圈经济,总共分成三个阶段:第一阶段是20世纪80年代初到90年代末,这一阶段主要以依靠土地与劳动要素的低成本驱动为代表的乡村工业园;第二阶段从2000年到2010年,依靠资本的投资驱动,乡镇的工业化带动了城镇化与城市开发区的发展;第三阶段是2010年以后,以杭州等大城市为代表的都市圈周边区域城镇的密集创新驱动,知识与技术成了浙江区域经济发展最重要的引擎。

这三个阶段可以分成上下半场,上半场是低端工业化驱动城镇化,下半场就是正在进行中的高品质城镇化建设。对于这种背景下小城镇的发展,第一个阶段的乡镇工业化可以说是"无心插柳";2000年之后浙江推出一系列扶持小城镇发展的行动,可以说是"有心栽花";而现今小城镇又迎来了新的机遇,我们可以称之为"柳暗花明"。从大历史视角下审视小城镇发展,政府部门的相关推动政策可以说是非常关键且非常重要的:从"十五"到"十三五"时期,三个阶段的政策导向因当时环境而有所差异。第一阶段的"十五"时期是控制同质化发展的阶段,第二阶段是"十一五"和"十二五"时期的引导差异化阶段,第三阶段"十三五"时期是走向特色化的特色小镇战略,政府的政策导向和战略行动对于小城镇阶段性走向特色化发展起到了非常重要的作用。

从目前来看,小城镇的发展依赖区域经济大环境,而区域分化在加剧。第七次全国人口普查人口数据显示,杭州都市圈成为人口增长的虹吸地,同时宁波、义乌、金华、台州、东阳等地近十年人口增长速度也很快。由此看出2010年以来,城镇化进程中的人口迁移已经出现较为明显的从就近迁移向区域迁移的新趋势,具体表现为已完成城镇化的地区实现了工业化的转型,20世纪90年代开发的产业园区基本实现了城镇化转型。从人口的发展态势来看,小城镇两极分化的情况愈加严重,少量的大型城镇集中在环杭州湾和东部沿海,占据了人口和产业的绝大多数。浙江全省小城镇除了农业和旅游业相对比较均衡、分散以外,工业与综合服务业的分布情况差异较大。

二、当前小城镇发展的新阶段和面临的老问题

首先,当前小城镇发展已经迈入新的阶段。首先,随着人均GDP水平的提高,生活方式发生了变化。浙江省人均GDP已经达到了14500美元,接近初级发达国家水平,杭州也马上达到22000美元,接近中等发达国家水准。当人均收入达到较高水准的同时,生活方式闲暇化也会随之发生根本性改变,这个发展阶段的演化对如何引导城镇化与城市的规划非常重要。城镇化具有促进消费的积极效应,城镇的公共空间供给对消费数量和质量的提高起着关键作用,公共空间越受欢迎,对消费的促进作用越明显。欧洲城市在促进公共空间复兴和创造新的城市空间方面所做的努力起到了很好的效果,城市居民享受着多样性的公共空间为他们的交往、休闲、娱乐带来的便利。优质的公共空间能够表达城市特征,体现城市风情,同时也能促进商业、文化的发展。随着社会经济的发展,人们的闲暇生活逐渐变得丰富,对公共空间的需求也更加旺盛,这是社会发展的基本规律,我国各个城市也在积极探索城市公共空间的开发。

其次,生产方式也在发生根本性变化。近几年,浙江积极推进美丽城镇建设,加快提升传统产业,发

展多类型融合业态,强化产镇融合,推动镇村联动发展。走在浙江大地上,你能强烈感受到生产方式的变化。以前小镇上的老厂房,如今已发生巨变,在经济活跃地区,你看到的不再是传统意义上的厂房,它可能是实验室、科学装置、物流区、展览区、电商直播间……各种功能一应俱全。

举个例子,温岭是全国最大的水泵制造基地、销售基地和技术信息交流中心。曾经这里生产的水泵质量极差,遭遇过严重的信任危机,如今这里建成了国家水泵产品质量检验中心,集检测、研发等功能于一体,促进泵与机电产业的转型升级。浙江省很多地方的经济发展都在追求成为产业链的链主,成为链主最关键的就是设施要建起来。温岭还有台州技师学院,其中就有水泵专业,培养水泵行业的人才。整个温岭很多城镇都在生产水泵,真正形成了产业化基地。可以说一个完整的水泵产业链,正在温岭大地上兴起。

温岭的制鞋产业也是如此,曾经温岭鞋子质量很差,现在这里的产业园区不但引进专门的设计研发团队,同时还有负责网络直播的营销团队,这个团队不是简单的网络带货直播,而是通过直播平台,将根据客户需求定制的产品信息及订单样品反馈给客户,制鞋材料、采用工艺都能在直播平台展示。过去,低端产品是温岭鞋业的代名词,今后这里会生产名牌鞋子,因为现在生产方式有了很大变化,不但质量有保障,产品营销形式也发生了变化,小城镇也可以树立大品牌。

德国经济学家瓦格纳提出过关于财政支出和居民收入之间关系的法则:当国民收入增长时,财政支出会以更大的比例增长。随着人均收入水平的提高,政府支出占GDP的比重将会提高,这就是财政支出的相对增长。从现实发展情况来看,浙江这几年的财政支出就很好地验证了瓦格纳法则。政府职能的现代化,本质上就是治理体系和治理能力的现代化。浙江省从21世纪初的"千万工程"到最近几年的特色小镇、美丽城镇等一系列行动,本质上就是治理体系和治理能力现代化。

从浙江的经验来看,关键在于政府要有作为。浙江在推进治理体系和治理能力现代化上探索出了一条新路子,美丽城镇建设之所以成效显著,离不开体制机制创新。

三、浙江城市化的上半场和下半场

浙江省城镇化的上半场和下半场,从城市规划发展历史上来讲就是从《雅典宪章》到《马丘比丘宪章》的转型过程。

《雅典宪章》和《马丘比丘宪章》这两部城市规划文献,在城市规划发展过程中极为重要,标志着城市规划发展的两个基本阶段,体现了两种不同的城市规划理念。

《雅典宪章》的核心内容是功能分区,认为居住、工作、游憩和交通是城市的四大基本活动。从对城市的整体分析入手,对城市活动进行分解,在揭示问题的基础上提出改进建议,再将各个部分结合在一起复原成一个完整的城市。

《马丘比丘宪章》提出城市空间的流动性和连续性,强调了人与人之间的关系,将城市看作一个动态的系统,提出动态规划的概念。强调规划的公众参与,不同的人和不同的群体有不同的价值观,规划师要表达不同的价值。《马丘比丘宪章》标志着由《雅典宪章》的纯理性向人性化阶段的转变。

总的来说,浙江省城镇化的上半场是着力建设生产型城镇,规划的核心是功能分区,这种理性主义的规划思想是在大规模生产时代,为了适合工业化的速度和规模的背景下产生的。下半场是在工业化后期打造生活化的城镇,这种发展特点是闲暇化,并强调效率与品质,要求规划和建设坚持功能混合原则、小尺度空间内的公共领域引导原则。

现在城市发展的主线或主要逻辑,就是要以高品质的城镇化推动高质量的工业化转型,指导城镇化下半场的核心思想是人本主义。过去招商引资,吸引来的大部分是低端产业,吸引大量人口进城打工,然后在旁边建城中村,上半场就是这样的故事。但是今天的故事发生变化了,我们首先要打造一个品质之城,只有把城市的环境建设好了才能吸引人才,有了人才才能够吸引到资金、技术这些高端要素,从而助推产业转型升级,所以城镇化上半场、下半场的逻辑已经发生了根本性的变化。

我们从温岭制鞋的案例可以看出,现在是柔性制造,欧洲客商需要什么样的鞋子,就制作什么样的鞋子,以优质的产品和服务来赢得市场,改变了原来大规模生产的组织模式。《雅典宪章》强调的核心是功能分区,那是理性主义的,适用于大规模生产时代,现在我们要转向功能混合、人本主义,这是《马丘比丘宪章》的核心思想。《马丘比丘宪章》较《雅典宪章》而言,更具有一种亲和力,它把人、社会、自然紧密联系起来进行考虑,注重人文和城市空间的人性化。透过《马丘比丘宪章》,可以看到人们对创造宜人城市的一种企盼。浙江省几十年的发展很好地印证了历史的发展规律。我们今天的一系列行动,包括城乡风貌提升,都必须要遵循《马丘比丘宪章》的思想。

可以看一下德国海德堡的案例。海德堡是一个二三十万人口的城市,拥有两三所大学,同时也是个古城,二战期间被炸的城堡,如今变成历史遗迹和旅游目的地。海德堡老城充满生活气息,整个老城都是公共空间,你能够从一个小广场步行到另一个小广场,这就是工业化后期人们的生活方式。通过建筑的排布,创造大量的空间,建筑是次要的,道路、社区的规划都要体现人本化的建设理念。

四、浙江小城镇发展的未来展望

2019年,浙江省全面实施了"百镇示范、千镇美丽"工程,在小城镇环境综合整治的基础上,继续以美丽城镇为蓝图,高质量打造城乡融合、全域美丽新格局。美丽城镇建设着眼于高质量发展、竞争力提升、现代化建设,努力建设功能便民环境美、共享乐民生活美、兴业富民产业美、魅力亲民人文美、善治为民治理美的美丽城镇,打造现代版《富春山居图》,为建设美丽中国提供浙江样板。

美丽城镇建设的核心在于"五美"。通过深化环境综合整治、构建现代化交通网络、推进市政设施网络建设、提升城镇数字化水平,实现功能便民环境美;通过提升住房建设水平、加大优质商贸文体设施供给、提升医疗健康服务水平、促进城乡教育优质均衡发展、加大优质养老服务供给,实现共享乐民生活美;通过整治提升"低散乱"、搭建主平台、培育新业态,实现兴业富民产业美;通过彰显人文特色、推进有机更新、强化文旅融合,实现魅力亲民人文美;通过建立健全长效机制、全面提升公民素养、加强社会治理体系和治理能力建设,实现善治为民治理美。

美丽城镇建设的抓手在于"十个一"。通过建设一条快速便捷的对外交通通道、一条串珠成链的美丽生态绿道、一张健全的雨污分流收集处理网、一张完善的垃圾分类收集处置网、一个功能复合的商贸场所、一个开放共享的文体场所、一个优质均衡的学前教育和义务教育体系、一个覆盖城乡的基本医疗卫生和养老服务体系、一个现代化的基层社会治理体系及一个高品质的镇村生活圈体系有效推进新时代城镇的高质量打造。

浙江省的美丽城镇建设,要坚持"五个美""十个一"的建设要求,它们之间具有很大的联系。"五个美"是愿景和目标,"十个一"是行动和举措。"五个美"之中"环境美"体现的是满足人的基本要求——舒适性;"生活美"体现的是满足人的便捷性要求,美丽城市生活圈是很重要的概念;接着是人文美,随着物质生活水平提升,人们对精神和文化的需求越来越高,公共空间变得更加重要。"三个美"代表了小城镇建设的不同发展阶段,但要更有效地推进"三个美",吸引人才聚集,则必须依靠"产业美"和"治理美"。这"五个美"相结合最终能促进科技和金融产业发展,助推产业转型升级,这便是"五个美"的内在逻辑关系。

浙江美丽城镇建设,比特色小镇更成功,因为它是全域的。美丽城镇建设从2016年就已经开始布局,三年搞环境综合整治,这个阶段主要依靠政府投入。美丽城镇建设的第二个阶段,政府主要起引导作用,更多的是培育产业,培育市场主体。未来政府要慢慢退出,主要提供服务,市场规范由企业来负责,这是我们展望的第三阶段。

浙江省通过美丽城镇建设摸索出了一条从规划到建设的长效体制和机制建设道路,接下来,更加期望在现有基础上,探索出政府引导、社会评价、公众参与的美丽城镇建设考评验收体系,以期实现以评促建,以评促改,以评促管,为浙江省域推进共同富裕现代化基本单元建设奠定坚实基础。

未来社区优地优用的城市基础设施社区化

毛春江

杭州国际城市学研究中心助理研究员

为探索地方政府少负债甚至不负债的城市基础设施建设之路,助力城市土地集约节约利用与未来社区建设,2021年10月29日,"2021浙江城市综合开发论坛暨城市基础设施社区化主题论坛"在杭州国际城市学研究中心成功举办。论坛以"城市基础设施社区化:优地优用与未来社区"为主题,由浙江省国土空间规划学会指导,浙江省新型重点专业智库"杭州国际城市学研究中心"、浙江省国土空间规划学会城市综合开发专业委员会、浙江大学土地与国家发展研究院、AIIA新型智慧城市产业委员会、杭州师范大学公共管理学院联合举办。

论坛采用线下与线上相结合的形式,来自上海、广州、深圳、杭州、宁波、温州等地的专家学者、城市管理者、企业家代表及在杭高校博士研究生、硕士研究生代表约100人参加。浙江省规划学会城市综合开发专业委员会主任、浙江大学土地与国家发展研究院副院长、浙江大学公共管理学院土地资源管理系主任吴宇哲教授和杭州城研中心研究一处处长、浙江省国土空间规划学会城市综合开发专业委员会秘书长李明超研究员先后主持会议。

一、城市综合开发的重点是城市空间利用

(一)创新都市空间体系,促进城市网络化发展

在都市区、城市群成为区域发展主体形态,县域经济加快向城市经济转型的趋势背景下,统筹城乡发展大局,创新都市空间体系,打造强核、节点、通道一体化发展网络成为必然选择。浙江经略视界董事长、浙江省高新技术企业协会副理事长、浙江省服务业联合会副会长、浙江省中小企业研究会副会长魏李鹏认为实现城市的网络发展核心是功能引导,统筹行政区、功能区、经济区发展。网络化不仅仅是城市群之间协同共生的选择,更是城市内部高质量发展的需要。以有形和虚拟的网络为支撑,连接多中心、多组团、多节点,统筹资源要素,既凸显核心区作用,又兼顾各片区活力,形成有效率、强竞争力和可

持续的城市空间经济组织形式。例如,杭州的空间新形态建设中提出"一核九星",强调了四个圈层:核心城区、紧密联动城区、融合提升型城区和生态保育型城区,从这四个圈层可以明显看出既注重发挥核心的作用,又注重发挥强点、支点的作用。

(二)城镇空间更新要凸显人本化思想

中国40多年的城镇化历程,大致可以分为上下半场。上半场是从改革开放到21世纪初,主要表现为粗放的工业化带动快速的城镇化,通过大规模的招商引资,吸引大量的农民进城,塑造较多的工业园区与城中村。下半场发展的逻辑,就是通过以城镇空间更新为抓手的高品质城镇化,来助推高质量的工业化转型。

浙江省国土空间规划学会理事长、浙江工业大学设计与建筑学院院长陈前虎认为下半场是在工业化后期打造生活化的城镇,其发展特点是闲暇化,并强调效率与品质,要求规划和建设坚持功能混合原则、小尺度空间内的公共领域引导原则。随着社会经济的发展,人们的闲暇生活逐渐变得丰富,对公共空间的需求也更加旺盛,这是社会发展的基本规律。城镇的公共空间供给对消费数量和质量的提高起着关键的作用,公共空间越受欢迎,对消费的促进作用越明显。指导城镇化下半场的核心思想是人本主义,通过建筑的排布,创造大量的空间,道路、社区的规划都要体现人本化的建设理念。

(三)产权激励是城市空间柔性治理的方式

城市空间资源再配置的过程是一个漫长的多方博弈过程,所涉的人、事、物及政策等都会产生复杂的影响。在关注民生福祉的价值导向下,城市发展也面临着实质性的环境转变,即从高速度增长转向高质量发展,从用地增长转向精明增长甚至"零增长"。对于未来而言,谋求城市发展空间的拓展将是一个需要持续努力的目标和方向。

湖南师范大学资源与环境科学学院城乡规划系高级工程师黄军林提出了"产权激励"概念。他认为与增量时代不同,存量时代城市规划与治理的核心是通过规划工具改变空间存量资源的产权结构与形态,并借助政策工具安排以降低再配置过程中的交易成本与增加总剩余效用,从而激励空间资源再配置行为。产权激励就是城市规划从"刚性"管控转向"柔性"治理的一种实现方式,核心是三大块:一是功能变更,二是容量奖励,三是空间置换。对城市存量空间资源再配置而言,采用柔和的产权激励方式进行空间治理,能够不断激发多主体参与城市空间治理的主观能动性,使再配置过程顺利完成。此外,柔性治理的重点在于教化、协调、激励和互补,激励各个主体积极参与、投入空间治理的全过程中,从本质上解决长期以来规划因参与度不高而产生的公平性、公开性和公正性问题。

(四)工业用地更新是实现集约节约利用土地的根本

作为重要经济、社会活动的载体,"产业空间"成为一个相对完整的研究对象。结合我国土地制度和生产经营领域的改革历程,产业空间不仅仅是一种空间类型,更多是制度演变的结果,也是权利交换的结果。

同济大学建筑与城市规划学院副教授杨帆提出城市发展要谨慎对待工业用地问题。工业用地转型更新在应对高质量发展要求方面,解决了人地关系的科学问题。在生产和就业活动中,工业用地是最为重要的活动承载方式,因此,工业用地的使用量和使用方式更依赖生产经济活动本身的规律,但是又能以职住空间和比例关系的方式与人建立起密切的联系。工业用地转型更新不仅是解决生产经营问题的切入点,而且是解决地方财政问题、高质量发展模式转型的切入点,工业用地转型更新是实现面向人的需求的发展、高质量发展的关键。事实上,随着技术的进步,生产方式在发生重大的变化。创新型、新兴产业在空间区位上的分布模式也在发生着改变。研究并顺应这种变化趋势,是对城市空间结构进行优化,实现新的人地关系,解决新的职住空间关系的迫切要求。

二、TOD模式与城市综合开发

(一)TOD模式的本质

TOD模式的本质是什么? TOD其实就是在进行交通和城市规划的时候,把对交通问题的解决与用地开发联动起来,而不是单一考虑交通要素问题。杭州市城乡规划委员会办公室副主任汤海孺认为,交通导向的开发主要关注两块:一是从T到D,即通过轨道交通,对各种各样的产业要素进行导流,促进商业、办公、酒店等业态消费;二是从D到T,T是交通轨道,轨道要有一定的客流才能维持运营,所以轨道沿线的发展很重要,有稳定的客流,才能有更多的收入,所以D跟T要结合好。通过TOD模式,落实站城产一体化开发,实现投资平衡是未来城市开发的趋势。TOD其实是对用地方式、交通方式的一种整合,通过这个方式能较好地解决交通问题。

TOD模式在实施时存在时序问题,其实跟城市的发展战略密切相关。杭州最开始为什么先实施"人跟线走"模式,因为新区开发需要筹集更多资金,通过轨道交通来引导产业发展、人口分布、就业分布等,成效更为显著。从城市运营的角度来讲这是一个比较成功的模式。

(二)TOD模式的延伸

浙江大学公共管理学院土地管理系主任、教授,浙江省规划学会城市综合开发专委会主任委员吴宇哲提出了TOD模式再延伸的概念,广义上可以称之为SOD(service oriented development),即公共服务为引导的开发。他认为,新的TOD规划建设理念中应更多为新市民考虑,未来社区建设中也更应多关注保障性住房建设。TOD模式引导的开发如果能建设保障住房,那就是真正意义上把社会主义贯彻到底,实现经济的共同富裕。未来社区的建设更多要考虑到城市的新市民、年轻人等刚性需求者的内在需要,把这些人看作城市未来发展的一部分。同时,某种意义上TOD模式可以为更多的人考虑。未来社区的建设目标应该是告别居住贫困,满居住需求,最终实现高质量发展。实际上只有在高质量发展的带动下,才能把保障性住房建设好,才能实现共同富裕,只有高质量发展才能让企业富裕,只有大部分企业富裕才能实现共同富裕。

三、空间规划建设治理的新IP——未来社区建设

(一)未来社区希望实现的三个转型

当前,浙江省积极推进未来社区建设,意在寻求对城市空间资源高效利用的方式,也是对土地复合利用的创新性探索。未来社区是浙江空间规划建设治理的新IP,是共同富裕现代化的基本单元和人民美好幸福的家园。浙江为什么要建未来社区?杭州市城乡规划委员会办公室副主任汤海孺总结了未来社区的建设初衷,主要是希望实现三个转型:一是政府工作转型,政府要围绕美好生活的要求,转到高质量发展。美好生活最主要的基本单元就是社区,我们要以社区为抓手,促进治理能力现代化。二是开发模式转型,开发商现在是采用高密度、高周转、高回报模式,这种模式不可持续,需要探索新的模式。新模式就是要慢周转,将现在的高投入变成轻资产,把开发商转变成运营商,这是未来社区需要继续探索的道路。三是老百姓转型,未来社区的住户要真正把社区当作自己的家园,居民要深度参与进去。未来社区有一个比较好的体制,叫作积分制,通过积分制,激发大家参与社区的各项工作,发挥每个人的力量,共建未来社区。未来要从生人社会转向熟人社会,形成邻里守望相助的、和谐的社会关系。

(二)对未来社区建设开发商的建议

杭州国际城市学研究中心研究一处研究人员、中国(杭州)智慧城市研究院副院长邵莹对参与未来社区建设的开发商提出几个建议:一是拓展格局,转变理念。近年来开发商的业务不断拓展,并且已经普遍认同地产业应该从住房开发向城市开发转型的理念。未来社区恰恰代表未来城市开发的趋势,谁能够深入参与未来社区建设,谁就能抓住业务转型、布局新领域的先机。二是摊余公建,保证品质。高品质完成保障房及相关公共服务设施的营建,提升社会价值。比如营造高品质的青年创业公寓、新型老年公寓、邻里中心用房等。三是筑就基础,突出特色。《浙江省未来社区建设试点方案》提出推动未来社区模式多样化、差异化、特色化,形成百花齐放的建设格局。开发商可以根据区位特色、自然禀赋、产业优势等因素,在基本落实"三化九场景"的前提下,进一步突出某一种特色,形成产品系列。比如教育特色、医养特色、创业特色。

四、基础设施建设是城市升级改造的重要抓手

(一)基础设施建设需与城市人居空间的时空发展相结合

深圳市城市规划设计研究院城乡发展规划研究所副所长、广东省数字城市规划和空间配置工程技术研究中心副主任郭磊贤对基础设施和人口密度关系做了探讨。他认为基础设施本身不是一个孤立的物质要素,它的运作是在和人口、土地、密度等多种要素交互中实现的。通过以包含基础设施在内的双元、多元变量为测度,分析城市人居空间的时空发展,更有助于深入剖析城市发展的内在规律。当前,城市人居空间的"过密化"还是普遍存在,城市发展不能放任过密化加剧,因为它会导致密度设施配比的下降,需要对下降的过程进行积极干预,不同城市在发展过程中会选择人口疏解、旧城改造等空间的反过密化形

式来干预过密化的进程,形式的不同也引发了城市空间形态的差异。以街道、社区为单元修复基础设施的路径,是调节优化设施密度关系配置的一个重要举措,尤其在当前的大城市外围地区、跨界地区、临界地区,基础设施公共服务配置常年不受关注。在本轮城市升级改造中,特别需要通过一些特殊机制来鼓励公共资源多元投入,补齐设施短板来提升我们的获得感和幸福感。

(二)基础设施社区化——破解政府负债难题的不二法门

当前,中国的城市发展已经站在新的历史起点上,要根据新发展阶段的新要求,切实解决好城市发展不平衡不充分的问题,推动高质量发展,创造高品质生活,实现高水平治理。不容回避的是,在实现城市高质量发展的进程中,许多城市面临着新的挑战,主要是两大矛盾:一是经济发展缺乏后劲,二是政府负债过高。在不增加甚至降低城市基础设施建设负债和追求人民满意的高品质生活之间找到一个最佳平衡点和最大公约数,是当前和今后城市发展必须首先破解的难题。"城市基础设施社区化"就是破解这一难题的不二法门。

杭州城研中心研究一处处长、浙江省规划学会城市综合开发专委会秘书长李明超研究员对《论城市基础设施社区化——破解今天政府负债的不二法门》做了重点解读。报告指出,城市基础设施社区化,不是城市社区基础设施的大拼盘,也不是城市基础设施集中建在某个特定社区,而是基于多规合一、产城融合、职住平衡、三生融合、线上线下相结合的理念,打造政府主导、市场调配、企业主体、商业化运作、规建管营一体化的城市基础设施建设新模式。

报告认为,立足后疫情新时代、"双循环"新格局,在不增加政府负债的前提下,通过级差地租理论与XOD+PPP+EPC模式,对城市基础设施和城市土地进行一体化开发和利用,形成土地融资和城市基础设施投资之间自我强化的正反馈关系,通过城市基础设施的投入带动土地的增值,通过土地的增值反哺城市的发展,建成以人为核心的现代化基本单元和人民幸福美好家园,把"人民城市""宜居城市"建设落到实处,推动改革发展成果更多更公平惠及全体人民,推动共同富裕取得更为明显的实质性进展。城市基础设施社区化,以打造"15分钟生活圈+15分钟通勤圈·就业圈·消费圈·社交圈·教育圈·医疗圈·运动圈·休闲圈·生态圈"为首要目标。城市基础设施社区化具体包括城市基础设施的规划社区化、建设社区化、管理社区化和经营社区化,通过经济类、社会类、生态类基础设施的社区化、园区化、片区化,实现生产、生活、生态"三生融合"的发展目标。

城市基础设施是城市立足的根本,是城市社会经济运转的骨架,是城市居民获得安全美好生活的前提。本次论坛为推动城市土地集约节约利用、促进城镇工业化转型、助推未来社区建设等方面提供了新思路,为满足人民对美好生活的向往贡献了智库力量。

基于城市闲置空间的智慧共享研究

——以重庆市为例

彭瑶玲[1]　　黄芸璟[2]

1 重庆市规划设计研究院副院长、总规划师、正高级工程师
2 重庆市规划设计研究院正高级工程师、国家注册城乡规划师

摘　要：随着近年来社会经济的迅速发展，城市化开发建设进程不断加快的同时也产生一系列空间资源闲置浪费现象。"共享"是新时代城市发展的主题之一，对闲置资源进行合理共享，是解决城市空间闲置资源问题的可行方法。本文从当下城市空间的典型闲置问题出发，剖析所列举的住宅房屋闲置、公共停车资源闲置以及社区公共空间闲置等几种问题产生的原因，并结合重庆市各场景下对应的实际案例，提出以共享理念为核心的应对空间闲置问题的可行方案，列举出规划领域在空间闲置问题上面临的挑战，最后从城市规划设计的角度提出具体的应对策略。

关键词：空间闲置问题；共享经济；公共空间；城市更新

当拥有变为负担，而使用成为目的时，共享便成为优选。城市本身是为了满足共享需要而存在的：我们共享空间、街道、山和水。而共享的关键在于如何连接和驱动空间、资源和设施，使人们获取高品质的商品和服务，享受便捷完善的设施以及和谐宜居的环境。在当前服务设施不足、生态功能退化等问题突出，"城市病"普遍存在的大背景下，要利用前沿科技，以错位的时间方式，促使原本只具有单一固定的功能空间在不同时段被不同的人群使用；智慧共享，助力城市补齐设施建设短板、提高设施利用水平、改善人居环境。

本研究从贴近居民生活，关注度最高的居住、交通、公共服务三大城市空间着手，提出创新策略、探索实施路径以及配套的体制机制。

一、城市空间的典型闲置现象

闲置空间的具体概念最早在罗杰·特兰西克的《寻找失落空间——城市设计的理论》中得到诠释,书中将闲置空间定义为"未被充分利用且衰废的空间,这些空间是令人不愉快、需要重新设计的反传统的城市空间,对环境和使用者而言毫无益处"。

伴随着不断加快的城市化进程,城市空间不断更新与拓展,城市建设项目过度开发,城市建成区中具有不同功能的空间内部的人口活动开始出现短期波动性、时令波动性或长期性的空置、闲置现象。短期波动性如不同功能区域的公共停车场在白天与夜晚,或工作日与周末出现起伏变化较大的停放率,时令波动性如校园区域在寒暑假期基本处于空闲搁置状态,而长期性的空置、闲置现象则主要体现在住宅房屋日益增多的空置现象,以及社区公共空间内部常年被闲置的区域。

(一)住宅房屋高空置率现象

我国的城镇化率从2000年的36.2%,增加到2010年的47.5%,而截至2015年末,中国的城镇化率已然达到56.1%,开始出现土地城市化速度超过人口城市化速度的情况,短期内难以转手售卖或出租出去的房屋大量闲置,造成了房屋资源的严重浪费。

作为地理学名词,"鬼城"泛指因资源枯竭而引发人口严重流失,最终被荒废弃用的城市。而在城市化进程中,"鬼城"主要指由于人为原因而出现的住房空置率高、入住率低等现象。近年来随着不少中心城市的交通拥堵、生活成本增高、环境不佳等大城市病现象日益严重,越来越多的城市开发转向中心城区疏解的方向,开始向周边扩张,呈现出中心城市向非中心城市扩张、非中心城市向周边城镇和乡村扩张的现象,大量新城、经开区被开发建设出来,导致城市发展与人口资源、自然环境间发生错位,难以相互匹配。

(二)公共停车资源闲置现象

随着经济发展与城市化进程的加快,汽车保有量持续快速增长,随之带来了停车泊位缺口的逐渐扩大,使得很多车辆没有正规的停车场车位资源,只能停靠在路边,大大加重了交通拥堵现象。

而与此同时另一种失衡现象也出现了,由于不同区域所承载的功能存在差异,具有较强工作功能导向的空间区域在工作时间、工作日往往有较大的停车负载,相反,具有住宅生活功能特点的区域则在工作时间内出现较多的闲置车位,到了周末这种现象则颠倒过来,产生了停车车位资源的严重不平衡现象。艾瑞咨询数据显示,北上广深停车场泊位空置率高达44.6%,其中,地下停车场由于其进出的闭塞性,空置现象尤为严重,停车资源缺乏统一有效的协调平衡手段。

(三)社区公共空间闲置现象

随着20世纪90年代以来我国住宅房产市场的迅速发展,逐渐形成以封闭式住宅小区为主的空间开发组织模式。此类住宅小区的内部封闭性,导致大量可活动的空间资源只向小区内部居民开放,城市空间形态割裂,城市空间资源浪费。而社区公共空间中的部分区域由于先前步行路网设计上的不合理性,可达性较差,使得本可以向更多周边居民开放的公共活动空间被闲置与浪费。

二、智慧共享的应对探索

(一)居住空间的智慧共享

1. 共享经济下对私人居住空间的探索

共享空间概念在教育领域与建筑领域均有涉及:教育领域中,共享空间是20世纪90年代首先在美国兴起的一种新服务理念和模式,主要表述为信息共享空间、知识共享空间和学习共享空间;建筑领域中,共享空间是由美国建筑师波特曼提出的,以一个综合多种功能的多层通高大堂为一个大型建筑内部空间的核心,任何人都可以同时通过这个空间互相接触、对视、交流。现提出将"同一时间"与"面向公众"的局限打破的新空间概念,使用者对同一空间的共享将发生在不同时间。由此结合共享空间的公共性质与住宅的私密特性,提出"共享住宅"概念。共享住宅的出现在社会层面与建筑层面顺应中国国情。管理模式已较为成熟:运营保障为酒店管理系统,特点为组织庞大、服务项目多、信息量大,其中,前台接待系统是基础部分,用于办理顾客预定、入住等一系列基本业务,使用率高而操作复杂。共享住宅会简化管理流程,如削弱"前台"概念,依靠信息平台完成接待。

2. 对住宅空间共享趋势的展望

共享住宅可以在住宅制度与空间和社会效益两个方面突破现有束缚。

(1)住宅制度与空间。目前市场上闲置住宅种类与数量繁多且差异较大,共享住宅的出现可以弱化住宅差异,整合不同空间以创新再利用。此外,共享住宅的出现有利于推动酒店业再发展。共享空间不仅仅局限在住宅空间方面,任何闲置空间资源都可以划入共享空间的范围,广义地打破"同一时间、同一地点"的固有共享空间概念。譬如SOHO、联合办公的诞生以及大型公共建筑闲置时段对外开放,均可以实现闲置空间资源再利用。

(2)社会效益。共享住宅不仅仅在空间层面实现突破,其基于大数据平台的运作方式突破了连锁住宿行业信息垄断的局限,减少了信息系统记录存储量及重复率;大数据由参与信息共享的各个领域共享,甚至可以打破行业间的信息垄断,使整个市场信息透明化、公平化。使用者享受大数据服务的同时负反馈于系统,有利于社会信用评级制度的完善。

3. 以重庆主要商圈为例的实施路径探索

重庆作为西南地区乃至全国范围内具有重要影响力的旅游城市,每年吸引着大量外地游客前来观光。得益于丰富的住宿业客源,重庆的共享房屋相关产业发展较早。

本文以重庆主城区比较有代表性的三峡广场、南坪步行街、杨家坪、观音桥、解放碑步行街以及龙湖时代天街各自对应的商圈为研究对象,以各商圈中心为圆心、半径为2.5千米的范围作为所研究的空间单元,利用网络爬虫技术获取这些区域下对应的小猪短租共享房屋房源数据。

从房源分布上看,解放碑步行街商圈由于附近的热门景点众多(洪崖洞、朝天门、白象居等),共享房屋房源尤为密集,富集程度明显高于其他商圈。而在房源户型种类的构成方面,杨家坪商圈的一居户型房源比例最高,而解放碑步行街商圈的各户型房源构成最为均衡,尤其四居室房屋占比为所有商圈之最。

共享房屋按照出租方式通常可细分为整套出租与独立单间,其中,独立单间指将整套房屋拆分为多个单间,租客共享部分公共区域,从而使大户型房源入住率提升。观音桥与解放碑步行街商圈的独立单间出租比例较高。

从共享房屋定价水平上看,其中解放碑步行街商圈内部房屋面积与价格之间关系的拟合度较低,说明其房源构成相对复杂,可能与渝中半岛内新老住宅混杂以及房源质量复杂有关,而其他商圈内部房屋面积与价格之间则较为符合线性关系。

类比租售比,基于链家小区二手房数据,计算出各商圈内部共享房屋平方米单位价格与商圈内部二手平方米均价之间的比值,如图1所示。

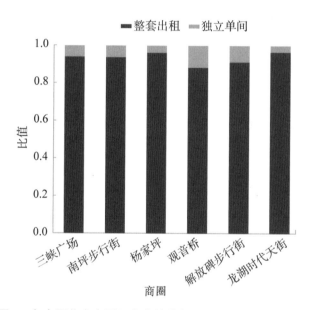

图1　各商圈共享房屋平方米单价与二手房平方米均价比值

其中解放碑步行街商圈的比值最高,这与其较大的闲置房屋基数,以及较多共享房屋房东相互竞争有关。围绕著名景点开发构筑出大量共享房屋资源,是当下重庆主城区共享房屋发展的关键特征,既给了游客更多的住宿选择,又为大量出租、出售进程缓慢的闲置房屋提供了投资升值的有效渠道。

(二)交通停车空间的智慧共享

1. 混合停车,提升利用效率

倡导混合停车的理念,在土地开发项目设计阶段,为不同功能区的停车位设计便于相互连通的道路交通结构,如一个单位内部的生活区与办公区可以进行停车位的共享,白天办公区的停车需求较大,下班后则会出现大量空置的停车位;而生活区白天停车位空置较多,到了夜晚则趋近饱和。如果在项目设计开发阶段,针对生活区与办公区停车位之间的互通互联进行友好化设计,就可以使项目落地投入使用后更好地实现不同功能区域停车场之间的均衡互补。

2. 时空共享,联动碎片资源

除了针对某个独立的土地开发项目内部进行停车资源互补,对于某块区域内的不同设施,可以从时间、空间两个角度来整合停车资源。

从时间角度来说,对于博物馆等科教文化设施,结合其在闭馆之后停车场使用率骤然下降的特点,联动在夜间依旧活跃甚至到达高峰的周边商业餐饮购物设施,在特定时间段使停车场向外开放,既能缓解周边停车压力,又能以收取适当停车费的方式带来一定的经济效益。

从空间角度上看,在区域交通设施规划的层面上,设计建设易于整合连接多个设施停车场的环路、环道等道路设施,打通不同停车资源,实现高效整合,动态疏解转移停车压力。

3. 以重庆解放碑步行街商圈为例的实施路径探索

解放碑步行街商圈停车场建设总量大,历史欠账多。

在停车设施使用效率方面,基于抽样统计的结果,停车场昼夜的停放率具有明显的潮汐现象,白天和夜晚分别有大量的停车资源受限于各自封闭的停车场所管理策略而被浪费,办公区白天停车资源趋向饱和而夜晚普遍停放率不足30%;而生活区白天停放率仅有60%—70%,夜间则趋于饱和,且夜晚办公区周边住宅停放率较高。

为了缓解解放碑步行街商圈区域内日益紧张的停车问题,在CBD区域兴建大型公共停车场以保证供需缺口不断减小的前提下,修建地下环道,以"一环、七联络、N联通"为建设方针,其中"一环"连接整个解放碑步行街商圈核心区域,"七联络"设计了出入解放碑的7条地下连接道,使得出入解放碑的主要交通流不必通过地面道路设施,而是汇入地下道路网络中,并且将解放碑步行街商圈核心区域的几乎所有知名楼宇地下车库全覆盖,将多达13200个停车位整合起来,既缓解了交通出行压力,又有助于不同地下停下场之间互联,为共享停车打下基础。

（三）社区公共服务空间的智慧共享

1. 构建开放平台,实现信息共享

相关调查研究表明,约85%的受访者不会经常前往附近的其他社区公共空间活动,更倾向于在自己熟悉的社交圈内生活、交流及娱乐,这主要是由于人们往往对所属社区内部的设施空间布局以及本社区的人际关系较为熟悉。而通过构建一体化网络共享平台,居民可以自由查看周边的共享公共设施使用状况以及附近公共空间实时人流聚集情况,并且可通过平台实现一定的社交、民生信息共享目的,促进社区公共服务空间的共享。

2. 强化空间互通性,丰富空间多样性

社区公共服务空间的共享效果与各空间单元之间在交通道路互联互通的质量有很大关系。为了增强不同社区公共服务空间之间的联系,可对步行道路进行增改,或移除社区间不友好非必要的路障、围墙及围栏,通过增加社区间的连通便捷性以及公共空间的可达性,达到促进生活圈内空间共享,增强邻里交流的目的。

除了在破除沟通障碍上采取措施,还要考虑到社区公共空间作为综合性的公共空间,需要满足不同人群的不同文体艺活动需求,设置集健身、休憩、集会、娱乐等多种功能为一体的复合型多样化活动空间,实现更加多元的社区公共服务空间共享。

3. 以重庆市渝北区龙溪街道四社区为例的实施路径探索

重庆市渝北区龙溪街道四社区(松树桥社区、李家花园社区、金龙路社区以及武陵路社区)作为20世纪80年代末建成的老旧社区代表,其所处用地较为平整,建筑密度高,总人口约3.57万人,但公共服务设施较为缺乏,内部道路连通性较差。

为了优化社区内部公共服务空间,在对社区进行实地调研之后,建设了综合服务中心、文化服务中心、党群服务中心、养老服务中心等公共服务空间。在内部道路优化方面,提高道路密度,新增次支路7条,打通断头路5条,优化路网布局;现有道路宁静化设计,降低车速,减少人车干扰;新增、打通步行道,提升内部道路可达性,连通各公共服务空间;提升公共空间环境品质,拓展公共空间,大力进行城市空间重构,增加城市广场、公园绿地、街道空间,满足城市生活与公共活动需要。

三、智慧共享对空间治理的挑战与应对路径

共享经济的多元化、深层次特征对传统城市规划产生了多方面影响,传统的城市规划理念、技术等方面亟待革新,城市规划者需要以全新的视角审视新业态引领下的城市空间。

(一)城市用地布局

1. 给城市用地布局带来的挑战

在1933年《雅典宪章》发布之前,国际上缺乏针对城市功能布局科学性、纲领性的指导文件和准则,导致各地开展相关城市设计的方式难以统一,给工业化背景下迅速发展的城市带来了诸多问题。而《雅典宪章》认为城市规划的基本任务就是制定规划方案,鼓励对城市发展终极状态下各类用地做出明确规定,并制定相应的法律法规确保用地功能计划的实现。在《雅典宪章》公布的近百年内,随着科技水平的极大进步,城市发展早已到达新的阶段,对地块定义单一功能已不再适用现代城市发展情况,新时期下城市的功能布局应朝着混合型、复合化的方向演进。

我国经历了快速城镇化过程,其间为追求建设效率,功能分区和单一功能供地成为主要方式。但是过度"秩序化"的建设和管理逐渐改变了自然的城市肌理,居住、商业、文化、生产等功能被割裂,丰富连续的城市空间被单一、封闭、排他的"功能单元"所取代,导致了城市空心化等新问题的产生。

2. 混合类型理念指导土地开发

缺乏混合类型土地开发理念的指导,传统的单一功能地块导致了一系列问题,譬如职住空间的分离,人们的工作点和居住点受大块用地类型单一划分的影响,被迫分离,造成严重的职住不平衡现象,带来了长距离通勤过程中带来的一系列交通、环境问题。

而通过推行多尺度、分散化的空间布局,引导混合用地的功能空间建设,可使住宅房屋资源与商业

资源尽量混合分布。

首先,城市规划在空间布局上应适应去中心化的特征,引导不同尺度的商业、办公、生产中心分别在城市的中心区和非中心区集聚。其次,随着共享经济的成熟、从三维到四维尺度的跨越,城市土地的用途更迫切地需要一种弹性控制。在城市用地分类上,各类土地性质的界定可能仅仅代表一种规划主导的意向,个别土地除主导用途外还可兼容其他用途,从而允许部分土地在四维尺度范围内混合使用。

因此,为进一步提升城市运行的空间效率,必须进行针对性的改革,对相应的管制制度和行业技术规范进行修订,并明确混合型空间规划编制的范式和后续管理机制。例如修订土地分类和用地标准,不仅承认混合用地是一种新型综合用地,而且允许建成环境根据市场需求进行变更,使之更切合混合利用的兼容需要,以便于调控和管理;根据兼容状况研究制定相应的混合评估机制和标准,建构"负面清单",强化管控和引导;简化相应功能变更的管控制度和程序,促使城市功能正常有序演替;完善基于城市综合活力(各类功能运行、多样性、活力度等)的持续监控和追踪服务机制,强调政府管控引导下的城市机能自组织更新和持续发展。

(二)城市公共服务设施

1. 利用效能的低下,导致资源紧缺与空间空置并存

由于管理上的各自为政,缺乏社会统筹,各类设施相互隔离,利用率低下,空置现象严重。特别是在一些旧城中心区出现了资源紧缺与空间闲置并存的矛盾现象,究其原因就是利用效率低下。身处同一城市空间之内,人们可以根据个人习惯接受不同的服务内容,也可向他人提供服务;同时,城市空间也可根据人们的实际需要被分时利用,在各时间段容纳不同功能。这也说明未来的城市空间在尺度与功能上是灵活多元的,再用传统的空间观去看待未来的城市空间已然不合适,尤其是传统城市规划中基于功能区块的布局模式显然无法适应动态的空间特征。空间共享使得各类城市空间对公共服务设施产生了新的需求,传统规划中基于固定场所的设施单一化配置模式已然无法适应新业态集聚下的共享空间。

2. 资源的分时共享与功能的复合利用

公共服务设施配置不足会影响城市高品质发展,"共享"思维将成为公共服务设施高效利用的切入口。一方面,促进资源使用的共享化,开放社区内部商业、学校、绿道、文化和医疗等公共设施,加大优质资源的使用力度和利用效率,建立市场化的价值交换体系。另一方面,推动功能空间的复合化,将交通设施与土地使用、住房空间与公共交通系统及公共服务设施、文化创意产业与教育及科技研发机构整合构建,营造绿色、和谐、优美的环境,推动实现人性化服务。

(三)城市空间利用中的"新基建"

1. 传统基础设施的升级迫在眉睫

当前,信息技术已成为人们生活所依赖的基础设施。要实现城市智慧共享,离不开各类基础设施的支撑,也就是硬件配套要跟上。万物互联时代即将到来,以新一代信息技术为代表的"新基建"将支撑更多共享应用。通过优化资源配置,5G、人工智能、大数据等技术与民生服务深度融合,为城市空间的共

享提供高新技术支撑。"人工智能+""腾讯会议""云课堂""云旅游"等让人们足不出户就能实现工作、学习和生活线上化、网络化,使得各类城市资源实现最大程度的共享。

2. 利用信息化技术搞好"新基建",实现城市空间的高效共享

城市规划虽然以空间为手段,但正是由于时间的实践性向度,规划才有了更深的意义。现在我国的城市规划实践正是在策略上利用了时间。以科技换时间:围绕 VR、AR 和人脸识别前端技术构成的人工智能系统;以时间换空间:以错位时间的方式实现同一空间在不同时段下的功能开放;以空间换无限:科技和时间将交易成本降到无限接近零,因此土地空间原本固化的各种属性将拥有无限可能。首先,城市规划应利用大数据分析各类共享空间的需求模式,探索城市居民活动的时空分布和流动规律,精准匹配各类多样化服务需求,推动空间供给的精细化。其次,应强调配套设施使用行为反馈,将各类城市公共空间整合至基于大数据的空间共享信息平台,感知居民对空间使用需求的变化,实现空间的智能化运行、管理,从而最大限度提升空间的使用力度和利用效率。

(四)社会信用体系

1. 信用体系不够健全,成为共享实践的最大阻碍

信任和信用是共享模式发展的基础,因为在其实践中,交易双方的不确定性和信息不对称程度会随之提高。"共享"已成为一种全新的城市空间使用模式,要想把"城市空间"这样的公共资源变公共资产,不可避免地需要先解决其中存在的安全隐患和信用问题,以及填补法律法规、政策等方面的诸多空白。因此,在搭建共享空间平台时,必须首先建立起信用评价反馈机制,并出台相应的奖惩办法。

2. 着力构建社会信用体系,助推共享使用

实现共享的根基是信用,没有信用的保障,就无法实现共享的安全性。那么,应如何通过社会信用体系建设来助推共享空间的实践发展,具体来讲,可以从以下三方面入手:一是加快培育专业的第三方信用中介服务企业,构建用户信用评级系统,通过跟踪用户点评共享平台及供需双方评价的数据记录,为共享平台及其客户提供专业的信用评级服务;二是推动官方媒体介入信用体系建设,也就是对共享中的守信者和失信者进行公开披露,以失信惩戒制约交易中的失信行为发生;三是打破传统路径,采取线上线下相结合的 O2O 模式,线上注重与社交网络、电商平台等网络公司合作,线下整合工商、税务、公安、法院、海关、央行等职能部门的信用记录,建立起共享网上信用平台和线上线下相结合的安全信用体系。

四、对未来的展望

作为规划从业者,其目的就是合理地规划和设计城市空间,从而提升空间使用者的满意度、幸福指数。而规划空间的本质会落脚到公共空间,通过公共空间来协调不同群体之间的关系。城市规划以空间为手段,以时间为向度,正是从"三维"到"四维"的升级才使得规划有了更深的意义。随着智慧城市的提出,未来的规划将更强调动态和弹性,以科技换时间,以时间换空间,以空间换无限。未来的城市空间将更为包容,更为人性化,我们也将看到更多的维度。

参考文献：

[1]董磊磊,潘竟虎,冯娅娅,等.基于夜间灯光的中国房屋空置的空间分异格局[J].经济地理,2017(9):62-69.

[2]王云.中国房地产中"鬼城"现象治理探究[J].当代经济,2017(21):117-119.

[3]唐秋生,林琳,张杰.居住区错时错位泊位共享优化模型研究[J].交通科技与经济,2020(4):1-5.

[4]郝高明,王振.共享经济下对住宅空间使用模式的初步探索[J].华中建筑,2019(8):31-35.

[5]吕元,曹小芳,张健.友好型社区老幼共享公共空间构建策略研究[J].城市住宅,2019(11):50-56.

[6]陈弓,谢圣祺,王薇.基于共享理念下老旧社区公共空间微更新[J].工业建筑,2020(1):89-93.

[7]姜文婷.北京亦庄新城:面向职住平衡的开发区转型发展规划研究[D].北京:清华大学,2019.

宁波土地储备在生态文明建设方面的几点做法

傅鼎一

宁波市土地储备中心工程师

摘 要:本文将宁波市土地储备工作放在国家生态文明建设的框架下,从土地储备规划计划、项目前期论证、收储项目入土地储备信息库审核、储备资产的绿色利用等方面,阐述了宁波市土地储备遵循绿色发展理念,积极探索高质量发展的做法,从而达到生态普惠民生,建设宜居城市的最终目标。

关键词:生态;高质量;土地储备;节约集约

自然资源是发展之基、生态之源、民生之本。生态环境是人类生存的基础条件,是国家可持续发展的重要基础。建设生态文明是时代的主旋律,更是中华民族永续发展的根本大计。

一部人类文明的发展史就是一部人与自然的关系史。在人类发展的孩童年代,人类对自然充斥着好奇和恐惧。到了人类发展的青春期,人类在赞美自然的同时获得了自信和自尊。工业革命时期,人们在持续放大自身作用的同时表现出对大自然过度的索取。在当下的信息革命时代,人们不得不重新审视自己和自然的关系。于是"良好的生态环境是普惠的民生福祉"的基本民生观,"实行最严格生态环境保护制度"的严密法治观,"共谋全球生态文明建设之路"的共赢全球观,是我们最明智的选择。

一、生态文明建设的重大意义

(一)践行生态文明是中华民族实现伟大复兴的需要

注重生态文明,就是秉承高质量发展、绿色发展和可持续发展理念。因为当前我国有相当一部分城市的城市化率已经到了60%—80%的窗口期,如果不推行高质量发展和经济结构的转型升级,就无法切实提高居民实际收入,无法实现共同富裕。那么,再过几十年,等到城市化率普遍超过80%的警戒线时,这些城市如果还不能实现科技创新的高效率转化,工业向高精尖发展,就会陷入中等收入怪圈,步许多拉美国家的后尘,丧失城市化率带来的最后一点红利,失去成为发达工业化国家的机会。生态兴则文明兴,生态衰则文明衰。要实现中华民族的伟大复兴,就必须建设生态文明美丽中国。

(二)践行生态文明是人民追求美好生活的需要

目前,我国社会的主要矛盾已转化为人民日益增长的美好生活需求和不平衡不充分发展的矛盾。人民群众对美好生态环境的需求,特别是对纯净的空气、干净的水源和无污染的土壤的追求和向往,已经成为这一矛盾的重要组成部分。由于雾霾天气增多,人们呼吸被污染的空气,城市人口肺癌的发病率较30年前提升40%。农田土壤受到富含重金属离子水源的灌溉,农作物吸收了有害物质,使得处于食物链顶端的人类遭到侵害。生态文明就是尊重自然,顺应自然和保护自然。生态文明建设是以处理人与自然的关系为核心,以解决环境问题为抓手,推动人与自然和谐发展,最终保障人民群众不断提升生活品质和健康水平。

(三)践行生态文明是土地资源高质量利用的需要

土地资源是生态文明的重要载体。土地既是政府重要的资产,又是不可替代的宝贵资源。人类在不断开发和利用土地资源的同时,也在不同程度地破坏土地资源。人类污染了土壤,导致水土流失严重,地球生态失衡、灾害频发;人类粗放式利用土地,导致经济发展不协调、不可持续的问题日渐突出,所以要坚持节约优先、保护优先和自然恢复为主的原则,为高质量发展打造绿色基底。牢固树立绿色发展理念,让中国的天更蓝、水更清、山更绿、环境更优美。

二、宁波市土地储备遇到的困难

目前,宁波市经济总量在全国各城市中位居第15名,2019年市财政总收入突破2500亿元,人均生产总值超过12.4万元,达到并超过中等发达国家水平。从资源禀赋上看,基本上以浙江省约9%的土地面积,产生了全省约20%的地区生产总值。爆发式发展的城市化和工业化,一方面,带来了繁荣的经济增长;另一方面,造成了被污染的城市。土地储备与城市化密切相关,最初发源于荷兰,在20世纪90年代传入我国。2007年,国土部、人民银行、财政部在全国范围内首次出台相关管理办法,即《土地储备管理办法》。过去的20年,宁波市土地储备工作取得了不可估量的成就,但是在生态、绿色、品质方面具有很大的局限性,主要表现在以下几个方面。

(一)土地储备在驱动力上,较重视规模驱动,忽视了品质驱动,造成城市摊大饼式发展

1. 机构实体化运作形式粗放

过去,宁波市土地储备中心存在内设机构单一、人员紧缺等问题。各个区虽然广泛设立土地储备机构,但是实体化运作少。少数区级土地储备机构只有一位负责人、一枚印章和一位工作人员。而且没有真正地在收储项目,只是作为地方政府的融资平台,没有发挥土地储备调控土地市场的应有作用。宁波市土地储备中心具体收储项目的执行很大程度上依赖于市政府领导的指令,基本上是领导要求收储哪些,市土地储备中心前期开发就开展到哪里。

2. 市级统筹能力弱

缺乏以规划作为顶层设计的意识。没有土地储备规划、计划做支撑。每年收储的项目在市级层面上呈散点状、碎片状。土地储备与基础设施配套、"三改一拆"及财政预算资金的有机融合度差,零敲碎打居多。土地价值没有充分凸显,个别区域出让数量虽多,但是整体质量不高,土地效益偏低。宁波市在全国副省级城市中土地出让面积排第一,但是土地收益金额只排第八。与同在浙江省的杭州相比,总出让金额是杭州的1/3,市区楼面价大约是杭州的45%。

(二)土地储备在发展过程中,较为重视经济要素和社会要素,忽略了生态要素

1. 土地储备使城市土地有效增值

土地储备指通过征地、拆迁、整理等前期做地过程,将土地纳入储备库,待市场时机合适,及时出地的过程。出地应满足政府的宏观调控,城市规划和经济社会发展的需要。土地储备整个流程伴随着一系列的政策使用、资金流动和基础设施建设。土地储备能够积极推进城市有序发展,提高生态环境质量。宁波市近几年的土地出让金收益约为每年780亿元。一定意义上来说,做好土地储备工作就是经营好城市。

2. 土地利用效率较低

近些年,宁波市土地储备由于过于追求土地出让金而偏离了土地储备的正确轨道。比如,在年度储备计划中,新增建设用地比例过高,土地结构不合理,没有充分挖掘城镇低效用地。绝大多数批而未供、供而未用土地没有真正盘活利用起来,结果造成储备的规模大、对城市功能贡献度小的问题。

3. 净地入库标准难以把握

净地入库是地块绿色供应、高效利用的基础。2014年前没有建立土地储备信息库,更没有一系列统一的入库标准。土地储备入库标准随意性大,以各做地主体自己把握为主。往往地块在供应时电线杆林立,妨碍二级开发,形成"供而未用"土地,大大影响土地利用效率。更有甚者,对于用地性质为工业用地的土地,只要从事的不是环评重点八大行业,就不一定会做场地土壤环境污染水平健康调查。这样就不能从源头上遏制有工业污染的地块转成住宅用地,流入二级市场。

(三)土地储备在发展形态上,机械地按照城市功能分区布局,对空间的关联度和协同度重视不够

宁波市封闭区块较多,划一片区域设一个主体。比如,市城投和市开投分别与区政府合作开发了众多区块。早年间各自为政,造成同质竞争,基础设施重复建设,优质土地资源价值流失,影响品质和效益。土地储备方向与城市轨道交通、重点线性交通的布点脱节,没有集中优势资源,而是散点分布,缺乏必要的联系和组合。缺少产城融合的理念,有产业的地方没有城市综合体,有城市的地方没有牵头的产业。

三、对策和成效

"百谷草木丽乎土。"宁波市土地储备按照生态文明的思想助力新型城镇化,努力治好城市病,让绿色成为土地储备事业发展的主色调,全力助推城市的竞争力提升和高质量发展。

(一)在规划上阻止无序的储备项目开发,提高储备做地的前瞻性

要划定城市边界线来阻止城市无组织蔓延,避免进一步挑战和冲击自然安全红线和人文安全红线。

1. 扩大市级统筹范围,防止无序的前期开发

综合城市发展战略,整体谋划、分片开发和分步实施。2018年以来,宁波市人民政府和市政府办公厅分别发文,要求市六区范围内经营性用地、工业用地除外,储备和出让执行"一个口子进,一个口子出"的管理体制。实行市级统筹,统筹范围由行政区划调整前的三江片80平方千米,扩大到绕城高速圈范围的500平方千米,再扩展到市六区范围的3735平方千米。资源得到合理配置,资产价值不断提升。

2. 加强土地储备与已有城建项目的有机融合

以"大区块、成组团、成片区"项目和以人民为中心的"查漏补缺"项目相结合为开发理念,储备跟着规划走,跟着建设走。构建重要土地储备区块与轨道交通、城市主干道路、重大社会公建统筹建设的运营模式,形成区域发展综合效益。提升基础设施建设的前瞻性,补齐短板。将土地储备计划与棚户区改造、社会公建、城建基础设施、"三改一拆"计划有机交融。探索以城市基础设施为导向的城市空间开发,比如以公园绿地为导向的组团设计、以教育设施为导向的组团设计、以轨道交通为导向的组团设计。

3. 做精做细土地储备前期谋划

土地储备规划是以经营性用地为主要对象,深度结合城市总体规划、土地利用总体规划、国民经济发展规划,统筹安排区域内的土地储备和出让,包括储备五年专项规划、三年滚动计划、项目可行性方案论证。在储备计划层面要充分考虑到城市分中心的功能需求,实现网格化的城市布局,满足各个社区的日常通勤需求。科学谋划土地收储的规模、空间、结构和时序,倡导产城融合,即"基础设施+产业+生态"的土地储备新模式。

4. 实现土地储备全生命周期管理

宁波市土地储备中心开发了储备全生命周期管理系统,包括储备业务统筹子系统、土地推介子系统、决策分析子系统、应用子系统和移动应用子系统。做到了"前期谋划—年度计划—品质做地—入库管护—土地推介—供应出库—成效评价"的全生命周期监管。

(二)重视以人为本,严控入库标准,把毒地挡在门外

天人合一,人就是生态的一部分。未来的城市是以人为本的城市。未来的城市文明是诞生在生态文明之上的文明,未来的发展是更重视生态优先的绿色发展。人是自然的一部分,要牢固树立生态思维,把人、城市、社会、自然当成一个命运共同体。

1. 把入土地储备库作为经营性用地出让前的刚性前置条件

宁波市土地储备中心要求包括内三区江北、海曙、鄞州和外三区奉化、镇海、北仑在内的六区经营性土地出让前都必须首先达到净地入库标准,纳入储备库。净地包含两大原则:一是从经济和法律关系上看,安置补偿到位,土地的占有、使用和处理不受限制。二是从外表上看,地块平整,对建筑物、构筑物、电线杆、高压线、电讯塔、农作物等地面附着物的迁移和拆除,光缆、燃气管道等地下附着设施的迁移清理,场地达到开工条件(见图1)。2018年7月13日,宁波市第十五届人大常委会第二十三次主任会议通过的《关于土地利用相关法律法规实施情况报告的审议意见》要求,进一步摸清收储地块地上地下情况和周边配套建设情况,做实净地要求,严格执行土地净地出让规定。不断规范并完善地块收储、出让、利用等信息数据,建立违反净地出让的责任追究机制。宁波市土地储备中心严格遵守净地标准规范,绿色储备、生态储备。实现毛地供应到净地供应,再到优质地块供应的跨越,提高土地供给质量与效益。宁波市土地储备中心制定了详细的入库验收清单,供各个做地主体参考(见表1)。

图1　地块入库前实地踏勘

表1　入库验收提交清单

序号	材料内容	备注
1	用地规划条件或用地规划意见	必需
2	勘测定界资料	必需
3	宗地图	必需
4	入库地块界址点文本	必需
5	权属证书	取得权属证书的无需6、7
6	原权属注销证明材料	原国有土地
7	农转用(两公告一批复)	原集体土地
8	国有征收协议或收购协议或委托开发协议	原国有土地
9	征地拆迁安置补偿协议	原集体土地
10	环境核查、评估和治理报告	原工业用地
11	文物遗存证明	文物重点保护范围内或单宗超过5公顷
12	矿产压覆核查	必需
13	地质灾害风险评估	必需
14	洪涝隐患(农业、水利审查意见)	地块涉及河道的需提供
15	实地踏勘影像资料(储备入库地块实地踏勘情况表)	必需

2. 实行场地环境污染状况筛查,防止被污染的土地危害群众生活生产安全

根据《关于加强工业企业关停、搬迁及原址场地再开发利用过程中污染防治工作的通知》等文件的要求,凡是地块性质由工业用地转变为居住用地,都必须进行场地环境质量状况调查。通过对周边居民进行问卷调查、生产工艺流程检测、土壤重金属残余量测算、地下水污染物分析等方式,得出实际数值,并与标准值比对,从而决定是否需进行场地环境质量详细调查以及污染场地的修复。工业用地环境污染状况评估制度的建立是对未来将在该地块生活的人民群众生命安全的极大保障,是体现以人为本的关键举措,把毒地截留和治理在源头。

(三)实行节约集约式发展,既要省着用更要用着省

1. 新增建设用地减量化促使土地利用方式转变

国家将减少东部沿海省市的新增建设用地指标。2018年,全国计划新增建设用地3867平方千米,减少约20%。宁波市的环境承载力已逼近天花板,2016年、2017年新增建设用地计划指标分别较上一年减少15%、14.3%。依靠规模化、低成本、低效率的土地供给已不可持续,要继续高质量发展就必须下力气盘活存量建设用地。

3. 挖潜存量土地,实现旧城更新

土地储备作为城市土地更新的重要抓手,切忌大拆大建、大填大挖,否则既破坏了自然景观和传统风貌,又造成地面固化、湿地萎缩、林木减少、生物多样性下降,降低了碳吸纳能力,增加了碳排放量。宁波市土地储备中心通过摸排可储备居住和商业潜力用地,对原来为旧村落、旧居所、旧厂房的地块进行重新布局,使之成为既有产业,又有生活,且相对集中的区块。提升低效用地品质,实现工业升级。改变

工业开发区大面积成片用地出让模式,支持社会投资或国有平台公司打造小微园区,集中建设多层工业厂房,推进生产、设计、经营多功能复合利用。支持新产业、新业态用地管理创新,合理提高容积率和建筑高度,促进产业集群发展、集约用地。

(四)提升土地储备品质,支持绿色高质量发展

1. 提升土地储备与城市发展的关联度

在用地方面,要从单纯保障建设用地,到节约集约用地,盘活存量闲置土地,减少批而未供、供而未用土地,阻止土地利用碎片化。在运行方面,突出新的供给,创造新的需求,改变只注重一级开发的做法,从一级开发到二级开发再到三级运营,以三级运营倒逼二级开发再倒逼一级储备,实现生态高效的目标,做到"三生融合"。在资金方面,把土地储备从融资、收益平台拔高到收入、投入平台,再升级到发挥城市土地利用综合效益的平台,契合城市发展的进程。

2. 做好土地储备项目的可行性论证

有计划地实施土地收储是完善城市功能,发挥和挖掘土地区位价值,推动土地供给结构变化,整合存量发展空间,提高土地使用效率的关键措施。通过对储备项目的经济、技术、环境等方面的分析论证,提供有利于项目实施的可行性建议,为最终的决策提供保障。比如,宁波市土地储备中心通过对原供销设地块进行可行性研究,调整了控制性详细规划。用地指标调整后,居住用地增加了约2.6公顷,商业用地减少了约0.8公顷,可开发用地增加了0.38公顷。此外,对迁移垃圾中转站,集中布局公共设施和商业用地,调节规划控制指标,临时利用运河地块,改变征收时序和建设时序,最终使地块在集约节约利用上获得突破,并在地块开发收益上扭亏为盈。

(五)绿色利用储备资产,为人民群众提供优美的生活环境

1. 开放共享,产业主导,制度监管

历史建筑是城市面貌的基本组成部分,有着艺术、文化等多重价值。宁波市作为历史文化名城,汇集了大量历史建筑。宁波市土地储备中心自成立以来收储了大批历史建筑,通过调查摸排发现,共有建筑面积约4.5万平方米;临时利用率高,主要用于医疗和金融等行业。宁波市土地储备中心着力将历史建筑打造成城市的名片。为充分挖掘江北区历史建筑特有的文化资源,宁波市土地储备中心以历史建筑为脉络,逐步构建整体的、合理的、有序的文化产业。如位于江北区的大量老厂房,江北区联合宁波市储备中心进行专门的保护开发,打造宁波文创平台。对于闲置厂区,宁波市储备中心鼓励企业腾出地块提供便民设施,如孔浦老厂区内建成了专门的足球场。

3. 绿色、高效解决历史建筑养护费用

宁波的重点提升项目——月湖盛园(郁家巷)历史街区是以盛氏花厅为核心的明清时代建筑群,同时白水巷、带河巷、郁家巷等传统风貌是反映宁波明清时期住宅风貌的历史街区(见图2)。作为宁波市土地储备中心收储地块上的历史建筑,其不断攀高的维修、运营费用一直是个大难题。据测算,维护建筑面积超过1万平方米。宁波市土地储备中心创造性地提出,把历史建筑统一交由开发单位负责运营和管理,维修费用抵扣对应的房屋租金,从而补上了维修费用的缺口,实现月湖盛园(郁家巷)历史街区经营维护的收支平衡。如今,月湖盛园(郁家巷)历史街区已经成为宁波核心区一处不可多得的群众休闲游憩场所,切实提高了居民生活的满意度和获得感。

图2　月湖盛园(郁家巷)实景

四、结论和期望

山、水、林、田、湖、草是生命共同体。人的命脉在田、田的命脉在水、水的命脉在山、山的命脉在土。土地是各类经济社会发展的基底。生态文明即绿色发展,绿色发展即提质增效。不仅要有数量,更要重视质量,做到供给侧结构性改革。在实现生态文明的进程中,宁波市土地储备中心在规划计划安排、项目可行性论证、征地拆迁、基础设施建设、地下及地上构筑物迁移拆除、污染土地治理、围挡及环境整治过程中,大有可为。希望我们携起手来,共同探索更多新方法,为建设美丽中国做出更大的贡献。

参考文献:

[1]李明,等.宁波市原供销社地块收储可行性论证成果报告[R].宁波:宁波市土地储备中心,2017.

[2]张仕栋.我国绿色土地储备制度研究[D].郑州:郑州大学,2019.

[3]俞晓群,王振波,郭世强,等.我国城市土地储备模式研究[M].北京:经济科学出版社,2015.

人类健康观嬗变与健康城市缘起、发展与挑战

吴群红

哈尔滨医科大学卫生管理学院院长，长江学者特聘教授

大家下午好！

非常高兴能够受邀参加(中国)城市学年会并在论坛上做主旨报告。这是我第一次参加(中国)城市学年会，也是第一次认识和了解杭州国际城市学研究中心。杭州国际城市学研究中心作为城市学领域的专业智库，从规划到研究再到战略等各个方面对城市进行了系统深入的研究，成果丰富，成效显著。尤其是在城市的发展中加入了健康的元素，非常及时也特别重要。

今天借此机会，我们共同回顾一下人类对城市健康的关注。首先，我们来探讨一下健康的概念定义。为什么要从健康的概念定义说起？因为我觉得这是一个非常重要的概念。健康概念的演变、突变甚至嬗变，代表了人类对健康认知的变化。

正如我们所熟知的，在医学的发展进程中，人类大体经历了几种医学模式，从"超自然"的神灵主义医学模式，到"朴素、辩证"的自然哲学医学模式，回归到"机械唯物主义"的机械论医学模式，再到"生物学角度"的生物医学模式，最后到生物—心理—社会医学模式。人类开始把目光转向内视，转向对人自我的解剖，再拓展至人不仅仅是一个部件，而是有生命、有灵魂、有思想的构件，所以人的精神、情感以及人作为社会动物在整个社会中应该是健康的。

前三种变迁模式都没有脱离医学的范畴，医学作为健康的权威诠释者，并没有受到挑战。医学模式进入第四个阶段后，多学科健康观的介入开始挑战了医学对健康的定义，这时健康的要素、内涵发生了深刻的改变。从多学科健康观的介入，不同学科知识的介入，到不同的政府组织开始推动健康，人类的学术知识、知识体系到行动体系开始发生变化，跳出了对健康本身的测量，逐步关注到影响我们健康的所有的环境。

健康是什么？这是我们首先要回答的问题。后来对"是什么"进行了拓展,变成了健康有什么用,健康有什么价值,需要借助其他学科的知识来帮我们诠释健康,最后健康变成一种目标。所以我将整个健康观的演变过程视为"天、地、人",即关注人的心理社会的价值功效与社会环境。

最初对健康的研究,主要围绕一个人是不是生病了,研究他的生理结构以及多个分子,包括血压和各种血糖,一旦超过指标就失衡了,这是医学独有的对生命、疾病和健康的诠释。后来社会学家等专家开始逐渐挑战人类对健康的诠释,不仅仅从人的生理常态衡量一个人的健康,更从社会常态进行衡量。如你是不是一个社会良好角色的扮演者,你所有的社会能力能否推动一个人从自然动物转化为社会动物,所有生命对你的预期社会附加值能否全部展现等。因而,社会视角的健康观的重要性要远远大于生命视角。社会视角的健康观开始介入医学视角,从社会化的示范,角色和能力的失调来解释健康,进而增加了对健康的社会诠释。在此基础上,人们尝试从disease(疾病)、illness(患病)和sickness(病态)三个维度重新定义。Disease符合传统生命科学对疾病的诠释与界定,illness是个体的一种主观感觉和心理体验,sickness更多是社会健康功能的诠释,个人社会角色功能的失调导致家庭运作的失调和社会组织的失调,这是社会学的视角。

经济学也开始凑热闹。首先,健康被看作一种经济物品,与其他经济物品一样,可购买、可交换,病人变成了消费者,医院与消费者之间形成了买卖关系。除此之外,经济学家认为健康不仅仅是一般的经济物品,而是最高的经济物品,因为其他的经济物品是依托它来生存与发展的。诺贝尔经济学奖获得者阿马蒂亚·森强调,人的可行能力是推动人实现所有社会目标、社会抱负最重要的东西,而健康是有着深刻内在价值的、人类最重要的一项可行能力。这种能力比财富更重要,是一种最基本的可行能力,是人类其他一切活动的前提和基础。其次,健康是一种资源,是一种能够带来财富和创造幸福生活的资源。马斯金把健康视为一种能够带来收益的最为重要的资本。健康资本的意义在于它是其他形式人力资本存在与效能正常发挥的先决条件。舒尔茨在阐述人力资本理论时首先便提及了健康,并认为它是人力资本的先决条件。他运用自己创造的"经济增长余数分析法",估计测算了美国1929—1957年国民经济增长额中,约有33%是由教育形成的人力资本做出的贡献,并认为德、意、日二战后经济快速发展的原因在于人力资本。就此证明所有的决策者都需要投资健康,这也是为什么投资健康如此盛行。经济学家对健康的诠释已经完全摆脱了"健康是什么"的问题,而是进一步深入到健康有什么用,健康有什么价值,这是经济学的视角。

后来政治学家也不甘心落后,他们认为,站在权利视角,健康是一项基本人权,是实现人类所有的社会角色、社会功能以及推动人类社会系统运作最重要的工具。人的全面发展是人类的终极目标,而人类的全面发展包括健康,健康是一项重要的社会性目标,这是政治学的视角。

健康的多学科综合视角,不断推动了健康的发展,《渥太华宪章》包含了原来对人类身体素质的界定,又加入了健康的能力视角、资源视角,健康不仅仅是资源,同样是人的福利与社会福祉,是人与社会共同发展的资源。1948年,世界卫生组织欧洲区提出:健康一方面指个人和群体实现自身抱负和需求满足的程度,另一方面也指其适应环境并不断变化的程度,实现了从生物人到完整人的转变。1986年加拿大在《人人健康报告》中提出:健康是人类日常生活的组成部分,是有质量生存的最基础的内涵,也是人们做出选择获得满意生活的机会,是人们有能力管理和改变其周围环境必备的资源。

综上对健康的演化的叙述,不管是从医学视角,还是从社会学、经济学、政治学视角,都恰恰印证了习近平总书记所强调的,"健康是幸福生活最重要的指标,健康是1,其他是后面的0,没有1,再多的0也没有意义"。

那么,健康到底是什么,健康定义不断嬗变的背后有何意义。最初我们关注对人的测量,关注非人,将人视为资源、资本和可行能力,体现出新工具价值;人被我们自己所利用,再回到人本身,回归到人是所有的一切的目标与价值。综合言之,健康是要素价值、工具价值和目标价值三维系统的综合体。健康状况取决于上述三方面的综合测量结果——健康存量,即健康构成要素的结构、功能、水平正常与否;作为一种重要的工具、资源、资本及可行能力,其效用发挥程度如何;作为目标,其价值实现与满足程度如何。

相对应,对于城市健康也是从关注环境和卫生系统开始,慢慢关注很多其他维度。健康定义的转变,从医学主导的健康叙事到社会学、经济学、政治学多维视角的健康诠释,从单维视角的生理维度的测量到多维度的测量,从对健康是什么到健康能干什么,从单独关注健康个体到关注影响健康的家庭、社会组织、社区、城市、国家、全球等各种环境,这就是健康维度的拓展。健康的定义早已跳出了原来熟悉的架构,内涵越来越多元化,从个体健康到群体健康再到社会健康。

实践表明,仅仅关注个体健康是远远不够的,我们也不能等到一个人生病以后再关注健康。于是,我们提出关注健康家庭、健康社区、健康城市、健康国家、健康生态。在此背景下,健康城市成为重要载体。

什么是健康城市? 健康城市是一个可持续发展的过程,要求一个城市的规划建设与管理运行必须将健康放在首位,以确保人们的生活健康,成为人类社会发展所必需的健康人群、健康环境和健康社会的有机结合的发展整体,是以满足人的全方位需求、促进人的全面发展和价值实现,以及城市社会系统的良性健康运行和发展为目标宗旨而构建的多层次、一体化、综合的健康保护、健康促进与健康发展系统。

1842年,英国召开的都市健康会议发表了报告,建议成立英国城市健康协会,并由其负责解决都市的健康问题。1984年,加拿大多伦多"超级卫生保健—多伦多2000年"国际会议,首次提出了"健康城市"概念。1985—1986年,世界贸易组织欧洲办事处发起了"健康城市项目"。1988年,世界贸易组织进一步强化了这个概念。1994年,世界卫生组织指出"健康城市应该是一个不断开发、发展自然和社会环境,并不断扩大社会资源,使人们在享受生命和充分发挥潜能方面能够互相支持的城市"。

对于健康城市的内涵,我认为应该将人放在建设首位,强调人民健康的基本需求,重视以人民健康为本的城市精神与文化塑造,激发潜在的城市生机与追求人的全面发展。其核心理念是以人为本与健康促进,其运行载体是健康文化、健康行为、健康素养、健康技术以及资源。

城市化的进程,就是运用自然、创造自然与改造自然,可以说是人化自然的过程,我们创造了一个庞大的人工生态系统,就是所谓的人工森林城市。我们在改造的过程当中激情澎湃,将原来自然的家园改得面目全非。但是人类打造的"水泥森林"不能让人类失去自然乐园与心灵之家,仍然需要承载我们对乡间、对美好、对田园的向往。因禁在"火柴盒"里的人类,仍有仰望星空、感受山河日月、田园清风的强大情感需求,人类的再自然化需要适度缓冲了人类的过度社会化。我们确实需要社会系统,但也要回归自然系统,这是我个人的感想。

健康城市为什么重要?在《看不见的城市》一书中,忽必烈对马可波罗说,"对于一座城市,你所喜欢的不在于七个或是七十个奇景。而在于她对你提的问题,所给予的答复"。换言之,社会系统给予的对生命需求、大病需求、差异化弱势群体需求的满足,应该成为城市的健康目标。联合国经济社会事务部数据、世界人口网数据显示,截至2020年11月12日,约55%的人口居住在城市;预计2050年,68%的人口将居住在城市。回顾城市建设的过程,除去大量的污染,全球约有10亿城市人口生活在贫民窟,每年有124万人死于交通事故,约70%的人死于非传染性疾病。在如此疏散的宇宙空间中,大量的人被压缩在城市空间里,我们承受了它的好,也承受着它的恶。

城市面临着各种问题,原来我们住的是平房、弄堂、筒子楼,现在住的则是"火柴盒"。我很怀念筒子楼,那里拥有不一样的生活情趣。而今天都生活在这样的"火柴盒"里,即使近在身边,我们彼此完全陌生;我们的生命如此接近,但却是完全陌生的个体。有多少人生活在我们创造的虚拟世界中而回不到现实空间,更重要的是教育系统越来越缺失自然性。

我们要回顾,在城市化的过程中,我们得到了什么,失去了什么,如何进行规范。在同一个城市群里不同的部落,不同的边缘群体、贫困群体、外来群体,怎么在公共空间享有均等化待遇,提高城市健康治理的水平等,这都是挑战。大量能源、土地消耗,自然资源短缺,城市气候变化,健康不公平问题凸显,心理疾病急剧增加,这些都是城市化带来的重大问题,但目前对这些问题的关注还比较少,主要停留在少数几个疾病。在经济方面,城市聚集导致了拥挤综合征,快餐经济将人类长期桎梏于生活中,大城市经济发展中产生了大量的垃圾等。

人类早就意识到这个问题。最早是国外关注得比较多,国内始于2015年。我们关注的是城市化、城市健康、肥胖、疾病、健康管理等。国内健康城市的研究范围比较宽泛,涉及生态环境、城市建设、社区健康、心理健康、指标评价等方面。健康中国近几年也非常热门,关注城市每千人床位数,关注有多少卫生人员。对于城市拥堵问题,有网民戏说"北京是首堵,成都是成天堵,上海是上路就堵,广州是广泛地堵,天津是天天堵,深圳是深堵",先不说尾气排放带来的影响,仅拥堵对于人的生命与时间的剥夺与消耗就是巨大的。城市化带来的拥堵不仅仅是交通问题,也是城市重大的健康问题。城市的交通堵塞对于人体健康的影响,促使我们必须跳出原来简单的健康指标,重新构建能够响应很多重大问题的指标。

再回到健康城市的建设发展历程中。1848年,英国颁布了第一部《公共卫生法》,涵盖了对城市街道、住房、卫生设施和公共空间的治理,开始对城市物质环境实施公共管理;1853年,法国实施"巴黎规划",1853—1870年,开始了历史上著名的"奥斯曼"改建,随后是西班牙巴塞罗那的城市重建和中心城区步行街区规划;1909年,英国颁布了第一部关于城乡规划的法律——《住房及城市规划诸法》。我发现在国家治理中,中国主要靠行政和体制推动对社会的管控,而发达国家多是由法律推动的。现在全球已有4000多个城市开展了健康城市项目,且世界贸易组织六个地区基本建成了健康城市的工程网络,这是一项人类的运动,但这种时尚运动的表象各国不同。健康城市,是发展中国家的必由之路,亚洲、非洲是未来健康城市的发展重点,中国在快速城镇化过程中,吸取全球的经验教训尤为重要。

如何构筑健康城市?从宏观层面看,要将健康融入城市发展。什么叫融入?就是要把健康摆上城市的决策桌,光上决策桌是远远不够的,还要有一系列政策、制度、标准、行政路径、指南以及目标,这才是横向到边、纵向到底,将健康问题纳入城市的发展规划。从中观层面看,将健康切实地融入政策,需要因地制宜的评价工具、评估备选方案,还要跟踪与评价。要有组织系统、制度系统、执行系统,这样才能真正推动建设。从微观层面看,需要考虑如何从城市治理、城市规划等层面增加居民的运动时间,以多样化的需求为导向,不断根据居民心理健康状况变化出台创新举措,混合土地用途,建设慢行道路,优化公共空间和调整支持健康的住房政策等。

1989年,我国启动了卫生城市的创建活动,至今已经有30多年的历程了,目前研究还是跟不上发展的步伐,理论指导不了实践,理论落不到实践。对于全民健康、共建共享健康城市而言,必须理念先行,行动为基,重点靶向。一是形成正确的健康理念,不仅仅是个体健康,还有群体健康、社会健康,注重城市合理布局,通过规划来落实理念,关注人们的理想生活空间;二是形成基于行动的完整的健康治理方案,促进多部门的健康协同,形成评价—反馈—奖惩的闭环管理链。三是考虑人类的全方位需求,以人的全面发展和价值实现为目标,关注人的精神家园建设,关注中国特色、区域性、文化差异、情感、人与自然。健康城市研究一定是跨学科的研究,包括医学、哲学、社会学、管理学、管理工程、生态学。

最后我想说的是,人类的躯体在伴随社会系统一路向前狂奔的过程中,仿佛有一种神秘的反作用力量在牵引人类的心灵,追寻人类一路走过的印记。健康理念的嬗变昭示着未来城市健康的建设一定是开放、多元的,一定是面向未来、面向人类整体的多元需求的。

谢谢大家!

全民健康与共同富裕

崔琳琳

杭州国际城市学研究中心助理研究员

2021 年 10 月 29 日,由杭州国际城市学研究中心、杭州师范大学公共卫生学院、浙江大学医学部卫生政策与医院管理研究中心共同主办的"全民健康与共同富裕"主题论坛暨"(中国)城市学年会·2021"城市卫生健康问题主题论坛在杭州城研中心大楼隆重举行。本次论坛主题为"全民健康与共同富裕",来自国内各地高校、科研院所的 30 余位领导、专家和学者出席论坛。与会专家围绕"人类健康观的嬗变""老年人健康管理社会支持体系""医保制度与共同富裕"等议题展开深入研讨,提出实现共同富裕应关注高度全民健康,坚持健康至上、预防为主理念,整合各方力量着力筑牢共同富裕的健康基础。现将会议研讨成果综述如下。

一、人类健康观的嬗变

马克思提出"健康是人的第一权利,是人类生存的第一前提,也是历史的第一前提"。在医学的发展进程中,人类大体经历了五种医学模式,从神灵主义医学模式,到自然哲学医学模式,到机械论医学模式,到生物医学模式,再到生物—心理—社会医学模式。

神灵主义医学模式是用超自然的作用来解释人类健康和疾病的健康和疾病观。主要观点是:生命和健康由神所赐;疾病是由超自然的力量所引起的;人触犯神灵时,疾病代表神灵的惩罚。相对应的治疗方法是祈求神灵的祝福、宽恕和保护;服用具有催吐和导泻作用的植物或矿物质;驱逐瘟神疫鬼。

自然哲学医学模式是以自然哲学理论为基础的思维方式来解释健康和疾病的医学模式,是一种朴素的整体医学观。主要观点是:体液的失衡是疾病产生的原因,人具有"自然痊愈力";医生帮助体内的"自然痊愈力"发挥作用。相对应地,崇尚自然疗法。

机械论医学模式是以机械论的观点和方法来观察和解决健康与疾病的医学模式。主要观点是:用机械运动解释生命;把疾病比作机械故障;把治疗疾病比拟为维修机器。

生物医学模式是以生物学过程解释健康和疾病,将生物学手段当作保健、预防和治疗疾病的主要手段,甚至是唯一手段的医学模式。主要观点是:心身二元论、机械论、简化论或还原论、疾病生源说、特异性病因观和治疗观、单因单果的疾病因果观、假说先行和集中思维等。

生物—心理—社会医学模式是从整体、系统的角度认识以人类健康和疾病为主要特点的医学模式。以综合健康医学模式为代表,说明影响人群健康的主要因素有环境因素、生物遗传因素、行为生活方式因素和医疗卫生服务因素。该模式不仅关注疾病更关注病人,关注疾病对人心理和情感的影响,了解病人的家庭状况。健康可被理解为生物学、心理学和社会学三维组合,即从生物学角度审视人的健康,从心理学角度观察人的健康,从社会学角度衡量人的健康。

从学科视角看,社会学家从功能模式的研究视角来定义疾病与健康,认为健康的定义不能仅仅以生理机能平衡为根据,还应该纳入社会角色和能力平衡等新的视角。社会健康表现为个体有能力完成其在社会系统中的正常角色和任务,使社会功能正常发挥;而病态则是社会角色和功能失调的状态,从而会影响社会结构和功能的正常运转与发挥。人们尝试从三个维度重新定义:疾病(disease)、患病(illness)和病态(sickness)。其中,疾病是根据医学标准而定义的一种反映潜在生理、病理变化的综合躯体状态,反映的是人体生理结构和功能异常的状态;患病是个体对疾病的一种主观感觉和心理体验;病态衡量的是一种社会状态,主要表现为疾病削弱了患病者的社会角色和功能,使其无法正常开展工作、学习和日常活动。

经济学家把健康看作一种经济物品,与其他经济物品一样,对它的投入也能产生效益并给人类带来效用。健康能够给人们带来效用和收益,它是一种资源,是一种能够给人们带来财富和创造幸福生活的资源。阿马蒂亚·森强调,健康是有着深刻内在价值的、人类最重要的一项可行能力。这种能力比财富更重要,是一种最基本的可行能力,是人类其他一切活动的前提和基础。马斯金将健康看作一种能够带来收益的最为重要的资本,健康资本的意义在于它是其他形式人力资本存在与效能正常发挥的先决条件。

政治学家认为健康是一项基本人权,是实现人类所有的社会角色、社会功能以及推动人类社会系统运作最重要的工具。健康因种族、宗教、政治信仰、经济或者社会情境不同而有差异。人的全面发展是人类的终极目标,而人类的全面发展包括健康,健康是一项重要的社会性目标。

1948年,世界卫生组织首次提出三维健康的定义:"健康乃是一种躯体上、心理上和社会适应的完美状态,而不是没有疾病或虚弱的状态。"这一定义促进了健康向三维方向发展,将健康限定在生理、心理和社会三个方面。1989年,世界卫生组织将健康定义为:"健康不仅是没有疾病,而且包括躯体健康、心理健康、社会适应良好和道德健康。"这是对健康较为全面、科学、完整、系统的定义。健康不仅涉及人的体能方面,也涉及人的精神方面。与此同时,世界卫生组织对健康定义了十项细则:一是有足够充沛的精力,能从容不迫地应对日常生活和工作的压力而不感到过分紧张;二是处事乐观,态度积极,乐于承担责任;三是善于休息,睡眠良好;四是应变能力强,能适应外界环境的各种变化;五是能够抵抗一般性感冒和传染病;六是体重得当,身材均匀,站立时,头肩、臂位置协调;七是眼睛明亮,反应敏锐,眼睑不易发炎;八是牙齿清洁,无空洞,无痛感,齿龈颜色正常,无出血现象;九是头发有光泽、无头屑;十是肌肉、皮肤有弹性。

总而言之,健康是要素价值、工具价值和目标价值三维系统的综合体。健康状况的好坏取决于上述三方面的综合测量结果,即对健康构成要素的结构、功能、水平的测量,工具效用发挥程度的测量以及目标价值实现与满足程度的测量。

二、老年人健康管理社会支持体系

当前,我国正处于人口老龄化快速发展阶段,开展老年人的健康管理尤为重要。健康管理是保障老年人健康的重要途径,而社会支持的缺失严重影响了我国老年人健康管理效果。

一项面向上海的调查研究表明,老年人健康管理主要存在以下问题:在环境方面,主要是老年人及其子女过于依赖政府托底,缺乏第一责任人的意识。在制度方面,主要是对各相关责任主体的职责缺乏制度规范的强制力保障;制度整合不完善、衔接不到位会引起职能分工不清、工作交接未完成的情况;政策制定过程缺乏公开性和透明性,一线工作人员难以发声;长期护理保险制度中的医疗护理服务功能未能充分实现。在体制方面,主要是缺少专人牵头协调工作,民政、医保与卫生未形成良好互动与合力;医保在各项服务中应用范围窄、保障渠道单一、对健康管理的支持不够;第三方参与程度较低、参与方式缺乏规范指导、有效竞争不充分;服务形式种类较多但功能单一;单纯依靠政府力量,实现社区养老兜底服务的能力和财政实力有限;社区养老志愿服务存在不可持续性;老年人家属较少参与健康自我管理小组;个人及家属对投资于健康或购买服务的意愿较低;街道办事处对促进辖区老年人群健康的主体责任认识不到位,不够重视;居委会将自身定位于工作配合方,缺乏主体责任意识;居委会工作大多以非正式约定的形式展开,缺乏正式、明确、合理的职责分工;疾控将业务职能下放,管理脱离实际,疾病预防的整体能力不足;疾控工作停留在数据收集,分析健康数据并提供政策建议的能力不足、渠道不畅;收支两条线的财政管理难以提升工作积极性,绩效考核也很难进行;事权和财权不匹配,导致能够提供的服务的数量和质量得不到保障;缺乏与服务能力匹配的服务对象准入标准;缺乏政府购买第三方机构支持服务的准入标准;上级医院与社区卫生服务中心缺乏协作,对基层认可度不高;各筛查项目缺乏系统安排,基层工作难以整合;健康教育宣传平台相互独立却重复性高;针对第三方机构的资质监管、服务评估监管、服务内容与质量监管尚不成熟;对健康管理服务过程和质量控制的监管不到位;缺乏对健康管理服务流程和质量的控制评价;对街道健康服务的考核占比过低,评价标准不清等。

在老年人健康管理社会支持体系构建过程中,主要存在政府主导模式和多元供给模式两种。模式之间没有优劣之分,需要根据各个城市的发展要求和制约条件有机选择适宜模式。要制定模式实现的各种策略,需要明确目前的基线水平和适宜的目标水平,以实践和模式之间的差距作为切入点,根据关键问题选择措施,最后形成适用于城市自身的实现策略。

三、医保制度与共同富裕

关于共同富裕,马克思在《1857—1858年经济学手稿》中指出,未来社会的"生产将以所有的人富裕为目的"。恩格斯指出,只有实现"所有人共同享受大家创造出来的福利",方可使"社会全体成员的才能得到全面发展"。列宁认为,在社会主义社会,大家都应该做工,共同劳动的成果归全体劳动者享有。毛泽东首倡"共同富裕"。"共同富裕"这一概念最早出现在党的正规文献《中共中央关于发展农业生产合作社的决议》中。其中指出:"为着进一步地提高农业生产力,党在农村中工作的最根本的任务,就是要善于用明白易懂而为农民所能够接受的道理和办法去教育和促进农民群众逐步联合组织起来,逐步实行农业的社会主义改造,使农业能够由落后的小规模生产的个体经济变为先进的大规模生产的合作经济,以便逐步克服工业和农业这两个经济部门发展不相适应的矛盾,并使农民能够逐步完全摆脱贫困的状况而取得共同富裕和普遍繁荣的生活。"邓小平指出,贫穷不是社会主义,共同富裕是社会主义的本质特征;鼓励一部分地区一部分人先富起来,先富带动、帮助后富,最终达到共同富裕。江泽民提出,要兼顾效率与公平,强调在社会主义现代化建设的每一个阶段都必须让广大人民群众共享改革发展的成果。胡锦涛提出,"妥善处理效率和公平的关系,更加注重社会公平"的思想,把维护社会公平实现共同富裕放到更加突出的位置。

共同富裕作为一个特定范畴,包含了"富裕"和"共同"两方面的内容。富裕,是生产力发展水平达到一定高度的标志,通常用人均收入水平来表示。世界银行公布的2020年划分国家发展水平的标准认为,人均国民收入超过12535美元的经济体就是高收入经济体,也可以说进入了富裕社会。2019年,我国人均GDP首次超过1万美元,属于中等偏上收入国家。按照我国目前的发展速度,"十四五"期间将进入高收入国家行列。

共同,是对富裕性质的界定,属于社会主义生产关系的范畴,是对共享发展理念的全面贯彻落实,具体体现在,一是实现全民共享,二是实现全面共享,三是实现共建共享。

实现共同富裕是医疗保障的使命与担当。医疗保障是减轻群众就医负担、增进民生福祉、维护社会和谐稳定的重大制度安排。随着人民群众对健康福祉的美好需要日益增长,医疗保障领域发展不平衡不充分的问题逐步显现,主要表现为:一是制度碎片化。一些地方政策口子松,制度"叠床架屋"。二是待遇不平衡。地区间保障水平衔接不够,过度保障与保障不足现象并存。三是保障有短板。职工医保个人账户弱化了共济保障功能,门诊保障不够充分。四是监管不完善。侵蚀医保基金和侵害群众利益的现象比较普遍,医保对医疗服务行为约束不足。五是改革不协同。医药服务资源不平衡,医保、医疗、医药改革成果系统集成不足。

就杭州而言,在医疗保障领域要更好地落实共同富裕工作任务,可从以下几方面着手:一是提升统筹层次,促进制度更公平、可持续。2021年,按照"制度政策统一,基金统收统支,管理服务一体"的要求,统一市域内基本医保政策;2022年,全面做实基本医保市级统筹,初步形成省级统筹的政策制度框架;2025年,按照"分级管理、责任共担、统筹调剂、预算考核"原则,建立基金省域调剂平衡机制。二是增加制度供给,满足多样化医疗保障需求。改革个人账户和门诊统筹政策,积极支持发展商业健康保险,完善普惠型健康补充保险体系,实施精准救助,稳步提高保障水平。三是试点长护保险,强化长期照护综合保障。2025年,完成长护险运行机制、服务供给相关标准体系建设。四是优化支出结构,推进精准化结构性改革。持续推进药械集采,稳步扩大保障范围,优化医疗服务资源配置,提高基金使用绩效。五是深化数字化改革,确保医保服务便捷可及。医保基本公共服务体系基本成熟定型,医保15—30分钟服务圈打造完成。

"互联网+医疗"推进健康乡村数字化建设

沙小苹[1]　李晨倩[2]

1上海市卫生和健康发展研究中心副主任

2上海市卫生和健康发展研究中心实习生

摘　要：我国70%的医疗资源配置在城市,城市医疗机构和医疗资源配置相对齐全,而高层级医院把基层医疗机构提供的服务收归旗下,造成农村、乡镇和社区医疗资源严重短缺,"互联网+医疗"则是改善卫生资源结构性失衡的良好工具,可在一定程度上缓解供需矛盾。为此,本文以"互联网+医疗"与健康乡村建设的深度融合为切入点,通过梳理"互联网+医疗"的发展脉络、服务运行情况,并结合文献分析,从政策体系、人才培养、平台建设和健康促进等方面探索我国健康乡村数字化建设的发展路径,从而推动更多医疗资源向脱贫地区倾斜,巩固健康扶贫成果,推进健康乡村建设,避免规模性因病返贫现象出现。

关键词：乡村振兴;健康乡村;互联网+医疗;分级诊疗;乡镇卫生院

1989年,世界卫生组织首次提出"健康村"的概念,即具有较低传染病发病率,人人享有基本卫生设施和服务,社区和谐发展的农村。2016年,《"健康中国2030"规划纲要》指出"把健康城市和健康村镇建设作为推进健康中国建设的重要抓手"。2018年,中央一号文件也首次明确提出要推进健康乡村建设。由此,"健康乡村"概念正式被纳入中央涉农政策的整体考量之中,其在医疗服务、疾病防控、人居环境整治、健康教育等传统健康领域的基础上,外延至资源保护、污染治理、社会保障、农村康养产业等领域。

2019年,国务院印发的《数字乡村发展战略纲要》指出,要大力发展"互联网+医疗健康",支持乡镇和村级医疗机构提高信息化水平。加快形成共建共享、互联互通、各具特色、交相辉映的数字城乡融合发展格局。"互联网+医疗"有广义和狭义之分,广义指互联网技术在医疗健康领域的全链条、多主体应用,狭义仅指互联网在线医疗服务。本研究以广义概念为研究对象,涉及政府、医生、患者、保险、医院、药企等多个主体。

从乡村振兴协调发展的角度看,结合我国现阶段卫生健康事业发展的需要,把"健康乡村"内涵的深度和广度进行延伸,将其定义为:以人的健康为中心,具备健康人群及促进人群健康发展的健康环境、健康社会和健康文化,并以"健康"为生产要素推动生态、生产、生活系统全面协调发展的"健康乡村双循环"发展新格局(见图1)。

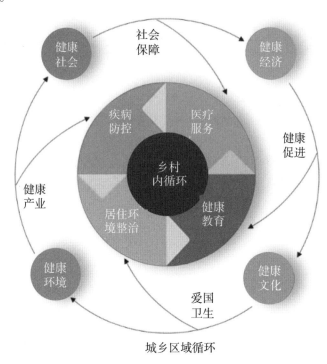

图1　"健康乡村"双循环

一、"互联网+医疗"发展历程

我国互联网医疗迄今已有20余年发展历史,在曲折中发展前行,其发展历程主要归纳为以下四个阶段(见图2)。

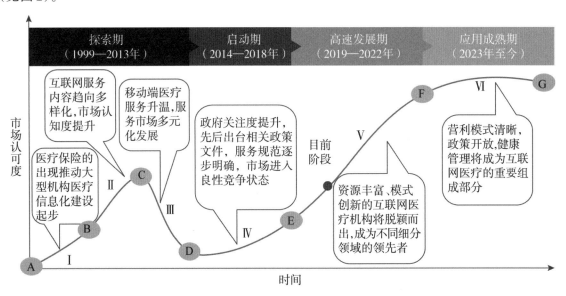

图2　"互联网+医疗"服务AMC模型

（一）探索期（1999—2013 年）

20 世纪 80 年代末，伴随着现代通信技术发展，第二代远程医疗技术诞生并传入我国。1999 年，《关于加强远程医疗会诊管理的通知》出台，倡导医疗信息化建设，揭开了我国"互联网+医疗"行业发展的序幕。此阶段"互联网+医疗"开始逐渐被政策层面关注，先后出台了《互联网医疗卫生信息服务管理办法》《互联网医疗保健信息服务管理办法》。该阶段重点在于医疗保健信息服务，对"互联网+医疗"仍持审慎态度，因此该阶段"互联网+医疗"融合仅限于建立网站、提供各种医学知识、文献查询等简单功能。

（二）启动期（2014—2018 年）

伴随着互联网、物联网、云计算的快速发展，国家政策方针逐渐改变。先后出台了《关于推进医疗机构远程医疗服务的意见》《关于积极推进"互联网+医疗"指导意见》《关于促进"互联网+医疗健康"发展的意见》等一系列政策，倡导并鼓励用"互联网+"思维与技术来促进医疗领域的深度改革和发展。在政策的不断鼓励下，医疗领域各机构利用自身资源开始不断进行"互联网+医疗"的深度探索。

（三）高速发展期（2019—2022 年）

受益于监管政策的逐步放开与清晰，我国"互联网+医疗"从启动期步入高速发展期。2019 年 6 月，《国务院办公厅关于印发深化医药卫生体制改革 2019 年重点工作任务的通知》对互联网诊疗收费和医保支付政策的完善提出要求。2020 年，新冠疫情暴发，"互联网+医疗"行业迎来重要发展机遇。国家卫健委连发两文强调"互联网+医疗"在"战疫"中的重要作用，并特别要求各级行政部门和医疗机构积极利用多种渠道、多种形式宣传相关服务，加大对"互联网+医疗"的政策扶持。诸多利好政策的频繁发布为"互联网+医疗"发展扫清制度层面障碍的同时，加快推进了医疗"互联网+"的进程。

（四）应用成熟期（2023 年至今）

"互联网+医疗"与互联网本身的发展密切相关，近年来我国"互联网+医疗"保持高增长态势，年复合增长率达 30% 以上。据统计，2020 年，我国广义"互联网+医疗"在健康产业的渗透率约为 8%，狭义"互联网+医疗"的市场规模达 330 亿元。未来"互联网+医疗"渗透率有望进一步提升，发展空间巨大，预计到 2026 年，狭义互联网市场规模将达到 2000 亿元。应用成熟期将会实现全面的"互联网+医疗"，依靠智能硬件，人工智能支撑，构建人群健康大数据，囊括首诊、在线问诊、诊断、远程治疗、处方开具、医学检查等全方位服务。

二、"互联网+医疗"与健康乡村数字化的关联

本研究借助 CiteSpace 对健康乡村数字相关文献进行量化分析，以"互联网+健康乡村"为主题检索中国知网学术期刊数据，为使得分析结构更具有代表性和权威性，选择的检索范围仅限于 SCI、EI、CSSCI、CSCD 和核心期刊数据库，检索到文献 223 篇。文献关键词网络的模块化聚类值 $Q=0.8866$，聚类平均轮廓值 $S=0.9542$，聚类结果显著且结果可信度较高。

在关于健康乡村数字化研究的关键词聚类知识图谱中，关键词贡献聚合网络均呈现出紧密型特征，

由核心关键词词频排序表可以看出(见表1),对于健康乡村数字化的研究主要集中在健康扶贫与乡村振兴、乡村医生能力提升和分级诊疗等三个方面。

表1　健康乡村数字化相关研究关键词词频

序号	关键词	频数
1	健康乡村	29
2	"互联网+医疗"	18
3	互联网+	12
4	乡村振兴	12
5	互联网医院	5
6	乡村医生	5
7	民生领域	4
8	健康扶贫	4
9	医联体	4
10	健康管理	3
11	分级诊疗	3
12	医疗保障	3
13	精准扶贫	3
14	基层医生	3
15	大数据	2
16	智慧养老	2
17	互联网+中医	2
18	远程医疗	2
19	乡镇卫生院	2

通过关键词共现时区分布图可以看出,有关健康乡村数字化的主要研究,在视图上呈现为平滑演进的"纺锤"型发展路径,具有较清晰的研究脉络,与乡村振兴战略和乡村治理现代化有密切联系。乡村振兴战略接续精准扶贫战略,是未来"三农"工作的总抓手,健康乡村数字化建设必须全面融入乡村振兴战略,从理念、政策、目的和工具等方面不断提升乡村全面可持续发展的质量。

三、健康乡村数字化建设的现状

2020年,中央网信办等七部门印发了《关于开展国家数字乡村试点工作的通知》,启动数字乡村试点工作,在117个县(市、区)部署试点,积极探索数字乡村发展新模式。2021年,《中华人民共和国国民经济和社会发展第十四个五年规划和2035年远景目标纲要》中明确指出,以数字化助推城乡发展和治理模式创新,全面提高运行效率和宜居度。

随着数字化智能化的深入渗透,数字乡村建设取得积极进展,截至2020年12月,我国农村网民规模为2.85亿人,占网民整体的30.4%,行政村通光纤和4G比例均超98%,为"数字乡村"建设提供了条件,伴随着"互联网+医疗"的应用,国家"智慧医疗"建设逐渐向乡村转移。如江西省抚州市于2017年8月开始实施智慧百乡千村健康医养扶贫工程,建成全国第一个村—乡—县—市四级医疗机构之间的三网合一、数字共享、远程就医和分级诊疗的智慧化医疗服务体系。为当地居民提供慢性病筛查、健康物联监测、远程医疗、健康档案、营养保健指导等全方位健康关爱服务。安徽省旌德县积极探索"健康扶贫+智慧医疗"模式,于2017年在全国率先引进全科医生助手机器人,为村医赋能,实施智能分级诊疗,解决乡村医生缺乏的难题。2019年,云南省首创的中钰雕龙县域智慧医疗医共体平台落地,通过"互联网+医疗"模式,打通县—乡—村三级医疗资源信息共享壁垒,从根本上解决看病难看病贵、因病致贫、因病返贫等诸多问题,为贫困人口提供健康教育、疾病预防、慢病管理、分级诊疗、康复指导等全方位、全周期的卫生健康服务。除了上述智慧医疗服务之外,新一代信息技术在乡村的渗透,有力促进了城市优质医疗资源向农村延伸,为乡村智慧医疗的发展、系统设计、整合积累了丰富的经验(见表2)。

表2 国内数字乡村医疗主要模式

模式	典型案例	主要特点	核心业务
自建模式	长三角(上海)互联网医院 铜仁市人民医院云医院	医院主导建设和运营,由医疗IT厂商承担建设任务,医院向其支付平台建设费用	健康档案 疾病监测 在线挂号 在线问诊 远程医疗
共建模式	浙江嘉善县智慧医疗(好大夫在线) 湖北蕲春县智慧医疗(阿里健康)	医院主导建设和运营,互联网企业提供技术服务,参与运营,以诊疗费分润的形式获得报酬	在线挂号 在线问诊
平台模式	抚州市四级乡村智慧医疗平台 云南县域智慧医共体平台	政府主导,医院接入,由政府向医疗IT厂商支付费用	远程医疗

四、健康乡村数字化建设面临的困境

(一)技术支持不足

近年来,我国医疗卫生领域的信息化建设发展迅速,各地区都建成了基于医院临床医疗管理的信息化系统,但由于县域内各机构的信息化建设进度不一,部分地区居民电子健康档案系统、电子病历系统及健康信息平台还无法实现互联互通。中国信息通信研究院数据显示,2020年我国农村固定宽带接入能力超过12兆位/秒,而城市固定宽带接入能力普遍超过100兆位/秒。①农村地区医疗机构信息化建设相对滞后,受限于宽带速率偏低、数据采集交换标准和接口不统一、相关基础设备缺失或利用率低等问题,业务功能可用性不强,向居民主动提供电子健康信息服务、健康管理等便民惠民应用不足。

此外,各地已建的基层医疗信息系统与疾病控制、妇幼保健等条线业务管理系统实现数据联通的比

①数据来源于《中国宽带发展白皮书(2020年)》。

例较低。基层机构内部各信息系统之间互联互通程度也很有限,形成大量"信息烟囱"和"数据孤岛",无法有效支撑电子健康档案信息动态共享和协同服务开展。

(二)政策体系不完善

"互联网+医疗"仍属于新兴事物,尽管新冠疫情加速了其发展进程,但总体仍处于探索阶段。总的来说,有关"互联网+医疗"的法律和政策保障体系在系统性、完备性等方面仍需进一步探索,主要体现在以下三个方面。

一是在考核评价上,尚未建立完备的考核评价体系,对医院、医疗人员参与建设"互联网+医疗"没有硬性要求,各地建设进度不一,亟须出台完备完善、可行性强的操作规范和标准。同时,对医院、医疗人员参与"互联网+医疗",也缺乏必要的政策和制度机制来保障其合理合法的权益。二是在配套体系上,传统医疗医保结算仍未实现全国的互联互通,医疗、医保、医药改革均尚未向"互联网"深入延伸等。同时,医药分家将是未来发展方向,药物购买和其他一些药事服务职能将逐步从医院剥离,流向社会化的专业药房。而药房在承接这些职能的过程中则需要逐步合规化、专业化和信息化,从而能够承担包括互联网医药业务在内的更多职能与服务。总之,以上这些内容仍需逐步探索和规范。三是在立法监督上,"互联网+医疗"更多局限于政策文件和有关部门的管理规定,尚未上升到立法。医疗机构在具体实践中,要么因无法可依而趋于保守,要么因缺乏监管而疏于规范。而这些问题也在一定程度上制约了"互联网+医疗"的发展。

(三)价格机制不明确

"互联网+医疗"服务价格形成机制和支付方式尚未形成完善的体系。一方面,"互联网+医疗"服务价格涉及医、患、企多方利益主体,现今对"互联网+医疗"服务价格的规范和监管程度不够,缺乏对不同经营性质的医疗机构"互联网+医疗"服务价格方面的规范等。2019年,国家医疗保障局发布的《关于完善"互联网+"医疗服务价格和医保支付政策的指导意见》仅提出"互联网+医疗"要保持线上线下同类服务合理比价。所以目前大多数地区按线上线下相同价格试行一段时间后再重新调整,尚未形成行业性定价标准。

另一方面,对于纳入医保的"互联网+医疗"服务主要采用的是总额预付的医保支付方式,仅少数地区明确医保支付方式,如天津和内蒙古。总额预付制下按项目付费,线上线下统一支付方式和标准,直接把"互联网+医疗"服务纳入现有的报销体系中,虽然操作简便,但会存在难以确定医保总额度和导致医疗费用过快增长等问题。

(四)监管职责不到位

政府行政监管与行业组织监管互为补充应为"互联网+医疗"监管的理想状态。但在"互联网+医疗"监管实际操作中,"互联网+医疗"机构流程监管延迟与医疗服务标准缺乏,政府部分监管职能过于分散等问题阻碍了"互联网+医疗"监管的发展进程。

在流程监管方面,首先,"互联网+医疗"前期、中期监管服务缺失会影响"互联网+医疗"患者的满意度,医疗机构全流程监管仍以诊疗后期服务为主,诊疗后期服务标准的及时制定会影响互联网诊疗服务质量评价的合理性。其次,医疗监管服务标准影响"互联网+医疗"质量。由于互联网医患双方跨信息系统进行交流,涉及医务人员实施远程诊疗的资格、医疗设备使用标准及医师远程判断患者病情的准确性等问题,在诊疗过程中易发生误诊或延诊。在监管职能方面,监管职能过于分散及医疗监管法规缺失,是"互联网+医疗"监管不足的主要原因。政府享有"互联网+医疗"决策监管及绩效考核评估权,但监管职能分散于各行政部门,使非卫生部门制定决策有局限性,易出现监管真空,导致监管专业性与落实积极性不足。此外,与"互联网+医疗"机构内部监管相比,政府重视事前监管,而轻视事中行政监管体系构建,甚至忽略事后行政监管问责。

（五）人才队伍建设不够

促进"互联网+医疗"发展,"互联网+"是程序、形式和手段,"医疗"是实体、内容和目的,重点是加强"互联网+医疗"人才建设,要在加强传统卫生健康人才建设的基础上,培养具有"互联网+"思维、掌握"互联网+"技术的卫生健康人才。

在人才方面,乡村医生作为医疗卫生服务体系的网底,承担着基本医疗服务和基本公共卫生服务,工作量大,无暇开展"互联网+医疗"业务。同时,"互联网+医疗"是IT精英与医学专家知识的融合,对跨学科的新型复合型人才要求较高,网络医疗人才培训难问题较为突出。在教育培训方面,医院相关部门对医学教育的认识不足,主动性较差,导致医学教育开展流于形式。此外还存在教学内容不适应基层医疗的实际情况,缺乏实践性和针对性等问题(见图3)。

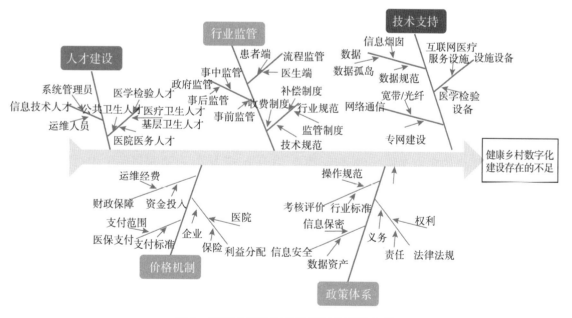

图3　健康乡村数字化建设不足因素分析

五、"互联网+医疗"背景下推进健康乡村数字化建设的路径设计

（一）科学规划，健全顶层设计

从健康中国和乡村振兴战略的全局出发，切实做好巩固拓展脱贫攻坚成果同乡村振兴有效衔接，筑牢乡村振兴健康基石。应在规划与配套制度制定、基础设施建设、服务平台搭建等方面开展工作。

1. 制定发展规划与政策

当前，包含人工智能、大数据、量子信息、生物技术、区块链等技术的新一轮科技革命和产业变革正在积聚力量，催生大量新产业、新业态、新模式。医疗健康领域作为人民群众最为关心的领域之一，以"互联网+"为依托，也将全面进入"新时代"。因此，国家必须在规划、法律和配套政策层面全力保驾护航。

在规划制定方面，首先，针对我国医疗服务体系城乡布局不平衡，农村居民基本医疗和公共卫生均等度不高，基层医疗机构服务能力低，乡村医生缺乏等实际问题，提出解决措施。其次，从机构设置、专业队伍建设、人口老龄化和城镇化趋势扩大、慢性病与伤害预防控制层级网络联动入手，构建健康乡村服务体系。

在法律保障方面，作为科学技术与社会发展的产物，"互联网+医疗"有独特的优势，但其作为一项特殊的医疗活动形式，参与主体多、涉及领域广，隐私安全风险高，关系到人民的生命健康权益和我国医疗健康事业的发展。为此，必须上升到立法层面加以规范，既要把握传统医疗领域和网络空间的法律问题，也要关注信息技术与医疗健康结合下引发的新情况、新问题。例如隐私权的保护，对医患双方所享有的隐私权，通过明确的法律条文或司法解释予以界定，包括隐私权的保护范围、各主体的保护义务、侵权责任和追责方式的明晰等。

在政策保障方面，一是推动政策体系建设，鼓励机制创新与防范风险相结合，在政策层面进行统一规划与部署，积极推动医疗、医保和医药"三医联动"改革全面向"互联网+医疗"延伸，逐步构建起与"健康中国2030"相配套的全民健康信息系统与乡村"互联网+"诊疗和服务体系。二是健全配套制度，积极引导医疗机构拓展"互联网+"业务，如全面加大投入和优化医疗资源配置，推进"云诊室"建设等。医疗机构内部应该制定相应的规章制度，合理调配线上、线下医疗力量，对医院以及医生对"云诊室"的参与度、成效进行量化考核，将医生对"云诊室"投入的时间、接诊的患者数量和患者满意度等作为考核依据。三是抓好标准体系建设，形成规范有效的闭环流程、运营体系，国家要同步加强监管创新，加快"互联网+医疗"监督体系的建立。要特别注重强化对技术的监管，抑制野蛮生长，推动"互联网+医疗"健康有序发展。

2. 网络基础设施与软环境建设

针对农村地区信息化建设相对滞后的问题，发展健康乡村、"互联网+医疗"要进行基础设施建设。首先，继续落实"宽带中国"战略，加大力度研发新一代信息技术，提高我国的移动互联网水平，加快推进

农村地区网络光纤改造,努力改善网络基础设施,提升通信网络的服务水平。其次,政府要大力支持云计算、物联网、大数据等技术的开发,对智慧乡村的软环境进行建设。最后,建立健全不同通信企业的沟通整合机制,确保网络信息高速公路随时畅通,提高资源共享水平,扎扎实实建设好智慧乡村赖以生存的网络基础。

3. 构建智慧健康乡村服务系统

"互联网+医疗"已成为国家重点战略,随着云技术的发展,健康乡村数字化未来发展的方向是通过互联网云平台实现医、药、险的健康医疗闭环,也就是线上的"健康维护组织"模式。该模式无需考虑医疗机构的地理覆盖范围,能利用有限的医疗资源覆盖更多的用户群体,有利于解决农村地区医疗资源相对不足,医疗服务水平较低,居民就医成本相对较高等问题。

在智慧健康乡村框架下,由政府牵头,制定医疗保障政策和监管制度,协调区域资源,在区域内深化智慧医疗服务体系,升级疾病预防控制体系和建立应急医疗服务体系。由区域内医疗保障平台和健康管理平台对三大体系进行支撑,提供远程医疗、家庭医生签约、药械的智能配送、智能康养、医疗保险等一系列乡村医疗保障服务,体现智慧医疗的核心价值,以"健康人群"为目标,将业务拓展到整个生命周期,由政府主导,联结区域内电信运营商、科技企业、物流企业、药械企业、零售药房、各级医疗机构、康养机构、保险公司等多方主体,在5G、人工智能、大数据、云计算、物联网、互联网等高科技赋能下,逐步打造覆盖"健康教育—临床—治疗—支付—健康管理"的医疗服务全流程闭环。

(二)建立模式,推进健康乡村数字化发展

1. 打造线上线下一体的智慧卫生院

分级诊疗从2015年推广至今,效果并不显著,存在基层机构首诊率低,转诊不畅,患者知晓率较低及转诊意识不足等问题。要充分发挥乡镇卫生院的网底功能,为农村居民提供高效、优质的医疗服务。乡镇卫生院优势的发挥需要信息化技术作为支撑,但大部分乡镇卫生院仍存在信息化建设滞后的问题。

因此,首先,乡镇卫生院要完善基础配套设施建设,改善医疗条件和医疗环境,提升其形象和信誉。其次,充分利用互联网技术,全面推动线上和线下的信息化建设,建立完备的信息系统(见图4),组建专业的数据库平台包括卫生管理、药品监管、远程医疗等信息系统。再次,充分利用移动终端技术。一方面,利用移动终端与线下医疗服务紧密对接,为广大居民提供预约挂号、预约住院、预约检查、报告查询等服务,优化医疗服务流程。另一方面,要加强医疗服务信息平台的建设,进一步落实居民健康档案信息化,为患者建立电子病历。将公共卫生信息系统与居民电子健康档案联通,做好在线健康状况评估、监测预警、跟踪随访等,使公共卫生服务更精准。最后,搭建家庭医生与签约居民服务互动平台,提供在线健康管理、慢性病随访、延伸处方等服务。提供多种在线支付方式,推行"一站式"结算,使结算支付服务更便利。让居民在家门口就享受到便利和优质的医疗服务,做到小病不出乡,大病不出县。

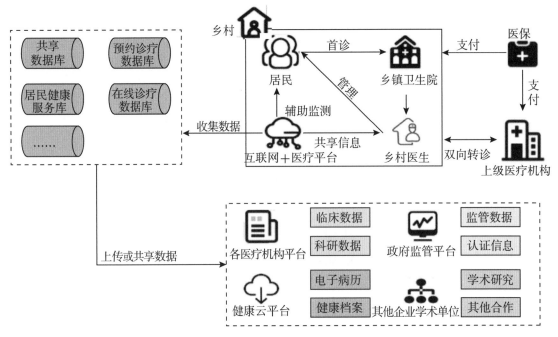

图4　智慧乡镇卫生院模式

2. 建立全方位、全周期健康管理系统

健康管理服务平台就是在智慧乡镇卫生院的基础上,利用互联网、物联网、大数据、人工智能及云计算等现代化信息技术手段构建的健康信息服务体系(见图5)。采用生物—心理—社会模式对人群进行管理,通过健康体检,采集居民健康数据,评估疾病风险,全面了解居民健康状况,并通过用药干预、健康指导等手段,及时反馈签约医生后进行用药调节,提升患者疾病控制效果。同时,定期在线上线下开展健康科普,对居民进行生活层面的指导,推动居民转变不良生活方式。加强家庭医生同居民之间的交流沟通,开展针对性指导,激发居民自主参与健康管理的热情,提高依从性。

实施"互联网+健康管理"持续提升工程,综合运用大数据人工智能等现代信息技术,对健康风险因素做到早发现、早干预、早治疗。推进"互联网+中医药"健康服务的应用,加大投入具有中医药特色的健康管理职能化设备的开发和应用,重构中医药资源,普及中医药健康知识,推动数据资源共享,提高智能化大数据在中医药行业的应用程度,利用"互联网+"开展远程中医药医疗、移动医疗和智慧医疗,充分发挥中医药在健康干预、中医体质辨识和中医药调整等方面的独特优势。

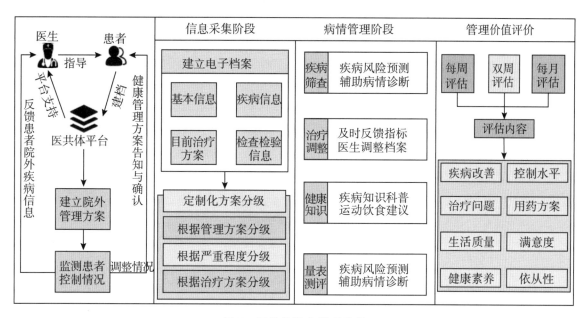

图5 医共体健康管理路径

3. 构建互联互通互享的智慧乡村医疗

互联网最大的魅力在于可以打破空间和时间的限制进行信息分享。健康乡村数字化建设的重点工程之一就是实现区域内不同级别医疗机构卫生资源的共享。根据国际统一的医疗系统信息化水平划分,我国目前大部分医疗卫生机构的信息化建设处于CIS初级阶段,相对于发达国家仍有较大的差距,因此应认识乡村医疗信息化建设的不足,尽快打破不同区域、不同级别医疗机构数据标准和接口标准不统一的局面,全面提升医疗卫生整体行业宽带速率,保证各类医疗数据传输的高效性。一方面,搭建县域医疗共同体内一体化信息系统(见图6),对接县域内各级医疗机构,共享医共体内医疗卫生、信息、服务等资源,实现数据实时查询,全程可溯。患者采取线上就诊方式,医生可借助移动设备在线问诊,实时查询病人既往病史和治疗信息,依据病情开具电子处方,或指导患者到医院进一步就诊。患者通过线上预约方式进行线下就诊,信息系统进行分流、导诊,引导患者就近就医、有序就医,减少患者就诊环节和等待时间,节约就医成本。患者由上级医院下转到乡镇卫生院后,上级医院依然可以利用院内信息平台进行在线指导和康复流程的动态监测,确保患者快速恢复。此外,各级医疗机构之间还可以通过信息平台进行行政管理、教育培训、远程会诊、病情讨论、学术研究、疾病预防等,加强医共体内人员互动和学习氛围,提升乡镇卫生院医疗服务能力。

另一方面,应促进卫生健康类可穿戴设备认证标准出台,规范个体健康数据采集行为,推动医疗卫生领域各环节的信息化建设,设置安全的认证方式,严格规范数据的采集,同时注意各个环节信息系统的维护。此外,还要进一步实现与医保社保部门、医药相关部门企业的连接,促进医疗、医保、医药的有机联动,同时应加强与民政、公安等社会公共部门的协同合作,加快推进区域健康大数据平台建设,逐步实现城乡区域内的医疗卫生信息共享。

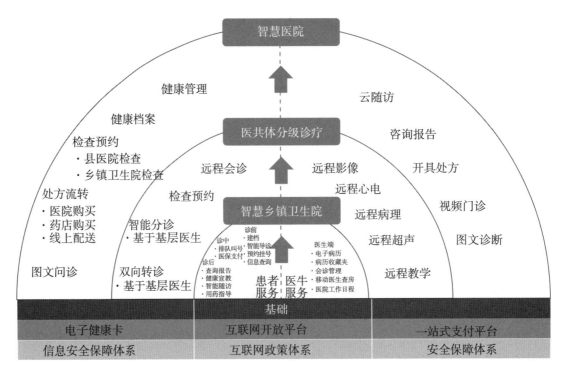

图6 智慧乡村医疗体系

(三)机制激励,培育智慧健康乡村人才

互联网技术在健康乡村建设方面能否达到良好的效果,一方面,在于互联网技术自身的成熟度;另一方面,在于互联网技术能否被相关人员正确使用。随着各类互联网技术在医疗领域的广泛利用,对相关医务工作者的综合能力要求更高,因此加强对医务工作者相关方面的培训,对当前有效开展健康乡村建设至关重要。

一是建立大数据背景下分层分类的乡村医生培养体系,重点加强乡村医生对各类医疗信息的管理能力的培训,不仅包括对同级医疗机构医疗信息的管理能力,还包括对上级医疗机构所传达的信息的整合与处理能力,确保乡村医生能够准确理解各类医疗信息,能够"接得住"患者。此外,在乡镇卫生院、村卫生室相关基础设施逐步完善的基础上,由当地卫健委牵头,开展乡村医生在远程仪器使用以及临床检查操作方面的规范化培训,提升乡镇卫生院和村卫生室的服务能力,让农村居民足不出户便能享受到优质的医疗资源。二是对医院管理者的培训,定期组织培训学习,将医疗信息管理置于战略高度,进一步增强医院管理者对信息数据的资产管理意识和管理能力,加强其对健康公共数据的监管和维护,培养其对医疗数据的开发能力,进一步促进公共健康数据资源的可获得性、可访问性、再利用性和再开发性。三是对在线诊疗医生的相关培训,对可提供远程医疗服务的医生的资质做出一定的要求,如执业年限、执业经历、互联网技术操作能力等,因此在开展远程医疗服务之前,相关部门和机构应该对医生进行系统化培训,确保远程医疗服务质量。四是建立激励机制,对开展"互联网+医疗"服务的医生给予绩效激励,对参加信息化培训的医务人员给予经费补助,鼓励医务人员开展"互联网+医疗"服务,提高他们参加培训的积极性。

(四)系统支撑,实施居民健康促进计划

医疗领域具有极强的专业性,医患双方信息不对称长期存在。虽然近年来"互联网+医疗"飞速发展,患者可以通过网络查询相关症状,一定程度上方便了患者就医,但市场上涉及"互联网+医疗"的网站良莠不齐,也出现过患者接受非正规网站诊疗导致悲剧的案例。政府相关部门应该加强对医疗网络环境的监管,制定相关条例制度,严格控制相关医疗网站的准入,使患者能够在互联网上获得正规的诊疗服务。通过规范相关医疗网站,患者可以在互联网上获得更多的医疗信息,可更全面掌握自身身体状况,一定程度上可以减少患者小病大看,舍近求远的现象。此外,通过互联网分流,可有效缓解大医院"人满为患"状况,使真正需要高精尖医疗服务的危急重患者能够得到及时的诊治。

针对目前"看病难"问题,除了规范"互联网+医疗",提升基层医疗机构服务能力外,从患者角度出发,应该全面提升农村居民健康素养,通过开展健康教育、社区宣讲等方式普及居民健康知识。重点加强"健康细胞"建设,进一步加强对健康村镇、健康单位、健康学校以及健康家庭的建设,全面落实家庭医生签约制度,通过上门服务居民,让居民体验到乡镇卫生院的服务,提升患者对基层的信任感。此外,政府相关部门应该在健康乡村建设上进行持续的、长期宣传,可以借助媒体手段宣传健康乡村相关制度,引导全社会共同参与,鼓励各地区根据当地发展特色,做好自选工作,从而建设出独具特色、美丽健康的乡村。

参考文献:

[1]WHO. Report of Informal Consultation on Urbanization and Environmental Health in Relation to the Healthy City Concept Alexandria[R]. Geneva:WHO,1990.

[2]陈才,杨帆.智慧城市"下沉"才能高质量发展[J].中国信息界,2021(2):32-36.

[3]王红茹.抚州市市长张鸿星:以智慧医疗破解"乡村看病难"[J].中国经济周刊,2018(14):68-69.

[4]杨良敏,孙超,马健瑞,等.人工智能赋能村医的"旌德模式"[J].中国发展观察,2018(Z2):34-41.

[5]闫文昊.远程医疗法律和制度构建初探[J].中国卫生法制,2020,28(4):61-64.

[6]谢蓉蓉.大健康背景下健康政策对于健康产业的影响分析[J].智库时代,2020(9):17-18.

[7]崔文彬,张焜琨,顾松涛,等."互联网+"医疗服务纳入医保支付范围研究[J].中国医院,2020,24(3):4-6.

[8]宗文红,陈晓萍.国外移动医疗监管对我国的启示[J].中国卫生信息管理杂志,2015,12(4):340-345.

[9]龙翼飞,龚政.我国移动医疗法律监管问题研究[J].山西大学学报(哲学社会科学版),2017,40(2):113-119.

《城市环境与健康智慧管理：理论与实践》

（专著提要）

李 飞

中南财政政法大学教授

当今全球超过一半的人口生活在城市区域，城市已然成为资源消耗和化学物质排放的地理焦点。城市环境多介质（包括水、土壤、空气等）中的污染显著加剧，通过多个暴露途径造成慢性公共健康风险甚至危害，且存在多尺度分布差异。环境健康风险管理吸收了多学科的知识和技术，是全球广泛使用的一种政策工具，包括危害识别、暴露评估、剂量反应评估、风险表征和风险管理等阶段。近年来，环境与健康方面的研究显著增加，当前的发展为如何了解污染物的真实释放、动态、归趋及影响提供了重要信息。面对多用户级的环境健康与公平要求，环境健康管理领域近期面临的挑战包括但不限于：（1）由于执行难度大、成本效益低和从信息安全角度考虑，缺乏个人暴露场景和参数。（2）在多媒体环境中缺乏动态污染数据、污染物运移机制和建模。（3）缺乏多目标应用，特别是在用户层面。当然，包括情景、模型和参数在内的许多因素都会影响人群健康风险管理不确定性的频率和程度。现在，"互联网+物联网+环境健康"可能带来新的时代，"正确时间、正确地点、正确信息、正确人"的精准环境与健康管理是社会迫切需要的。因此，从多尺度、多介质、多暴露、多目标视角开展智慧城市环境健康管理系统相关研究具有重要意义。本书针对上述研究"痛点"和社会需要，经过近十年的科研探索，结合相关工程项目的实践经验，旨在针对该领域研究中现存的不足，通过对关键知识的整合、关键技术的建立健全等，架构一套科学、高效的智慧城市环境与健康管理体系，并进行了案例实践，为读者提供参考或指导。

全书共分为4章。第一章是基于集成学习的PM2.5污染智能预警系统。本章以北京市作为研究对象，以北京市2010年至2014年的空气质量与气象监测数据为基础，对其进行了特征相关性分析以及特征重要度分析。之后，采用特征多项式扩展的方式对特征进行组合，以生成新的特征，再使用XGBoost算法的特征重要度模块对新产生的特征进行粗筛选。最后，用穷举验证法对剩下的特征进行细筛选，从而确定最优的输入特征组合。针对PM2.5浓度预测的多参数交互影响的特点，研究借助目前比较成熟的三种机器学习算法,探索利用Stacking集成算法进行融合性优化,同时模型参数调优采用了交叉验证法和网格搜索法。实验结果显示,基于Stacking的集成模型的R^2均在0.9以上,均方根误差均在50毫克/立方米以上,平均绝对误差均在14毫克/立方米以上。其中Stacking_HuBer集成模型的训练效果最佳,模型的R^2达到了0.931,均方根误差达到了50.627毫克/立方米,平均绝对误差达到了14.537毫克/立方米,表明该模型的预测能力优秀。基于模型的实验结果,结合Web开发技术的Python+Django框架,对PM2.5污染智能预警系统进行了需求分析与系统设计,开发了一款基于集成模型的PM2.5污染智能预警系统。

第二章是基于大气PM2.5暴露的城市绿色健康出行系统研究。本章旨在回应居民绿色健康出行的迫切诉求,选取北京市作为探究对象。首先,以北京市2017年至2019年的空气质量监测数据和气象数据作为实验数据,采用相关系数的策略选择输入特征,通过时序化方法处理数据输入格式,并使用随机森林模型构建预测模型对所有空气质量监测站点的拟合效果进行评估,结果显示预测模型R^2均在0.87以上,均方根误差均在15微克/立方米左右,平均绝对误差均在8微克/立方米左右,模型预测能力良好。其次,针对北京市城市道路地图借助ArcGIS进行路网拓扑化处理,先将路网数据中的相交节点和路段持久化为Neo4j图数据库中的节点与关系,并根据各空气质量监测站点的PM2.5浓度预测值和北京市区域格网使用反距离权重法进行空间插值,从而实现区域PM2.5分布可视化。再次,研究构建了路网路段相对PM2.5暴露风险计算模型,模拟评估显示基于PM2.5暴露风险权重的最低风险路线相较于基于距离权重的最短距离路线所面临的PM2.5暴露风险明显更小,并且此差异在从低PM2.5浓度区域过渡到高PM2.5浓度区域时更加显著(平均达到27%)。最后,利用Django框架搭建了基于大气PM2.5暴露风险的城市绿色健康出行系统,通过分析用户功能需求和系统稳定运行所需的非功能需求,将系统划分为出行路线查询、城市PM2.5分布查询和PM2.5预测模型在线训练模块,并按照系统功能设计流程图逐步实现各个功能模块,而后通过系统功能性测试和非功能性测试确保系统的完备性。

第三章是基于物联网的老年人跌倒监护系统设计与研究。针对老年人数量日益增多的趋势且易发生跌倒这一现象及其潜在危害,本系统采用了层次化的结构设计,将整个跌倒监护系统分为三层:第一层为传感器层,该层用于采集被监护人的相关生理数据并在STM32微控制器进行数据汇集,按照一定格式封装,最后利用无线网络技术传输给智能手机层进行分析;第二层为智能手机层,该层用于接收各传感器层的数据并按照规定格式进行数据解析,结合陀螺仪和心率传感器的相关数据,与通过大量实验分析计算出的阈值进行比较,综合判断是否发生跌倒,并采用GPRS(通用分组无线网络)技术将相关的数据传输到远程服务器保存,当发生跌倒时定位功能会根据智能手机是否打开GPS(全球定位系统)选择最佳的定位方式进行定位并自动呼救;第三层为远程服务器层,该层对数据的分类、存储等功能提供数据支持。传感器层与智能手机层之间的通信使用低功率、低延时的蓝牙进行数据传输,智能手机层与服务器层使用TCP/IP通信协议的GPRS技术进行数据传输。智能手机层与各传感器网络实现数据交互、GPS定位、用户交互、自动呼救、跌倒检测等功能,其中,自动呼救功能依赖智能手机层GSM(全国移动通信系统)网络。本文提出并验证了心率和跌倒检测算法,跌倒检测采用的是阈值法,在智能手机层处理传感器层测量的数据,然后与加速度阈值5.5克进行比较,再综合分析判断用户是否发生跌倒情况,最后对跌倒算法进行测试,实验的准确度为97%。

第四章是基于LBS(基于移动位置服务)的可视化智能环境健康系统研究。本章构建并优化了基于云端计算的多介质人体环境健康风险等评估算法和体系,采用模块化、层次化的结构设计,底层系统架构和网络架构采用基于Docker容器和Nginx反向代理服务器的低耦合设计,并通过SSL/TLS模块实现数据接口的HTTPS(超文本传输安全协议)加密安全传输;上层的Web应用使用基于Java Web的JFinal开源开发框架和基于Python的Django Web框架;数据库层级采用MySQL数据库,并通过Django ORM、JFinal Service层进行交互和管理。系统模块分为:用户信息管理模块,提供用户登录注册、个人健康信息数据管理等功能;环境污染监测模块,通过多途径网络应用程序接口和爬虫程序获取城镇环境污染状况的高精度数据,并扩展出物联网环境监测设备的数据接入,实现全覆盖的实时监测;环境健康算法程序模块,通过基于云计算的IDW算法、智能环境健康风险动态评估等算法模型为个人用户科学估算暴露在多介质环境中实时的健康风险情况;健康导航模块,采用混合策略的LBS出行路线规划,为用户提供健康出行导航和健康跑步路线规划等功能。本书同时使用Django TestCase组件、高德地图JS API等工具编写、创建了一定数量的测试用例,也生成了用户一定时间范围内的模拟出行定位轨迹数据,对系统的功能接口、算法程序稳定性等进行了测试。

本书针对现国内外城市环境与健康风险管理领域技术方法中的不足,面向智慧城市探索和发展了有关城市环境与健康智慧管理的核心理论与实践,所架构的多尺度、多介质、多暴露、多目标城市环境与健康智慧管理系列技术属于多学科交叉研究的关键。目前,本书主要构建与实现了基于集成学习的PM2.5污染智能预警系统、基于大气PM2.5暴露的城市绿色健康出行系统、基于物联网的老年人跌倒监护系统和基于LBS的可视化智能环境健康系统等前沿理论与应用,经验证上述系统均展现了良好的区域多目标环境与公共健康管理决策辅助能力。

大运河文化遗产保护与利用研究

陈正怡然

杭州国际城市学研究中心助理研究员

大运河文化是具有"标识性"和"主体性"的中华特色文化,是中国传统文化闪亮的名片。建设大运河国家文化公园,对坚定文化自信,彰显中华优秀传统文化的持久影响力、革命文化的强大感召力具有重要意义。

由杭州国际城市学研究中心、杭州市园林文物局、浙江大学文化遗产研究院、浙江省城市治理研究中心主办的第十届杭州世界文化遗产国际会议、2021历史城市景观保护联盟年会、"城市文化遗产保护问题"主题论坛于2021年10月30日在杭州举办。近50位学者出席论坛,一些文化遗产方向的学者发表了演讲。与会代表围绕"大运河国家文化公园及沿线历史文化名城保护"主题,深入探讨如何保护、传承和利用大运河历史文化资源,现将主要观点综述如下。

一、关于加强大运河文化研究的探讨

在大运河广博的价值内涵被广泛关注时,如何把大运河这条历史悠久与南北交融的经济带、政治带、交通带、文化带和生态带保护好、传承好、利用好,如何保护好、传承好大运河所承载的优秀传统文化,并通过活化利用唤醒其当代价值,是摆在研究者面前的重大课题。浙江省社会主义学院中华文化学院一级巡视员张建明表示,自隋唐以后,大运河对中国的影响日益加大,大运河促进了中国的政治、经济、文化方面的交流。纵观古今,大运河既是一条人类文化遗产廊道,又是我国东部的生态廊道。因此加强对大运河文化的研究,推动大运河文化创造性转化和创新性发展,全面阐释大运河文化的当代价值和时代精神具有重要意义。

(一)梳理文化资源,重视遗产保护

高质量建设国家文化公园的基础是对中华民族文化基因的深刻理解和深度挖掘,应突出"文化"的主题性,强化核心引领作用,坚持保护优先,彰显特色。保护、传承、利用是大运河文化带建设中必须统

筹好的三个基本课题,其中,保护是基础、是前提,只有保护好,才有可能传承好、利用好。张建明提出,作为世界上建造时间最早,空间跨度最长的人工运河,大运河拥有56项世界遗产点,而在杭州站的世界遗产点就有11项,遗产面积高达7.73平方千米。要全力推进大运河(杭州段)文化建设,让文化与生活、产业交融。杭州市城市规划设计研究院副总工程师、城市发展与历史保护研究所所长华芳提出构建杭州大运河国家文化公园体系,包括文脉传承体系、生态体系、特色景观体系,其中,核心是文脉传承。历史上有十景、十八景、二十八景,如今还有多少遗存,还有多少可以恢复?这都需要进行系统的梳理,它们是大运河国家文化公园重要的文化标识。杭州市园林文物局一级调研员赵争表示,提升文化遗产整体保护管理水平,通过工程模式实现规划引领、项目支撑、文旅融合,全力实现历史文化保护和社会城市发展的共建共享、共融共生,形成文化遗产创造性保护、创新性发展的杭州模式。

大运河不仅是一条河,更代表了一种制度、一个知识体系和一种生活方式。大运河开挖、通航所形成的生存环境和生活条件,造就了漕运群体、商人组织、河工人群等因运河形成的独特生活方式,也改变了大运河沿线区域特殊的生存、生活方式,其中包括商贸文化、建筑文化、曲艺文化、饮食文化、信仰文化和民俗风情等,形成了多样的风俗观念。第十届"钱学森城市学金奖"作者周森以大运河沿线的乡土聚落为例进行了论述,乡土聚落可视为民俗文化基因传承的重要载体,除了保护传承传统聚落的建筑格局,还要活态保留传统的生活方式和习俗。大运河文化的传承与保护也是如此,要传承、展示大运河沿线居民的集体记忆,通过物化的大运河遗产实现持续的文化传承。

(二)突出活化传承,强调合理利用

大运河的核心本质是"运",保护好大运河最重要的是利用好大运河。2006年12月31日,习近平总书记在考察大运河综保工程时强调,大运河综合整治与保护开发工程突出了还河于民、造福于民的要求,希望杭州用好大运河这张"金名片",把大运河真正打造成具有时代特征、杭州特色的景观河、生态河、人文河,真正成为"人民的运河""游客的大运河"。

新华社浙江分社副总编辑、高级记者方益波提到,关于文化的活化传承,杭州的典型代表就是在工业厂房的基础上建设博物馆。因为大运河既有文化属性,又有经济属性;既是平民化的,又是专业化的。因此,在文化遗产的保护中要一手抓生活一手抓生产,形成良性互动。

方益波强调要保护原住民的利益,让沿岸原住民从保护传承和利用中受益,改变原有的无法满足人们高质量生活要求的历史居住建筑功能,使原来的被动式保护转变为居民的主动保护行为。在谈及如何平衡民生和保护之间的关系时,他提出大运河的开发不是无序的开发,不是破坏性开发,也不是拆旧立新。小河直街历史街区就是一个很好的案例,曾经的小河直街历史街区非常破旧,污水横流,但是并没有被拆除重建,而是在危旧房改造中始终注重保存历史文化的肌理,保存历史的风貌。

(三)提炼地方文化特色与亮点

要把大运河文化的保护传承利用与国家文化公园建设工作做好,应当深入发掘大运河沿岸的文化特色,将大运河文化丰富的内涵和元素,通过国家文化公园及其文化地标、文化景观等,全方位、多角度、多形式地展示出来,体现出大运河文化的独特魅力。方益波提到,杭州市在进行大运河综保过程中,坚持中国传统的设计理念,保留大运河文化中重要的特色性符号,比如桥。之前杭州实施的修桥工程就是建立在文化的基础上,实现一桥一景。张建明提到,浙江省提出以"丝"为引擎,着力打造大运河丝路文化带,以江南运河、浙东运河文化遗产保护区域为核心,打造现代版大运河。

(四)加强大运河文化的宣传推广

中国大运河文化博大精深,是优秀的传统文化,要通俗化,要让普通民众接受,但不能浮夸地讲故事,不能歪曲,不能戏说。保护好大运河文化遗产,要讲好大运河故事,推动大运河沿线城市建设发展和品牌塑造,彰显城市经济社会发展和人文底蕴的特色亮点。济南市水务局副局长、市泉水保护办公室副主任陈学峰介绍济南在泉水文化保护中的做法时,提到建设泉水博物馆,并开展宣传和社会动员,举办各类宣讲活动,多角度、多形式解读济南泉水文化的遗产价值和泉水文化的内涵,充分展现泉水与泉城的独特性、代表性,让济南泉水走向世界。

二、关于大运河国家文化公园建设的探讨

(一)大运河国家文化公园的基础研究亟待开展

大运河作为线性文化遗产,空间广阔,保护、治理难度大,原有的管理模式和框架已经不再适应现实需要,借鉴国际上比较成熟的国家公园体制,创新性提出国家文化公园概念,先行试点,探索新型管理体制,不仅必要,而且势在必行。建设国家文化公园,是党中央、国务院做出的重大决策部署,是国家推进实施的重大文化工程。推进大运河国家文化公园建设是贯彻落实习近平总书记重要指示精神、决策部署和规划蓝图的具体行动。赵争提出,建设大运河国家文化公园,带动区域联动发展是以习近平同志为核心的党中央做出的重大决策部署,是推动新时代中华大地繁荣发展的重大文化工程,也是中国文化遗产保护领域在国际化交往和本土化实践过程中对全球社会做出的创新性贡献。

华芳从解读认知、体系策略、功能区划分、河段规划、时序计划、实施保障六个方面详细介绍了杭州市大运河国家文化公园建设情况。华芳谈到大运河对杭州的城市格局具有巨大影响,河网体系串联了整个线状城市发展的核心,未来杭州重点建设的区域也都属于大运河国家文化公园的治理范围。

(二)大运河文化规划和管理体系亟待完善

目前,国家已经出台《大运河文化保护传承利用规划纲要》,各省也积极响应,发布省级层面的实施规划,以及大运河国家文化公园建设保护规划和相关专项规划。但是,各地规划的编制参差不齐,规划内容和深度有待提升。尤其是要根据遗产区、缓冲区、核心监控区的管控边界的划定,来建立保护区域内人口、企业分布数据库,推动大运河重要遗产管控保护区、文化主题展示区、文化和旅游融合区、沿线传统利用区的建设。

陈学峰在会上着重介绍了济南泉水全城文化景观保护工作,济南严格按照2017年出台的《泉水保护总体规划》的要求,持续实施全城文化景观89处遗产要素点的综合保护工程,不断深化对泉水景观遗

产价值的挖掘和研究,推进泉水生态保护和水资源高效利用,这值得大运河文化保护传承工作借鉴。要从总体规划上体现大运河这一国家文化形象的整体性,强化顶层设计,推进保护传承利用工作,保障大运河文化保护传承利用工作有效落实。

华芳提出要深刻解读国家文件,落实国家文化公园建设要求,充分衔接市级建设方案。真正实现多规合一,把文化遗产保护落实到城市的总规、控规中。基于融合统筹的原则,在现行各类上位规划和专项规划的基础上,构建"多规合一"的大运河空间系统。要梳理甄别杭州历史、现代、未来大运河体系所关联的文化、生态、景观资源。同时要制定项目库,将项目按照轻重缓急排序。

完善大运河国家文化公园建设的管理机制,在省级管理区的指导下,研究设立管理委员会,构建全市统筹、城区联动、分段负责的工作格局。将大运河国家文化公园相关的管控引导要求纳入全市国土空间规划,市相关部门牵头编制文化遗产保护、生态环境保护、文化旅游融合、大运河岸线保护与利用等专项规划。

三、关于大运河文化数字化的探讨

依托现有世界遗产点段和各类文物,深入挖掘以大运河为核心的历史文化资源,充分发挥数字化优势,建设大运河国家文化公园数字云平台。浙江大学文化遗产研究院院长刘斌谈到,部分文化遗产逐渐消失的现实是不可避免的,我们现在所能做的就是通过数字化手段将它们记录下来。

浙江大学副教授李志荣提出文物数字化建设是实现文化资源长久保存并发挥其软实力的基础性工作,也是"让文物活起来",参与文明互鉴的基础性工作。用数字化技术对文物进行全面的信息记录和转化,可实现文物资源从物质形态向数字形态的转化。以浙江省实施的第一个"古建筑"的数字化项目闸口白塔为例,闸口白塔既是杭州城建史的一部分,也是大运河发展史的文物对象。深入研究、调查各层塔的截面图、仰视图、平面图,每一层布局的变化都可以通过数字文件清楚展示出来。在整个闸口白塔数字化建设工作中,我们都在不断思考如何对文物进行展示,才能讲好、展示好文物遗产故事,让文化遗产走向公众。要利用数字可视化呈现大运河文物和文化资源,生动展示千年大运河的历史风貌和文化底蕴。华芳提出,可构建智慧大运河系统,设立智慧标识系统,包含指示牌引导、二维码扫描、数字三维再现、APP互动导游等智能手段。

综上所述,大运河是祖先留给我们的宝贵遗产,是流动的文化,要坚持保护、修缮与环境整治相结合,通过完善的保护利用规划体系,构建遗产保护传承与文旅融合发展协调并进的新格局。让这条具有独特历史文化价值的古老河流,在现代化高速发展的今天,依旧能够"活起来"。

南宋临安城太庙建筑数字化复原研究

陈　易[1]　韩冰焱[2]　殷莲娜[3]

1浙江省古建筑设计研究院副院长、教授级高级工程师

2,3浙江省古建筑设计研究院

摘　要:本文以南宋临安城太庙遗址的考古成果为基础,对中国历代礼制传统、南宋时期太庙的布局与礼制的因袭及变化方面进行了研究。以数字化建筑复原技术对南宋临安城太庙的主殿、神门、斋殿、祭祀库等建筑做了推测研究,对南宋太庙建筑布局、建筑尺度、大殿与庭院的祭祀陈设布局、祭祀空间按动线等进行了复原研究,并在此基础上提出南宋太庙遗址的保护性展示方案,整体上展示太庙遗址的复杂空间组成,从而激发现代人了解中国传统礼制的兴趣。

关键词:南宋太庙;数字化复原;南宋临安城;遗产保护与展示

一、历史背景

“国之大事,唯祀与戎”,作为一个现代人,很难理解宗庙社稷对于一个传统中原皇朝的重要意义。所谓“祀与戎”,“戎”是指军事活动,泛指国家统治的暴力机器,而“祀”就是指祭祀上的主祭权,象征统治的合法性。中原王朝被征服的一个标志就是,侵略者“毁其宗庙,迁其重器”。建炎元年四月,金人退兵北去,带走了徽宗、钦宗。五月,赵构在应天府(今河南商丘)即位,七月就派官员到东京汴梁(今开封)迎奉太廟神主到他所在的军营(行在)。虽然高宗即位之初曾经发诏说:“奉元祐太后如东南,六宫及卫士家属从行,朕当独留中原,与金人决战。”显示抗金决心,但不久就改口:“京师未可往,当巡幸东南。”九月,派遣徽猷阁待制孟忠厚迎奉太庙神主赴扬州。此后金兵一路南侵,“据两河州县”,而赵构十月份“登舟幸淮甸”,实际上是逃到了扬州。建炎二年正月,戎马倥偬之际,甲午日,赵构到寿宁寺拜谒祖宗神主。同年十一月,庚子日,再次到寿宁寺朝飨祖宗神主。所谓“朝飨”是古代祭祀大典的一种。在困难的战争年代仍然不断举行祭祀仪式,实际上是高宗在不断地宣誓政权的合法性。而在同一个月,金人围陕州,

陷延安府,陷濮州,陷开德府,陷相州,陷德州,陷淄州,犯东平府,又犯济南府,陷大名府,陷袭庆府,陷虢州,兵锋直指扬州。

建炎三年二月,江、淮制置使刘光世在淮河阻击金人,敌未至,自溃。壬子,内侍邝询报告金兵已经到了,高宗骑马披甲逃到镇江府,太常寺少卿季陵迎奉着太庙神主逃跑,被金兵追上,忙乱中甚至丢失了宋太祖的神主牌位。六月,高宗诏谕中外:"以迫近防秋,请太后率宗室迎奉神主如江表,百司庶府非军旅之事者,并令从行",十月高宗到了杭州,十二月到了明州(今宁波),次年二月,到达温州,实际上是一路逃到了温州。

绍兴元年,在各路军民的抗击之下,金兵北归,韩世忠在扬子江邀击金兵,屡败之,这就是著名的黄天荡之战。此后金兵不敢渡江南下,而高宗也从温州返回,驻扎在越州(今绍兴)。九月,高宗命令宗室右监门卫大将军赵士芭代表自己朝飨温州太庙,告慰祖先政权初步安定下来了。此后南宋太庙就一直停留在温州。

直到绍兴五年,高宗才派太常少卿张铢从文中奉迎太庙神主至临安,当时临安城(今杭州)并没有太庙,二月己丑,诏建太庙。四月太庙神主从温州到达,并被安置在新建太庙内,史书称"奉安太庙神主"。五月在新建的太庙,高宗举行了祭祀仪式。从此南宋太庙才正式在杭州落定。

二、考古成果

南宋太庙遗址先后进行了两次考古发掘,第一次发掘是在1995年的5月至9月,第二次是在1997年底至1998年2月。

1995年的发掘为搞清南宋太庙的范围,先在发掘区的西部布探沟2条,其中东西向探沟编号为T1,规格为25米×4米,发现明清时期的道路遗迹;南北向探沟编号为T2,规格为30米×4米,发现一处明清时期的水池及木桩遗迹。明清以后因故未继续下挖。6月13日,又在太庙巷东段北侧布东西向探沟1条,编号为T3,规格为42米×4米,发现南宋大型夯土基础和部分墙体遗迹;在太庙巷中部北侧,布东西向探沟2条,编号分别为T4、T5,规格均为20米×4米,发现零星的木桩及砖块。由于后期扰乱极为严重,至1.5米深处未再下挖。8月2日,为搞清夯土基础的整体结构,又在T3北侧扩方,编号T6、T7,其中,T6为正方形,规格为10米×10米;T7为6米×7米。相继发现了夯土基础的延伸部分及砖墙等遗迹。同时,为搞清夯土基础向南延伸部分的情况,T3南侧也做小规模扩方,编号T3扩,规格为3米×6米。由于T3东端发现的部分墙体遗迹破坏较严重,为搞清其整体结构,沿着该段墙体的大致走向,自南而北,又相继布小型探沟5条,编号为T8、T9、T10、T11、T12。其中,T8为东西向,规格为6米×3米;T9为东西向,规格为7米×3米;T10为正方形,规格为6米×6米,东部少量扩方;T11方向为北偏东11度,规格为10米×5米,发现门址后探沟向南扩方,使之与T9相连;T12为东西向,规格为6米×3米。该墙体在我们向北所布的探沟中均有发现,而且在其外侧又发现了南宋时的道路遗迹,结合墙体的构筑规模及其门址的发现判断,这段墙体乃是南宋太庙的东围墙,或称东庙垣。至9月20日,该年度的发掘工作基本结束,发掘总面积近900平方米,发现南宋太庙的东围墙、东门门址及大型夯土基础等重要遗迹。

1997年底至1998年2月,杭州市文物考古所对太庙遗址进行了补充(第二次)发掘。此次发掘共布探沟3条,探沟号顺延1995年编号,为T13、T14、T15,其中,T13方向为北偏东15度,规格为5米×16.5米,探沟北端局部与T10重叠;T14、T15均为正南北向,规格分别为7米×15米和2米×5米。T14位于该遗址第一次(1995年)发掘范围的北部偏东处,新发现夯土基础、础石及砖铺地面遗迹。T13和T15位于发掘区的东侧,临近中山南路,对1995年未发掘的部分东围墙和道路遗迹进行了补充清理。这次发掘面积近200平方米。

两次发掘共布探沟15条,发掘总面积近1100平方米。探沟主要集中于发掘区的东部和南部。发掘揭露了以下部分。(1)叠压于第二层下的明清遗迹:砖砌道路遗迹L1,房屋基址F1、F2,水池遗迹C1和C2。(2)叠压于第三层下的元代遗迹:砖砌道路遗迹L2,房屋基址F3。(3)叠压于第四层或第三层下的南宋遗迹:太庙东围墙遗迹Q1,东门门址M1,房屋基址F4和F5,室外砖铺地面D1、D2、D3,砖铺道路遗迹L5,排水设施S1和G1、G2,砖砌结构Z1;御街遗迹L3;道路遗迹L4(见图1)。

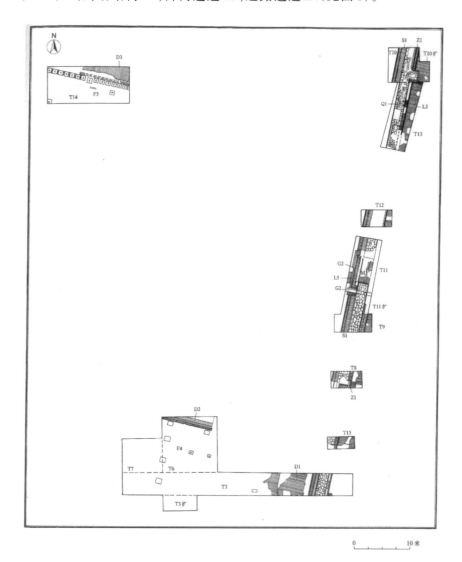

图1 南宋太庙遗迹

其中,围墙遗迹 Q1 位于整个发掘区的东部,在太庙巷东段北侧布置的 T3 探坑东端发现的部分墙体遗迹破坏较为严重。为搞清楚整体结构,沿着该段墙体的大致走向,由南而北,相继布小型探沟 5 条:T8、T9、T10、T11、T12。该墙体在这些探沟中均有发现:揭露长度约 80 米,围墙基础宽 1.9 米,墙身厚 1.7 米,残高 0—1.1 米,全部用规则条石错缝砌成,墙内用石块及黄黏土填充。从营建规格和用材看,该条石墙多用于宫殿院墙下碱,不同于一般的砖筑院墙,且其宽度达 1.7 米。在宋式营造中,围墙属"露墙","凡露墙:每墙高一丈,则厚减高之半;其上收面之广,比高五分之一。若高增一尺,其厚加三寸;减亦如之"。将这 1.7 米的宽度折算成宋营造尺为五尺半(以每尺 0.3091 米计),若依"每墙高一丈则厚减高之半"之制,这段围墙的高度大于一丈。

围墙内置散水沟,外侧为南宋御街。而且在其外侧又发现了南宋时的道路遗迹,结合墙体的构筑规模及其门址的位置判断,这段墙体为东围墙(见图 2、图 3)。故太庙东界应在今中山南路西侧约 6 米处。

图2　南宋太庙遗址之东围墙遗迹(西北—东南)　　　　图3　南宋太庙东围墙及散水(南—北)

东门门址 M1 位于已揭露的东围墙北段,门道宽 4.8 米。门址内有一门槛基槽,其南侧平置一长方形柱础石,北侧柱础无存,说明原建有门楼。门道内有一向西延伸的道路 L5,其宽度略大于门址,约 5.55 米(见图 4)。

图 4　南宋太庙东门门址

　　房屋基址 F5 位于发掘区中部偏北,仅发现其局部遗迹,面积约 105 平方米。房屋基础为一大型夯土台基,其北侧发现后檐墙基础一段,近东西向,揭露长度 14.8 米,并向东西延伸。该墙基建造方式独特,是用 15 块大小不等的方形柱础石平置,柱础石间留有 20—28 厘米不等的空隙,空隙处以长方砖侧砌嵌实。墙基北侧用长条砖包砌,宽约 0.45 米,外侧接砖面,从铺设方式来看,应为室外砖面(见图 5)。

图 5　房屋基址 F5 与室外砖铺地面

发掘区域东南部另发现一房屋基址F4,揭露面积约250平方米(见图6)。夯土台基北侧发现了东西向的砖墙基础,残长9米,厚0.33米,长方砖侧砌而成,相当规整,视为后檐墙,砖墙外侧再以平砖包砌,外接砖面。紧靠后檐墙基础内侧发现两柱础石1号、2号,其中,1号柱础石稍大,边长大于74厘米,它们中心点的间距为6米。台基中部另发现两规格较小的柱础石3号和4号,它们之间的间距为3.45米。在1号柱础石的南部发现3个纵向排列的柱础坑,编号为5号、6号、7号,大多长120厘米、宽110厘米、深45厘米。

图6　房屋基址F4后檐墙及室外砖铺地面

F4、F5发现的长方砖的规格为长37厘米、宽17厘米、高7厘米,折算成宋营造尺为长一尺二寸、广(宽)五寸六分、厚(高)二寸三分,这个尺寸应是经过磨、斫后的尺寸,因而,原砖坯的长度应大于一尺二寸,而厚度可能是二寸五分,与宋《营造法式》中一种长一尺三寸、广六寸五分、厚二寸五分的条砖相近,主要用于殿阁、厅堂、亭榭等建筑。

这些发现表明在太庙巷东北附近有建筑群,因此太庙南垣不可能到太庙巷就截止。据《皇城图》所示,太庙南邻瑞石泉,现称紫阳泉,根据当今紫阳泉的位置大致可确定太庙南垣应到紫阳山麓(见图7)。太庙南界在景定五年以后可至今紫阳山北麓,现太庙巷以南的太庙巷小学、原江干区垃圾中转站、江干区红十字会医院等单位皆应在太庙范围内。太庙北、西界由于考古发掘场地限制和文献稀缺,尚不明确。

考古成果虽然准确揭示了太庙遗址的位置,但是由于揭示面积过小,我们很难判断看到的遗址究竟是太庙的哪些部分,那些困扰我们的问题仍然没有得到解答,南宋太庙究竟是一组院落还是一个院落?

南宋太庙和明清太庙一样除了大殿外还有寝殿吗？南宋太庙与明清太庙是否一脉相承形式类似？太庙大殿是朝南还是朝东？除了大殿外还有什么建筑？要回答这些问题，我们不得不回到唐宋礼制演变中一探究竟。

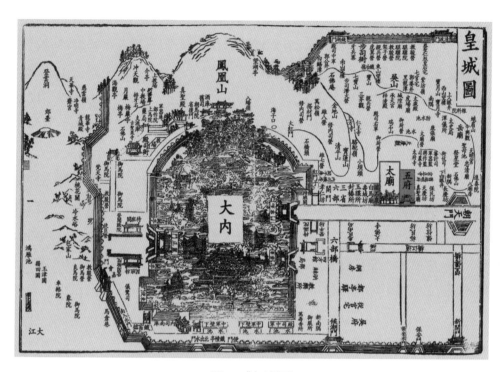

图7 《皇城图》

来源:《龙飞凤舞到钱塘》。

三、礼制的演变

宋人认为宋朝的典章制度大多承袭唐制，神宗元丰年间，朝廷设置专管礼仪事务的太常寺，当时枢密直学士陈襄就说:"国朝大率皆循唐故，至于坛壝神位、法驾舆辇、仗卫仪物，亦兼用历代之制。"但事实并不完全如此，礼仪制度往往要服从政治现实，不得不在制度上创新。作为国家祭祀规范的太庙制度，即便基于共同的儒家宗法制度，随着现实政治的发展，唐宋两朝还是发展出了各自的特点。

（一）唐代重新梳理建立的礼制基础

经过隋唐之际的大动乱，当时的人认为，从秦始皇焚书坑儒后，儒家制度就已经失传了，虽然经过汉、魏、晋的努力恢复，宗庙制度仍然有很多自相矛盾的理论。《旧唐书》记载:"自义乖阙里，学灭秦庭，儒雅既丧，经籍湮殄。虽两汉纂修绝业，魏、晋敦尚斯文，而宗庙制度，典章散逸，习所传而竞偏说，执浅见而起异端。"这是说，自秦代焚书坑儒以来，儒家礼乐制度中主要的典籍、制度、仪式都已经失传了，虽然经过汉、魏晋各朝的恢复，但对于皇家的宗庙制度众说纷纭。因此，唐朝建立后就开始重新梳理文化制度，作为帝国软实力的重要体现，其中，最为主要的就是重建所谓的宗庙制度。

1. 七庙制度

唐朝建立后,当时官方主流的认识是:"《春秋谷梁传》及《礼记》《王制》《祭法》《礼器》《孔子家语》并云:'天子七庙,诸侯五庙,大夫三庙,士二庙。'《尚书》曰:'七世之庙,可以观德。'至于孙卿、孔安国、刘歆、班彪父子、孔晁、虞喜、干宝之徒,或学推硕儒,或才称博物,商较今古,咸以为然。故其文曰:'天子三昭三穆,与太祖之庙而七。'"这也就是说,从《谷梁传》到《孔子家语》各种典籍都记载,天子的祭祖,应该要祭七代,才显得这个家族足够古老、久远,有足够德行统御天下。同时天子立七庙,诸侯立五庙,大夫立三庙,一般士人立二庙,这也是天子与诸侯、臣下们拉开距离,确立等级关系的重要手段。

但是,秦汉以后,王朝肇建之始,开国君主往往起于微末,《新唐书》就说"殷、周之兴,太祖世远,而群庙之主皆出其后,故其礼易明。汉、魏以来,其兴也暴,又其上世微,故创国之君为太祖而世近,毁庙之主皆在太祖之上",这是说殷、周的封建制度与后世帝国的差距,殷、周君主都是先受封,后建国,而后世帝王都是马上得天下。即便是李唐王朝,原来是北周的大贵族,也仅仅能追溯四世,立国之初仅立四庙。而到了唐代末期,太庙同时祭祀十一室。室与庙,在唐宋实际上同质而异名。汉代的宗庙,是一庙一个建筑,而魏晋以后,采取同殿而异室的方式,也就是每个过世的皇帝不再单独占据一个建筑,而是在太庙建筑里占一个套房。那么这七庙的制度中为何会出现四庙、十一庙这么大的差距呢?则必须从七庙的昭穆制度说起。

2. 昭穆制度

"天子三昭三穆,与太祖之庙而七。"昭和穆是什么意思呢?郑玄注曰:"自始祖之后,父为昭,子为穆。"也就是说,昭穆制度是一种排序方法,始祖在宗庙中居中,以下子孙分别排成左右两列,左为昭,右为穆。始祖之子为昭,始祖之孙则为穆;始祖孙之子又为昭,始祖孙之孙又为穆。为什么祖先要分为昭穆呢?正如《礼记·祭统》所说:"夫祭有昭穆,昭穆者,所以别父子、远近、长幼、亲疏之序而无乱也。"这样一来,在昭穆的排列中,父子始终异列,祖孙则始终同列。另外墓地的葬位也同样以此为准分为左右次序。 在祭祀时,子孙也要按照这样的规定来排列次序,用以区别宗族内部的辈分(见图8)。

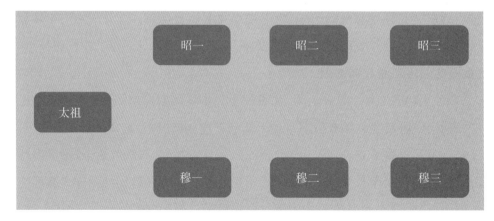

图8　昭穆制度

天子立七庙,祭祀七代祖先,那么子孙繁衍,超过七代以上怎么办呢?这就需要配套的祧迁制度。什么是祧?《礼记》说"远庙为祧",也就是远祖的庙是祧庙。那么什么叫"祧迁"呢?

3. 祧迁制度

祧迁就是要把超过七代的祖先迁出太庙,典籍称为"亲尽则迁"。对于迁到哪里去,唐代人曾经有四种方案,《新唐书卷十三志三》记载:"一曰藏诸夹室,二曰置之别庙,三曰迁于园寝,四曰祔于兴圣。"从实际操作看,藏诸夹室的最多。祧迁制度中还有两个例外:一是太祖之庙,百代不迁;二是有功不迁。其中,比较有意思的是太祖的认定,礼制中规定,太祖是始封之君。其实从秦灭六国后,封建之事越来越少。唐朝祖先也就是李渊的爷爷李虎被封为唐公,所以唐朝的祭祀以李虎为太祖,称景皇帝,而真正的开国皇帝是李渊、李世民。唐人的评价是:"高祖神尧皇帝,创业经始,代隋为唐,义同周之文王。太宗文皇帝,神武应期,造有区夏,义同周之武王。"所以,这两位是有功不迁的代表。"辨庙祧之昭穆"是为了什么呢?主要是为了在禘祫之祭中排列的位置。什么是禘祫之祭呢?

4. 禘祫之祭与东向为尊

禘祫是指宗庙之礼,禘、祫、亲郊、封祀、朝享、告谢及新主祔谒都是大祀。三年一祫,五年一禘,《新唐书卷十三志三》记载:"祫以昭穆合食于太祖,而禘以审谛其尊卑,此祫、禘之义。""礼,禘、祫,太祖位于西而东向,其子孙列为昭穆,昭南向而穆北向。虽已毁庙之主,皆出而序于昭穆。"禘祫之祭就是用来明确长幼尊卑次序的祭祀典礼。

禘祫之祭中太祖位于西而东向,那么坐西面东就是祭祀中最重要的方位,这仅仅是指礼仪活动呢,还是包括建筑布局呢?不论唐代的《开元礼》,还是宋代的《政和五礼新仪》,记载都很清晰,禘祫之祭是在太庙的院子举行的,临时性的陈设肯定要符合面东为尊的规定。太庙内部的"室"排列是否遵循这个规则,唐代的记载是不清晰的。南宋的《中兴礼书》卷九十五记载:"契勘在京庙制,每室东设户西设牖,西墙做祏室,藏祖宗帝后神主,又有东西夹室,其夹室止设户。见今行在太庙系随宜修盖,未曾安室祏室,今既创行修盖,即合体仿在京庙制,同殿异室修盖,及将殿东西作两夹室,其两夹室止合设户。一十一室依庙制设户牖。其殿南北深七丈,每室于西壁从北以南一丈二尺作厚墙,随宜安设祏室,其西夹亦合室祏室。"由此可见,在宋代的庙制中,不但太祖东向,每个皇帝在自己的室内都是东向的。

5. 别庙制度

别庙是指除了太庙之外其他祭祀祖先的宗庙,主要有两种:一种是为祧迁出去的皇帝另建的庙,另一种是专为皇后们而建的别庙。因为礼制规定太庙内只能一帝配享一个皇后,那么一帝有两个皇后,或者被追封的皇后、不能祔庙的皇后,都进入别庙祭祀。一般第一种别庙是异地安置的,而第二种别庙离太庙都很近,因为禘祫大祭时这些皇后也是要配享的。

上面这套宗庙制度,与宗法继承制度中典型的父死子继的王朝更迭模型完全符合,是一个非常完美的设想,但是现实中的皇位更替除了父死子继的方式还有其他方式,例如兄终弟及的方式,唐代的敬宗、文宗、武宗三朝,以及宋代的太祖、太宗两朝就是典型。这又会带来什么问题呢?而我们考察唐宋两代的太庙时发现,真正保持七庙制度的时间非常短,唐宋两代有过四室、五室、六室、七室、九室、十一室、十二室等各种太庙,到了王朝晚期,保留祭祀的过世皇帝越来越多;到了南宋孝宗朝,太庙最多时有十二室。这又是为什么呢?

(二)唐太庙的变化与演进

唐太宗建立的七室太庙完全符合理论上的宗法模型,在唐代最初的皇室传承中运行得比较顺畅。祧迁制度争议出现在皇位由兄终弟及方式继承的中宗、睿宗和敬宗、文宗、武宗两次祧祔过程,这实际上就是兄终弟及的现实与父死子继的宗法模型之间的矛盾。争议主要在两点,一是兄弟皇帝的昭穆位序怎么排,二是弟弟新祔后哥哥是否需要祧迁。事实上,中宗就曾经被迁至别庙,但是这仍然引起社会争议,最后唐皇室采用了折中的处理方式:一方面,兄弟是同一昭穆位;另一方面,同代的皇帝同时进入太庙。因此,由于有了中宗、睿宗的兄弟继承,玄宗做的修正就是七世九室,到了敬宗、文宗、武宗又出现一批兄弟皇帝时就不得不扩充到七世十一室。也就是说唐末时太庙中同时供奉七世十一位皇帝(见表1)。

表1　唐末时太庙中的皇帝

皇帝	太庙的变化
高祖(武德元年)	始享四室
太宗(贞观九年)	增修太庙,始崇祔弘农府君及高祖神主,并旧四室为六室
高宗(贞观二十三年)	太宗文皇帝神主祔于太庙,迁弘农府君
睿宗(文明元年八月)	奉高宗神主祔于太庙中,始迁宣皇帝神主于夹室
中宗(神龙元年)	以孝敬皇帝为义宗,升祔于太庙
睿宗(景云元年)	祔中宗,迁义宗
玄宗(开元四年)	祔睿宗,迁中宗
玄宗(开元十一年)	复宣皇帝,还中宗
代宗(宝应二年)	升祔玄宗、肃宗,献祖、懿祖已从迭毁
德宗(建中四年)	祧元皇帝于西夹室,祔代宗神主
顺宗(永贞元年)	祧高宗神主于西夹室,祔德宗神主
宪宗(元和元年)	顺宗升祔,中宗迁于太庙夹室
穆宗(元和十五年)	宪宗升祔,置睿宗皇帝神主石室
文宗(长庆四年)	穆宗升祔祧迁玄宗神主
武宗(开成五年)	文宗升祔祧迁代宗
宣宗(会昌六年)	于太庙东间添置两室,定为九代十一室之制

唐末黄巢大起义中,唐代宗庙被毁。当时的修奉太庙使宰相郑延昌曾说:"太庙大殿十一室、二十三间、十一架,功绩至大,计料支费不少。兼宗庙制度有数,难为损益。"这里的室和间与我们传统古建筑中

常见的三、五、七、九、十一开间的建筑形式之间是什么关系,是如何相互影响的,值得我们仔细思考。而《大唐郊祀录》记载:"其庙三分,宫之一近北面南,九庙皆同殿异室,其制一十九间,四柱,东西夹室各一,前后各三阶,东西各两阶。"为什么一个是二十三间,另一个是一个十九间,这中间的差距何在?《大唐郊祀录》又称《唐贞元郊祀录》,贞元是唐德宗年号,这是九室太庙时期,而十一室时期增加两室增加了四间,可见每室两间。唐代的夹室所谓的"一"仅仅是四柱落地的一间吗?答案是否定的。《旧唐书》记载:"(元和十五年)礼部奏:准贞观故事,迁庙之主,藏于夹室西壁南北三间。第一间代祖室,第二间高宗室,第三间中宗室。"所以整个西夹一共是三间。古人常以四柱落地为一间,由此是否可以推断进深方向立四排柱呢?(外面应该还有周围廊)。那么为什么九室不是十八间,十一室不是二十二间呢?关键必须回到禘祫之祭中东向为尊的观念:太祖三室而向东,其他的两室按昭穆排序。从开间上太祖占西侧第一间,九室时每侧四室每室两间,共九间,加上东西夹,就是我们常说的十一开间大殿,而十一室时是十三开间大殿(见图9)。

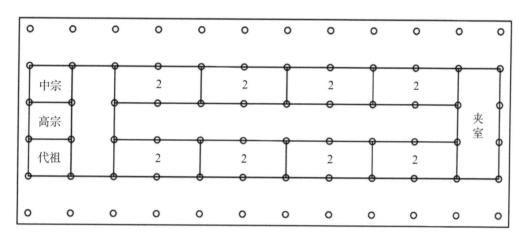

图9　唐代九室两夹太庙

我们不得不面对的另一个问题是,传统的古建筑的开间往往是明间大于次间、次间大于梢间、梢间大于尽间。由于尽间是两个封闭的夹室,那么太祖据西侧第一间不是占据了个梢间的位置吗?我们推测,唐代的礼制由于已经有东向为尊的标准,各开间很可能同等大小,不像后期建筑中明间最大。唐代太庙的特点是:两端设夹室,太祖居西侧第一间,纵向三间,其他皇帝每人横向两间,分昭穆排列。

(三)北宋太庙

宋代开国,制度大多模仿唐朝,建国初期的太庙也是追溯四代。但是,宋代情况更加复杂。首先,宋太祖赵匡胤祖上更加平民化,找不出一个始封之君,赵匡胤就是太祖。其次,赵匡胤不明不白地把皇位传给了弟弟。因此,宋真宗时为了是否应该在祭祀中称呼太祖为皇伯考妣而引发争执,当时有人看出太宗一支的皇室有意弱化太祖的地位,要把太祖、太宗同一昭穆位序的企图。《宋史卷五十九礼九》记载了当时的一些说法:"古者,祖有功,宗有德,皆先有其实而后正其名。今太祖受命开基,太宗缵承大宝,则百世不祧之庙矣。岂有祖宗之庙已分二世,昭穆之位翻为一代?……必若同为一代,则太宗不得自为世数,而何以得为宗乎?不得为宗,又何以得为百世不祧之主乎?"而北宋皇室为了强调自己的正统性,始终有意压制太祖一脉,因为一旦太祖正位居中,太宗不得不就昭位,昭位是儿子的位置,无形中太宗一支就低了一辈,这是北宋皇室不愿意看到的。在太庙内供奉的皇帝未满七世时,矛盾不激烈,到了真宗死时,供奉的皇帝已达七位,这时有人提出要祧迁最早的僖祖(赵匡胤的高祖),但是官方说僖祖到真宗才六世,不必祧迁。仁宗一死,当时的奉修太庙使蔡襄急忙抛出了一个八室图(这也说明最初太庙的空房间都已经满了),但是官方仍以七世为借口不愿进行祧迁。要保留追溯的祖先,这实际上是用孝道压制太祖的正统之位,因为只要有先祖在,太祖就不能在祭祀时居正中面东之位。到了英宗逝世,再无理由不对僖祖神位进行祧迁。仅仅几年以后,王安石就抛出了所谓的僖祖是始祖说,这是新党的一次政治投机,不仅是太庙的祧迁,对于大祭时的排位,祭天、祭神的配位究竟以僖祖还是太祖为尊,成了新旧党争的重要内容。崇宁(宋徽宗)以后,不但僖祖不再祧迁,已经祧迁的宣祖、翼祖都恢复了庙室,北宋的太庙最终定型于十室(见表2)。

表2　太庙的变化

庙号	太庙的变化
太祖	四室,室三间
太宗	东西留夹室外,余十间分为五室,室二间
真宗、仁宗	东西十六间,内十四间为七室,两首各一夹室
英宗	修奉太庙使蔡襄上八室图,为十八间
神宗	同堂八室,庙制已定,祧僖祖及后,祔英宗
哲宗	今神宗皇帝崇祔,翼祖在七世之外,与简穆皇后祧藏于西夹室
徽宗	存宣祖于当祧之际,复翼祖于已祧之后,以备九庙,增太庙殿为十室

这样的政治环境导致宋代太庙与唐代有什么不同呢?宋太宗朝修太庙,太常礼院上书:"按唐制,长安太庙凡九室,皆同殿异室。其制二十一间,四柱,东西夹室各一。前后面各三阶,东西各二侧。即今太庙四室,每室三间,将来太祖皇帝升祔,共成五室。欲请依长安太庙之制,东西夹室外,分为五室,每室二间。"真宗刚刚即位,商量修建太庙时太常礼院又说:"本院按《唐郊祀录》,庙各一室三间,华饰,连以罿恩,九庙皆同殿异室。其制二十间(实际书上记载十九间)。"

可以看到,宋代初期太常礼院对唐代庙制的考证是非常错误的,这是宋人疏漏吗?笔者认为更大的可能是回避,回避的是太祖面东三间为尊这个大问题,因此宋人始终强调每室两间。仁宗朝康定元年,直秘阁赵希言奏:"太庙自来有寝无庙,因堂为室,东西十六间,内十四间为七室,两首各一夹室。"所以宋代的一室两间是进深方向的两间,而唐代的一室两间是开间方向的两间。这可以解释为什么唐代记录的间数都是单数,而宋代不管怎么增室,间数始终是双数。唐代的室始终是七、九、十一单数跳跃增加,而宋代出现按八、十室这样的顺序增加(见图10)。

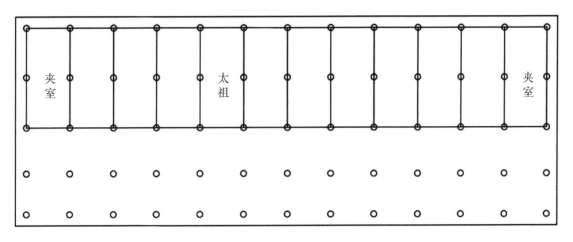

图10 宋代10室两夹太庙

四、南宋太庙

(一)南宋太庙的布局演变

宋室南渡以后,从各个方面对北宋的灭亡进行反思,当时有人上书讨论了礼制上对太祖的不公:"暨熙宁之初,僖祖以世次当祧,礼官韩维等据经有请,适王安石用事,奋其臆说,乃俾章衡建议,尊僖祖为始祖,肇居东向。冯京奏谓士大夫以太祖不得东向为恨,安石肆言以折之。已而又欲罢太祖郊配,神宗以太祖开基受命,不许,安石终不以为意。元祐之初,翼祖既祧,正合典礼。至于崇宁,宣祖当祧,适蔡京用事,一遵安石之术,乃建言请立九庙,自我作古,其已祧翼祖、宣祖并即依旧。循沿至今,太祖尚居第四室,遇大袷处昭穆之列。今若正太祖东向之尊,委合《礼经》。"绍兴年间的太常丞王普上书:"迨至熙宁,又尊僖祖为庙之始祖,百世不迁,袷享东向,而太祖常居穆位,则名实舛矣。傥以熙宁之礼为是,僖祖当称太祖,而太祖当改庙号。然则太祖之名不正,前日之失大矣。今宜奉太祖神主居第一室,永为庙之始祖。每岁五享、告朔、荐新,止于七庙。三年一袷,则太祖正东向之位。太宗、仁宗、神宗南向为昭,真宗、英宗、哲宗北向为穆。五年一禘,则迎宣祖神主享于太庙,而以太祖配焉。如是,则宗庙之事尽合《礼经》,无复前日之失矣。"但是,高宗、孝宗、光宗三朝并未改变北宋只增室,不祧迁的惯例,太庙达到了创纪录的十二室,到了宁宗朝,才把宋太祖之前四祖迁出,单独成庙,称四祖庙。史书称:"盖自昌陵祔庙,逾二百年而后正太祖之位。"到了南宋光宗祔庙,南宋太庙最终定型于以太祖为西侧第一室的九世十二室格局(见图11)。

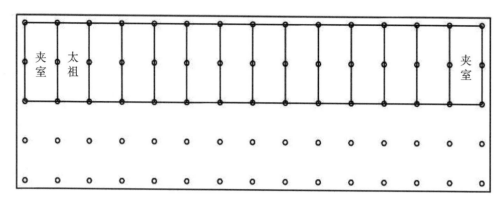

图11　南宋12室两夹太庙

　　虽然有理念上的争论,现实中南宋基本延续了北宋的太庙制度,以绍兴十一年的宋金议和为分界点,在此之前,一方面,朝廷南渡初期财力有限,主要用于军事;另一方面,政府始终要保持北伐恢复失地的姿态,因此太庙的选址与定都一样,数易其址。在这种临时性的心态下,太庙也仅仅是勉强维持制度而已。宋金议和后,南宋朝廷就开始了太庙的营建,绍兴十二年、十三年、十六年连续进行太庙的建设,并在十三年进行了高宗亲飨太庙的大典。到了绍兴十六年太庙就基本按北宋的制度在临安建设成型。此后的太庙,仅仅是在此大格局下修修补补(见表3)。

表3　太庙的修补情况

时间	文献	内容	备注
绍兴五年(1135)		(二月)十五日权知临安府梁汝嘉言……昨曾踏逐南仓空地,若以盖造太庙,委是稳便……修盖瓦屋一十间权充太庙	位置:南仓空地
		……依庙制合设四神门,外更置棂星门两重,今来止修立棂星门,即未有神门,欲乞将西壁屋五间内那三间修做南神门	南门三间
绍兴七年(1137)	《中兴礼书》九十五卷	……将见修南棂星门却乞依于移东棂星门地步修立五月六日太常寺言:……实用西长一十三丈一尺,南北深七丈一尺,画到图本,申纳朝廷……今来建康府若只尊依已降指挥修盖,东西通关一十二丈四尺,系少六尺,南北深四丈八尺,系少一丈二尺。随宜安置登歌乐,东西约用三丈,所有东西所设祭器等见阔六尺,将来委实难以依仪铺设祭器,若就地步趱那铺设,别无妨碍	设计尺寸
绍兴十年(1140)	《中兴礼书》九十五卷	正月八日,知临安府张澄言:缘今太庙殿室东西止阔七丈二尺,南北止深三丈一尺。本府今相度与太庙殿两次间各添展一间,各阔二丈六尺,通本殿身共七间。及于殿身前檐五间,各添插一椽,高一丈五尺。并于殿后将新添二间与旧殿屋五间共七间,各添插两椽,通阔一十二丈四尺,深六丈。其后面两稍间转角高与旧屋难以一平,微显两重檐槽,用护缝板订接殿椽,遮影造作,即依得建康府太庙殿室地步丈尺	七间殿初定

时间	文献	内容	备注
绍兴十一(1141)	—	岳飞死,宋金和议成	—
绍兴十二年(1142)	《中兴礼书》九十五卷	(五月)礼部太常寺言:……一乞于太庙北墙外展套地步九丈,修建别庙,殿室三间	修建别庙
	《宋会要辑稿》礼一五之一八	五月二十六日,礼部、太常寺言:太庙殿室之后修建别庙,安奉大行皇帝(后)神主。欲于见今太庙北墙外展套地步九丈,可以修建别庙殿室三间。其合修筑墙,并修立别庙南棂星门,及修砌班道等,并乞依图本修筑安立。兼依大观二年建置别庙礼例,系各置神厨并斋舍,遇祭享,各差行事官。缘太庙别无地穿,欲就用太庙神厨、斋舍。从之	
绍兴十三年(1143)	《宋会要辑稿》礼二之七、八	九月二十一日,礼部侍郎王赏等言:已降指挥,太庙斋居逼近庙室,致有喧杂,令礼部、太常寺同临安府相度地步增展。寻相度到太庙斋厅子隔墙南省仓内有敖四间,及傍有空地,若拆去敖屋,其地南北九丈、东西十一丈,可以将见今绞缚斋厅移那向后,兼北墙与别庙后墙一齐	斋厅就位
绍兴十六年(1146)	《中兴礼书》卷九五	四月二十二日,礼部、太常寺言:……今见正庙七间,通设祖宗神主。置于安设礼器,地步狭窄。今相视西向墙内有地一十余丈,欲从西增建六间,通一十三间,为十一室,东西两间为夹室,以称严奉。兼见今太庙未有东西廊室屋,欲乞增盖廊庑及西神门,以应庙制。五月十五日,礼部、太常寺言:两浙转运司申,奉旨增修太庙,所有创盖祭器库屋五间,及掇移妨碍册宝殿三间未有地步。契勘得省仓屋三间,东西阔九丈,南北长一十丈,正在太庙地步北壁中。若行展套,可以随宜修盖。……除合展套西南角,今见墙外行路两丈,充行事官随宜过往道路,外有力斜照直,妨碍近北,东西两丈五尺,不需展套,可以随宜掇移修盖神厨等屋	改七间为十三间每室立面形式:东设户西设牖建祭器库屋、册宝殿
		五月九日礼部太常寺言:……今契勘在京庙制,每室东设户西设牖,西墙做祏室,藏祖宗帝后神主,又有东西夹室,其夹室止设户。见今行在太庙系随宜修盖,未曾安室祏室,今既创行修盖,即合体仿在京庙制,同殿异室修盖,及将殿东西作两夹室,其两夹室止合设户。一十一室依庙制设户牖。其殿南北深七丈,每室于西壁从北以南一丈二尺作厚墙,随宜安设祏室,其西夹亦合室祏室	
绍兴十九年(1149)	《宋会要辑稿》礼一五之一九	五月三日,太庙奉安所言:乞修盖将来大礼斋殿等,太常寺相视,得初献厅搭盖斋殿地步	斋厅改斋殿
乾道三年(1167)	《中兴礼书》卷九五	乾道三年七月二日,礼部、太常寺言:勘会今来大行皇后(系安恭皇后)上仙,依昨来安穆皇后礼例,祭于别庙。今来别庙殿宇见奉安懿101节皇后并安穆皇后神主,系一殿两室。所有将来大行皇后神主祔庙,依典故合同殿异室。欲乞令礼官同两浙转运司司官相视,增修别庙为三室,各置户牖,以西为上。……诏依	别庙两室扩建为三室

续表

时间	文献	内容	备注
淳熙十四年（1187）	《中兴礼书续编》卷六八	（淳熙十四年十一月）十九日,礼部、太常寺、两浙转运司、临安府言:臣等今月初六日躬亲前诣太庙奉安所相度,条具下项:一、将来大行太上皇帝神主祔庙添置殿室一间,合阔一丈五尺,系在大殿东壁,与东门、廊屋及斋殿相连,若行摄移斋殿向东,委是费用工物浩大。今相度得自今东神门外斋殿基至太庙殿内东廊基有空地一丈五寸,若将空地增展修盖,尚少地段四尺五寸。臣等今欲将斋殿西廊那入向东四尺五寸,可以添置殿室一间,即无相妨。若依此修盖,其斋殿东廊亦合那入向西四尺五寸。所有南神门、东神门及泰阶东踏道亦合取正盖造修砌。……诏依	斋殿院子面阔变窄
绍熙五年（1194）	《建炎以来朝野杂记》甲集卷二	自绍熙五年冬始而别建一殿,以奉祧主于大殿之西,今谓四祖殿者是也	建四祖殿
嘉泰四年（1204）	《宋史》	三月丁卯,临安大火,迫太庙,权奉神主于景灵宫。辛未,诏修太庙	大修
嘉定十四年（1221）	《宋会要辑稿》礼一五之二二	诏:太庙内添置石室一所,并开柜子门一座,一、欲乞于皇帝位版屋西壁围墙宽阔去处,拆开围墙,添置柜子门一座,里外关锁,或制不测拥塞,道路不通,启开救护。一、欲乞照玉牒所体例,添置石室一所于蛇亭池,于北壁面东计置起造石室一带三间,以备不虞。所有见盖乐工屋一十二间,内五间移盖于蛇亭池子之西,外有乐工屋七间拆去,后壁夹墙,东移向后七尺,庶得于石室四向宽阔,实为便当。……	建石室
绍定四年（1231）	《宋史》	九月丙戌夜,临安火,延及太庙	重建
景定五年（1264）	《咸淳临安志》卷三	（景定五年）以（太庙）垣南民居逼近,厚给之直,令徙他处。即其地作致斋阁子四十四楹,前蘂墙为小门。又斥粮料院、白马神祠,依山拓地为庙垠	—

五、朱熹变古与对明清太庙的影响

对于祧迁僖祖等,南宋朝野还是有各种议论的。朱熹试图调和宋室宗庙祭祀的矛盾,他的条陈说:"今详群议虽多,而皆有可疑。若曰藏之夹室,则是以祖宗之主下藏于子孙之夹室。至于祫祭,设幄于夹室之前,则亦不得谓之祫。欲别立一庙,则丧事即远,有毁无立。欲藏之天兴殿,则宗庙、原庙不可相杂。议者皆知其不安,特以其心欲尊奉太祖三年一祫时暂东向之故,其实无益于太祖之尊,而徒使僖祖、太祖两朝威灵,相与校强弱于冥冥之中。今但以太祖当日追尊帝号之令而默推之,则知今日太祖在天之灵,必有所不忍而不敢当矣。又况僖祖祧主迁于治平,不过数年,神宗复奉以为始祖,已为得礼之正而合于人心,所谓'有其举之,莫敢废者'。"宁宗皇帝因此召对,令细陈其说。朱熹以先前所论画为图本,贴说详尽。他的图本如何呢?《宋史》记载:"朱熹之说,谓本朝庙制未合于古,因画为图,谓僖祖如周后稷,当为本朝始祖。夫尊僖祖以为始祖,是乃顺太祖皇帝之孝心也。始祖之庙居于中,左昭右穆各为一庙,门皆南向,位皆东向。祧庙之主藏于始祖之庙夹室,昭常为昭,穆常为穆,自不相乱。三年合食,则并出祧庙之主,合享于始祖之庙。始祖东向,群昭之主皆位北而南向,群穆之主皆位南而北向。昭穆既分,尊卑以定。"也就是说,朱熹希望把太庙一分为三,各自立庙,仅禘祫祭祀时合祭。但是朱熹的学说在宋代并未得到真正的实行。

《明史》记载:"洪武八年,改建太庙。前正殿,后寝殿。殿翼皆有两庑。寝殿九间,间一室,奉藏神主,为同堂异室之制。九年十月,新太庙成。中室奉德祖,东一室奉懿祖,西一室奉熙祖,东二室奉仁祖,皆南向。建文即位,奉太祖主祔庙。正殿神座次熙祖。东向。寝殿神主居西二室,南向。"从此可以看出,明代太庙改变了唐宋太庙有庙无寝的传统,其寝殿有点类似宋代太庙,每间一室。而正殿的布局类似于禘祫大祭的布局,从始祖开始,东向按昭穆排列(见图12)。

图12　明清太庙航拍

来源:《航拍中国1945》。

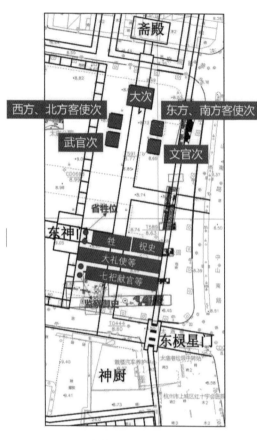

图13 东神门外祭祀陈设推测图

六、祭 祀

（一）陈 设

高宗绍兴十三年进行了朝飨太庙的典礼,《宋会要辑稿》记载了大典的整个过程和主要陈设,分为四个部分的陈列:设于东神门外,设于南神门外,设于院内,设于大殿。

设于东神门外的有:"仪鸾司设大次于太庙东神门外道北,南向","又设文武侍臣次于大次之前","设东方、南方客使次于文官之后,西方、北方客使次于武官之后","光禄陈牲于东神门外,当门西向,以南为上,祝史各位于牲后,太常设省牲位于牲西。大礼使、进币爵酒官、受爵酒官、奉币官、受币官、盥洗奉爵官、奉瓒盘官位于道南,北向西上。七祀、配飨功臣献官在其后。监察御史二位在西,东向","设大礼使以下行事、执事官揖位于东神门外,如省牲之位"(见图13)。

设于南神门外的有:"设馔幔于南神门外。每室馔幔各一","太常设七祀燎柴于南神门外","户部陈诸州岁贡于宫架之南,神门外,随地之宜,东西相向","又设俎三于南神门外。每室馔幔内设进盘、匦、帨巾内侍位于皇帝版位之后,分左右,奉盘者北向,奉匦及执巾者南向……","仪鸾司设册幄于南神门外"(见图14)。

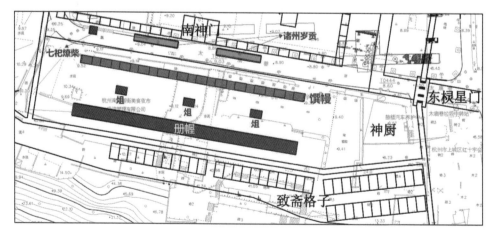

图14 南神门外祭祀陈设推测图

设于庭院内的有:"小次于阼阶(东阶)东稍南,西向","又设七祀次于殿下横街之北,道西,东向","又设配飨功臣次于殿下横街之南,东西相向","又设司徒韩琦、太师曾公亮位于横街之南道东,西向;太师富弼位在其东,太师司马光位又在其东,太师韩忠彦位又在其东,俱北上。皆设神席","设宫架于庭中,立舞表于鄹缀之间","赞者设亚、终献位于小次南稍东,助祭亲王、宗室使相在其南。进币爵酒官、奉币官、荐俎豆簠簋官、荐牛俎官、荐羊俎官、实镬水官、荐豕俎官、增沃镬水官、受币官、盥洗奉爵官、奉瓒盘官、进捊黍官、举册官、七祀献官在助祭宗室使相之南,并西(北向)上","大礼使位于西阶之西,稍南。与亚、终献相对。行事光禄卿、读册官、光禄丞、功臣献官位在其西。助祭宰相、使相位在大礼使之南,执政官在其西","又设监察御史位二于西阶下,俱东向北上。奉礼郎、太祝、太官令于东阶下,西向北上"(见图15)。

图15 庭院内祭祀陈设推测图

设于大殿的有:"太常陈登歌之乐于殿上前楹间,稍南,北向","奉礼郎、礼直官设皇帝版位于阼阶上,饮福位于东序,俱西向","协律郎位二,一于殿上(磬)西北","押乐太常丞于登歌乐北……北向","荐香灯官、宫闱令于室内,北向西上","礼部帅其属设祝册案于户室外之右……","设炉炭于室户外,萧、蒿、稷、黍于其后。又设毛血盘、肝膋豆于室户外之左,稍前"(见图16)。

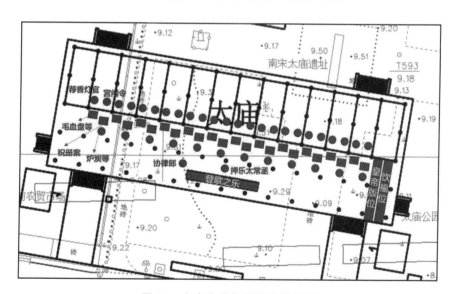

图16 太庙大殿祭祀陈设推测图

(二)动　线

　　皇帝在祭祀时的动线,以高宗绍兴十三年郊祀大礼前一日朝飨太庙行礼为例,"皇帝乘舆入棂星门,至大次,降舆以入,帘降,侍卫如常仪"。大典当天,首先是"丑前五刻,皇帝服通天冠、绛纱袍至大次"。然后是"礼仪使以下前导至东神门外,殿中监跪进大圭。礼仪使奏请执大圭,前导皇帝入自正门"。再下一步是"升自阼阶,皇帝升降,大礼使皆从……诣僖祖室神位前,西向立"。经过一套复杂的行礼仪式后再到翼祖室、宣祖室、太祖室、太宗室、真宗室、仁宗室、英宗室、神宗室、哲宗室、徽宗室、钦宗室依次行礼,这仅仅是开始的请神阶段,然后正式奉上祭品,作乐,在各室又有一套复杂的礼仪。典礼结束后"神主入室。前导皇帝降自阼阶,登歌乐作;至阼阶下,乐止,宫架乐作;出门,乐止。礼仪使奏请释大圭,殿中监跪受大圭,以授有司。皇帝还大次。礼部郎中奏'请解严'讫,皇帝入斋殿"(见图17)。

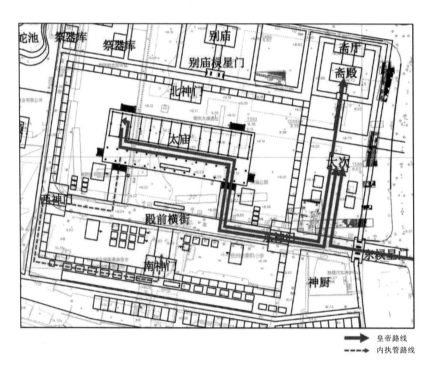

图17　祭祀动线推测图

　　根据以上可以进一步推论,东神门是正门,比南神门更重要,因为皇帝等待、出入都是经过东神门,走的是东阶(阼阶)。可以作为旁证的是执事官的路线"内执官降西侧阶,出西神门,入南门,归执事班"。

　　太庙很可能是东西二阶制,而不像唐代是三阶制。皇帝走的都是东阶,"升自阼阶,至阼阶下"。如前所推论,宋代有几个时期明显是双数开间,这样正好避免了中阶的设立正对着柱子的问题。

　　大殿前廊相当空旷,除了要设置"登歌之乐"的乐队,还有各户室内外的整套祭祀设备,户外的有"祝册案、炉炭、毛血盘、肝脅豆"等。因此太庙大殿进深方向很可能是五柱四间,前两间敞开作为前廊,后两间正好是各个皇帝户室(见图18)。

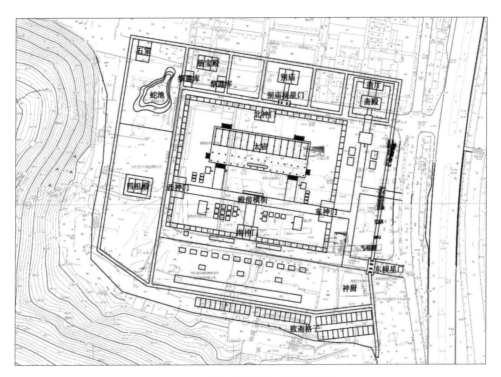

图18 南宋太庙祭祀布局推测图

七、谜之答案

基于前面的研究,我们可以大致得出一些对太庙的印象。

(一)南宋太庙大殿

淳熙十四年,宋高宗死后,礼部、太常寺、两浙转运司、临安府联合申报朝廷:大行皇帝的室需要面阔一丈五尺,位于最东端,与东门、廊屋及斋殿相连。如果把斋殿整体搬迁,工程太大,因此利用斋殿和东门之间的一丈五寸,在把斋殿院落减去四尺五寸,进行修建。有了这个具体的尺寸,再结合前面的推论各室的开间一致,可以得出各个时期太庙大殿的尺度变化(见图19)。

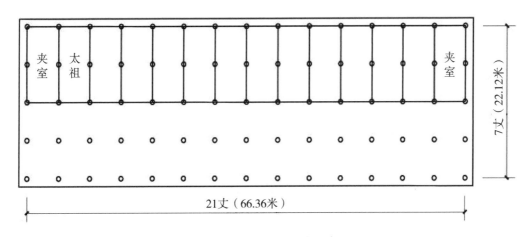

图19 南宋12室两夹太庙

《中兴礼书》记载,"大殿每室东设户西设牖",这说的是大殿每个开间的南立面都一样,门联窗,门在东,窗在西,这也说明了室与室之间是完全一样的格局,包括开间尺寸也一样。而两个夹室只开门不开窗(见图20)。

图20　南宋太庙大殿复原示意图

(二)大殿北侧

大殿北部经过三次扩展:(1)绍兴十二年在太庙北建别庙,展地九丈。(2)绍兴十三年设置斋厅,北墙与别庙北墙齐,其地南北九丈、东西十一丈。(3)绍兴十六年创盖祭器库屋五间,及掇移妨碍册宝殿三间。契勘得省仓屋三间,东西阔九丈,南北长一十丈,正在太庙地步北壁中。

三次扩建都是挪用原来仓屋、敖屋的地块,与最初记载在南仓空地的选址暗合,现场出土T14探方内F5建筑密排柱础的墙体做法与宁波永丰库一样,是否说明此遗址实为拆除的仓屋,此处实际上就是这三个院落(见图21)。

(a)太庙F5遗址

（b）永丰库遗址

图21　太庙F5遗址与宁波永丰库遗址对比

（三）其他设施

1. 神　门

北宋的制度中，太庙应该设四神门，外更置棂星门两重。据推测，南宋太庙也应由若干个院落组成，太庙大殿在其中的主院落，有四门，有廊相连，南门三间。东神门在整个祭祀系统中较为重要，修建时间也较早，西神门建于绍兴十六年，东西神门之间应是殿前横街。《宋会要辑稿礼一七》记载："朝飨太庙设七祀次于殿下横街之北，道西，东向。又设配飨功臣次于殿下横街之南，东西相向。"所谓次就是帐篷，朝飨太庙主祭祀帐篷位于殿下横街之北，可见横街到大殿还是有一定不少距离的。从祭祀仪程看，皇帝的大次（帐篷）位于东神门外、斋宫南。东西神门应该也是三开间，唐代家庙的东门就有三间，皇室太庙不可能只有一间。从考古发现的东门位置看，不可能是东神门，如果是的话，斋宫位置就横在御街上了。而且发现的M1仅为一间，唐代三品官以上家庙就要三间的门，因此东门很可能仅仅是一处边门。

2. 斋宫和神厨

"庙之制，三品以上九架，厦两旁。三庙者五间，中为三室，左右厦一间，前后虚之，无重栱、藻井。室皆为石室一，于西墉三之一近南，距地四尺，容二主。庙垣周之，为南门、东门，门屋三室，而上间以庙，增建神厨于庙东之少南，斋院于东门之外少北，制勿逾于庙。"太庙就是皇帝的家庙，尊卑不同但道理类似，前述斋宫在太庙东北，所以也可以推论神厨在东神门外偏南。此外，还可以推论太庙大殿院落的围墙到整体大围墙之间应有不少空间。斋宫院落与太庙院落之间原有1丈5寸的空间，淳熙十四年改造后，很可能斋宫西墙与太庙东墙成为一直线（见图22）。

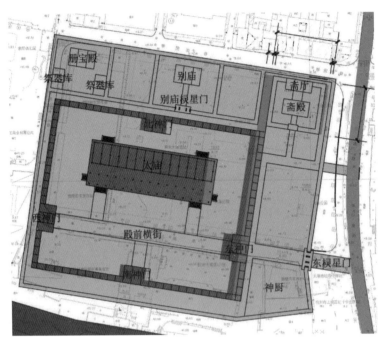

图22 淳熙十四年改造示意图

3. 别　庙

别庙三间,有单独的围墙,南门是棂星门。

4. 棂星门

太庙最初未建南棂星门,把南棂星门移建于东棂星门,东棂星门应在天街御路边,是整个太庙的入口。《宋会要辑稿礼一七》记载:"皇帝乘舆出景灵宫棂星门,将至太庙,御史台、太常寺、合门分引文武侍祠、行事、执事、助祭之官、宗室于太庙棂星门外立横班,再拜奏迎讫,退。皇帝乘舆入棂星门,至大次,降舆以入,帘降,侍卫如常仪。宣赞舍人、承旨敕群臣及还次。"

(四)平面布局

据察院前街地下设施施工的人员口述,曾在此处发现围墙的基址。今发现的东围墙至太庙巷约148米,察院前街至太庙巷南北约92米,如果察院前街是太庙建筑群的最北界,那么,整个地块北侧9丈(28.44米)位置是别宫、斋宫和祭器库、册宝殿。如果斋宫位于太庙广场东北角,那么东神门及太庙院墙东墙应该离现在发现的东墙10丈5尺5寸(33.3米),此已减去高宗扩建大殿时从斋宫减去的4尺5寸。如果此推测为准,同样说明考古发现的F5基址很可能仅仅是建设斋宫和别宫时拆除的敖仓的一部分。

大殿尺寸根据前述推算,约66.36米×22.12米,仅为柱间尺寸,如果南宋太庙和唐代一样都是前后各三阶,东西各两阶,算上台基估算差不多要70米×30米,假设北、西、东三面门、廊距离大殿台基20米,现太庙广场整个场地可能仅仅是太庙院落的一部分。如此看来,现在的太庙巷很可能是所谓殿前横街的一部分转变而来。因此考古发现的F4基址很可能是附属用房的一部分。东西神门位于太庙巷两头,南神门、东棂星门很可能都位于太庙巷的南侧(见图23)。

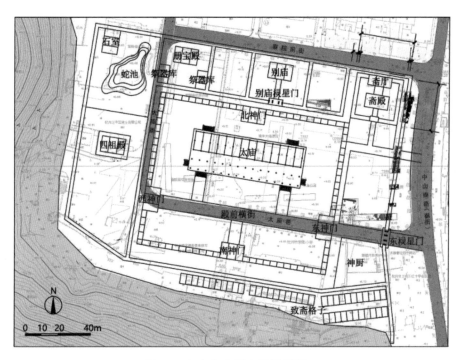

图23　南宋太庙历史格局推测一

另一种可能性是:察院巷所发现的北墙,仅仅是太庙大殿院落的北墙,那么别宫、斋宫和祭器库、册宝殿都在察院巷以北,太庙院落东院墙的推论仍然与前述一致,而现在的横向太庙巷很可能是东棂星门进来的主街(见图24)。

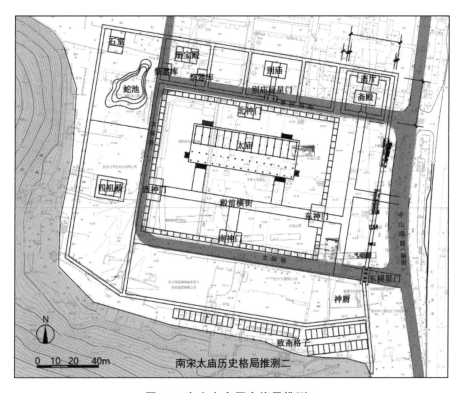

图24　南宋太庙历史格局推测二

八、太庙遗址展示方案

此为笔者主持,为杭州2022年亚运会所设计的环境整治项目。

（一）太庙现状

太庙遗址目前为一片广场,种植草坪为主,沿边种植鹅掌楸树,东侧有较大的硬化铺地,是周边群众休闲活动的场所。广场内设十字形道路,交叉口做了一段残墙,寓意地下是太庙遗址。目前太庙是一个群众活动的广场,其文化内核并未得到有效利用和展示(见图25)。

图25　太庙广场现状

（二）设计立意

设计目的:彰显南宋历史文化,强化城市宋韵特色,打造杭州城面向亚运展示南宋文化特色的新名片。

设计原则:保护第一,展示遗址价值;保持遗址研究解读的多元性,挖掘丰富内涵实现遗址保护展示与社区的平衡。

实施措施:(1)从整体上展示太庙遗址的复杂空间组成,从而激起现代人对中国传统礼制的兴趣。太庙由主祭空间、陪祭空间、斋戒空间等组成。方案平面布局相应设置主殿广场、大次两大节点。

(2)展示南宋朝廷在偏安一隅的情况下所营建的太庙大殿的巨大尺度,从而激发参观者对周边未考古发掘地块的好奇心,推动南宋皇城的保护整治工作。

(3)根据太庙历史格局研究,以传统材料、宋式形制模拟展示太庙大殿的台基。近期在太庙广场区域展示部分遗址格局,以此推动太庙巷以西、以南乃至更远区域的南宋遗址勘查和研究工作,为远期临安城皇家礼仪路线的形成打下基础。

(4)基于对现有太庙广场地块的深入研究,通过空间划分手法,重新组合现有场地,同时满足对遗址内涵展示和周边居民休闲的需求。根据对太庙历史格局的研究,对太庙广场空间重新划分,东侧形成若干小空间,西侧为大空间。通过空间大小、主次的对比,直观体现等级分明、尊卑有别的礼制秩序。赋予各空间不同功能,满足文化展示、居民活动、城市绿地等多重需求,和谐融入现代社会生活。

（5）增加标志牌,多媒体中心、照明系统等设施,增加遗址的可读性,讲好太庙故事(见图26)。

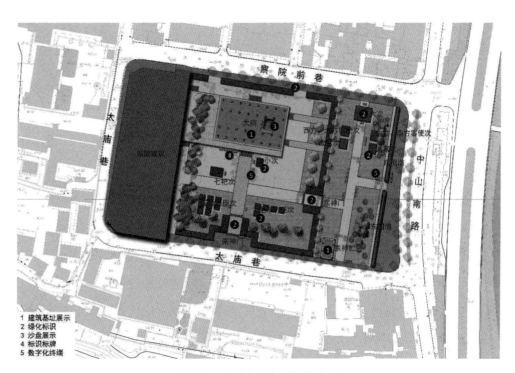

图26 太庙广场总平面设计图

无机陶瓷膜在水处理行业的应用及瓶颈

冯华军

浙江工商大学环境学院副院长、教授

随着水污染日益严重和水资源日益枯竭,人们对污水深度处理和循环再利用的要求越来越高。水处理过程中,膜技术的应用越来越广泛,已扮演了相当重要的角色。有机膜首先得到应用,它在很多方面都有独特的优点,例如有韧性,能适应各种大小粒子的分离,制备相对简单,易成型,工艺较成熟等。但有机膜也有一些自身无法克服的缺点:热稳定性差,抗腐蚀性差,使用寿命短,易堵塞,不易清洗等。20世纪80年代以来,无机膜的研发已逐渐引起关注。相关统计结果显示,2005年全世界膜市场的消费量为70亿美元,而无机膜约占20%;在无机膜中,陶瓷膜的应用超过80%,并以每年35%的速度增长,在石油化工、食品工业、医药工业、能源、资源、环境等领域发挥了重要作用。而无机陶瓷膜过滤作为一种新型无机膜分离技术,在废水处理和再利用等方面已成为国内外竞相研究开发的热点之一。

一、无机陶瓷膜的发展情况

膜是两相之间的一个具有选择透过性的薄层屏障,可以在离子或分子范围内进行分离,膜分离是在某种推动力作用下进行的物理过程。膜过滤组件的材料主要可分为有机膜和无机膜两大类。有机膜由各类高分子有机材料制成,具有制造成本低、装填密度大等优点,因此目前工程应用以有机膜为主,然而,有机膜易腐蚀、分离效率低等性质缺陷限制了其应用范围。无机膜则主要以陶瓷为主,是以无机陶瓷材料经特殊工艺制备而形成的非对称膜,其应用范围广、耐腐蚀、寿命长,但生产成本高、脆性大、膜污染等问题是限制当今无机陶瓷膜在水处理行业推广与应用的重要瓶颈。

(一)无机陶瓷膜的特点

陶瓷膜又称无机陶瓷膜,主要由铝、硅、钛或氧化锆和碳化硅制成,其过滤范围涵盖微滤到纳滤,能过滤胶体、色素、盐、染料等杂质,被广泛应用于多个领域,成为21世纪分离科学中最重要的技术之一。被公认为21世纪最重大产业技术之一的膜技术,是一种新兴的绿色工业科技。

按无机陶瓷膜类型可分为平板式与管式,管式陶瓷膜是较为传统的无机陶瓷膜,目前在市面上应用较多的是平板陶瓷膜。此外,无机陶瓷膜具有耐高温、耐酸碱、耐氧化、耐生物腐蚀、耐反冲洗、孔径分布窄和过滤精度高等优点,与有机膜相比,更易清洗,清洗后通量恢复率高。但是无机陶瓷膜仍面临着一系列挑战,例如如何降低制造成本,提高分离性能,提高选择性和防污性能,提高填充密度以及将实验研究结果拓展到大规模应用方面。

(二)无机陶瓷膜发展史

在20世纪40年代核工业时期,因为对膜材料的高要求,欧美等发达国家开发了一些无机微滤膜以及超滤膜,随后法国、美国等便先后开发了各种碳化硅、陶瓷纤维等气、液过滤用微孔陶瓷过滤元件,并首先应用于啤酒的过滤和提取物的回收与气体分离。70年代后,日本等国家将多孔陶瓷过滤材料应用于高温气体净化、烟气除尘方面,并取得了较大进展,推动了无机陶瓷膜的应用。中国从新石器时代开始制造陶瓷,陶瓷制造工艺领先于世界,但无机陶瓷膜的发展比较落后。以南京工业大学的徐南平为代表率先进行的无机陶瓷膜研究,比发达国家晚了40年,这方面的研究与发达国家相比还具有一定差距,但也取得了可观的进展。近年来,无机陶瓷膜在水处理行业的应用及前景推动了其发展。

(三)无机陶瓷膜发展现状

在膜科学技术领域开发应用较早的是有机膜,这种膜容易制备、容易成型、性能良好、价格便宜,已成为应用最广泛的微滤膜类型。但膜分离技术及其应用的发展,对膜的使用条件提出了越来越高的要求,需要研制开发出极端条件膜固液分离系统。

我国无机陶瓷膜技术发展较晚。在国家重大项目的支持下,南京工业大学成功开发出陶瓷微滤和超滤规模生产技术,实现了多通道陶瓷膜的工业化生产,并建成了生产基地,相关产品在水处理、石油化工、食品工业、医药工业等领域获得成功应用,取得了较好的效果。特别是完成了低温烧结多通道多孔陶瓷膜的研究,该项目的研究成果对于提高我国无机陶瓷膜的质量、降低成本具有重要意义。

二、无机陶瓷膜的应用

无机膜技术虽然历史悠久,但初期主要应用于材料分离领域。随着环保要求的提高和国家对供水安全的重视,无机膜越来越受到重视。现在已有许多研究者将重点放在了对陶瓷膜的研发上,初步形成了陶瓷膜的新产业。在市政饮用水、工业废水、村镇饮用水等领域无机陶瓷膜具有很好的应用前景。以工业废水领域为例,随着工业化和产业升级的加快,一些城市工业水资源短缺和工业废水排放造成的环境污染问题日益突出。2021年,《关于推进污水资源化利用的指导意见》出台,要求促进工业废水的资源化利用,对工业废水排放标准和处理技术提出了更高要求,这推动了工业废水领域膜应用市场的重新释放。然而,由于工业废水的特殊性,对高浓度有机废水和盐分离的处理需求突出,对工业废水的处理技术,尤其是膜的选择提出了更高的要求。

无机陶瓷膜是纳米级分离领域的一项高新技术,具有良好的耐腐蚀性、耐高温等特点。过滤形式为

"错流过滤",在压力驱动下,原料液流经膜管,小分子组分透过膜,大分子组分被膜截留,实现了对流体中纳米级物质的低温分离、浓缩、纯化处理。无机陶瓷膜在过滤过程中可以采用一定的措施预防和控制污染膜进程,但是膜污染是无法完全避免的。随着运行时间的延长,无机陶瓷膜的渗透通量会很快降低,达不到工业设计要求。污染物质长期附着在膜面和存在于孔内,可能与膜发生化学作用而降低其使用寿命,为了尽可能恢复膜的性能参数,必须定期对无机陶瓷膜进行清洗。

无机陶瓷膜由于其较高的制造成本,原先较多应用于啤酒过滤等高附加值的食品行业。随后无机陶瓷膜开始应用于烟草提取,可有效解决有机膜的堵塞问题。在水处理领域,无机陶瓷膜在造纸废水、乳化液处理及含油废水等废水处理方面也得到了一定应用。无机陶瓷膜广泛的应用范围及其特殊的材料性质导致市场对其需求量逐年上升。

三、无机陶瓷膜发展的瓶颈问题

目前,无机陶瓷膜面临生产成本高、材料性质难控制、膜污染等三大瓶颈问题,限制了其在水处理行业的应用。

在生产成本方面,无机陶瓷膜烧制温度高达上千度,如氧化铝材料为1680℃,碳化硅为2200℃,虽然加助熔剂可有效降低其烧制温度,但受助熔剂本身的耐酸碱性影响,其烧制所需的高温条件会极大增加无机陶瓷膜的制造时间。不仅如此,无机陶瓷膜烦琐的制造流程导致其烧制时间延长,生产工艺落后、装备不精、原料杂质多等问题导致无机陶瓷膜成品率低,这些问题都决定了无机陶瓷膜的生产成本较高。

在材料性质方面,无机陶瓷膜的应力、韧性、膜通量等也成为阻碍其生产与应用的难点问题。对于非对称陶瓷膜,支撑体在膜层的烧结过程中不再发生形变,对膜层的收缩起限制作用,使其处于拉应力状态。卡里诺等提出"受限烧结"理论,过大的拉应力所产生的缺陷将被永久地保留在材料中,使膜层在烧结后出现裂纹、大孔等缺陷。制造无机陶瓷膜需要合适的应力,应力不处理好,无机陶瓷膜很容易碎,因此要考虑膜层厚度及烧结温度等因素,然而在这方面还没有达成统一的认识。此外,由于无机陶瓷较脆,在烧制过程中韧性控制不当会导致烧制出的膜有很多缺陷,这些技术问题还没有得到彻底解决。因此,亟须寻找高可靠性的材料。

膜污染,是指在膜过滤过程中,水中的微粒、胶体粒子或溶质大分子由于与膜存在物理、化学作用或机械作用而引起的在膜表面或膜孔内吸附、沉积造成膜孔径变小或堵塞,使膜产生透过流量与分离特性的不可逆变化现象。在整个膜污染领域中对无机陶瓷膜的研究仅占1/10—1/20,研究滞后导致对无机陶瓷膜污染问题的认识较为匮乏,成为限制无机陶瓷膜应用的最大问题。目前,应对无机陶瓷膜污染的方法以传统的气体冲刷与化学清洗为主。曝气是气体冲刷的首要方法,但是曝气强度、曝气器布设、曝气孔径、气泡尺寸等因素仍是决定曝气方法有效性的重要条件,控制影响曝气的众多因素,保持膜系统稳定仍是使用曝气法解决无机陶瓷膜污染的难点。此外,长期化学清洗会导致膜的物理、化学性质变化,包括机械强度、表面亲水性、孔径和孔隙率。除了常用曝气冲刷与化学清洗方式缓解膜污染外,近些年也开发了多种膜污染清洗技术,如机械辅助曝气冲刷、新兴化学清洗技术、生物控制技术与电辅助技术,这些新兴技术可为解决无机陶瓷膜污染问题提供新的思路。

四、无机陶瓷膜未来研究方向

近年来,由于陶瓷纳滤膜可截留多价离子或小分子量物质且具有独特的材料性能,应用于食品工业、医药工业、过程工业及水处理领域,尤其在高温、酸碱、有机溶剂等有机膜无法承受的苛刻环境下具有很好的竞争力。目前,国外在陶瓷纳滤膜方面的研究较多,膜材料种类丰富且性能优异,部分公司具有生产陶瓷纳滤膜的技术及实力,某些德国公司已经能够生产陶瓷纳滤膜,但陶瓷纳滤膜产品规格型号不多。我国目前在陶瓷超滤膜、微滤膜等方面已达到国际先进水平,生产规模居国际前列,但在陶瓷纳滤膜上尚较为落后。

由于水处理领域对低成本无机陶瓷膜的需求,以美国公司和日本公司为代表的无机陶瓷膜公司已开发出面向水处理领域的低成本无机陶瓷膜产品,并进入规模化应用阶段。日本公司已经利用无机陶瓷膜处理地表水,代表性应用工程有日本静冈的自来水厂以及日本福井市耐的世界最大陶瓷膜生产饮用水厂。南京工业大学开发出的适合于水处理的低成本蜂窝状陶瓷膜,已由江苏久吾公司产业化,并应用于海水淡化预处理和日产千吨级的自来水生产中,但膜制备的成本仍需进一步下降。

针对上述无机陶瓷膜的应用及瓶颈问题,未来研究将主要围绕功能化、低成本、低能耗三方面开展。例如,通过陶瓷材料及工艺开发,降低无机陶瓷膜的制造成本。此外,还可对膜表面进行改性,优化陶瓷膜参数,解决陶瓷膜的性能问题。同时,探明膜污染机制,实现精准化调控,延长无机陶瓷膜的使用寿命。解决这些瓶颈问题有助于将无机陶瓷膜推广至工程应用,为水处理行业提供有效的方法。

根据统计局环境统计数据,我国规模以上造纸及纸制品类企业污水排放量占全国工业总排水量的15%以上,年排放污水量40多亿吨。我国医药企业有4696家,年污水排放量却达到4.75亿吨,占到总排污量的2%。随着国家对造纸制浆、医药等企业的用水限制以及排放标准的提高,这类工业企业达标尾水的处理回用将成为企业节能减排的重要方向。

无机陶瓷膜分离技术以其绿色、高效分离的特点,在过程工业体系中的应用越来越广泛,将在国家"十四五"时期的产业结构调整、传统产业改造、节能减排中发挥重要作用。国家出台了系列政策对高性能膜材料等新兴产业给予重点支持,为膜行业带来了巨大的发展机遇,这将推动我国无机陶瓷膜、中空纤维膜、反渗透膜、纳滤膜等快速发展,显著提升这些重要膜品种在国内外市场的占有率。随着面向应用过程的无机陶瓷膜设计与制备的理论体系的进一步完善,无机陶瓷膜的应用技术将得到进一步提高,在诸多领域的应用量显著提升。预计在"十四五"末,无机陶瓷膜将形成百亿元以上的市场规模。

污水处理系统污泥原位减量关键技术研究

周　振

上海电力大学科研处副处长、教授

作为污水处理过程中的副产物,剩余污泥的产量随着国家污水排放标准的提高以及新建污水处理厂数量的增加而增加,大量的剩余污泥将增加污水处理厂的运行费用和污泥的处理、处置费用,同时也会给自然环境带来二次污染。针对以上问题,国内外学者提出了污泥原位减量法,即在污水处理过程中使产量减小。污泥原位减量法与污泥的后续减量法相比具有很多优势,其中,最大的优势是在源头减少剩余污泥的产量,降低污泥后续处理及处置费用。

一、研究背景与意义

污泥处理是城市发展过程中亟待解决的重大环境问题。随着污水处理率上升和环保要求的提高,污泥处理问题日益突出,预计2025年我国市政污泥产量将突破9000万吨。在污水处理系统中集成污泥原位减量单元,降低污泥产量是解决剩余污泥问题的一种新型策略。所以,研发运行成本低、对污水处理系统影响小的污泥原位减量关键技术和工艺,是我国污泥处理行业的迫切需求,对提升我国环保产业的国际竞争力具有重大意义。主要是围绕污水处理厂在主流污水工艺处理的侧流,增加一个侧流减量单元,通过参数的调控以及强化的技术提升减量率。

作为目前应用最为广泛的污水处理技术,活性污泥工艺处理了世界上90%以上的城市污水及50%左右的工业废水。随着污水处理率的上升和环保法规的日益严格,剩余污泥的处理成为困扰活性污泥法进一步发展的主要因素,其投资和使用费用约占整个污水处理厂的25%—65%。而且,无论是填埋还是焚烧,均遭遇场址选择和公众支持的难题,同时还存在二次污染问题。因此,如何解决污泥出路问题,已成为我国城市发展过程中亟待解决的重大环境问题,也是当今世界环保产业关注的一个焦点问题。相较于处置技术,在污水处理过程中实现污泥原位减量是解决剩余污泥问题的最佳方法。其中,在污泥回流管线中设置厌氧侧流反应器(ASSR)具有运行成本低、对微生物影响小等优点,是最可能在污水处理厂中应用的原位减量工艺之一。该工艺可使一部分污泥在经过侧流反应器单元后保持一定时间的厌氧环境,实现较低的污泥产量,同时不影响污泥的沉降性能和出水水质。污泥减量主要是基于四种减量机理:溶胞隐性增长、能量解偶联代谢、微生物捕食和污泥衰减。

最近几年,我们围绕污泥原位减量,主要展开了三个方面的工作:一是污泥的侧流减量单元;二是侧流减量的增强技术;三是将侧流技术纳入微氧。

二、污泥侧流反应器减量工艺调控

在各类污泥减量工艺中,在污泥回流管线上设有污泥侧流反应器(SSR)的OSA(好氧—沉淀—厌氧)工艺具有运行成本低和处理规模大等优点,被认为是最可能走向实际应用的工艺。该工艺已被证实能在不影响出水水质的前提下,实现污泥减量并改善污泥沉降性能。然而,SSR有效减量所需反应时间较长,水力停留时间(HRT)最少为6—7小时。例如,在意大利Levico污水处理厂,SSR和主流生物处理系统的水力停留时间之比为0.47。过长的HRT将限制厌氧侧流反应器的推广应用,如何通过微生物生理生态调控加速污泥减量、降低占地面积是提高其技术竞争力的关键。

研究表明,SSR插入不会影响甚至改善污泥沉降性能。然而,在污泥产生与减量速率不匹配时,SSR会造成二沉池固液分离能力不足,出现出水悬浮固体(SS)偏高的问题。例如,在科马等进行的OSA中试实验中,侧流比分别为10%、50%和100%的条件下,出水SS浓度分别为105、118和128毫克/升。污泥减量工艺除了需要实现出水SS的稳定达标,还需考虑长泥龄运行造成的出水除磷效果恶化问题。为解决上述问题,可在SSR池后插入中间沉淀池,SSR池出水进入沉淀池进行固液分离,以有效缓解污泥累积造成的浮泥问题。SSR池污泥减量过程中颗粒物水解和微生物溶胞会释放出氨氮,对于低碳氮比生活污水而言,碳源不足易造成出水氮磷超标。因此,开发双污泥系统污泥减量工艺与脱氮单元的耦合,对于提升污泥减量效率、实现出水水质稳定达标具有非常重要的意义。

(一)ASSR减量工艺的参数调控研究

在污泥侧流反应器减量的工艺调控方面,我们主要考虑了侧流减量单元的三大工艺参数,一是回流污泥中经过SSR池的比例,即侧流比;二是侧流反应器的容积大小,即HRT;三是侧流减量单元中电子受体的状态,维持厌氧、微氧,还是好氧状态。

(二)侧流比对ASSR减量工艺运行特性的影响

侧流比是非常重要的指标,需要考虑引入多少的回流污泥进入侧流系统。因为其会影响到污泥在底物丰富与匮乏环境中的交换,也会影响侧流反应器容积。将污泥之中的侧流比由0.0增加至1.0,脱氮效率由13.0%增加至32.9%,污泥减量率由6.0%增加至49.7%。此外,高侧流比有助于慢生型微生物的富集,而低侧流比则有助于富集水解菌和捕食性微生物。

(三)ASSR减量工艺主导途径分析

众所周知,污泥里既包括了非活性颗粒物,也包括活性微生物。非活性颗粒物在污泥减量过程当中会发生水解,而活性微生物会溶胞释放。除此之外,第三个减量机制是捕食,按照生态学上的1/10原理,随着食物链的拉长,每一级别的污泥产率都是后端的1/10。在这个过程当中我们进一步做了侧流减量系统的污泥平衡,并尝试对衰减速率进行了测算。通过这样的测算,我们可以看到侧流减量工艺的污泥减量是以非活性的颗粒性有机物的厌氧水解为主,而好氧池的污泥减量则以活性微生物衰减为主。

所以,污泥减量单元最终要实现污泥减量,必然要富集相应的功能性微生物。此外,水解的加速可以进一步提高减量效率。

(四)电子受体对ASSR减量工艺运行特性的影响

电子受体会显著影响污泥减量、污染物去除及微生物群落结构。维持厌氧状态,侧流池会富集水解菌与发酵菌;好氧状态则有利于慢生菌的生长,但污水处理当中不太常用。非常值得关注的是微氧状态,微氧状态可以推动污泥减量效率的进一步提高,污泥的产率要远低于厌氧与好氧时的状态。

三、污泥原位侧流减量工艺强化技术

有三种减量策略可进一步强化污泥原位的侧流减量:一是用高铁酸钾强化;二是填料强化,因为填料之后可以实现一些专一性的微生物的富集;三是超声强化。

(一)高铁酸钾强化ASSR减量工艺运行特性

当高锰酸钾投加量为100毫克/升时,污泥溶胞的技术经济效益最优。投加高铁酸钾可使污泥减量率从30%提高到47.5%,但投加了高铁酸钾之后,微生物种群会趋于单一化。虽然实现了慢生菌、水解发酵菌和铁还原菌的富集,但这种富集对污水处理系统的稳定性不利。

(二)超声预处理与填料投加强化ASSR减量工艺运行特性的对比

外加药剂成本必然是高的,为了验证是否可以用超声预处理或协同填料投加的方式来强化侧流减量,笔者在实验室构建了相应的减量单元并进行了95天的实验。与单一的超声预处理相比,超声预处理协同填料投加的方式大幅度提高了污泥减量率。为了进一步验证,搭建中试装置在实际污水处理厂中运行200天以上。结果发现,超声预处理和填料投加均会促进微生物溶胞,超声预处理会大幅度提高水解酶活性(水解减量),而填料投加则会显著降低异养菌代谢的ATP(解偶联减量)水平。在这个过程当中,填料投加还会进一步富集捕食菌、水解发酵菌和慢生菌,而在超声预处理中只有水解发酵菌的富集。

综上,三种强化策略中填料投加的强化效果最佳,且经济性最高。

(三)填料投加强化ASSR减量工艺的运行特性

探究填料填充率对填料投加强化ASSR减量工艺的运行特性影响。在侧流减量单元中投加填料可以缓解膜污染,当填充率从25%增加到50%后,膜污染的缓解不再明显。投加填充率0%、25%和50%的填料,污泥减量率分别为21.7%、50.5%和39.7%。投加填料后显著强化了水解作用对污泥减量的贡献。

此外,通过改变侧流池HRT进一步探索了填料投加对ASSR减量工艺中原后生动物的作用。微生物镜检表明,ASSR中富集了捕食相关的原后生动物。与此同时,延长侧流池HRT,会优化细胞运动和细胞信号相关的基因,强化长寿调节途径,为原后生动物如蠕虫捕食细菌提供机会,可有效提升有机物的去除和脱氮的效率。此外,侧流池HRT为5小时时膜污染最低,填料投加改善了污泥性质,而HRT为6.7小时污泥性质出现明显恶化,膜污染加剧。

四、污泥微氧强化原位减量工艺技术(SPRAS)

(一)SPRAS减量工艺流程

污泥的微氧环境对污水处理有很大的意义,所以我们进一步研究了污泥微氧强化原位减量工艺技术。考虑到微氧条件和专一性减量细菌的富集,构建了一个双污泥的减量系统,这个工艺的流程和活性污泥系统中的AB法有点类似,在传统活性污泥法前端插入"曝气+沉淀"组成的污泥减量(SPR)模块,并将进水和后端活性污泥法产生的剩余污泥排入,通过维持一定的微生物生理生态环境实现污泥减量。

(二)SPRAS减量工艺运行特性分析

在构建了双沉淀池系统之后,出水稳定条件下实现长泥龄减量最长可达120天,长泥龄是污泥减量的主要原因。笔者将HRT提高到了200天,并在上海白龙港污水处理厂做了中试,发现污泥的理论减量率可以达到75%左右。

通过创新的工艺设计,融合解偶联和溶胞的隐性生长减量机制,SPR模块形成了好氧—沉淀—厌氧的解耦连污泥减量循环。SPR模块产生的二次基质进入后续活性污泥系统,通过溶胞—隐性生长机制实现污泥减量。同时,要关注微氧条件对污泥减量的作用,用微氧条件进行调控可实现污泥减量率从常规工艺的42.9%增至68.3%,这意味着污泥处理厂大部分的污泥可以在内部消化掉。在此基础上,通过对污泥絮体结构的分析,提出微氧曝气降低污泥结构稳定性,加速絮体解离溶胞的新型减量机制。此外,进一步进行集成创新,实现了污泥减量模块的水力停留时间由国际主流减量工艺的6—7小时,降低到4.5小时。

(三)SPRAS和ASSR工艺的比较

SPRAS工艺独特的双污泥系统与微氧—沉淀—厌氧循环体系设计是其污泥减量效果好于ASSR工艺的主要原因。微氧—沉淀—厌氧模块可实现减量功能菌的高度富集,获得较高的衰减动力学参数。维持代谢是ASSR工艺污泥减量的主要途径;强化水解和能量解偶联是SPR模块污泥减量的主要途径。我们最新的工作是围绕碳排放将污泥减量工艺与浓缩脱水、干化焚烧、厌氧消化、土地利用路线进行了测算对比,可以看到SPRAS工艺的碳排放量会有明显的减少。

五、污泥原位减量工艺技术的产业化应用

(一)水解酸化池重新定位

很多城市的郊区污水处理厂往往都建有水解酸化池,但由于近几年大部分人口迁入郊区,进水中工业废水的比例在降低。所以针对郊区污水处理厂进水中工业废水比例降低的问题,我们开展了水解酸化池的重新定位研究,并提出了将其改造为污泥减量池的对策思路。结果发现将水解酸化池改造成侧流池,同时将进水引入之后,污泥减量率从 15% 提高到了 40%。

(二)SPRAS 减量工艺的推广应用

在 6 万立方米/天的临安城市污水处理厂污泥原位减量示范工程中,出水稳定达到一级 A、吨水能耗(含污泥减量和处理)为 0.34 千瓦时,并实现污泥减量 63%。此外,该工艺已经应用于山东、浙江等的 6 座污水处理厂,累计处理水量 18 万立方米/天,工程应用规模国内领先。

SPRAS 减量工艺污水处理的成套装备,在山东、重庆、黑龙江等地区都已有成功经验,且这个成套装备已经推广到多个国家。

污染协同治理与环境立市论坛综述

王莉萍

杭州国际城市学研究中心助理研究员

2021年10月29日,作为(中国)城市学年会·2021的主题论坛之一,由杭州国际城市学研究中心主办的"城市环境问题"主题论坛在杭州召开,论坛主题为"污染协同治理与环境立市"。杭州市生态环境研究院副院长、杭州市咨询委特约研究员叶敏,浙江师范大学双龙学者特聘教授、先进膜分离过程研究所所长、绿水青山创新工作室负责人申利国,浙江工商大学环境学院副院长冯华军,上海电力大学科研处副处长周振,浙江大学化学工程与生物工程学院副教授李中坚以及两奖评审专家、战略合作单位专家、城市环境"两奖"获奖代表、杭州师范大学环境专业硕士研究生,共60余人参加论坛。

论坛由杭州师范大学科研处处长张杭君教授主持,特别邀请到浙江师范大学双龙学者特聘教授、先进膜分离过程研究所所长、绿水青山创新工作室负责人申利国,浙江工商大学环境学院副院长冯华军,上海电力大学科研处副处长周振,浙江大学化学工程与生物工程学院副教授李中坚做主旨报告。现将与会专家的发言观点摘要如下。

一、关于导电高分子—金属复合膜制备及性能研究

近年来,我国面临非常严峻的水污染问题,工业水污染问题尤其突出,每年污水排放量达到700亿吨,是江河水污染的主要来源,导致了严重的环境、健康问题,因此我国在"十四五"规划中将实现废水资源化作为重大的战略需求。将污水资源化需要有先进技术支撑,最典型的水处理技术之一就是膜分离技术,基于筛分原理的膜分离技术目前有很多应用,其中最具代表性的技术就是MBR膜—生物反应器系统。膜生物反应器系统具有污染物去除效率高、出水水质稳定等多个优点,近年来Nature、Science等期刊指出膜生物反应器系统将是未来几十年最重要的污水资源化技术之一。

浙江师范大学双龙学者特聘教授、先进膜分离过程研究所所长、绿水青山创新工作室负责人申利国指出,我国的膜产业市场发展迅速,但高端的耐污染的膜产品占比很小,高端有机膜的发展瓶颈是膜污

染问题。膜用过一段时间以后必定会导致膜污染,尤其是不可逆的污染。膜污染的处理工艺是目前膜领域的卡脖子问题,解决此问题的关键就是要通过各种方法来克服膜污染。影响膜污染的因素非常多,包括膜的亲水性、膜表面粗糙度、Zeta电位、膜孔大小、错流方法、料液流速等。若将膜污染过程进行一般化处理,它实际上是污染物与膜表面界面之间发生的反应。污染物与膜表面的界面反应与自然界中的绝大多数的化学反应一样都会受到热力学与动力学的控制,所以可以考虑从基础的热力学与动力学控制的角度,采取一些策略,例如提高膜污染过程的反应能力,使膜污染反应变难,进而一定程度上防控膜污染;通过增加法向剪切力,将污染物从膜表面推出去,以达到恢复膜通量的目的,进而克服膜污染。

由于高分子膜的特点之一是疏水性,因此引入亲水的纳米粒子可使得高分子膜变得亲水,进而一定程度上优化膜的抗污染条件,提升其抗污染的能力,让膜污染更难发生。在膜中引入了纳米粒子(例如氧化氢和氧化钛)之后,膜的通量恢复率可上升至60%,但回升到100%还有很大困难,推测其主要原因是无机纳米粒子密度较高,在膜进行转化时物质沉淀到膜的内部与底部,较少存在于膜的表面功能层,于是导致无机纳米粒子对膜的抗污染贡献能力不足。

在膜制备出来后,还需要考虑如何更好地应用。传统的曝气存在三个缺陷:第一,气泡平行于膜面运动,缺少法向剪切力,已吸附在膜表面的污染物很难进入膜表面的微小环境里;第二,气泡由外部产生,不如膜上直接产生的气泡推力作用强;第三,气泡尺寸大,进入膜表面微环境的效率低下。针对上述缺陷,利用金属膜的导电性及吸氢产生气泡的作用,提出了构建原位微曝气体系。原位微曝气体系具有重要意义。第一,膜产生的气泡短距离内是垂直于膜表面往外走的,这意味着可以在非常接近膜表面的微小环境里,产生法向的直接推力或剪切力,对污染物产生强大的推力作用。第二,通电后,原本在膜原位产生的气泡转而在膜孔壁内的某个部位产生,此时能够更直接地抗膜污染。同时,在气泡从无到有、从小到大的过程中,理论上可以将气泡尺寸精细控制在纳米级别,纳米级别的气泡在水体中移动得非常缓慢,因此可以提高抗污染效率。

二、无机陶瓷膜在水处理行业的应用及瓶颈

随着水污染日益严重和水资源日益枯竭,人们对污水深度处理和循环再利用的要求越来越高。水处理过程中,膜技术的应用越来越广泛,已扮演了相当重要的角色。有机膜首先得到应用,它在很多方面都有独特的优点,例如有韧性、能适应各种大小粒子的分离、制备相对简单、易成型、工艺较成熟等。但也有一些自身无法克服的缺点:热稳定性差、抗腐蚀性差,使用寿命短、易堵塞、不易清洗等。20世纪80年代以来,无机膜的研发已逐渐引起关注。相关统计结果显示,2005年全世界膜市场的消费量为70亿美元,而无机膜约占20%;在无机膜中,陶瓷膜的应用超过80%,并以每年35%的速度增长,在石油化工、食品工业、医药工业、能源、资源、环境等领域发挥了重要作用。而无机陶瓷膜过滤作为一种新型无机膜分离技术,在废水处理和再利用等方面已成为国内外竞相研究开发的热点之一。

浙江工商大学环境学院副院长冯华军指出,膜是两相之间的一个具有选择透过性的薄层屏障,可以

在离子或分子范围内进行分离,膜分离是在某种推动力作用下进行的物理过程。膜过滤组件的材料主要可分为有机膜和无机膜两大类。有机膜由各类高分子有机材料制成,具有制造成本低、装填密度大等优点,因此目前工程应用以有机膜为主,然而,有机膜易腐蚀、分离效率低等性质缺陷限制了其应用范围。无机膜则主要以陶瓷为主,是以无机陶瓷材料经特殊工艺制备而形成的非对称膜,其应用范围广、耐腐蚀、寿命长,但生产成本高、脆性大、膜污染等问题是限制当今无机陶瓷膜在水处理行业推广与应用的重要瓶颈。

陶瓷膜又称无机陶瓷膜,主要由铝、硅、钛或氧化锆和氧化硅制成,其过滤精度涵盖微滤、超滤、纳滤级别,能过滤胶体、色素、盐、染料等杂质,被广泛地应用于多个领域,成为21世纪分离科学中最重要的技术之一,被公认为21世纪最重大产业技术之一的膜技术,是一种新兴的绿色工业科技。无机陶瓷膜过滤是一种"错流过滤"形式的流体分离过程:原料液在膜管内高速流动,在压力驱动下含小分子组分的澄清渗透液沿垂直方向向外透过膜,含大分子组分的混浊浓缩液被膜截留,从而使流体达到分离、浓缩、纯化的目的。无机陶瓷膜类型可分为平板式与管式,管式陶瓷膜是较为传统的无机陶瓷膜,目前在市面上应用较多的是平板陶瓷膜。无机陶瓷膜仍面临着一系列挑战,如何降低制造成本,提高分离性能,提高选择性和防污性能,提高填充密度以及将实验研究结果拓展到大规模应用方面。

根据统计局环境统计数据,我国规模以上造纸及纸制品类企业污水排放量占全国工业总排水量的15%以上,年排放污水量40多亿吨。我国医药企业有4696家,年污水排放量却达到4.75亿吨,占到总排污量的2%。随着国家对造纸制浆、医药等企业的用水限制以及排放标准的提高,这类工业企业达标尾水的处理回用将成为企业节能减排的重要方向。

无机陶瓷膜分离技术以其绿色、高效分离的特点,在过程工业体系中的应用越来越广泛,将在国家"十四五"时期的产业结构调整、传统产业改造、节能减排中发挥重要作用。国家出台了系列政策对高性能膜材料等新兴产业给予重点支持,为膜行业带来了巨大的发展机遇,这将推动我国无机陶瓷膜、中空纤维膜、反渗透膜、纳滤膜等快速发展,显著提升这些重要膜品种在国内外市场的占有率。随着面向应用过程的陶瓷膜设计与制备的理论体系的进一步完善,无机陶瓷膜的应用技术将得到进一步提高,在诸多领域的应用量显著提升。预计在"十四五"末,无机陶瓷膜将形成百亿元以上的市场规模。

三、污水处理系统污泥原位减量关键技术研究

作为污水处理过程中的副产物,剩余污泥的产量随着国家污水排放标准的提高以及新建污水处理厂的数量的增加而增加,大量的剩余污泥将增加污水处理厂的运行费用和污泥的处理、处置费用,同时也给自然环境带来二次污染问题。针对以上问题,国内外学者提出了污泥原位减量法,即在污水处理过程中使产量减小。污泥原位减量法与污泥的后续减量法相比具有很多优势,其中,最大的优势是在源头减少剩余污泥的产量,降低污泥后续处理及处置费用。

上海电力大学科研处副处长周振指出,污泥处理是城市发展过程中亟待解决的重大环境问题。随

着污水处理率上升和环保要求的提高,污泥处理问题日益突出,预计2025年我国市政污泥产量将突破9000万吨。在污水处理系统中集成污泥原位减量单元,降低污泥产量是解决剩余污泥问题的一种新型策略。所以,研发运行成本低、对污水处理系统影响小的污泥原位减量关键技术和工艺,是我国污泥处理行业的迫切需求,对提升我国环保产业的国际竞争力具有重大意义。主要是围绕污水处理厂在主流污水工艺处理的侧流,增加一个侧流减量单元,通过参数的调控以及强化的技术提升减量率。近几年,我们围绕污泥原位减量,主要展开了三个方面的工作:一是污泥的侧流减量单元;二是侧流减量的增强技术;三是将侧流技术纳入微氧。

众所周知,污泥里既包括了非活性颗粒物,也包括活性微生物。非活性颗粒物在污泥减量过程当中会发生水解,而活性微生物会溶胞释放。除此之外,第三个减量机制是捕食,按照生态学上的1/10原理,随着食物链的拉长,每一级别的污泥产率都是后端的1/10。污泥减量单元最终要实现污泥减量,所以,必然要富集相应的功能性微生物。此外,水解的加速可以进一步提高减量效率。电子受体会显著影响污泥减量、污染物去除及微生物群落结构。维持厌氧状态,侧流池会富集水解菌与发酵菌;好氧状态则有利于慢生菌的生长,但污水处理当中不太常用。非常值得关注的是微氧状态,微氧状态可以推动污泥减量效率的进一步提高,污泥的产率要远低于厌氧与好氧时的状态。

污泥原位减量是污水处理行业的"清洁生产",这也意味着未来在城市市政污水研究或工业废水处理之中,要将污泥原位减量考虑进去。如果将污水处理厂当作一个工厂来考虑的话,污泥就是副产品,所以污泥原位减量就是污水处理行业的清洁生产。

四、基于胞外电子传递调控的废水生物处理新体系构建研究

化工是我国的支柱性产业,化工废水排放量大,每年废水排放量占工业废水总量的80%,化工处理的反应过程中大量的原料、中间产物以及助剂会溶解至水体中,使得该废水的污染物含盐量较高、毒性较大、污染物种类复杂,处理困难。目前,生物处理是水处理领域的主体工艺,然而当传统的生物工艺应用于化工废水处理的过程时,往往会遇到两个问题:一是化工废水里典型污染物的生物降解效率较低,二是污泥产量比较大。从电子传递的角度分析可以发现,生物处理过程中的电子利用效率低是造成上述两个问题的重要原因(仅12%的电子用于最终的污染物去除)。因此,如何调控生物处理过程的电子流,提高电子的利用率,是提升化工废水中污染物去除效果的关键问题。

浙江大学化学工程与生物工程学院李中坚副教授指出,微生物电化学系统将电化学与生物过程耦合,在生物过程引入电极,根据电极在调控中扮演的不同角色,将系统分为阳极与阴极两部分。微生物在阳极氧化有机物,将有机物的电子传递给电极,电极以某种形式将电子传递给阴极表面的微生物,降解阴极附近的污染物。在此过程中,电子传递作为核心步骤,是调控最终电子利用效率的关键,因此,利用电化学提高电子传递效率有两个关键问题:一是在阳极,如何调控细菌与电极的直接接触导致的界面作用,强化阳极电子传递;二是在阴极,如何调控电极与细菌的间接传递所需的反应介导,降低反应能

垒,强化阴极的电子传递。

通过研究细菌、电极界面的作用,强化阳极电子传递;构建生物相容性催化剂,强化阴极电子传递;耦合生物阴阳极,实现电子的高效利用。"双碳"背景下阴阳极耦合系统在化工废水处理技术的应用,解决了部分细胞层面的问题,为探索微生物与水体污染物的互作机理提供了新视角和研究工具,促进材料+微生物+电化学的融合和交叉,为水处理技术提供了新的视角和研究方向,并且逐渐成为一套完整的微生物电化学研究与技术体系,可作为城市水环境治理决策的参考依据和重要手段,具有相当大的研究意义和实用价值。

对标碳达峰碳中和的成渝地区生态环境分区管治研究

刘贵利[1] 江 河[2]

1北京联合大学研究员

2北京师范大学研究员

摘 要:本文在充分分析成渝地区特点的基础上,运用指标法绘出碳达峰时间表,并根据不同地区城镇化特征和工业能耗研究碳达峰的空间差异,提出率先达峰、按期达峰(强)、按期达峰(弱)、可能超期达峰四类分区,并在此基础上制定碳排放分区管治的措施;同时,构建碳中和模型,绘出碳中和分区和碳管治时间表,并在制度、政策工具、技术创新、分区管治和专项行动等方面提出保障措施。

关键词:成渝地区;碳达峰;碳中和;分区管治

2020年9月22日,习近平主席在第七十五届联合国大会一般性辩论上宣布,中国将提高国家自主贡献力度,力争2030年前二氧化碳排放达到峰值,努力争取2060年前实现碳中和。这一重要宣示表明,"双碳"已成为未来发展的重点目标,各地经济发展将面临碳约束,而城市群是经济发展的重点,两个重点唯有做好衔接,才能相互助力。位于长江上游的成渝地区,依托优良的环境本底条件,有条件优先实现"双碳"目标。本文以成渝地区实现"双碳"目标出发,从生态环境分区管治视角做进一步探究,通过构筑西部碳中和大区来平抑高碳排区域,实现碳减和碳汇。

一、成渝地区碳达峰时间表

碳达峰是指二氧化碳排放量达到历史最高值,然后经历平台期进入持续下降的过程,是二氧化碳排放量的历史拐点,意味着碳排放与经济发展实现脱钩。

(一)成渝地区协作中碳安排滞后

2016年1月,习近平总书记在重庆召开的推动长江经济带发展座谈会上指出,长江是中华民族的母亲河,是我国重要的生态宝库。当前和今后相当长一个时期,要把修复长江生态环境摆在压倒性位置,共抓大保护,不搞大开发。2020年1月,习近平总书记主持召开中央财经委员会第六次会议,专题部署推动成渝地区双城经济圈建设。2020年12月,中华人民共和国第十三届全国人民代表大会常务委员会第二十四次会议通过《中华人民共和国长江保护法》,自2021年3月1日起施行,这是我国第一部针对一个流域的专门法律。

截至2020年11月,川渝、成渝之间签署的合作协议51项,涉及内容较多,包含综合类(5项)、生态共建(2项)、水污染联防联控(28项)、大气污染联防联控(6项)、固体废物联防联控(1项)、危险废物联动管理(3项)、突发事件联合应急处置(3项)、环境联合执法(2项)、科研合作(1项)(见图1)。合作协议不仅涉及各个领域,还在省市不同纵深层面展开。从川渝到成渝,从区内到区际,从省际到跨界区县,从政府部门到企事业单位,无论是合作的广度还是深度都在加强。但在碳排放、碳达峰、碳中和等方面成渝尚没有合作协议,也缺乏指引路径,在碳减方面缺乏统一的合作机制。

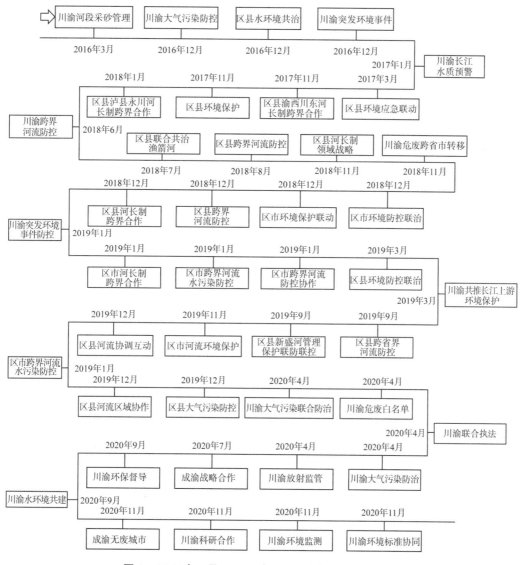

图1　2016年3月—2020年11月川渝之间的合作协议

（二）成渝地区协作为碳达峰奠定了良好基础

《成渝地区双城经济圈建设规划纲要》对国土空间的格局进行了全面优化,将释放出更多的生态红利,尤其对"双碳"目标的实现具有积极意义。

重塑"发展骨架",推动碳减空间布局。构建"一轴两核两圈两翼七江"的城市群空间发展格局,以成渝为发展主轴,以成都、重庆为双核,积极培育成德眉资都市圈和环重庆都市圈,优化发展达州—万州—广安—涪陵和内江—永川—泸州—合川"两翼"。

完善"绿色骨骼",依托沿江沿岸生态廊道构建碳汇网络体系。建设长江干支流沿江生态廊道,提升城市群生态连通性,提高绿色廊道的生态稳定性、景观特色性和功能完善性。依托长江(金沙江)、嘉陵江、岷江、沱江、涪江、渠江、乌江七大流域沿江城市打造蓝色发展带。科学划定城镇开发边界线,以存量空间优化调整和提高土地利用效率为抓手,合理控制城市发展规模,保持宜居适度的生活空间和生态空间,打造绿色生态城市群。

打造"生态骨髓",构筑碳中和区域空间大平台。联合开展川滇森林及生物多样性生态功能区、秦岭—大巴山生物多样性保护与水源涵养重要区、武陵山区生物多样性保护与水源涵养重要区、大娄山区水源涵养与生物多样性保护功能区保护修复工作,加强自然保护区保护和天然林管护力度,实施生态修复、生物多样性保护、生态完整性保护、保护区基础设施建设、保护管理能力建设、科学研究、资源监测等工程,推进大熊猫国家公园建设,强化生物多样性保护和水源涵养功能,增加全域生态涵养,全面提升生态服务功能。实现碳中和的主要手段是碳减排和碳吸收。其中,碳吸收主要依托植被资源和碳汇科技。2020年,四川省森林覆盖率达39.6%,高出全国16个百分点,林地面积居全国第三,森林蓄积量达170亿立方米,草原植被综合盖度85.6%,建成区绿化覆盖率达到41.71%。重庆市森林覆盖率达到52.5%,森林面积、森林覆盖率和森林蓄积量分别提升至6494万亩、52.5%和2.41亿立方米,较2015年底分别增加883万亩、7.1个百分点和3600万立方米。因此,在碳吸收方面,川渝地区潜力较大。

通过可持续的"发展骨架""绿色骨骼""生态骨髓",推动双城携手共绘长江上游美丽画卷,为实现碳减、碳汇、碳中和筑牢基础。

（三）成渝地区碳达峰时间初步研究

当前,国内外学者对碳达峰的研究,大多将其影响因素归结为规模、结构和技术因素,采用的指标主要是人均GDP和产业结构。对于发展中国家,城市化水平仍是影响其人均二氧化碳排放量的显著因子。另外,参照相对碳锁定的低碳发达国家的现状特征,可初步确定判定标准为人均GDP达到2万美元以上,城镇化率达到75%,第三产业比重达到65%。我们可从成渝所处的发展阶段、经济水平和产业结构等进行分析,预测碳达峰期限。

其中,人均GDP的预测按照固定资产投资的规律和后期红利释放考虑,按2010—2018年增速的中位数预测2025年之前的年份数据,成渝两地增速取低值,判定人均GDP在2024年达到2万美元;第三产业增加值的预测综合考虑成渝基础设施的投放和红利释放,增速依据历史增速的中位数值,按照低速到中速再降速的规律,综合预测2028年达到65%。最后,为规避发展中的环境风险,碳达标年份预判为2028年。

综合考虑各城市群的结构、基年数值、协作效能和本地增速等因素,以2018年为基年,以2030年为最终目标,预测碳达峰理论年份:大湾区>长三角>成渝>京津冀。单从人口看,成都人口不足四川的20%,随着双城协同效能的释放,各项指标在成渝都具有巨大的发展潜力(见表1)。

表1　不同城市群碳达峰年份估算表

地区	判定指标				
	人均GDP/(万元/人)	城市化率/%	第三产业比重/%	发展阶段	理论碳达峰年份
成渝	6.59	67.97	53.1	快速发展期	2028
长三角	10.6	69	51.5	成熟期	2026
大湾区	14.6	85	50	成熟期	2026
京津冀	8.2	65	48.5	快速发展期	2029

(四)成渝地区碳达峰空间差异化分析

在工业、建筑、交通等行业的绿色低碳导向下,成渝地区碳排放强度逐步下降,重庆2019年碳强度与2015年相比累计下降超过17.9%。四川省碳排放强度降至0.66吨/万元,累计下降25.9%。由于城镇化率和工业总能耗的地区差异性,成渝地区碳达峰的空间分化特征突出。

按照城镇化率(从高到低)和工业总能耗(从低到高)数据拟合分析,拟合度越高碳达峰越早,分别选取2019年成渝相关数据,绘制双线雷达图(见图2、图3)。

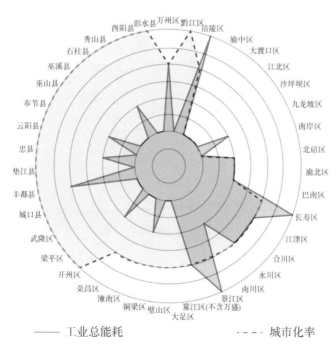

图2　重庆城镇化与工业能耗拟合空间差异分析

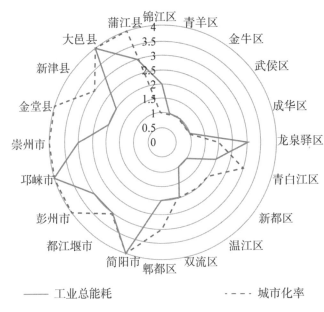

—— 工业总能耗　　　- - - - 城市化率

图3　成都城镇化与工业能耗拟合空间差异分析

按照碳达峰时间的不同,将按期碳达峰的区域划分为两类,一类是工业能耗偏高地区,包括黔江、九龙坡、开州、梁平、武隆、城口、垫江、忠县、云阳、奉节、巫山、巫溪、石柱、秀山、酉阳、彭水、彭州、崇州、金堂、蒲江等地;另一类是城镇化率偏高地区,包括北碚、渝北、巴南、江津、合川、永川、南川、大足、璧山、铜梁、荣昌、锦江、青白江、新都、温江、双流、郫都、都江堰、新津等地。按四个梯次划分,包括率先达峰、按期达峰(强)、按期达峰(弱)和可能超期达峰,成渝地区碳达峰时限的空间分布如图4所示。

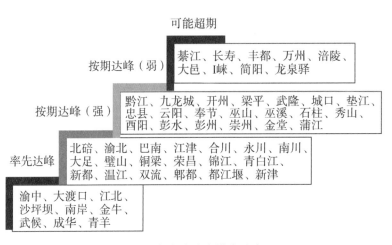

图4　成渝碳达峰梯次分布

2019年,成渝地区GDP 6.7万亿元,人均GDP 6.3万元,成渝双城人均、地均产出约为外围区县的5—8倍,空间效率差异大。外围130个区县人均GDP低于全国平均水平,部分外围区县处于工业化前期水平。综合考虑城镇工业发展和人口集聚因素,可能超期的区域碳排放风险最高,在国土空间规划中应在产业发展、环境保护、空间增量、绿植覆盖等方面加以限制。

二、成渝地区碳中和路线图

碳中和是指某个地区在一定时间内(一般指一年)人为活动直接和间接排放的二氧化碳,与植树造林等吸收的二氧化碳相互抵消,实现二氧化碳"净零排放"。碳达峰与碳中和紧密相连,前者是后者的基础和前提,达峰时间的早晚和峰值的高低直接影响碳中和实现的时间和难易程度。

据统计,我国二氧化碳排放量1949年为70公吨,2006年超过美国成为最大排放国。2019年,达8890公吨;人均排放量6.35吨,超过世界平均值4.51吨。按2018年的价格计算,万元GDP能耗从1953年的910千克标准煤,降至2018年的520千克标准煤,下降43%,节能成效卓著。1995—2015年,中国节能量占全球的52%,2016—2019年,节能6.52亿吨标准煤,超过一次能源消费增量5.02亿吨标准煤。无论是"去煤化",还是节能技术,都将日趋"碳锁定",造成碳减排难度越来越大,碳中和需要依据不同地区的发展广度、深度和力度来做决策介入。成渝双城地处长江上游地区,其低碳行动关乎着整个长江流域的发展路径,因此,可考虑对标欧美国家的碳中和标准,选取2050年率先实现碳中和,在全国起到示范作用。预计2028年成渝全面实现碳达峰,实现碳排放恒减少的目标,2030年碳排放值与2028年相比减少10%,之后每五年减少25%的排放量,这样才能在2050年实现碳中和(见图5)。

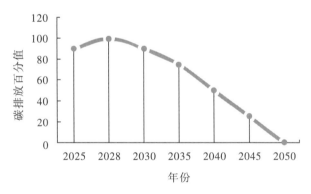

图5 "双碳"目标预测

(一)近期路线

组织开展成渝地区重点企业碳核算基础工程,算清增量、核实减量,建立一套务实管用、科学便捷的方法体系,为碳达峰奠定坚实的工作基础。实施以碳排放总量控制为主、碳强度控制为辅的管理制度,以二氧化碳达峰倒逼总量减排、源头减排、结构减排。制定实施高附加值的低碳产业发展计划,采取有效措施推动传统产业低碳转型。渝中、大渡口、江北、沙坪坝、南岸、金牛、武侯、成华、青羊等地区率先实现碳达峰,先行制定碳中和方案。成渝地区全面部署碳减排和碳吸收双计划。落实永久基本农田保护控制线、生态保护红线和城镇开发边界控制线三线定界。三线联动按照减排—增汇的发展思路,提升城镇开发边界内供给侧减排水平,分区落实产业调整结构;在生态保护红线和永久基本农田保护控制线范围内提升碳吸收空间。建立与"具有全国影响力的重要经济中心、科技创新中心、高品质生活宜居地"相适宜的碳中和标准体系。遵循从严从多、分期分区推进的碳排放统一标准,在预测可能超期达峰的地区优先进行碳汇布局,并进行新增建设空间的碳排放评估,不达标的不予审批;对于现有碳排放超标产业进行减排整改。

(二)中期路线

2030年,成渝地区在碳减排技术方面形成可推广的试点模式。在供给侧结构性减排的基础上,强化需求侧减排,调整能源和消费结构,严格控制排放量;在碳汇层面,推进全空间绿化行动,城镇化地区加大绿化密度,基本农田和生态红线保护区增加绿化强度;在立法方面,实现碳中和地方性立法的协同一致;在执法方面,由生态环境、规划和自然资源、发改、水利、农业农村、工信、应急管理等部门共同建立碳排放信息共享大平台;在司法方面,建立省级、地市级、县级三个层面的司法协作机制。执法监督机制的创新有赖于建立一支队伍,省际分别成立,交叉执法,即重庆的环保执法队伍在四川行使职责,四川的环保执法队伍在重庆行使职责。通过一支队伍的机制建设约束碳排放合作协议,推进目标任务进展情况,完善评估考核机制。

(三)远期路线

到2050年前,随着碳汇平面和立体化推进,将在基本农田和生态保护红线区内形成碳汇锁定,实现碳中和更有赖于碳减排和碳技术,因此,进一步推进供需减排,撬动碳汇产业和碳金融,全面建立成渝区内区外的碳交易平台,创新实现碳资本体系,确定跨区交易标准,建立碳中和目标引导的生态补偿实施机制。改变传统的生态补偿方式,由决策层根据各地区环境治理情况直接奖惩,有效缓解各地区分歧,改变跨省市生态补偿机制建立难的现状。完善长江流域横向生态补偿机制,加大对国家重点生态功能区、限制开发区的财政转移支付力度,推动国家绿色发展基金向成渝地区倾斜。建立跨区域碳汇交易、水权交易、排放权交易等生态资产市场,培育全资源环境生态产品市场交易体系,充分发挥市场在资源配置中的决定性作用。建立健全生态产品互认机制,保障生态产品在成渝两地之间的互联互通。建立健全跨区域、流域的碳排放长效生态补偿机制,以更合理地平衡省际保护者与受益者的利益,最终在全国建立率先实现碳中和的示范区。

碳达峰后进入碳中和阶段,可按五年期的发展速度细分,参考先快、后慢、再平稳的增长规律,结合碳减排和碳吸收的进度预测,现提出成渝地区的"双碳"时间路线图,如图6所示。

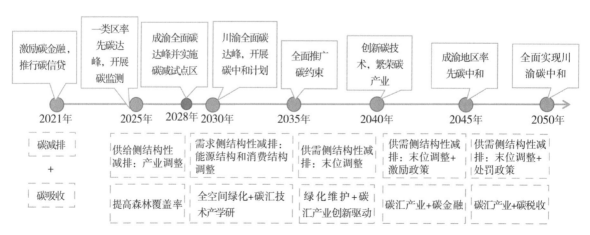

图6 成渝碳达峰和碳中和5年期发展路线预测

三、建立碳排放、碳中和生态环境分区管治机制

（一）建立"双碳"目标的分区管治机制

系统论、协同论和控制论是本文的理论基础，三者相辅相成、相互交叉。

系统论是研究前提。碳是自然界循环系统的重要元素之一，人类不同的生产和生活方式会进行组合，在工业化大生产的催化下，碳在空气中的储量快速增加，严重影响气候变化，破坏宜居环境。因此，"双碳"研究必须综合考虑社会经济系统的干扰程度，并在此基础上进行深入，从而通过控制各个集体运动形式实现系统优化，并优化碳循环。

协同论是研究基础，协同理论是一种自组织范畴，不仅存在于人与自然环境之间，也在区域之间有互馈或互抑的关联机制，不同区域有趋同性也有差异性规律。在"双碳"研究中探索互馈机制，应用各类协同或自组织现象的分析模型，预测不同区域变化趋势，从而进行协同决策。

控制论是应用控制理论研究，在辨识区域差异和关键要素的前提下，解决系统控制问题。碳排放增加是人类生活生产所导致，是可控的，应在具体的产出源头、产出过程、容纳路径上研究控制方式，并通过对不同变量的管理实现时空上的精准布控。

资源禀赋、环境特征、发展定位不同，造成区域生态环境与碳排放分化，不同区域的碳减排潜力和碳中和能力不同，导致区域的碳使命、碳目标不同。为切实实现"双碳"目标，有必要对成渝地区进行生态环境分区管治，以减污降碳协同的双轮驱动为成渝地区绿色发展赋能，从内生和外延双向精细管理、精准发力。

生态环境分区管治就是按照事权清晰的原则，统筹不同时间、空间、针对气候变化和生态环境治理的任务与成效目标，坚持按不同分区确定差异化的管治措施，因地制宜地精准施策，注重综合运用经济、法律、技术等手段，对标"双碳"，在碳排放分区管控和碳中和分区治理两手发力，提升治理能力的同时更加强调治理绩效，确保"量质并举"。成渝区域发展的不平衡、发展阶段的差距、开发强度的不同、自然基础的差异造成不同分区碳排放的较大差别，因此，应建立分地域管理、环境要素监测、应急响应多管齐下的管理模式，率先推行"双碳"目标的分区管治机制。

通过分解任务、分区管控和分类施策落实两控（能源强度与总量控制、碳排放强度与总量控制）、一增（碳汇），辅之市场工具（碳交易）、金融工具（碳金融）和相应政策工具（补偿等）。

经济学中的托达罗模型认为，农业劳动者迁入城市的动机主要取决于城乡预期收入差异，差异越大，流入城市的人口越多。这种关系可用公式表达为：

$$M=f(d), f'>0$$

M 为人口从农村迁入城市的数量，d 为城乡预期收入差异，$f'>0$ 为人口流动是预期收入差异的增函数。

借用托达罗模型，构建碳中和模型：

$$N=f(T+S-E_1-E_2)(N\geqslant0)$$

其中,N为碳中和量;T为碳封存新技术锁定碳值;S为碳汇量;E_1为能耗中碳排放量;E_2为其他碳排放量。四个变量相互影响,在不同分区中表现出不同显势,可以简述为T区、S区、E_1区、E_2区;实际应用中四个显势区仅仅为个例,按照概率规律实际上四个变量的组合可以有24种情况。其中,T为警示值,当$S-E_1-E_2$不能大于或等于0,在T无法实现时,只能通过控制S、E_1、E_2中一个变量而达标。考虑T攻克的难度,可以将24个组合划分为两组:一组是忽略T值,S、E_1、E_2三个变量的组合为6种:即SE_1E_2、SE_2E_1、E_1SE_2、E_2SE_1、E_1E_2S、E_2E_1S;变量顺序为量化值的衰减趋势;另一组为保留T值的24个组合,按照现有科技水平T值难度系数较大,当前暂时不予考虑。因此,在$T=0$且$N<0$时,可依据碳中和模型设定六种政策方式,如表2所示。

表2 碳中和分区管治政策和手段

碳中和分区	管治分级	管治政策	管治手段
SE_1E_2	三级管治	减能耗	经济手段、金融手段
SE_2E_1		碳减排	
E_1SE_2	二级管治	优先减能耗下的双控	行政手段、金融手段
E_2SE_1		优先碳减排下的双控	
E_1E_2S	一级管治	双控一增	行政手段、法律手段
E_2E_1S		双控一增	

（二）碳排放分区管治

由于碳减排潜力存在地区差异,可按照上述四类进行不同的碳排放管控。

率先达峰地区,包括渝中、大渡口、江北、沙坪坝、南岸、金牛、武侯、成华、青羊等地。这些地区城镇化水平高,工业能耗低,第三产业比重偏高,碳排放风险较小,未来碳排放量管控重点应在强度和总量双控,新增空间通过零碳标准进行总量控制。在城市化地区通过碳排放密度考核进行强度控制,按照基层行政单元划分,参照行业碳排放测算,设定平均标准,高于平均值的地区给予处罚,低于平均值的地区给予奖励,双城间罚高补低,维持总量平衡,并参与跨区碳交易,交易结算值按排放标准的贡献进行分地区区别分配。

按期达峰但工业能耗值偏高地区,城镇化水平偏低,第三产业比重偏低,碳排放压力较大。未来碳排放重点是总量控制,禁止新增一类工业空间,限制新增二类工业空间,鼓励新增第三产业空间。新增空间严控绿地面积,城市化地区加快城市更新,提升绿地面积,工业园区节能降耗减排,建立减排责任制,试行碳排放险,激发排放企业碳减排改造工艺的积极性。

按期达峰且城镇化水平偏高地区,城镇化水平偏高,工业能耗偏低,第三产业比重较高,碳排放压力主要来自城市化地区。未来碳排放重点是强度控制,在建成区加强碳排放密度监控,制定单元碳排放控制方案;提高工业效益,适度新增工业空间,控制工业能耗量。进一步发挥第三产业效能,增加绿化密度和强度。

可能超期达峰地区城镇化水平偏低,工业能耗偏高,第三产业比重偏低,是成渝地区碳排放主要压力区域。未来碳排放管控重点是总量控制和强度控制。主要手段是限制空间增量,加快存量空间绿化、减排、降耗;提出产业碳排放负面清单,制定"十四五"期间退出的时间表,推动产业结构调整。实施碳排放年度报表制度,依次推进,认识到紧迫性,在2028年实现碳达峰。

(三)碳中和分区管治

2019年,成渝地区单位GDP碳排放强度高于长三角和粤港澳地区,碳排放总量低于其他三大城市群,并有逐年递减趋势。

成渝地区碳排放区域分布与碳达峰分期区域并非完全吻合,碳排放强度表现为以成都和重庆中心城区为核心的圈层扩展,碳达峰分期则表现出与人口密度和交通条件的密切相关性。在全面推进产业结构调整的前提下,碳中和能力主要体现在碳汇能力。因此,结合人口密度分布设计碳市场和碳交易,沿交通干线部署主要碳汇地区,结合交通网形成面状碳汇空间,是实现碳中和的重要手段之一。成渝地区四面环山,盆周岷山—邛崃山—凉山、米仓山—大巴山、武陵山、大娄山四面环绕形成天然的生态屏障。盆地由成都平原、川中丘陵和川东岭谷组成,在碳中和布局中应重点考虑盆中增绿、滨廊(水系、路网)扩绿、盆边绿楔、盆周绿屏、盆间绿隔等碳汇资源部署措施。

将不同的碳中和时间分区与三线一单管控分区对应管理,实现精准施策。在2035—2040年实现碳中和地区,可通过财政激励增加优先保护单元,以增汇方式提升跨区域碳汇能力;在2040—2050年实现碳中和地区,可以通过重点管控单元的减排和节能,提升碳减排能力;在2050年以后实现碳中和地区,在重点管控单元研发碳收集技术,发展碳产业,在一般管控单元中提高节能和减排能力,通过城市更新和立面空间改造增绿,实现增汇。

(四)保障措施

为实现"双碳"目标,要深刻领会习近平生态文明思想的精神实质和丰富内涵,系统分析成渝地区生态环境污染治理压力大、生态环境治理体系不够完善等不足和短板,着力健全完善顶层设计、构建环境治理体系、开展专项行动等,从认识到行动、从实践到成效全面统一,在各项工作中全面准确贯彻落实。

一是深入贯彻习近平总书记的重要指示批示精神,坚持绿色低碳发展理念,贯彻落实《长江保护法》。要进一步提高政治站位,大力推动长江生态环境质量持续改善,深入打好长江保护修复攻坚战。坚持绿色发展,创新绿色引擎机制,构建"四个一"机制。"一张蓝图"即规划一致,编制成渝地区双城经济圈碳中和规划,纳入两省市"十四五"生态环境保护规划,探索建立成渝地区碳排放对接平台;"一个目标"即碳排放碳中和目标一致、标准统一,争取国家支持成渝地区碳排放标准统一建设、统一规划,指导形成制(修)订清单,推进一张负面清单管两地;"一支队伍"即建立决策层和执行层两级制度,按照统一标准规范环境执法,争取国家支持成立高规格的成渝地区双城经济圈碳中和协作小组,可采用两地两支队伍交叉管理或轮岗手段强化监督执法,甚至组建碳管理局;"一个平台"即搭建信息共享平台,统筹两地碳排放数据信息,实现环境综合治理信息共建共享,为生态治理、产业规划、环境执法等工作提供科学全面的数据支撑。

二是统筹谋划"双碳"路线图,积极开展先行先试,推行分区管治和监督传导制度。深入分析碳达峰后的经济社会深度脱碳路径,系统设计碳中和战略和技术实施路线图。构建分区多元管治和监督传导制度,在可能超期达峰的区域试行省级交叉管理制度或生态环境部直接监督制度。分四级进行区域碳总量和目标双控,力争2025年前后全面推行。2025—2028年,组织开展碳达峰"回头看",争取在2025年建成70%的低碳环保型工业园区,引导推动重点行业、重点区域绿色发展。建立生态价值引导碳中和实施机制。加大国家对成渝地区推进碳排放和碳中和的财政转移支付力度,试行空间溢价市场机制,建立空间迭代评估机制,充分释放协同效能。

三是加快构建现代环境治理体系,在政策工具上勇于改革创新。在战略层面将碳达峰、碳中和纳入生态文明建设总体布局,尽快形成相互协调的监测、统计、报告、核查体系,源头控制和末端治理相结合的政策措施和基于综合生态环境绩效的评估考核方法,逐渐打通应对气候变化与生态环境立法、规划、环境影响评价、环保督察、执法等领域的界限,逐步建立统筹融合的战略、规划、政策和行动体系。试行跨区化污染溯源制,开展交界地区统一重污染天气预警分级标准试点,下风向地区有权调研和污染溯源上风向区,促进跨界双方协作推进重点区域交通、工业、生活和扬尘污染治理。突出交通污染和臭氧污染联合防控,联合制定毗邻地区涉气重点行业、重点污染源整治计划,持续推动水泥、烧结砖瓦等重点行业企业错峰生产和"散乱污"企业清理整治。建设空气质量信息交换平台,实现空气质量联合预报预警。试行排污交易与碳税、碳交易融合试点等,优先在相对下风向和下游区建立研发—测度—定价—交易—发布碳足迹信息的工作机制。试行生态监护员制,在重点生态功能区配置生态监护员,负责巡查、监测、取证、上报、处罚、监督整改等。试行建立零碳社区、零碳工厂、零碳交通、零碳县(市、区),改良节能碳排放技术,实现一定区域或领域的零碳化。试行绿色低碳生产审核,尝试开展CCER(国家核证自愿减排量)的第三方审核认证。

四是组织开展一系列专项行动,不断强化环境整改,提升工业源、生活源治理水平。持续推进黑臭水体整治、饮用水源保护、工业园区污染整治、入河排污口排查整治、自然保护区监督检查、磷矿磷化工磷石膏库整治、尾矿库污染治理、涉镉等重金属行业企业排查整治等专项行动。继续开展长江经济带、成渝双城经济圈生态环境警示片的制作,以警示促重视、以警示促落实、以警示促整改。紧盯2018年以来警示片披露问题的整改进度,每年组织开展现场检查盯办,对整改不力问题视情况采取相应措施,不断推动问题整改到位,巩固深化攻坚战成果。

五是进一步加大科技创新力度,以碳封存技术引领绿色低碳技术研发,催生和带动碳减产业发展。组织实施双城"双碳"绿色技术创新行动计划,强化技术研发创新面向"双碳"目标的技术需求,培育壮大绿色技术创新主体,加强绿色技术创新基地平台建设,加大对企业绿色技术创新的支持力度,部署一批具有前瞻性、系统性、战略性的绿色技术研发和创新项目,突破关键材料、仪器设备、核心工艺、工业控制装置的技术瓶颈。碳封存技术应是催生未来新经济的核心动力,甚至主宰着新时期的巨大跨越和制高点。争取在成渝地区建设国家级碳固技术实验室,持续加大碳封存研发投入,探索碳封存技术,推动碳减产业发展。通过创新产业驱动新经济形态,以数据赋能绿色转型,加速实现阶段减排任务,保持经济发展的核心竞争力。

参考文献:

[1]毕莹,杨方白.辽宁省碳排放影响因素分析及达峰情景预测[J],东北财经大学学报,2017(4),91-97.

[2]秦军,唐慕尧.基于Kaya恒等式的江苏省碳排放影响因素研究[J].生态经济,2014(11):53-56.

[3]吕天宇,曾晨,刘泽瑾,等.空间互动视角下CO_2排放驱动因素及溢出效应——基于全球98个国家的数据分析[J],生态学报2020,40(24),8974-8987.

[4]江河,刘贵利.国土空间生态环境分区管治理论与技术方法研究[M].北京:中国建筑工业出版社,2019.

[5]刘贵利,秋婕.完善生态环境分区管治制度全力构建现代环境治理体系[J].环境保护,2020,48(6):45-49.

[6]刘贵利,江河.坚持保护优先护航"三区"高质量发展[J].环境保护,2021,49(Z1):70-75.

[7]张雅欣,罗荟霖,王灿.碳中和行动的国际趋势分析[J],气候变化研究进展2021,17(1),88-97.

《城市论》

（上、中、下）

王国平 著

　　《城市论》是我国第一部综合性的城市理论著述；也是一部"城市学"研究的学术专著、一部城市研究学科的专业教材、一部推进城市科学发展的干部手册，值得城市的研究者、规划者、建设者、管理者和经营者一读。

《城市怎么办》

（1—12卷）

王国平 著

　　《城市怎么办》（1—12卷）真实记录了作者近十多年来在杭州城市建设与发展中形成的一系列新理念、新思路、新举措，不仅是杭州应对城市化挑战的经验总结，更是我国一部以问题为导向的综合性的城市学研究专著。该书既具有很强的思想性、学术性和指导性，也具有很强的实践性、针对性和操作性，是面向城市研究者的理论专著、面向城市管理者的工作手册，也是面向广大市民的城市学教材。

《城市学总论》
（上、中、下）

王国平　著

　　《城市学总论》是一部以系统科学和集成创新方法、全面综合研究城市的教科书式学术专著。作者在其中对城市的历史与现状有着广泛和深入的研究，对城市的建设与发展具有全面和系统的理论思考。特别难能可贵的是，为了探究中国新型城镇化发展道路，作者以强烈的历史使命感和时代责任感，集数十年丰富的城市管理和研究经验积累，直击中国城市化进程中面临的各种挑战与问题。全书用26章、150万字、1500多页的鸿篇巨制和2200多张精心挑选的图片，通过梳理城市学理论和总结城市发展实践经验，鲜活地解读了城市这一有机体、生命体和复杂的系统，为社会各界了解、认识、研究城市进而应对当前日益凸显的"城市病"，推进城市科学和谐发展提供了指南和参考。

　　《城市学总论》既是一部立足前沿领域的学术专著，也是一部指导城市管理的工作手册；既是一部启迪专家学者的研究指南，也是一部引领从业人员的经典教材。该书内容博大精深，涉及城市的方方面面，既有关于城市基本理论、发展历程、未来展望的总体阐述，也有关于城市规划、建设、保护、管理、经营等层面的专题研究，具有很强的学术性、实践性、可读性和权威性，是近年来国内少见的高水平城市学研究著作。

《城市学文库》

王国平　总主编

　　"城市学文库"是杭州国际城市学研究中心城市学研究成果出版物的统称,主要由"城市学论丛""城市学译丛""城市学教科书""城市学蓝皮书"等部分组成,涵盖城市农民工、城市交通、城市教育、城市文化遗产、城市住房、城市土地、城市医疗卫生和城市环境八大城市问题研究领域。

历史城市景观研究

（第1辑）

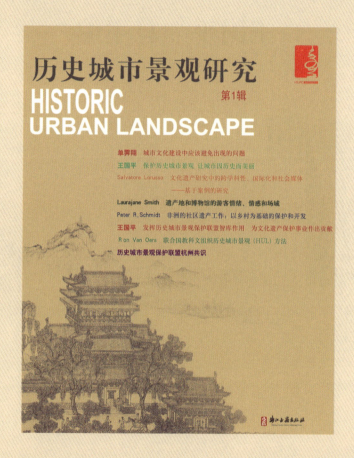

  《历史城市景观研究》是中国首家致力于历史城市景观保护，以及联合国教科文组织《关于历史城市景观的建议书》落实、推广的组织——历史城市景观保护联盟的综合性刊物。围绕文化遗产保护问题，收录文化遗产保护研究与实践领域的最新成果，汇聚文化遗产保护研究领域专家学者、一线管理者的思想结晶，打造历史城市景观保护和研究的成果发布、学术交流、信息资讯平台，努力成为中国文化遗产保护和历史城市景观保护"研究先行"的典范。以落实联合国教科文组织《关于历史城市景观的建议书》，结合中国历史文化名城保护实际，探索具有针对性、操作性的保护方法，为破解"千城一面"、文化同质化等问题寻求可行性路径。

《杭州全书》

"存史、释义、资政、育人"
全方位、多角度地展示杭州的前世今生

王国平　总主编

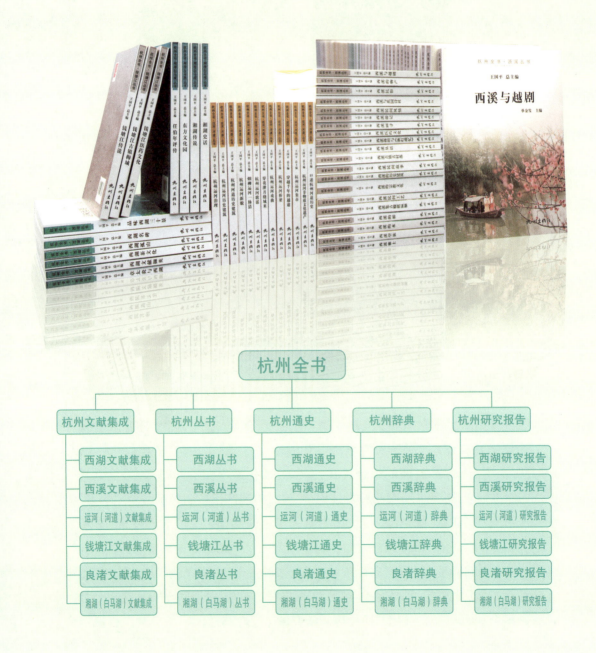

《杭州全书》已出版书目

文献集成

杭州文献集成

1.《武林掌故丛编（第1—13册）》（杭州出版社 2013 年出版）
2.《武林往哲遗著（第14—22册）》（杭州出版社 2013 年出版）

西湖文献集成

1.《正史及全国地理志等中的西湖史料专辑》（杭州出版社 2004 年出版）
2.《宋代史志西湖文献专辑》（杭州出版社 2004 年出版）
3.《明代史志西湖文献专辑》（杭州出版社 2004 年出版）
4.《清代史志西湖文献专辑一》（杭州出版社 2004 年出版）
5.《清代史志西湖文献专辑二》（杭州出版社 2004 年出版）
6.《清代史志西湖文献专辑三》（杭州出版社 2004 年出版）
7.《清代史志西湖文献专辑四》（杭州出版社 2004 年出版）
8.《清代史志西湖文献专辑五》（杭州出版社 2004 年出版）
9.《清代史志西湖文献专辑六》（杭州出版社 2004 年出版）
10.《民国史志西湖文献专辑一》（杭州出版社 2004 年出版）
11.《民国史志西湖文献专辑二》（杭州出版社 2004 年出版）
12.《中华人民共和国成立 50 年以来西湖重要文献专辑》
    （杭州出版社 2004 年出版）
13.《历代西湖文选专辑》（杭州出版社 2004 年出版）
14.《历代西湖文选散文专辑》（杭州出版社 2004 年出版）
15.《雷峰塔专辑》（杭州出版社 2004 年出版）
16.《西湖博览会专辑一》（杭州出版社 2004 年出版）
17.《西湖博览会专辑二》（杭州出版社 2004 年出版）
18.《西溪专辑》（杭州出版社 2004 年出版）
19.《西湖风俗专辑》（杭州出版社 2004 年出版）
20.《书院·文澜阁·西泠印社专辑》（杭州出版社 2004 年出版）

7.《西湖博览会》（杭州出版社 2004 年出版）

8.《西湖风情画》（杭州出版社 2004 年出版）

9.《西湖龙井茶》（杭州出版社 2004 年出版）

10.《白居易与西湖》（杭州出版社 2004 年出版）

11.《苏东坡与西湖》（杭州出版社 2004 年出版）

12.《林和靖与西湖》（杭州出版社 2004 年出版）

13.《毛泽东与西湖》（杭州出版社 2004 年出版）

14.《文澜阁与四库全书》（杭州出版社 2004 年出版）

15.《岳飞墓庙》（杭州出版社 2005 年出版）

16.《西湖别墅》（杭州出版社 2005 年出版）

17.《楼外楼》（杭州出版社 2005 年出版）

18.《西泠印社》（杭州出版社 2005 年出版）

19.《西湖楹联》（杭州出版社 2005 年出版）

20.《西湖诗词》（杭州出版社 2005 年出版）

21.《西湖织锦》（杭州出版社 2005 年出版）

22.《西湖老照片》（杭州出版社 2005 年出版）

23.《西湖八十景》（杭州出版社 2005 年出版）

24.《钱镠与西湖》（杭州出版社 2005 年出版）

25.《西湖名人墓葬》（杭州出版社 2005 年出版）

26.《康熙、乾隆两帝与西湖》（杭州出版社 2005 年出版）

27.《西湖造像》（杭州出版社 2006 年出版）

28.《西湖史话》（杭州出版社 2006 年出版）

29.《西湖戏曲》（杭州出版社 2006 年出版）

30.《西湖地名》（杭州出版社 2006 年出版）

31.《胡庆余堂》（杭州出版社 2006 年出版）

32.《西湖之谜》（杭州出版社 2006 年出版）

33.《西湖传说》（杭州出版社 2006 年出版）

34.《西湖游船》（杭州出版社 2006 年出版）

35.《洪昇与西湖》（杭州出版社 2006 年出版）

36.《高僧与西湖》（杭州出版社 2006 年出版）

37.《周恩来与西湖》（杭州出版社 2006 年出版）

38.《西湖老明信片》（杭州出版社 2006 年出版）

39.《西湖匾额》（杭州出版社 2007 年出版）

40.《西湖小品》（杭州出版社 2007 年出版）

41.《西湖游艺》（杭州出版社 2007 年出版）

42.《西湖亭阁》（杭州出版社 2007 年出版）

43.《西湖花卉》（杭州出版社 2007 年出版）

44.《司徒雷登与西湖》（杭州出版社 2007 年出版）

45.《吴山》（杭州出版社 2008 年出版）

46.《湖滨》（杭州出版社 2008 年出版）

47.《六和塔》（杭州出版社 2008 年出版）

48.《西湖绘画》（杭州出版社 2008 年出版）

西溪丛书

运河（河道）丛书

27.《杭州河道诗词楹联选粹》（杭州出版社 2013 年出版）
28.《杭州运河非物质文化遗产》（杭州出版社 2013 年出版）
29.《杭州运河宗教文化掠影》（杭州出版社 2013 年出版）
30.《杭州运河土特产》（杭州出版社 2013 年出版）
31.《杭州运河史话》（杭州出版社 2013 年出版）
32.《杭州运河旅游》（杭州出版社 2013 年出版）
33.《杭州河道文明探寻》（杭州出版社 2013 年出版）

钱塘江丛书

1.《钱塘江传说》（杭州出版社 2013 年出版）
2.《钱塘江名人》（杭州出版社 2013 年出版）
3.《钱塘江金融文化》（杭州出版社 2013 年出版）
4.《钱塘江医药文化》（杭州出版社 2013 年出版）
5.《钱塘江历史建筑》（杭州出版社 2013 年出版）
6.《钱塘江古镇梅城》（杭州出版社 2013 年出版）
7.《茅以升和钱塘江大桥》（杭州出版社 2013 年出版）
8.《古邑分水》（杭州出版社 2013 年出版）
9.《孙权故里》（杭州出版社 2013 年出版）
10.《钱塘江风光》（杭州出版社 2013 年出版）
11.《钱塘江戏曲》（杭州出版社 2013 年出版）
12.《钱塘江风俗》（杭州出版社 2013 年出版）
13.《淳安千岛湖》（杭州出版社 2013 年出版）
14.《钱塘江航运》（杭州出版社 2013 年出版）
15.《钱塘江旧影》（杭州出版社 2013 年出版）
16.《钱塘江水电站》（杭州出版社 2013 年出版）
17.《钱塘江水上运动》（杭州出版社 2013 年出版）
18.《钱塘江民间工艺美术》（杭州出版社 2013 年出版）
19.《黄公望与〈富春山居图〉》（杭州出版社 2013 年出版）

湘湖（白马湖）丛书

1.《湘湖史话》（杭州出版社 2013 年出版）
2.《湘湖传说》（杭州出版社 2013 年出版）
3.《东方文化园》（杭州出版社 2013 年出版）
4.《任伯年评传》（杭州出版社 2013 年出版）
5.《湘湖风俗》（杭州出版社 2013 年出版）

良渚丛书

1.《神巫的世界》（杭州出版社 2013 年出版）
2.《纹饰的秘密》（杭州出版社 2013 年出版）

3.《玉器的故事》（杭州出版社 2013 年出版）
4.《从村居到王城》（杭州出版社 2013 年出版）
5.《良渚人的衣食》（杭州出版社 2013 年出版）
6.《良渚文明的圣地》（杭州出版社 2013 年出版）
7.《神人兽面的真像》（杭州出版社 2013 年出版）
8.《良渚文化发现人施昕更》（杭州出版社 2013 年出版）

研究报告

南宋史研究丛书

1.《南宋史研究论丛（上）》（杭州出版社 2008 年出版）
2.《南宋史研究论丛（下）》（杭州出版社 2008 年出版）
3.《朱熹研究》（人民出版社 2008 年出版）
4.《叶适研究》（人民出版社 2008 年出版）
5.《陆游研究》（人民出版社 2008 年出版）
6.《马扩研究》（人民出版社 2008 年出版）
7.《岳飞研究》（人民出版社 2008 年出版）
8.《秦桧研究》（人民出版社 2008 年出版）
9.《宋理宗研究》（人民出版社 2008 年出版）
10.《文天祥研究》（人民出版社 2008 年出版）
11.《辛弃疾研究》（人民出版社 2008 年出版）
12.《陆九渊研究》（人民出版社 2008 年出版）
13.《南宋官窑》（杭州出版社 2008 年出版）
14.《南宋临安城考古》（杭州出版社 2008 年出版）
15.《南宋临安典籍文化》（杭州出版社 2008 年出版）
16.《南宋都城临安》（杭州出版社 2008 年出版）
17.《南宋史学史》（人民出版社 2008 年出版）
18.《南宋宗教史》（人民出版社 2008 年出版）
19.《南宋政治史》（人民出版社 2008 年出版）
20.《南宋人口史》（上海古籍出版社 2008 年出版）
21.《南宋交通史》（上海古籍出版社 2008 年出版）
22.《南宋教育史》（上海古籍出版社 2008 年出版）
23.《南宋思想史》（上海古籍出版社 2008 年出版）
24.《南宋军事史》（上海古籍出版社 2008 年出版）
25.《南宋手工业史》（上海古籍出版社 2008 年出版）
26.《南宋绘画史》（上海古籍出版社 2008 年出版）
27.《南宋书法史》（上海古籍出版社 2008 年出版）
28.《南宋戏曲史》（上海古籍出版社 2008 年出版）
29.《南宋临安大事记》（杭州出版社 2008 年出版）
30.《南宋临安对外交流》（杭州出版社 2008 年出版）

31.《南宋文学史》（人民出版社 2009 年出版）

32.《南宋科技史》（人民出版社 2009 年出版）

33.《南宋城镇史》（人民出版社 2009 年出版）

34.《南宋科举制度史》（人民出版社 2009 年出版）

35.《南宋临安工商业》（人民出版社 2009 年出版）

36.《南宋农业史》（人民出版社 2010 年出版）

37.《南宋临安文化》（杭州出版社 2010 年出版）

38.《南宋临安宗教》（杭州出版社 2010 年出版）

39.《南宋名人与临安》（杭州出版社 2010 年出版）

40.《南宋法制史》（人民出版社 2011 年出版）

41.《南宋临安社会生活》（杭州出版社 2011 年出版）

42.《宋画中的南宋建筑》（西泠印社出版社 2011 年出版）

43.《南宋舒州公牍佚简研究》（上海古籍出版社 2011 年出版）

44.《南宋全史（一）》（上海古籍出版社 2011 年出版）

45.《南宋全史（二）》（上海古籍出版社 2011 年出版）

46.《南宋全史（三）》（上海古籍出版社 2012 年出版）

47.《南宋全史（四）》（上海古籍出版社 2012 年出版）

48.《南宋全史（五）》（上海古籍出版社 2012 年出版）

49.《南宋全史（六）》（上海古籍出版社 2012 年出版）

50.《南宋美学思想研究》（上海古籍出版社 2012 年出版）

51.《南宋川陕边行政运行体制研究》（上海古籍出版社 2012 年出版）

52.《南宋藏书史》（人民出版社 2013 年出版）

53.《南宋陶瓷史》（上海古籍出版社 2013 年出版）

54.《南宋明州先贤祠研究》（上海古籍出版社 2013 年出版）

杭州研究报告

1.《金砖四城——杭州都市经济圈解析》（杭州出版社 2013 年出版）

2.《民间文化杭州论稿》（杭州出版社 2013 年出版）

3.《杭州方言与宋室南迁》（杭州出版社 2013 年出版）

钱塘江研究报告

《钱塘江研究报告（一）》（杭州出版社 2013 年出版）

杭州国际城市学研究中心简介

　　杭州国际城市学研究中心成立于2009年，是杭州专门设立的从事城市学、杭州学研究的正局级事业单位。

　　研究定位：努力打造"国际特征、中国特色、杭州特点"的城市学学派、建设"全国领先、世界一流"的城市学智库。推进城市学"理论研究中心、学术交流中心、信息发布中心、人才培养中心"建设。

　　研究理念：用系统科学的方法，科学系统地研究城市。中心坚持定性研究与定量研究相结合，问题导向与规律导向相结合，推进"历史城市景观保护联盟、世界遗产保护杭州研究中心、浙江省哲学社会科学重点研究基地浙江省城市治理研究中心、浙江大学城市学博士后研究基地"建设。

　　研究路径：打造融"评选、论坛、平台、课题、人才、宣传、基金、咨询、培训"于一体的城市学研究链。举办"钱学森城市学金奖、西湖城市学金奖"征集评选活动，主办"中国城市学年会"，搭建"八大城市问题"研究平台，承揽国家级、省市级课题数十项，建设"中国城市网、城市怎么办官方微博"等城市学全媒体。

　　研究机制：以治理的理念，开展"模块化研究、矩阵式管理"。推动城研中心发展"有人办事、有钱办事、有房办事、有章办事"，开展全方位战略合作，构建协同创新新模式，组织编纂《杭州全书》、《城市学文库》，已出版成果300多种，出版《城市学研究》、《历史城市景观研究》期刊。

承担多项国家级课题，推进城市学智库建设。图为国务院原副总理、中国国际经济交流中心理事长曾培炎出席中心承担课题开题报告会。

整合资源，协同创新，开展全方位战略合作。图为与联合国教科文组织签署战略合作协议（UNESCO文化助理总干事弗朗西斯科·班德林出席）。

开展"钱学森城市学金奖"、"西湖城市学金奖"征集评选活动。图为第三届钱学森城市学金奖颁奖仪式。

举办高层次城市学学术交流活动。图为中国城市学年会·2013在杭召开。

开展城市管理者培训服务。图为为中国浦东干部学院省部级干部专题研讨班授课。

为各地党委、政府提供决策咨询。图为在湖北省黄冈市东坡赤壁调研。

建设城市学全媒体。图为@城市怎么办微博上线仪式。

推进浙江省哲学社会科学重点研究基地浙江省城市治理研究中心建设。图为浙江省城市治理研究中心工作会报会。

与联合国教科文组织世界遗产中心共同建设世界遗产保护杭州研究中心，组建历史城市景观保护联盟，打造推进美丽城镇建设的智库。图为国际文化景观科学委员会主席莫妮卡·卢恩格为"世界遗产保护杭州研究中心"揭牌。

@城市怎么办

http://e.t.qq.com/urbanchina

中国城市网

http://www.urbanchina.org

地　　址：杭州市上城区粮道山 18 号

邮　　编：310002

电　　话：0571-85250985

网　　址：http://www.urbanchina.org

官方微博：http://e.t.qq.com/urbanchina